ANDRÉ
LE SAVOYARD,

PAR

CH. PAUL DE KOCK.

ÉDITION ILLUSTRÉE DE 37 VIGNETTES PAR BERTALL.

PRIX : 1 FRANC 30 CENTIMES.

PARIS,
PUBLIÉ PAR GUSTAVE BARBA, LIBRAIRE-EDITEUR,
RUE DE SEINE, 31.

ANDRÉ LE SAVOYARD
par PAUL DE KOCK.

CHAPITRE I. — Tableau de neige. — La Famille savoyarde.

La neige tombait par gros flocons; elle couvrait les routes, elle rendait encore plus difficiles les sentiers pratiqués dans les montagnes et les chemins, souvent bordés de précipices, qui entourent la petite ville de l'Hôpital, située près du Mont-Blanc.

Notre chaumière s'élevait près d'une route que le mauvais temps rendait déserte depuis quelques jours. Déjà plus d'un pied de neige couvrait la terre; et cependant ni moi ni mes frères ne songions à rentrer pour nous mettre à l'abri.

J'étais couché près d'un bloc de rocher; et là je me trouvais aussi bien que sur un épais gazon : mes petites mains formaient des boules avec de la neige, et les lançaient à mes frères, qui, de leur côté, m'assaillaient également de boules glacées. Pierre, accroupi dans un enfoncement que formait la route, ne se montrait que rarement, tâchant de viser adroitement, et se cachant aussitôt; Jacques courait de côté et d'autre, sans se fixer à aucune place, se baissant pour ramasser de quoi faire des boules, et s'esquivant lestement après nous avoir lancées.

LA CHAUMIÈRE DE GEORGET.

Mon père nous entourait de ses deux bras, et nous pressait plus fortement contre lui.

Quel plaisir nous éprouvions, lorsque nous parvenions à nous attraper!... Quels cris de joie quand Jacques recevait, en fuyant, de la neige sur son dos; lorsque Pierre, au moment où sa petite tête blonde sortait de sa cachette, était atteint à la figure par la boule qui s'éparpillait sur son visage! Le vaincu mêlait ses ris à ceux du vainqueur; la victoire ne coûtait jamais une larme. Pouvions-nous sentir le froid? nous étions si heureux!... et dans un âge où le bonheur est pur, parce qu'il ne s'y mêle ni souvenirs du passé ni craintes pour l'avenir.

Déjà, plusieurs fois, la voix de notre mère s'était fait entendre pour nous engager à rentrer. — Nous voilà, répondions-nous tous trois. Mais au moment de regagner notre demeure, une nouvelle boule de neige, lancée par l'un de nous, faisait recommencer la guerre; chacun s'attaquait de nouveau; les cris de joie, les éclats de la gaieté faisaient encore retentir les échos de nos montagnes. Nos pieds étaient à demi morts de froid; nos petites mains rouges et engourdies pouvaient à peine saisir et presser cette neige, qui nous procurait de si doux passe-temps; et cependant nous ne pouvions nous résoudre à retourner près du foyer de notre chaumière.

Mais l'approche de la nuit nous force enfin à quitter notre jeu. Nous rentrons tous les trois, essoufflés, haletants, et encore rayonnants de plaisir ; nous courons nous blottir contre l'immense foyer devant lequel notre père est assis sur une grande chaise, tandis que notre mère va et vient dans cette vaste pièce, l'unique du logis, et prépare la soupe pour notre repas du soir, tout en nous grondant d'avoir tant tardé à rentrer.

— Voyez comme ils sont couverts de neige !... Rester ainsi sur la route par le temps qu'il fait !... Hum ! les mauvais sujets ! quand ils sont en train de jouer, ils ne m'écoutent plus.

— Ne les gronde pas, Marie, dit notre père en nous attirant près de lui ; ne les gronde pas ; ils s'amusent, ils sont heureux !... Pourquoi déjà chercher à troubler leurs plaisirs ? Chers enfants !... ce temps passera si vite !... Bientôt la raison amènera les soucis, les inquiétudes ! Le travail du jour sera-t-il suffisant pour le lendemain ? les espérances d'aujourd'hui feront-elles oublier les peines de la veille ?... Toujours des tourments ! rarement du plaisir !... et jamais de moments aussi doux que ceux qu'ils viennent de goûter ! Moi aussi j'ai fait des boules de neige !... Il y a quarante ans que je jouais comme eux... Ce temps est loin, il a trop peu duré ; je ne me rappelle pas depuis avoir éprouvé un plaisir aussi vrai.

— Quoi, même lorsque tu m'as épousée, Georget ? dit notre mère d'un ton de reproche. Mon père la regarde en souriant, et se contente de murmurer : — Oh ! ce n'est plus la même chose... Je n'avais qu'une chaumière à t'offrir ! — En avais-je davantage ? Cela nous a-t-il empêchés d'être heureux ?... — Non, sans doute... — Notre maisonnette, notre travail nous suffisent ; nous sommes pauvres, mais nous n'avons pas encore manqué, et nos enfants s'élèvent bien ; ils grandiront, ils travailleront à leur tour... — Oui... Mais d'ici là !... Ah ! Marie ! depuis cette maudite chute que j'ai faite en guidant au glacier ce gros étranger... qui ne m'a pas même aidé à me ramasser, tiens, je sens que mes forces diminuent... je ne puis recouvrer la santé... Et s'il fallait te laisser ainsi avec ces enfants, dont l'aîné n'a que sept ans... hélas ! que deviendriez-vous ?

En disant ces mots, mon père nous entourait de ses deux bras, et nous pressait plus fortement contre lui. J'étais grimpé sur ses genoux ; Jacques était sur ses pieds, et Pierre, debout près de lui, appuyait sa tête sur son épaule. Notre mère s'était arrêtée au milieu de la chambre ; les derniers mots de son mari venaient de lui serrer le cœur. Elle se détourna pour cacher une larme qui coulait le long de ses joues ; et nous, sans trop comprendre ce dont il s'agissait, nous redoublions de caresses, pour dissiper la tristesse que nous lisions dans les yeux de notre père.

— Bon Dieu !... peut-on avoir de pareilles idées ! dit enfin la bonne Marie en poussant un gros soupir qu'elle ne pouvait plus contenir. Ah ! Georget ! ne travaille plus, ne te fatigue plus... Reste auprès de notre foyer. Nos récoltes sont rentrées, nous avons du pain pour plus de six semaines encore ; je ne veux pas que tu t'exposes pour gagner quelques pièces d'argent.

— Mon père, dis-je alors en levant la tête d'un air décidé, quand il passera des voyageurs, c'est moi qui les conduirai, c'est moi qui les monterai avec eux sur les glaciers, qui leur ferai regarder dans ces beaux précipices si effrayants ! Ils me donneront quelques pièces de monnaie, je vous les rapporterai, et vous n'aurez plus besoin de vous fatiguer. Vous le voulez bien, n'est-ce pas, mon père ?

— Tu es encore trop jeune, mon petit André, dit mon père en me passant la main sur les joues et en me faisant sauter sur ses genoux. — Trop jeune !... Je suis l'aîné de mes frères... J'ai sept ans passés... Le fils de Michel, notre voisin, ne les avait pas quand il est parti pour la grande ville... — Mes chers enfants, puissiez-vous n'être point forcés d'y aller aussi !... Je voudrais vous garder toujours près de moi...

— Ça doit être ben joli, la grande ville ! dit Pierre en ouvrant ses petits yeux de toute sa force. On dit qu'on y voit tous les jours la lanterne magique qui a passé une fois chez nous. — Voudrais-tu y aller, Pierre ? — Dam', je n'oserais pas y aller tout seul, comme le fils de Michel... — Et toi, mon petit Jacques ? dit mon père à celui de mes frères qui n'avait encore que cinq ans, et se roulait à ses pieds en s'étendant pour se réchauffer devant la flamme du foyer.

— Dis donc, Jacques, que ferais-tu par là, mon garçon ?... — Je mangerais tous les jours du fromage avec mon pain, répond Jacques en souriant et en regardant du côté de notre mère pour voir si la soupe se faisait.

— Moi, dis-je à mon tour, je travaillerais, je gagnerais beaucoup d'argent, de quoi acheter un grand jardin... je reviendrais vous apporter tout cela... Ça fait que nous serions bien heureux. Vous, mon père, et vous, ma mère, vous pourriez vous chauffer toute la journée en hiver... Puis, mes frères et moi nous aurions le temps de faire encore des boules de neige...

— Tu es un bon garçon, André : tu songes à tes parents... Mais la grande ville... ah ! mes enfants, on n'y fait pas toujours fortune ; j'y suis allé, moi, étant jeune ; je n'ai pu amasser que peu de chose !... et puis, en route, des coquins m'ont pris tout ce que j'avais !... le fruit de dix ans de travail que je rapportais à ma mère !... il a fallu revenir sans rien...

— Qu'est-ce que c'est donc que des coquins ? dit Pierre. — Mon ami, ce sont des méchants, des paresseux, des voleurs, qui n'ont pas voulu travailler, et ne vivent qu'en dépouillant les autres. — On peut les battre, n'est-ce pas, mon père ? dis-je avec vivacité. — Pas toujours, mon cher André ; quand on parvient à les prendre, la justice les punit ; mais il est défendu de les battre soi-même !...

— Est-ce qu'on donne à manger à ceux qui sont méchants ? dit le petit Jacques en regardant alternativement le feu et la soupe qui cuisait.

— Il faut que tout le monde vive, mes enfants... — Mais les méchants n'ont pas de bonne soupe comme celle-là !... n'est-ce pas, mon père ?...

Notre père sourit, et releva le petit Jacques qu'il embrassa tendrement... Nous nous penchâmes, Pierre et moi, vers le sein de notre père pour obtenir des mêmes caresses, qu'il s'empressa de nous prodiguer, car il nous aimait également tous trois : son cœur ne connaissait point ces injustes préférences qui font souvent naître entre frères et sœurs l'envie, la jalousie, les chagrins ; il ne cherchait point dans nos traits quel était celui qui promettait d'être le plus avantagé par la nature ; aux yeux d'un bon père, tous ses enfants sont aussi beaux.

Par les soins de ma mère, la soupe préparée est placée sur une table de bois ; la fumée qui sortait d'une grande écuelle réjouissait notre vue, et faisait sourire le petit Jacques, qui respirait déjà avec délices le parfum du souper.

— A table ! à table ! dit notre mère. Jacques se laisse aussitôt couler des genoux de mon père, et va se placer sur un petit escabeau ; Pierre approche de la table la chaise que mon père vient de quitter, et moi, je reste près de celui dont je voudrais déjà soutenir la marche mal assurée : car, dans sa dernière chute, mon père s'était blessé assez grièvement au genou, et il n'était pas encore bien guéri.

Mon père faisait semblant de s'appuyer sur moi, parce qu'il voyait que j'étais fier de lui être déjà son soutien ; mais sa main se reposait légèrement sur mon épaule. Nous fûmes bientôt assis autour de la table. La neige tombait avec une nouvelle violence ; le vent soufflait avec force ; il ébranlait souvent la porte de notre chétive demeure, et son bruit lugubre et monotone intimidait Pierre, qui se serrait contre moi toutes les fois que notre porte remuait avec plus de fracas.

Mais la flamme brillante qui sortait du foyer égayait notre chaumière, qu'une seule lampe éclairait ; et l'odeur de la soupe faisait rire le petit Jacques, qui chantait toujours lorsqu'il était à table.

— Quel temps affreux ! dit la bonne Marie en nous servant à souper. Je suis sûre que l'on ne peut plus marcher sans s'enfoncer de deux pieds dans la neige. — Je plains ceux qui sont en route dans nos montagnes, dit mon père. — Nous sommes heureux d'avoir un abri, un bon feu, et de quoi souper... Va, Georget, il y a bien des gens qui voudraient rentrer être dans notre chaumière.

Comme ma mère achevait ces mots, nous entendîmes des cris éloignés, puis le claquement d'un fouet et les jurements d'un postillon. Nous prêtâmes l'oreille, excepté Jacques, qui avait la bouche d'une grande cuillerée de soupe. Qu'est-ce que cela ? dit Pierre en tremblant.

J'écoutais toujours ainsi que mes parents : les voix devinrent plus distinctes. On appelait au secours ; on réclamait l'assistance de quelque habitant du village : mais le village le plus voisin était éloigné de la route, que notre chaumière seule touchait.

— Plus de doute, dit mon père en se levant de table, ce sont des voyageurs en peine ; il faut aller à leur aide.

Rassemblant ses forces, il prend à la hâte son chapeau, son bâton, et sort de notre chaumière sans écouter les prières de sa femme, qui le supplie de ne point s'exposer et se fatiguer de nouveau. Mais mon père est déjà loin ; il se dirige du côté d'où partaient les cris. Je m'étais levé, et j'aurais voulu le suivre ; ma mère me retient en me disant : — Eh bien ! André, veux-tu donc aller aussi t'exposer dans ces mauvais chemins ?... Tu es trop jeune, mon ami ; reste avec nous, et prions le ciel pour qu'il n'arrive rien à ton père.

Je me mets à genoux à côté de ma mère ; Pierre en fait autant, ayant déjà les yeux pleins de larmes ; Jacques reste seul à table continuant à manger.

CHAPITRE II. — Les Voyageurs. — La petite Dormeuse.

Au bout d'un quart d'heure qui nous sembla très-long, nous entendîmes la voix de mon père qui nous criait d'ouvrir.

Sur-le-champ je cours à la porte ; ma mère s'avance avec la lumière, qui me nous laisse apercevoir des masses blanches formées par la neige. Mon père paraît enfin, mais il n'est pas seul : un monsieur, dont on ne peut distinguer les traits, parce qu'il est enveloppé dans un manteau qu'il tient jusque sur ses yeux, s'appuie sur le bras de mon père et murmurant à chaque pas d'une voix aigre et criarde :

— Où me menez-vous donc ?... où suis-je ?... j'enfonce toujours !..., j'en ai jusqu'aux hanches !... quel affreux pays !... prenez garde, bonhomme... nous allons tomber dans quelque trou !...

A tout cela mon père se contentait de répondre : — Ne craignez rien, monsieur, je connais les chemins ; je réponds de vous maintenant... ce n'est que de la neige!... mais il n'y a plus de danger par ici.
— Ce n'est que de la neige!... peste!... c'est bien assez, j'espère!... mes jambes sont gelées! mes mollets se resserrent tellement que je ne les sens plus!... Ah! l'horrible pays!... Champagne, prends garde à l'enfant, et suis-nous de près.

M. Champagne était probablement l'autre monsieur qui suivait mon père, enveloppé également dans un large manteau, mais sous lequel il paraissait tenir quelque chose avec beaucoup de soin.

— Nous voici arrivés, monsieur, dit mon père au moment où ils étaient devant la porte. — C'est bien heureux! dit le voyageur. Pendant qu'il se débarrassa de son manteau, nous courons nous jeter dans les bras de celui dont l'absence nous a tant inquiétés, sans faire attention aux personnes qui l'accompagnent. Peut-il y avoir, pour de simples Savoyards, quelqu'un qui mérite plus de soin qu'un père?

Le nôtre est le premier à nous faire songer aux étrangers. — Allons, mes enfants, nous dit-il, mettez du bois au feu; toi, Marie, vois ce que tu pourras offrir de mieux à ces messieurs... et cet enfant... tenez, vous pouvez le mettre sur ce lit... il y sera bien...

L'homme que l'on appelait Champagne, et qui portait un chapeau orné d'un large galon, ouvrit alors son manteau, et nous aperçûmes dans ses bras un enfant endormi. C'était une petite fille; elle paraissait avoir quatre ans tout au plus. Mais combien elle était jolie!... Jamais rien de si charmant n'avait frappé notre vue... Nous fîmes tous un cri d'admiration en l'apercevant; et nous entourâmes le monsieur dont l'habit était galonné comme le chapeau afin de voir la petite de plus près.

Une pelisse garnie de fourrure enveloppait son petit corps ; un bonnet de velours noir, également fourré, couvrait sa tête charmante, et s'attachait sous son cou avec de beaux glands d'or. Des boucles de cheveux blond-cendré s'échappaient de dessous le bonnet et ombrageaient le front de la jolie fille. Sa petite bouche était entr'ouverte; une légère teinte rosée colorait ses joues; ses yeux étaient bordés de longs cils noirs comme le velours qui couvrait sa tête; elle dormait aussi paisiblement que si elle eût été bercée sur les genoux de sa mère.

La beauté, l'élégance de ses habits, son sommeil paisible après les dangers qu'elle venait de courir, tout se réunissait pour augmenter notre étonnement; chacun de nous avait approché de M. Champagne; le petit Jacques lui-même avait quitté le souper, et, sa cuiller à la main, s'était glissé sous le manteau qui enveloppait l'enfant endormi.

— Oh! mon Dieu, la jolie petite fille! dit ma mère, c'est un ange!...
— C'est-il une petite sœur? dit Jacques tandis que Pierre touchait légèrement avec sa main le large galon d'or qui bordait l'habit du monsieur. Pour moi, je ne pouvais rien dire, j'étais tellement frappé d'admiration, qu'il m'était impossible de détourner mes yeux de dessus la petite.

Mais, pendant que nous considérions l'enfant, l'autre monsieur s'était débarrassé de son manteau et approché de la cheminée. Impatienté sans doute par nos exclamations, il y mit un terme en s'écriant d'un ton impérieux :

— Allons donc, Champagne, allez-vous tenir cette enfant une heure comme cela !... posez-la sur un lit... si toutefois il y a un lit ici... Ensuite vous irez retrouver le postillon.

M. Champagne s'empressa d'exécuter les ordres de son maître : il suit ma mère qui le conduit vers son lit, placé dans le fond de la chambre. L'endroit où nous couchions mes frères et moi était situé à l'autre bout de la salle, et caché par un grand rideau de toile grise fixé sur une longue tringle de fer. L'enfoncement dans lequel était placée notre couchette formait un espace de quatre pieds carrés lorsque le rideau était tiré; cela composait tout notre appartement ; mais nous y reposions paisiblement, et quoique le vent pénétrât quelquefois dans notre chambre à coucher mal close, les soucis et les insomnies ne s'y glissaient jamais : il faut bien que le pauvre ait quelques dédommagements.

Mes regards n'étant plus attachés sur la petite que l'on plaçait sur le lit de ma mère, je me retournai et j'examinai l'autre monsieur.

Il pouvait avoir cinquante-cinq ans ; sa taille était petite, son corps maigre et fluet; quoique en voyage, il ne portait point de bottes, et le froid avait en effet tellement fait rentrer ses mollets, qu'on n'en apercevait aucun vestige. Sa figure était longue comme son nez, qui, de profil, était capable de garantir du vent la personne à laquelle il aurait donné le bras. Son teint était jaune, un de ses yeux était couvert d'un morceau de taffetas noir fixé là par un ruban qui entourait la tête du monsieur, sans cependant lui donner aucune ressemblance avec l'Amour. L'œil qui lui restait était noir et assez vif; forcé de faire l'office de deux, son maître ne le laissait pas un moment en repos et le roulait continuellement de gauche à droite. Enfin, une expression de dédain et d'ironie semblait habituelle à la physionomie de l'autre monsieur, qui était coiffé en poudre avec une petite queue, qui, par-derrière, suivait tous les mouvements de son œil. En apercevant la figure de ce voyageur, il ne nous échappa aucun cri d'admiration.

L'étranger regardait d'un air mécontent l'intérieur de notre chambre.

— Est-ce que vous n'avez pas une autre pièce que celle-ci où je puisse me reposer loin de tous ces marmots? dit-il à mon père en jetant sur moi

et mes frères un regard d'impatience. — Non, monsieur ; je n'avons que cette grande chambre, qui fait tout notre logis... — Une chambre; ils appellent cela une chambre! murmure le monsieur en regardant son valet, qui venait de lui prendre son manteau et souriait d'un air respectueux à tout ce que disait son maître.

— Voyons... où vais-je me mettre? car il faut pourtant que je me mette quelque part... n'est-ce pas, Champagne? — Il est certain, monsieur le comte, que l'endroit est peu digne de vous!... mais enfin ce n'est pas la faute de ces pauvres gens... — Tu as raison, Champagne; l'endroit n'est pas digne de moi!... mais, puisqu'il n'y en a pas d'autre...

— Ah! si monsieur voulait être seul dit ma mère, nous avons encore là-haut un grenier où sont les provisions d'hiver... il y a de la paille fraîche...

— Un grenier!... de la paille! à moi?... Dis donc, Champagne, as-tu entendu cette Savoyarde? c'est vraiment trop fort!...

Et le monsieur roulait à droite et à gauche son petit œil qu'il voulait rendre perçant. Quoique placé derrière lui, je m'en apercevais par le mouvement qu'il faisait faire à sa queue.

— Ces paysans ne savent pas à qui ils ont l'honneur de parler, monsieur le comte. — Certainement ils ne le savent pas... Voyons, approchez-moi un fauteuil que je puisse m'asseoir.

— Je n'ai que cette grande chaise-là, monsieur, dit mon père en avançant le siège sur lequel il se reposait ordinairement, tandis que ma mère, le retenant par la veste, lui disait à demi-voix : — Mais c'est la chaise, Georget! où donc te reposeras-tu?...

Mon père se retourna et lui fit signe de se taire; elle n'obéit qu'à regret, car le ton et les manières du voyageur ne la disposaient pas à se gêner pour lui.

— Point de fauteuil! dit celui-ci en s'étalant sur la chaise, étendant devant le feu ses petites jambes grêles et ses mains dont les doigts étaient chargés de bagues. Comme les routes sont mal tenues!... Il faudra que j'écrive au préfet de ce département. Ah çà! dites-moi, bonhomme, quand vous êtes venu près de ma voiture qui s'enfonçait dans ces maudites neiges, vous avez crié à mon postillon d'arrêter; pourquoi cela? — Parce qu'il se dirigeait vers un précipice que la neige lui masquait; encore quelques tours de roue et vous périssiez tous!... — En vérité?... Comment, moi, le comte de Francornard, je serais mort comme cela en roulant dans un trou!... C'est une chose extraordinaire!... Dis donc, Champagne, conçois-tu cela?... Sens-tu à quoi j'étais exposé?... Et je dormais tranquillement dans ma voiture tandis que les périls les plus grands m'environnaient!... Par Dieu! si ce n'est pas là du courage je veux être un grand sot!... — Monsieur le comte n'en fait jamais d'autres! — Tu as raison, Champagne, je n'en fais pas d'autres ; mais ce dernier trait sera, je l'espère, cité dans l'histoire de ma vie!... C'est que voilà au moins la dixième fois qu'il m'arrive de dormir au moment du danger... Te souviens-tu quand le feu prit à mon hôtel, il y a un an? c'était pendant la nuit... j'ai, ma foi, fait un somme pendant qu'une cheminée entière brûlait; et si l'on ne m'avait pas réveillé, j'étais capable de dormir comme cela jusqu'au matin pendant que chacun se sauvait. Dis donc, Champagne, c'est là du sang-froid!... — C'est que tout le monde admire en vous, monsieur le comte.

Pendant la conversation du maître et du valet, ma mère s'était approchée du lit sur lequel la petite fille continuait à sommeiller paisiblement. — Pauvre enfant! dit-elle, comme son mari tu allais périr!... Ah! Georget, quel bonheur que tu aies sauvé cette charmante créature!... je suis sûre que ses yeux sont aussi doux que le reste de son visage... Oh! quelle différence auprès de ce vilain...

Mon père ne la laissa pas achever, et se hâta de lui imposer silence.

— A propos, dit alors le monsieur borgne en se tournant un peu vers ma mère, ma fille dort-elle toujours?

— V'tre fille! dit la bonne Marie en jetant sur l'étranger des regards étonnés, comment, monsieur!... c'te jolie enfant, c'est votre fille!

— Et qu'y a-t-il là de surprenant? dit le petit monsieur en relevant la tête. Si vous aviez plus de lumière dans cette chambre enfumée, vous verriez, bonne femme, que cette petite est en tout mon portrait.

M. Champagne, s'approchant du lit, dit à son maître : — Mademoiselle dort toujours...

— Cette petite tiendra de moi en tout : le même sang-froid, le même calme dans le danger!... c'est dans le sang!... La famille des Francornard est connue pour cela depuis trois siècles!... Nous avons un de nos ancêtres qui s'est endormi sur un bélier au siège de Solyme... — La veille de l'assaut, monsieur le comte? — Non... le lendemain. Mon aïeul a eu deux fois un cheval abattu sous lui!... — A l'armée, monsieur le comte? — Non, au manège. Et mon père avait, quand il est mort, plus de deux cents cicatrices sur le corps... Dis donc, Champagne, deux cents cicatrices!... il n'y a pas beaucoup de gens qui pourraient en montrer autant!... — Peste! je le crois bien... c'étaient des coups d'épée, sans doute. — Non, c'étaient des piqûres de sangsue; il était extrêmement sanguin. Quant à moi, je porte sur mon visage des preuves de ma valeur!... — Il y a bien des personnes qui voudraient ressembler à monsieur le comte. — Oui, certes, Champagne, l'œil que je n'ai plus m'a fait faire bien des conquêtes. — Je crois que monsieur m'a dit que c'était en se disputant avec un Anglais qu'il l'avait perdu? — Oui, Champagne : pardieu! cette affaire fit assez

1.

de bruit !... nous nous disputions... à qui mangerait le plus vite... Je fus vainqueur, Champagne, et dans sa colère l'Anglais me lança à la tête un œuf dur qui fit sauter mon œil à dix pas !... — Ah ! mon Dieu !... — Juge de ma fureur ! si l'on ne m'avait retenu... je serais tombé sous la table !... Mais je suis bien vengé !... — Vous avez tué votre homme ? — Oui, Champagne ; un mois après nous avons recommencé le pari, et mon Anglais est mort d'indigestion.

La conversation du maître et du valet ne nous avait pas empêchés, mes frères et moi, de terminer notre souper. Ma mère allait à chaque instant considérer la petite fille ; puis elle revenait près de mon père qui, debout au milieu de la chambre, son chapeau et son bâton à la main, attendait qu'il plût au voyageur de donner des ordres pour sa voiture et son postillon, qui devait geler sur la route pendant que M. le comte étendait ses jambes devant la flamme ardente de notre foyer.

— Sa fille ! répétait ma mère à l'oreille de son mari toutes les fois qu'elle venait de regarder la petite dormeuse : comprends-tu cela, toi, Georget ? — Oui, Marie, dans le grand monde on dit que l'on voit souvent de ces choses-là.

— Monsieur, dit enfin mon père en s'approchant de l'étranger, votre postillon est toujours sur la route... et... — Eh bien ! c'est son état d'être sur les routes !... Ce drôle-là qui allait me jeter dans un précipice !... il méritait que je le fisse sévèrement punir !... — Je crois bien qu'il se serait fait autant de mal que monsieur ! — Ah ! vous croyez cela, mon cher ? Dis donc, Champagne, ce Savoyard se permet de comparer mon existence à celle d'un postillon !... — Monsieur le comte, ces gens-là ne sont pas en état de nous comprendre. — Tu as raison, cela vit et cela meurt comme des marmottes... sans avoir eu une pensée distinguée. Cependant, il faut que je reparte le plus tôt possible... je ne saurais rester longtemps en ces lieux... cela y sent la nature d'une force à vous asphyxier ! Champagne, va avec ce Savoyard rejoindre la voiture ; qu'on examine bien s'il n'y a rien de cassé... qu'on la mette dans le bon chemin ; et, dès qu'il fera jour, nous partirons, je ne veux pas m'aventurer encore la nuit sur ces routes couvertes de neige. — Comptez sur ma prudence, monsieur.

M. Champagne sort avec mon père. M. le comte se rapproche du feu et ne paraît plus s'occuper de sa fille ni de nous. Au bout de quelques minutes un son prolongé nous apprit que notre hôte ronflait comme son aïeul après la prise de Solyme.

— Il faut vous coucher, enfants, nous dit ma mère. Votre vue ne paraît pas fort agréable à ce monsieur, qui sans doute n'aime pas les enfants ; car, depuis son arrivée ici, il ne s'est pas approché une seule fois de sa fille. Avoir un bijou comme cela, et ne point l'adorer !... Ah ! je n'y comprends rien !... Il faut que ces gens du grand monde aient la tête bien occupée pour oublier ainsi leurs enfants.

— Ah ! ma mère, laisse-nous encore voir la petite fille, dis-je en courant près du lit. Pierre en fit autant, et notre mère prit le petit Jacques dans ses bras afin qu'il pût la bien voir aussi.

— Le beau bout ! dit Pierre ; les beaux habits !... — Comme elle dort !... dis-je à mon tour, ah ! si elle pouvait ouvrir les yeux !... Je voudrais bien l'entendre parler, maman, a-t-elle bien soupé ? dit Jacques. — Probablement, mon garçon... ces gens riches ont de tout dans leur voiture. — Restera-t-elle avec nous ? dit Pierre. — Non, mes enfants ; elle repartira avec son père au point du jour. Que ferait dans notre pauvre chaumière cette enfant habituée à l'aisance, aux douceurs de la vie ?... Et cependant, on l'aimerait bien, et peut-être plus que ce petit vilain monsieur, qui se dit son père !...

Dans ce moment, Jacques, en passant sa main sur la fourrure qui garnissait le bonnet de la petite fille, lui fait faire un brusque mouvement ; elle se retourna, sa pelisse s'entr'ouvrit et nous aperçûmes un médaillon pendu à son cou avec une chaîne d'or.

— Oh ! le beau joujou ! dit Jacques, et nous avançons tous la tête vers la dormeuse afin de voir de plus près le bijou.

— C'est un portrait de femme ! dit ma mère. Les jolis traits ! les beaux yeux !... ce doit être la maman de cette petite fille ; oui, je le gagerais... elle lui ressemble déjà... Mais comment ce monsieur, qui n'a qu'un œil, a-t-il fait pour devenir l'époux d'une si jolie femme ?... Georget a bien raison : dans le grand monde on voit des choses étonnantes, et qui sont toutes simples pour les gens riches. Allons, mes enfants, il faut aller vous coucher ; vous pourriez réveiller cette petite... et ce monsieur vous gronderait... car il n'a pas l'air de se souvenir que mon mari lui a sauvé la vie ainsi qu'à sa fille ; il ne l'a seulement pas remercié !... Ah ! si Georget en eût fait autant pour un pauvre Savoyard !... Mais, si on obligeait que les gens reconnaissants, on ne ferait pas souvent le bien !...,

Nous nous éloignons à regret du lit sur lequel repose la petite fille, que je ne puis me lasser de regarder. Mais il faut obéir à notre mère, et nous nous dirigeons vers notre petit coin. En courant à notre couchette, Jacques se jette étourdiment dans les jambes du monsieur qui dormait ; il se réveille en sursaut et fait un bond sur sa chaise en criant à tue-tête : — A moi ! Champagne !... à moi ! on attaque ton maître !...

La figure du voyageur était alors si comique, que nous éclatâmes de rire, mes frères et moi. — Ce n'est rien, monsieur, ce n'est rien, lui dit ma mère, c'est mon petit Jacques qui en courant a attrapé vos jambes ; v'là tout ?...

— Comment, ce n'est rien ! dit l'étranger, qui se frotte l'œil et revient à lui... Je vous trouve plaisante, ma mie, avec votre voilà tout !... Me réveiller ainsi quand je dors !... Donnez le fouet à tous ces polissons, et envoyez-les coucher ; que je ne les entende plus... Ce n'est rien !... Je rêvais que j'étais à la chasse ; et j'allais forcer le cerf quand ce petit drôle m'a fait perdre sa piste.

Ma mère se hâte de nous faire rentrer dans notre petit appartement ; elle tire le rideau de notre couchette, nous déshabille et ne tarde pas à s'endormir. Pour moi, je n'ai aucune envie de me livrer au sommeil ; il est vrai qu'elle curiosité m'agite, mais je pense à la jolie petite fille ; je voudrais la revoir encore, je voudrais surtout la voir éveillée. Je garde donc mes habits ; le rideau qui cache notre couchette ne ferme pas assez bien pour qu'on ne puisse apercevoir dans la chambre ; m'étendant sur notre lit, et plaçant ma tête contre le rideau, je m'arrange de manière à entendre et à voir tout ce qui se passera dans notre chaumière.

A peine étions-nous retirés, que mon père revient avec le domestique du voyageur.

— Eh bien ! Champagne, ma voiture ?... dit le petit monsieur sans regarder mon père. — Oh ! il n'y a que peu de chose à réparer... un écrou de défait... le postillon dit que ce n'est presque rien... — Je ne remonterai certainement pas dans une voiture où il manque un écrou, pour que la roue se détache et que nous versions sur la route !... Le postillon se moque de cela, il est à cheval. Il faut faire sur-le-champ raccommoder ce qui est brisé... Est-ce qu'il n'y a pas de charron dans ce maudit pays ?...

— Monsieur, dit mon père, il y a bien un homme qui ferre les chevaux et travaille aux voitures, mais il demeure de l'autre côté du village... — Qu'il demeure au diable si vous voulez, mais il me le faut... — C'est fort loin... et les chemins sont si mauvais cette nuit... — Vous devez être habitué à courir sur la neige comme moi à porter une épée. Avec un gros bâton comme celui que vous tenez, vous pouvez vous soutenir partout... Est-ce que vous auriez peur, par hasard ?... — Non, monsieur, non... et j'en ai donné la preuve lorsqu'au péril de ma vie j'ai arrêté vos chevaux qui vous entraînaient vers un précipice... — C'est juste !... et certainement, mon cher, je vous en récompenserai... mais il me faut absolument un charron.

Mon père se dispose à partir ; ma mère court à lui et se jette dans ses bras : — Mon cher Georget, ne sors pas cette nuit, lui dit-elle ; tu es déjà malade, le chemin est dangereux... demain, au point du jour, il sera temps d'aller chercher du monde.

— Demain ? dit l'étranger, vous n'y pensez pas, bonne femme ! demain !... Et il faudrait que j'attendisse encore une partie de la journée ici ! Non pas, il faut que je parte dès le point du jour... Ne retenez pas votre mari, ne craignez rien !... Je vous réponds de lui... Et, pardieu ! j'en ai fait d'autres, moi, quand je patinais pendant des heures entières sur des bassins qui avaient jusqu'à trois pieds d'eau !...

— Laisse-moi, ma chère Marie, dit mon père en se dégageant des bras de sa femme. C'est pour nos enfants, c'est pour toi que je cherche à gagner quelque chose... La Providence me guidera sur la route, confions-nous à elle... elle doit veiller sur un père de famille.

— En disant ces mots, mon père sort de notre demeure, et ma mère, dont les yeux sont pleins de larmes, va s'asseoir contre le lit, sur lequel elle repose sa tête.

Le vieux monsieur n'a vu qu'une chose : c'est que mon père est parti pour exécuter ses ordres. Satisfait de ce côté, il se rapproche du feu qu'il attise et dans lequel il jette quelques bourrées placées près du foyer.

Le domestique est allé visiter la table sur laquelle nous avons soupé ; et je lui vois faire la grimace après avoir goûté de la soupe qui restait pour mon père.

— Triste cuisine ! dit-il en jetant les yeux de tous côtés. — Est-ce que monsieur le comte n'a pas faim ? — Non, Champagne ; d'ailleurs crois-tu que je mangerais de ce dont se nourrissent ces paysans ?... — Il est certain que cela ne me semble pas fort bien accommodé !... — Ces gens-là vivent comme des brutes... Cela n'a point de palais... — Ah ! quand je pense au cuisinier de monsieur le comte... C'est là un homme de mérite ! — Oui, Champagne, c'est un garçon plein de talent ! je le pousserai, tu le feras de la réputation. — Je vois qu'il ne faut pas songer à souper ici. Heureusement que nous avons bien dîné, et que demain nous trouverons quelque bonne auberge. — As-tu dans ta poche le flacon de vin d'Alicante. — Oui, monsieur. — Donne-le-moi, que j'en boive une gorgée... cela me remettra... car le souper de ces manants répand une odeur pestilentielle...

Le valet tire d'une poche de son habit un assez grand flacon recouvert de paille, ne le perd pas de l'œil de convoitise, puis il présente à son maître ; celui-ci boit à même la bouteille, puis la referme avec soin et la rend à son valet, qui soupire en la remettant dans sa poche.

— Assieds-toi, Champagne, dit l'étranger, je te le permets ; ce paysan sera longtemps ; d'ailleurs il faut ensuite qu'il conduise le charron à ma voiture. Chauffe-toi, et entretiens le feu, car il fait horriblement froid, et je sens le vent qui me glace de tous côtés... Comment fait-on pour vivre dans de semblables masures !

M. Champagne ne se l'est pas fait répéter : il prend une chaise, s'approche du feu en se mettant du côté opposé à son maître, et paraît jouir avec délices du plaisir de se chauffer et de se reposer. Ma mère est toujours assise contre le lit, et je présume qu'elle s'est endormie. Depuis longtemps mes frères goûtent un paisible repos; je reste donc seul éveillé avec M. le comte et son valet, dont je m'amuse à écouter la conversation en les regardant fort à mon aise par un trou de notre rideau.

— Sais-tu bien, Champagne, que j'ai eu une idée excellente, et que je suis enchanté d'avoir pris un parti aussi décisif?... — Certainement, monsieur le comte... De quel parti voulez-vous parler? — Eh! parbleu! de l'idée que j'ai eue d'enlever ma fille, de l'emmener avec moi à Paris... Comme madame la comtesse sera surprise lorsqu'en s'éveillant demain elle ne trouvera plus sa chère Adolphine!... — Ce ne sera pas une surprise agréable pour madame!... elle adore sa fille!... — Oui, Champagne; mais je veux qu'elle m'adore aussi, moi... car enfin je suis son époux. — Il n'y a pas de doute, monsieur le comte. — Cela n'a pas été sans peine, à la vérité; mademoiselle de Blémont ne voulait pas se marier... Oh! c'est bien le caractère le plus bizarre... de l'esprit, ah! Champagne, de l'esprit jusqu'au bout des doigts!... — Et elle ne voulait pas de vous, monsieur le comte! — Je ne te dis pas cela, je dis elle ne voulait pas se marier. Pur caprice de jeune fille... idées romanesques ou mélancoliques! — Est-ce que madame la comtesse a un caractère triste? — Au contraire, elle est très-enjouée, très-vive, très-folle même... Depuis notre mariage cependant elle est un peu moins gaie. — N'ayant l'honneur d'être valet de chambre de monsieur le comte que depuis un an, je ne connais qu'à peine madame; car, pendant cet espace de temps, je crois qu'elle n'a point passé de jours avec monsieur. — Non, Champagne, elle ne les a point passés... et depuis cinq années que nous sommes mariés, nous n'avons guère vécu plus de deux mois ensemble. — Vous devez faire un excellent ménage? — Oh! certainement!... et si je voulais laisser madame la comtesse maîtresse de voyager continuellement, d'être à la campagne quand je suis à Paris, et de revenir à Paris quand je vais à la campagne, nous serions fort bien ensemble. Mais tu entends, Champagne, qu'il y a des moments où je suis bien aise de trouver ma femme dans son appartement... — Oui, monsieur le comte, je comprends. — Je sais bien que notre manière de vivre est extrêmement distinguée!... Je n'ai rien de plus noble que des époux qui ne se voient que cinq ou six fois dans l'année; mais encore faut-il se rencontrer quelquefois... et pour rencontrer ma femme je suis toujours obligé de courir après elle. Encore si je l'attrapais!... mais au contraire... — Comment! est-ce que c'est madame qui attrape monsieur? — Non, Champagne; mais c'est un petit salpêtre qui ne peut rester en place. — Est-elle à ma terre en Bourgogne, elle me part en route; j'arrive, je crois la trouver, la surprendre agréablement... pas du tout! Madame est partie il y a deux heures pour le château d'une de ses amies. Je me rends à ce château, elle vient de le quitter pour Paris... Je reviens à Paris, depuis la veille elle est partie pour prendre les eaux... Et toujours comme cela. Il n'y a pas de doute, que je ne manque mon épouse. — Cela doit beaucoup fatiguer monsieur le comte? — Elle m'avait prévenu en m'épousant... Oh! elle a montré une franchise rare!... Elle ne m'a caché aucun de ses défauts! Elle m'a dit qu'elle était coquette, volontaire, impérieuse, capricieuse... Tu sens bien que j'ai été enchanté de sa franchise. — Peste! je le crois bien, monsieur; c'est un trésor qu'une femme aussi franche! — Puis, comme je l'ai dit, elle ne voulait pas se marier... Mais quand elle a vu monsieur le comte, elle a changé de résolution! — Au contraire... elle est devenue tenace... Oh! c'est une femme à caractère... elle a été jusqu'à me menacer de me faire... — De vous faire?... — De me faire... tu sais bien... comme les petits bourgeois. — Ah! je comprends... et cela n'a pas effrayé monsieur le comte? — Fi donc! Champagne, est-ce qu'une demoiselle aussi distinguée peut faillir? est-ce que tu ne connaissais pas les vertus de mademoiselle Caroline de Blémont et les principes dans lesquels on l'avait élevée? Son père, qui était mon ami, est un homme de mon genre, car il y avait beaucoup de rapport entre nous... — Est-ce qu'il n'avait qu'un œil comme monsieur le comte? — Je parle du moral et des sentiments. Son père, Champagne, m'a dit : Épousez ma fille, j'en serai bien aise, et elle finira par en être contente. Elle ne vous aime pas; mais si vous savez vous y prendre, avant quinze ans elle vous adorera. — Voilà un père qui parlait comme Mathieu Laensberg. — Il ne s'est pas trompé, Champagne; oh! je m'aperçois chaque fois que je parviens à attraper ma femme. Madame la comtesse commence à avoir beaucoup de tendresse pour moi... et si ce n'était cette manie de courir sans cesse le monde... mais cela lui passera.

Ici, M. le comte se rapprocha du feu en bâillant; et M. Champagne, se trouvant derrière son maître, tira lestement le flacon de sa poche, y but à longs traits et le remit en place sans que l'on s'aperçût de rien.

— Te souviens-tu, Champagne, qu'il y a trois mois environ nous avons été dans le Berry, à la terre de madame de Rosange... où j'ai été assez heureux pour rencontrer ma femme? — Oui, monsieur, ainsi qu'un jeune artiste... nommé Dermilly, je crois?... — Dermilly, oui; c'est un peintre. — Il me semble que je l'ai aperçu aussi dans les environs du château que nous venons de quitter. — Tu ne t'es pas trompé; figure-toi, Champagne, que ce diable de Dermilly, qui certainement ne cherche pas ma femme, se rencontre toujours avec elle, tandis que moi qui la cherche sans cesse, j'ai beaucoup de peine à la rencontrer. C'est fort singulier, en effet. — Cela se conçoit cependant; Dermilly, comme peintre, aime beaucoup à voyager pour connaître les beaux sites, pour admirer la nature... que sais-je!... ces artistes sont enthousiastes, romantiques! Ma femme, de son côté, est en extase devant une chute d'eau, une montagne ou un ravin!... Alors, ils ne pouvaient pas manquer de se rencontrer!... — Assurément, M. Dermilly admire la nature avec madame la comtesse... — C'est cela même, Champagne; oh! ils sont vraiment uniques pour cela!... — Il est fort bien, ce M. Dermilly!... — Mais, oui... Pour un peintre, il n'est pas mal... ce ne sont pas de ces traits nobles... dans mon genre. — Oh! il ne ressemble nullement à monsieur le comte!... C'est un jeune homme? — Oui... vingt-huit à trente ans à peu près. — Il a donc l'honneur de connaître madame la comtesse? — Par Dieu! je crois bien! il la connaissait même avant moi : Dervilly était son maître de dessin. — Ah! je comprends. — Ma femme avait beaucoup de goût pour la peinture... Dermilly lui montrait tout ce qu'elle voulait, mais principalement l'histoire... — Ah! c'est aussi un peintre d'histoire? — Lui! il peint tous les genres... portraits, paysages, antiques... que sais-je!... il attrape parfaitement la ressemblance... il a fait le portrait de madame la comtesse; ma fille la porte à son côté... il m'a fait aussi... d'après la bosse... il m'a même fort bien attrapé... c'est surtout mon œil couvert de taffetas qui est frappant... Ma femme m'a fait sur-le-champ accrocher... — Dans son boudoir? — Non, dans le garde-meuble, à côté de mes aïeux. — Il me paraît que ce M. Dermilly a du talent. — Beaucoup de talent, Champagne, infiniment de talent... Je lui fais quelquefois l'honneur de l'inviter à dîner... quand je n'ai personne... parce que tu entends bien que mon rang... mais il me refuse toujours; il n'y a qu'à la campagne que l'on peut le posséder. Il a fait aussi le portrait de ma fille... Il est d'une complaisance extrême... Je crois que ce garçon-là ferait le portrait de mon cheval si je l'en priais... car il m'a dit en me peignant qu'il faisait aussi les bêtes quand cela se rencontrait... Il faudra que je lui fasse faire ton portrait, Champagne... — Ah! monsieur le comte est trop bon!... — Non... je le mettrai dans ma salle à manger, en regard de celui de ce pauvre caniche qui rapportait si bien.

Champagne ne répond rien, mais je le vois se retourner et porter le flacon à ses lèvres, pendant que M. le comte se caresse le gras de ses jambes.

— Mais quand je pense à la surprise que je vais causer à madame la comtesse... Après tout, c'est sa faute... je voulais l'emmener à Paris... Je veux donner un bal, une fête à plusieurs personnages importants dont je puis avoir besoin. J'ai le tact fin, Champagne, et je prévois les choses de fort loin... il n'y a personne comme moi pour deviner une destitution, une mutation, une promotion, une élévation!... — Il est facile de voir que M. le comte n'est pas de ces hommes auxquels on en fait accroire, répond M. Champagne en replaçant dans sa poche le flacon qu'il vient encore de visiter.

— Or donc la présence de madame la comtesse m'est indispensable à Paris; elle est allée en Savoie passer quelque temps à la terre d'une de ses amies, qui l'aime beaucoup, dit-on, mais dont je n'avais jamais entendu parler. Aller en Savoie dans le cœur de l'hiver!... je reconnais bien là la tête folle de madame de Francornard. N'importe, rien ne m'arrête. Je fais mettre les chevaux à ma berline, nous partons... nous voyageons sans trop nous presser, parce que je ne veux pas fatiguer mes pauvres bêtes; nous arrivons chez madame de Melval, où certes on ne m'attendait pas... car tu as vu la surprise de ma femme! — Oui, monsieur... Oh! elle a fait une grimace épouvantable!... — Comment! une grimace?... — Je veux dire que l'étonnement lui avait vue lui a causé... a tellement contracté ses nerfs... que sa physionomie!... car madame la comtesse a beaucoup de physionomie!... — Infiniment, Champagne. Ah! si tu avais été là quand je lui ai annoncé que je venais la chercher pour la ramener à Paris... oh! tu aurais ri de la colère... qu'elle feignait d'éprouver!... des mouvements de dépit!... des trépignements de pieds!... elle est vraiment gentille tout à fait!... — Oh! c'est une femme charmante que M. le comte possède là! — Oui, Champagne, c'est ce que me disent tous mes amis. Enfin, ma femme s'est calmée et elle m'a dit d'un ton extrêmement doux : — Vous pouvez retourner à Paris, si cela vous plaît, mais je ne vous y suivrai pas. — Ah! madame vous a dit cela? — Oui, Champagne, mais avec infiniment de grâces, il n'y avait pas moyen de se fâcher. Cependant, comme cela ne remplissait pas mon but, j'étais assez mécontent d'être venu pour rien en Savoie, lorsqu'en me promenant dans les environs du château j'ai rencontré Dermilly... le jeune peintre dont nous parlions tout à l'heure; il se promenait avec ma fille, à laquelle il paraît porter le plus tendre attachement!... je voulus causer un moment avec lui, mais il me quitta bien vite en me disant : Il faut que je ramène mademoiselle Adolphine à sa mère, car madame la comtesse aime tant sa fille qu'elle ne peut être une heure séparée d'elle, et elle me gronderait si je tardais plus longtemps.

— Par Dieu! me dis-je, puisque madame la comtesse ne peut être une heure sans sa fille, il me semble que si j'emmenais la petite à Paris, je forcerais par là sa mère à m'y suivre... hein, Champagne! que dis-tu de cette idée-là?... — Sublime, monsieur le comte. — Il m'en vient comme cela trois ou quatre par jour. Je ne fis semblant de rien... je dissimulai pendant deux jours... il fallait attendre l'instant favorable et c'était difficile... On m'avait donné pour logement un pavillon superbe, mais qui était à une lieue de l'appartement de ma femme. Ce n'est que cette nuit que, me cachant dans un cabinet, je suis parvenu jusqu'auprès de ces dames. La petite dormait, je l'ai couverte à la hâte de cette pelisse et de ce bonnet ; je t'avais prévenu de te tenir prêt, et nous sommes partis pendant qu'on me croyait bien endormi... Le tour est délicieux !... Nous avons pris des chemins de traverse, parce que je ne veux pas que madame la comtesse, qui certainement va courir après moi, puisse me rejoindre avant que nous soyons à Paris. Le mal, c'est que nous nous sommes perdus dans ces maudites neiges, et qu'il faut attendre pour repartir que ma voiture soit réparée.

— Elle sera en état au point du jour, monsieur, et madame la comtesse ne nous attrapera pas, parce qu'elle croira que nous avons suivi le droit chemin. — Allons, tout ira bien... grâce à mon excellente idée !... — Comme c'est heureux que vous ayez eu un enfant, monsieur le comte ! — C'est vrai... Champagne, car me voilà sûr, maintenant, de faire aller ma femme partout où je voudrai... Ranime donc le feu, Champagne... qu'est-ce que tu fais donc derrière mon dos ?... — Rien... monsieur le comte... je cherchais des fagots... — En voilà devant toi...

M. Champagne, à force de visiter le flacon, sentait ses jambes faiblir et sa langue s'épaissir ; de son côté, M. le comte bâillait plus fréquemment, et ses paupières commençaient à se fermer.

— Champagne, sais-tu qu'elle est fort jolie, ma fille ? — Magnifique, monsieur le comte... — Elle promet d'être très-bien tournée !... — Ça fera une fière femme... si elle vous ressemble... — Comment, si elle me ressemble ! imbécile ; mais c'est déjà frappant de profil. — Je veux dire qu'elle est déjà presque aussi grande que vous... — Oh ! que moi... tu vas trop loin ; moi, je suis de la vieille roche... j'ai le coffre solide !... — C'est fini... il n'y a plus rien dedans !... marmotte Champagne, qui vient de boire le restant du vin d'Alicante que contenait le flacon.

— Qu'est-ce que tu dis, Champagne ? — Moi, monsieur le comte !... Est-ce que j'ai dit quelque chose ?... — Je crois que ce maraud s'endort quand je lui parle. — Moi, monsieur, je suis éveillé comme une souris ! — Ma fille a des yeux superbes ! — C'est comme des perles !... — Et des dents !... — Noires comme du jais ! — Un nez ! — Bien fait... — Avec un petit trou au milieu... Et un menton !... — A la romaine. n'est-ce pas, monsieur le comte ? — Ah ! Champagne !... quel dommage que ma fille ne soit pas un garçon !... — Ah ! c'est juste... quel dommage... que le flacon soit si petit... — Cela ferait un joli petit garçon, comme tu dis, Champagne ; ce serait un Francornard, enfin, et il m'en faut un pour perpétuer mon nom !... — Oui, monsieur, oui... il vous en faut... — C'est ce dont je vais m'occuper sérieusement... j'aurai un fils, Champagne... si ma femme... à moins que... comme à l'ordinaire.

— Oui, monsieur... ayez-en beaucoup... et du vieux, comme celui que j'ai bu tout à l'heure.

M. le comte venait de fermer les yeux ; M. Champagne bredouillait et s'assoupissait à côté de son maître ; las d'écouter et de regarder par le trou du rideau, je m'étendis auprès de mes frères, et ne tardai pas à imiter les voyageurs.

CHAPITRE III. — Elle s'éveille. — Départ des voyageurs.

Je ne sais quelle heure il était, lorsque des coups frappés à la porte de notre chaumière me réveillèrent brusquement ; j'entendis en même temps le vieux monsieur qui criait : — A moi, Champagne ! quel est l'insolent qui ose me troubler ?... j'ai quarante mille livres de rente... et le premier cuisinier de Paris.

De son côté, M. Champagne, à moitié endormi, marmottait en se frottant les yeux : — Que me veut-on ?... qui est-ce qui m'appelle ?... est-ce ce vieux fou qui court après sa femme... qui se moque de lui ?... j'ai tout bu... c'est dommage...

Heureusement pour M. Champagne que son maître, à moitié endormi, n'entendit pas ces paroles. Ma mère s'empressa d'ouvrir. C'était mon père qui venait annoncer au voyageur que sa voiture était réparée. La lampe, qui brûlait encore, éclairait tristement notre chaumière ; à peine mon père est-il entré que j'entends ma mère jeter un grand cri.

Le vieux monsieur fait un saut sur sa chaise ; Champagne se précipite en avant, pour se lever plus promptement ; mais, dans ce mouvement, sa chaise glisse, et comme les fumées du vin d'Alicante ne sont pas encore entièrement dissipées, il perd l'équilibre et va tomber sur les genoux de son maître, qui pousse des cris terribles, croyant qu'une bande de voleurs est entrée dans la chaumière.

Une entaille assez profonde, que mon père s'était faite au-dessus de l'œil gauche, et de laquelle s'échappaient de grosses gouttes de sang, avait été cause du cri que ma mère venait de pousser et qui avait répandu l'alarme dans notre habitation.

— O mon Dieu ! tu es blessé, mon pauvre Georget !... ah ! j'avais un pressentiment qu'il t'arriverait quelque malheur !... mais tu n'as pas voulu m'écouter !... — Ce n'est rien, ce n'est rien, ma bonne Marie, dit mon père en portant son mouchoir sur sa blessure ; — en voulant gravir la colline pour arriver plus vite à l'autre bout du village, mon pied a glissé sur la neige, je suis tombé... une pierre m'a légèrement blessé à la tête... — Mais ton sang coule, tu dois souffrir... — Non, te dis-je, ce ne sera rien ; ne nous occupons pas de cela maintenant.

Au cri de ma mère, j'avais aussi quitté notre couchette. Je m'approche de mon père, la vue du sang qui coule de sa blessure me fait mal ; je me mets à pleurer. A mon âge, c'était pardonnable ; d'ailleurs, je n'ai jamais eu ce courage qui consiste à voir, sans en être troublé, les souffrances de ses semblables. Dans le monde on appelle cela de la fermeté ; dans nos montagnes l'eût été de l'égoïsme.

Pendant que mon père me console et rassure ma mère, M. le comte s'éveille entièrement et s'aperçoit enfin qu'il tient M. Champagne sur ses genoux ; celui-ci s'était rendormi sur son maître, qui, se croyant attaqué, était resté plusieurs minutes sans oser remuer.

— Comment maraud !... C'est toi qui es sur mes genoux ? dit M. le comte en se débarrassant de son valet. — Comment, monsieur !... J'étais assis sur vous ! voyez ce que c'est que le sommeil ! j'aurai eu le cauchemar probablement... mais aussi, on fait un bruit dans cette bicoque... Il n'y a pas moyen de dormir : on crie... on pleure... on ne s'entend pas.

— Pardon de vous avoir réveillé, monsieur, dit mon père ; — mais je croyais que vous seriez bien aise d'apprendre que votre voiture est en bon état. — Ah ! ah ! c'est vous, bonhomme... diable ! déjà de retour ?... — Mais il y a plus de cinq heures que je suis parti. Il m'a fallu du temps pour aller chez le charron, pour l'éveiller et pour le décider à venir pour le temps qu'il fait... Je l'ai ensuite conduit à votre voiture... Il y avait presque rien à faire... Cependant il est encore auprès... Il attend sans doute qu'on le paye... — Cinq heures... Comme le temps passe quand on cause ! n'est-ce pas, Champagne ? car je n'ai pas dormi une minute. — Ni moi non plus, monsieur, j'avais les yeux aussi ouverts que vous. — Quelle heure est-il ? — Le jour va bientôt paraître, monsieur, il est près de six heures... — Champagne, va payer cet ouvrier ; il faudra qu'il te réponde qu'il n'y a plus de danger pour moi. — Oui, monsieur... — Ah !... donne-moi auparavant le flacon d'Alicante : le froid m'a saisi... cela me remettra un peu.

M. Champage, après avoir hésité un moment, fouille enfin dans sa poche et en tire la bouteille d'osier, qu'il présente à son maître avec beaucoup de respect. Celui-ci, après l'avoir débouchée, la porte à ses lèvres et s'écrie bientôt :

— Qu'est-ce que cela veut dire... Champagne ? — Quoi donc, monsieur ? — La bouteille est vide ! — Vous croyez, monsieur ? — Comment, je crois... j'en suis, par Dieu, bien sûr... — C'est singulier ! elle était aux trois quarts pleine quand vous me l'avez rendue ce soir ! — Je le sais fort bien, drôle !... Comment m'expliqueras-tu cela ? — Ah ! je vois ce que c'est, monsieur ; tout à l'heure en me jetant brusquement sur vous comme j'ai fait, lorsque j'ai cru que l'on vous attaquait, j'aurai cogné ce flacon et il aura fui... ma poche est encore toute mouillée... — Comment, maraud... vous osez dire... — M. le comte sait bien qu'il n'a pas fermé l'œil de la nuit et que j'ai toujours été près de lui... Il m'eût été impossible de tromper monsieur, alors même que j'en aurais été capable... — Au fait, la réflexion est assez judicieuse.

M. Champagne s'esquive, enchanté de s'en être si bien tiré. Ma mère lavait avec de l'eau fraîche la blessure de mon père, je venais de le débarrasser de son chapeau et de son bâton ; mes frères dormaient encore et notre hôte se fourrait presque dans le foyer en se plaignant du froid. Il n'avait pas seulement eu la pensée que le bon Georget s'était mis en courant pour lui, pour la nuit, au milieu de nos montagnes : cet homme-là ne voyait que ce qui lui était personnel ; pour de la peine que l'on se donnait à son service, les souffrances des malheureux, les larmes de l'infortune, les pleurs de l'orphelin, l'œil qui lui restait semblait aussi recouvert d'un épais bandeau.

Une petite voix bien douce attira notre attention. C'était la petite fille qui s'éveillait ; la blessure de mon père nous avait fait oublier la jolie dormeuse.

— Maman... maman... dit la jolie petite. Puis elle soulève sa tête et promène autour d'elle des regards surpris. Nous apercevons alors ses yeux : ils sont noirs, mais si doux, si bons !... A son premier cri, j'avais couru près du lit, et là, je restais à la regarder. — Maman, dit-elle de nouveau ; et sa voix n'est plus aussi calme ; le chagrin l'altère déjà ; elle ne voit pas sa mère, ses jolis yeux se remplissent de larmes.

Ma mère s'était aussi approchée de la petite qu'elle admirait répétant à chaque minute : — Bon Dieu ! la belle petite fille !... Chacun de nous lui souriait ; mais la pauvre enfant nous regardait avec étonnement, avec crainte et répétait : — Maman... je veux voir maman !...

— Monsieur, dit ma mère à l'étranger, votre demoiselle est éveillée ; elle demande sa maman. — Eh bien... donnez-lui à boire... les enfants se calment toujours en buvant... on les berce avec cela...

Ma mère présente un verre à la petite, mais elle le repousse et continue d'appeler sa maman ; ses larmes coulent, elle sanglote ; ses beaux cheveux retombent sur ses yeux, qu'elle frotte avec ses petites mains, tout en répétant sans cesse : — Je veux qu'on me mène chez maman.

Nous étions tous attendris de la douleur de la petite fille ; le vieux monsieur, seul, ne paraissait pas y faire attention et murmurait en se frottant les jambes : — Mes pauvres chevaux auront eu bien froid. Je voudrais déjà être de retour à Paris. Je suis sûr que César s'ennuie après son maître... Comme il va faire le saut du cerceau à mon retour... Cet animal-là est plein d'intelligence... Il faut que je lui apprenne à jouer aux dominos, comme le fameux *Munito*.

— Monsieur, dit ma mère, votre petite pleure toujours... La pauvre enfant ne peut pas se consoler... — Annoncez-lui que je vais lui donner le fouet. — Ah! monsieur, battre un enfant aussi petit... une si jolie fille. — Ah!... c'est pour rire que monsieur dit cela... je ne battons pas les nôtres, nous... et cependant ils ne sont pas aussi délicats que ce petit amour-là.

Le vieux monsieur se retourne en faisant la grimace et fixant sur ma mère son petit œil gris : — Est-ce que cette Savoyarde prétendrait me montrer comment je dois élever ma fille?... Amenez-moi mademoiselle Adolphine...

Ma mère prend la petite dans ses bras et se dispose à la porter sur les genoux de son maître; mais celui-ci lui fait signe de mettre l'enfant à terre devant lui, et la petite, après avoir envisagé M. le comte, fait une moue qui la rend encore plus gentille.

— Mademoiselle, dit gravement le vieux monsieur après avoir pris du tabac dans une belle boîte d'or, votre conduite est au moins inconvenante, pour ne point dire plus; vous demandez madame la comtesse, c'est fort bien; mais parce que vous ne la voyez point, vous vous mettez à pleurer!... Je n'entends pas que ma fille se conduise avec autant de légèreté. Vous êtes avec moi... je crois vous avoir déjà dit que je suis votre père... D'ailleurs vous devez me reconnaître : et un père ou une mère, c'est absolument la même chose, si ce n'est que l'une vous gâte, et que l'autre vous donnera des chiquenaudes si vous n'êtes pas sage.

Pour toute réponse à cette mercuriale, dont la petite fille n'a sans doute pas compris un mot, elle se met à taper des pieds avec violence, en répétant : Je veux voir maman, moi !

— Voyez un peu quel caractère! s'écrie M. le comte, elle n'en démordra pas... elle aura de la tête... beaucoup de tête... Cela n'est pas étonnant, c'est une Francornard, et c'est par la tête qu'on nous reconnaît tous.

Dans ce moment, M. Champagne revient. — Voilà le jour, monsieur le comte, dit-il en entrant, quand vous voudrez vous remettre en route...
— Sur-le-champ... La voiture est parfaitement raccommodée? — Oui, monsieur, il n'y a plus de danger... — Allons, donne-moi mon manteau, que je m'entortille bien...

Pendant que le domestique enveloppe son maître aussi hermétiquement qu'une bouteille d'esprit-de-vin, je me rapproche de la petite fille; elle ne pleure plus, elle est immobile devant le feu... mais ses beaux yeux sont si tristes!... de gros soupirs sortent de sa poitrine; on voit qu'elle retient avec peine ses sanglots.

Je l'entoure de mes bras... je l'enlève... — Que fais-tu donc, André? me dit mon père. — Je vais la porter, papa. — Oh! je suis bien assez fort...Vous êtes blessé; vous pourriez tomber encore...

Je me disposais à porter la petite jusqu'à la voiture (car j'étais en effet déjà fort pour mon âge); mais M. Champagne m'arrête, et s'empare de l'enfant. Oh! si j'avais pu résister... que j'aurais eu de plaisir à battre cet homme, qui me privait du bonheur de porter la petite demoiselle, dont les mains blanches comme la neige s'étaient déjà posées sur ma tête, et dont les petits doigts avaient jeté mon bonnet de laine, qui sans doute lui semblait de bien vilaine coiffure.

Les voyageurs vont partir; M. Champagne tient dans ses bras la jolie dormeuse, qui me regarde et veut me sourire, quoique l'on s'aperçoive qu'elle a le cœur bien gros !... mais il est un âge où la peine et le plaisir se succèdent si rapidement!... la joie se fait jour sous les larmes, qui sèchent aussi vite qu'elles ont coulé. Déjà l'on ne voit que le bout de nez de M. le comte, qui prend pour regagner sa voiture autant de précaution que s'il devait gravir à pied le Mont-Blanc. Mon père est toujours dans un coin de la chambre, trop fier pour demander une récompense que cependant il a bien méritée. Mais en passant devant lui M. Champagne s'arrête. — Oh! vous êtes blessé! lui dit-il. — Oui, dit ma mère, c'est en courant cette nuit pour votre maître qu'il s'est mis dans cet état.

— Comment!... il est blessé!... dit M. le comte, dont la voix étouffée par son manteau ressemble alors au son d'un cornet à bouquin. Il s'arrête devant mon père, puis se décide à dégager une de ses mains de dessous son manteau, ce qu'il ne fait qu'avec bien du regret, et il cherche pendant longtemps dans son gousset en murmurant:

— Ah! diable... au fait... j'allais oublier... il faut que je lui donne quelque chose... n'est-ce pas, Champagne? — Il le mérite bien, monsieur le comte. — Oui... oui... sans doute; c'est pourtant désagréable, en voyage, d'être toujours obligé d'avoir la main à la poche... on n'en finit jamais !... Allons... tenez, mon cher, je veux que vous vous souveniez que vous avez reçu dans votre chaumière le comte Nestor de Francornard.

En disant ces mots, M. le comte met un petit écu dans la main de mon père; puis, disparaissant de nouveau sous son manteau, il sort de notre habitation, suivi de son valet, qui porte la petite fille dans ses bras. Ils ont bientôt rejoint la voiture qui les attend, et ils s'éloignent de notre pays.

— Un petit écu!... dit ma mère lorsque l'étranger est parti; donnez-vous donc bien de la peine, privez-vous de sommeil, exposez votre vie, pour être récompensé ainsi !

— Marie, dit mon père, on doit toujours obliger sans s'inquiéter si l'on en sera ou non récompensé; ne l'est-on pas toujours, d'ailleurs, par le plaisir d'avoir fait son devoir? Sans doute cet étranger aurait pu se montrer plus généreux... Tant pis pour lui, s'il ne sait pas donner, c'est une jouissance dont il se prive. Notre chaumière est ouverte à tout le monde : les riches doivent pouvoir y entrer comme les malheureux. — Mais cette blessure... c'est pour lui que tu as gagné cela...
— Ça ne sera rien... va, tes soins et les caresses de nos enfants la guériront bien plus vite que tout l'or de ce voyageur.

Ma mère ne dit plus rien à son mari, mais en allant et venant, je l'entends murmurer encore : — Un petit écu!... et il a manqué périr !

En effet, pour un seigneur, M. le comte n'avait pas agi noblement; mais il y a beaucoup de roturiers qui ont l'âme noble, et cela fait compensation.

Chapitre IV. — La Mort d'un bon père. — Séparation nécessaire.

Depuis plus d'une heure les voyageurs étaient partis; mon père se reposait devant le feu, en mangeant la soupe que l'arrivée de M. le comte ne lui avait pas permis de prendre la veille. Ma mère s'occupait de son ménage; mes frères étaient déjà sur le seuil de notre porte, mordant chacun dans un gros morceau de pain bis. Je ne les avais pas suivis; je restai dans la maison, j'y cherchais encore la jolie petite fille ; et j'étais triste de ne plus l'y trouver.

En portant mes regards du côté du lit sur lequel elle s'est reposée, quelque chose de brillant frappe ma vue; je cours et je ramasse au pied du lit le médaillon que nous avons admiré la veille.

Je pousse un cri de joie. — Qu'as-tu donc, André? me dit mon père. — Oh ! j'ai trouvé un trésor... tenez... tenez...

Je cours lui montrer le portrait. — C'est celui que la petite fille portait à son cou, dit ma mère ; il se sera détaché de la chaîne. Regarde donc, Georget, la jolie femme! Oh! c'est la mère de ce petit ange qui dormait sur notre lit... — Oui... elle est très-bien; mais, morgué! comment faire pour rendre ce portrait à ce monsieur ?... Diable!... si on avait vu cela plus tôt... Marie, sais-tu si l'on pourrait encore rejoindre la voiture? — Non certainement, ne le peut plus; ils sont près de deux heures d'avance... D'ailleurs, savons-nous où ils vont? Ne veux-tu pas encore courir et te blesser pour ce vilain monsieur, qui ne vous remercie seulement pas?... — Ah! Marie... faut-il se montrer intéressé?... et quand il s'agit d'être honnête, de faire son devoir...
— Pardi, j'espère que nous le sommes, honnêtes; Dieu merci, quoique pauvres, je n'en sommes pas moins estimés dans le pays. Mais, écoute, Georget; ce portrait n'est pas entouré de pierres précieuses... oh! s'il y avait des diamants, des bijoux alentour, je serais la première à courir après la voiture, dussé-je faire dix lieues, de peur qu'on ne nous crût capables de l'avoir gardé exprès; mais tu vois bien qu'il n'y a qu'un petit cercle d'or tout simple autour de cette figure... Ce n'est pas notre faute si la petite l'a perdu. D'ailleurs, si cet étranger s'en apercevra, il se doutera sans doute que c'est ici que sa fille l'a laissé, et il l'enverra chercher par un de ses valets. En attendant, gardons le portrait, puisque le hasard nous en rend dépositaires, et ne te tourmente plus pour cela. Si cet étranger y tient beaucoup, sois sûr qu'il ne manquera pas de nous l'envoyer demander. — Allons, je crois que tu as raison, Marie; d'ailleurs, la voiture est trop loin... Mais bientôt, je pense, quelqu'un viendra réclamer ce médaillon.

Mon père se trompait dans ses conjectures : les jours s'écoulèrent après celui où nous avions reçu les voyageurs, et personne ne vint chercher le portrait.

Cependant la santé de mon père ne s'améliorait pas. Chaque jour, au contraire, ses forces diminuaient. Sa blessure à la tête était cicatrisée; mais il éprouvait par tout le corps des douleurs qu'il voulait en vain nous cacher. Notre indigence augmentait son mal, en lui donnant pour l'avenir de vives inquiétudes. Ma mère s'efforçait de le tranquilliser; mais depuis longtemps il ne pouvait plus se livrer à aucun travail. C'était en servant de guide aux voyageurs, aux curieux venant souvent admirer nos montagnes et l'âpreté de nos sites, que mon père avait jusqu'alors trouvé le moyen de soutenir sa famille: cette ressource lui était ravie.

Chaque jour je m'offrais pour remplacer mon père; je brûlais du désir d'être utile à mes parents et de soulager leur misère; mais ils me trouvaient trop jeune encore pour gravir les glaciers et m'exposer sur des chemins bordés de précipices; ils tremblaient pour mes jours; si je tardais à rentrer, lorsque j'allais dans le village, leur inquiétude était extrême; ils me croyaient blessé, et, à mon retour, après m'avoir grondé, ils se dédommageaient en m'accablant de caresses... Les pauvres gens apprennent souvent aux riches comment on doit aimer ses enfants.

Un jour cependant, revenant seul du village, je rencontre un voyageur qui me prie de lui indiquer un chemin pour atteindre une hauteur d'où l'on découvre fort loin dans les environs. La route était difficile et bordée de précipices; mais plusieurs fois je l'avais parcourue à l'insu de mes parents. J'offre au voyageur de lui servir de guide, il accepte : nous gravissons les rochers. Après avoir admiré quelque temps le magnifique tableau qui s'offre à ses regards, l'étranger redescend, puis continue sa route ; mais auparavant, il me met dans la main une petite pièce d'argent, en me disant : — Tiens, mon petit homme, voilà pour ta peine.

Jamais je n'avais éprouvé un plaisir aussi grand ; je cours... je vole vers notre demeure ; mes pieds ne marquent point sur la neige, que je ne fais qu'effleurer ; j'arrive enfin, respirant à peine, et je vais donner à ma mère la pièce de monnaie que j'ai reçue du voyageur.

— D'où te vient cela? me dit mon père. Je raconte ce que j'ai fait ; sans doute je parais alors bien fier, bien satisfait, car je vois mon père sourire, quoiqu'il veuille d'abord me gronder.

Pierre et Jacques ouvrent de grands yeux, et disent qu'ils veulent aussi gagner de l'argent ; mais Jacques est si petit! et Pierre si timide!...

Malheureusement de telles occasions sont rares : on veille à ce que je ne m'éloigne pas. Nous restons près de mon père ; ses souffrances paraissent augmenter ; ce n'est qu'entouré de ses enfants qu'il se sent mieux. Nous passons les longues soirées d'hiver assis à ses côtés. Hélas! il n'a plus la force de nous tenir sur ses genoux! Ma mère travaille sans cesse. — Mon rouet suffira, dit-elle, pour nous soutenir tous. —

M. le comte de Francornard et son fidèle Champagne.

Pauvre mère! elle ne dit pas qu'elle pleure la nuit, pendant que mon père repose!... Seul je m'en suis aperçu, car souvent aussi je ne dors point.

Pour nous distraire de nos peines, souvent nous prions mon père de nous montrer le portrait de la belle dame. Nous aimons à le regarder. Pour moi, il me rappelle toujours la jolie petite fille qui a dormi dans notre chaumière. — Ne point avoir fait chercher ce portrait, dit mon père, c'est bien singulier !... Le mari de cette dame doit cependant bien l'aimer... — Son mari? dit ma mère. Ah! si c'est ce vilain borgne au petit écu, comment veux-tu qu'il aime sa femme?... Quand je lui parlais de sa fille, il ne songeait qu'à un chien qu'il allait revoir et faire passer dans un cerceau. Ce petit ange pleurait et demandait sa mère... c'était bien naturel ! Au lieu de l'embrasser, de la consoler, il voulait la fouetter!... Enfin, il lui a débité, pendant une heure, de grandes phrases auxquelles cette pauvre petite ne pouvait rien comprendre!... Va! cet homme-là n'est pas capable d'aimer d'amour.... Mais si c'était le portrait de son chien qu'il eût laissé ici, je gage bien qu'il aurait mis tous ses Champagnes en route pour le retrouver.

Quelques amis de mon père, en venant dans notre chaumière, avaient aperçu le portrait que nous considérions, et appris par quelle circonstance il était entre nos mains. Un vieil Italien, qui se trouvait depuis quelques jours en Savoie, propose un jour à mon père de vendre pour lui le portrait à la ville voisine, assurant que l'on peut retirer au moins trente francs de l'or qui l'entoure. Trente francs! c'était une somme considérable pour nous. Cependant, bien loin d'y consentir, mon père rejeta avec mépris cette proposition. — Ce bijou ne nous appartient pas, dit-il. Tôt ou tard celui qui le possédait peut venir le réclamer ; et vous me proposez de le vendre! Non, Georget mourrait de besoin, qu'il ne toucherait point à ce dépôt.

J'étais auprès de mon père comme il achevait ces mots. Il me prend par la main, m'attire près de lui et me dit :

— Mon cher André, n'oublie jamais ce que tu viens d'entendre : un jour peut-être tu voyageras, tu iras à Paris... Qui sait si, plus heureux que moi, tu ne parviendras pas à t'enrichir? Mais que ce ne soit jamais par des moyens dont tu pourrais avoir à rougir ! La probité des grandes villes est plus facile, plus accommodante que celle de nos montagnes ; mais il faut conserver celle de son père, du pays où tu es né : c'est la bonne, mon garçon : avec elle tu marcheras toujours tête levée ; et, grâce au ciel, celui qui me conseillait de vendre ce bijou n'est pas né dans nos climats.

— Je ferai comme vous, mon père, lui dis-je en l'embrassant. Et puis, si je vais à Paris, j'emporterai le bijou avec moi, car je rencontrerai sans doute ce monsieur qui est venu chez nous... Je le reconnaîtrai bien ; il est si laid ! Je reconnaîtrai aussi la petite fille... elle est si jolie! et je leur rendrai ce portrait.

— Si tu vas à Paris, André, n'oublie point ta mère, que tu laisseras dans la chaumière.

— Oh! non, mon père ; je lui enverrai tout l'argent que j'aurai amassé... et puis à vous aussi...

— A moi!...

Mon père sourit tristement ; il sait bien qu'il ne doit plus être longtemps près de nous, mais il fait tout ce qu'il peut pour le cacher. La gaité a fui de notre chaumière, où jadis elle habitait constamment. Mais la vue de notre père malade nous ôte même l'envie de nous livrer à nos jeux : plus de parties sur la montagne, plus de glissades, de boules de neige! Nous restons auprès de lui, car nous voyons que cela lui fait plaisir. Nous nous asseyons à ses pieds, où nous nous tenons bien tranquilles. Lorsqu'il peut goûter un moment de sommeil, du moins ses yeux, en se fermant, se reposent sur ses enfants, et à son réveil nous avons encore son premier regard.

Mais, hélas! depuis longtemps il ne goûte plus ces moments de repos, pendant lesquels, assis à ses pieds, nous observions le plus grand silence, de crainte de l'éveiller. À peine a-t-il la force de se lever et de gagner sa grande chaise. — Comment te sens-tu? lui demande souvent ma mère. — Bien... bien... répond-il en souriant encore. Mais ce sourire ne la rassure plus ; tandis que moi et mes frères ne connaissant pas l'état de notre père, tous les matins nous espérons le voir guéri.

Un jour, ma mère pleurait sur son rouet, notre père ne nous avait pas parlé depuis longtemps. Tout à coup il nous appelle, il étend ses bras vers nous, il nous enlace plus fortement ; je l'entends qui dit adieu à ma mère, accourue près de lui... il nous nomme ses chers enfants... puis il ferme les yeux en poussant un profond soupir.

Ma mère tombe sur une chaise en pleurant plus fort ; elle ne peut arrêter ses sanglots. — Chut... ne fais pas de bruit, lui disons-nous mes frères et moi ; notre père vient de s'endormir... tu vas le réveiller. — Et déjà nous avons pris notre place accoutumée ; nous nous asseyons à ses pieds... nous observons le plus grand silence, mais notre mère pleure toujours... Enfin, elle s'écrie : Hélas! mes enfants, votre père est mort!... vous l'avez perdu. Mon bon Georget n'est plus !...

Mort!... ce mot nous frappe, mais nous ne pouvons pas bien le comprendre... — Mort! répétons-nous, cela veut donc dire qu'il ne s'éveillera plus? Nous ne pouvons le croire... Nous nous levons doucement pour considérer notre père. Il semble dormir, et ses traits si bons, si doux, ne sont nullement changés. Petit Jacques l'appelle... Non, mes enfants, il ne vous entend plus, dit ma mère. Elle s'approche de nous, et elle nous fait mettre à genoux, comme elle, devant notre père. — Priez le bon Dieu, nous dit-elle, pour que du haut des cieux votre père veille toujours sur vous.

Nous prions pendant bien longtemps, et plus le temps s'écoule, plus notre douleur devient vive : car notre père ne s'éveille pas, et nous commençons à comprendre ce que c'est que la mort.

Des gens du village sont entrés dans notre chaumière, ils tâchent de consoler ma mère ; mais ils ne l'arrachent point de sa demeure : car chez nous on ne fuit pas ceux qu'on aime dès qu'ils ont cessé d'exister, et on ne craint pas d'avoir du chagrin en les voyant encore.

Quelle triste journée s'écoule!... Ma mère pleure toujours... elle ne répond pas à ceux qui essaient de la consoler; elle ne paraît pas les écouter! Nous ne lui disons rien, moi et mes frères ; mais nous allons nous mettre tout près d'elle ; nous posons notre tête sur son sein... et alors elle pleure moins fort.

Le lendemain matin, des hommes emportent mon père ; on nous fait signe de les suivre, mes frères et moi, tandis que ma mère continue de se livrer à sa douleur. Nous n'étions pas seuls à suivre mon père ; presque tous les hommes du village nous accompagnaient, et marchaient derrière nous. On allait bien doucement, on ne parlait presque pas, et tout le monde avait l'air triste. J'entendais dire parfois : — Il était bien doux... Il n'avait point de défaut... Pauvre Georget!...

Personne ne disait : Il était bien honnête homme ! car dans nos montagnes on ne trouve cela que naturel.

On plante une croix sur la tombe de mon père, et on écrit dessus son nom et son âge; on ne prononce point de discours sur ses cendres, mais tout le monde verse des larmes, et j'ai appris depuis que cela valait mieux qu'un discours.

Ma pauvre mère ! comme elle pleure en nous revoyant ! comme elle nous embrasse en s'écriant : — Vous êtes toute ma consolation !... Nous partageons sa peine; et cent fois par jour nos yeux cherchent encore notre père, à cette place où il avait l'habitude de s'asseoir.

Mais le temps adoucit bien vite les peines de l'enfance. Au bout de quelques semaines nous nous livrons de nouveau à nos jeux. Ma mère seule est toujours bien triste, quoiqu'elle ne pleure plus autant. Cette bonne mère travaille sans cesse... à peine si elle prend quelques heures de repos. C'est pour nous nourrir qu'elle se donne tant de mal. J'entends souvent des habitants du village lui dire : — Il faut envoyer vos

— Mademoiselle, dit le comte, votre conduite est au moins inconvenante, pour ne pas dire plus.

deux aînés à Paris; ils sont assez grands pour faire ce voyage. Ils feront comme les autres : ils gagneront de l'argent, et vous les en verront. Ils reviendront ensuite au pays... Allons, la mère Georget, suivez notre conseil... Vous ne pourrez pas nourrir ces trois garçons-là ; quand vous vous rendrez malade à force de travailler, cela ne vous avancera guère.

— Oui... oui... dit ma mère, je sais bien qu'il faudra... Mais me séparer de mes enfants!... Ah! je n'en ai point le courage. — Vous garderez le petit Jacques avec vous. — Mais André, Pierre, je ne les verrai plus...

Et ma mère nous regardait en soupirant ; puis elle travaillait avec encore plus d'ardeur. Mais je trouvais, moi, que nos voisins avaient raison; car je souffrais de voir ma mère se donner autant de peine et de ne point pouvoir l'aider, ainsi que mes frères. Quelquefois je servais de guide à un voyageur ; mais cela arrivait si rarement! — Laissez-nous partir pour la grande ville, Pierre et moi, disais-je souvent, nous gagnerons beaucoup d'argent, et ce sera pour vous. — Tu veux donc me quitter, André? — C'est pour vous rendre un jour bien heureuse.

Ma mère nous embrasse, mais elle diffère toujours. Cependant le temps s'écoule ; il y a déjà six mois que notre bon père est mort. Je vois que ma mère se prive de tout pour nous soutenir; et je suis décidé à partir pour Paris. J'ai huit ans et quelques mois, j'ai du courage ; j'ai surtout ce désir ardent de travailler, de gagner ma vie, qui supplée à nos forces physiques, et fait que l'être le plus faible laisse derrière lui le lâche et le paresseux, auxquels la nature accorde souvent d'inutiles faveurs.

Pierre a près de sept ans. Je lui parle en cachette de Paris, où il faut nous rendre. Il n'est point aussi empressé que moi de partir. Cependant Pierre veut aussi aider notre mère; mais l'idée du voyage l'effraie : Pierre ne paraît pas devoir être très-entreprenant ; il s'amuse aujourd'hui et ne pense pas à demain. Il me promet cependant de partir avec moi, à condition que nous ne marcherons pas la nuit.

Un de nos voisins nous a fait cadeau, à Pierre et à moi, d'un petit instrument en fer avec lequel on ramone les cheminées; toute la journée je m'exerce en grimpant dans notre foyer, où je passe souvent des heures entières perché sur le toit. Mais ce n'est pas sans peine que je parviens à faire monter Pierre dans la cheminée : il faut que je le pousse, que je le presse, que je me moque de sa poltronnerie. Ce dernier moyen me réussit souvent : les enfants ont presque autant d'amour-propre que les hommes.

Fier d'avoir un grattoir, je gratte tout ce que j'aperçois ; je gratte nos murs, nos meubles, notre plancher ; pour montrer mon talent, je gratterais mes culottes et celles de mes frères, si ma mère me laissait faire.

Une bande nombreuse d'enfants de nos montagnes va se mettre en route pour Paris. — Laissez-nous partir avec eux, dis-je à ma mère. Elle hésite, elle ne peut décider. Le jour du départ arrive. Elle nous garde dans sa chaumière. Les laborieux enfants de la Savoie se sont mis, sans nous, en route pour la France.

Le lendemain de ce jour, ma mère sent qu'elle a eu tort de ne point nous laisser profiter de cette occasion. On est au mois de septembre, le temps est magnifique, et tout semble inviter à se mettre en route.

— Nous pouvons facilement les rejoindre, dis-je à ma mère ; ils sont encore près d'ici. Nous suivrons le chemin qu'on nous indiquera, et demain nous serons avec eux. — Eh bien ! partez donc, mes enfants, puisqu'il faut absolument que je me sépare de vous... nous dit-elle en versant des larmes. Partez, mais revenez un jour dans votre pays... Revenez voir votre mère, qui chaque matin adressera au ciel des vœux pour vous.

Ma mère étant enfin décidée, notre petit paquet fut bientôt fait. Elle fourre dans le fond de nos sacs nos vêtements, du pain pour deux jours au moins, et quelques gros sous. Pierre est tout saisi : il ne s'attendait

Portrait de la jolie dame laissé par les voyageurs dans la chaumière de Georget.

pas à partir sitôt ; mais il faut bien que nous nous dépêchions, afin de rejoindre ceux qui, comme nous, se rendent à Paris. Je tâche de lui donner du courage... Nos préparatifs sont terminés ; ma mère me remet le portrait que l'on a oublié chez nous; il est attaché à un ruban qu'elle passe à mon cou. — Tiens, me dit-elle, c'est toi, André, qui, le premier, a trouvé ce portrait; c'est toi, sans doute, qui dois le rendre à son maître. Ma mère ne va pas te tromper?... — Oh ! ne craignez rien !... Je reconnaîtrai bien ce vilain monsieur. — Cache toujours avec soin ce bijou; on pourrait te le voler, mon ami, et j'en serais fâchée, car j'ai dans l'idée que ce médaillon te portera bonheur... qu'il sera cause de ta fortune!... que sais-je?... — Oh ! oui, maman, j'en aurai bien soin, et je ne jouerai pas avec. — Si ce monsieur est plus généreux à

Paris, il te récompensera peut-être de ce que tu as bien gardé ce bijou. Mais ne demande rien, mon fils ; et souviens-toi qu'il ne faut pas se faire payer pour avoir été honnête.

J'ai serré avec soin le portrait sous ma veste ; nous avons nos sacs sur nos épaules, ma mère nous conduit avec Jacques sur la montagne que nous allons descendre pour gagner notre route. Là, elle nous presse tendrement contre son cœur.

— André, me dit-elle, tu es l'aîné ; tu as plus d'esprit que Pierre ; veille sur lui, mon garçon ; console-le, aide-le quand il aura de la peine... Ne vous quittez pas, mes enfants ; et surtout soyez toujours sages, honnêtes, et souvenez-vous des leçons de votre père.

Nous promettons à notre mère de ne point oublier ses avis et de n'être ni menteurs ni paresseux. Puis, après l'avoir encore embrassée, ainsi que notre petit frère, nous nous arrachons de ses bras.

Qu'ils sont pénibles à faire les premiers pas qui vous éloignent de ceux que vous aimez ! Jusque-là j'avais eu du courage, mais en me mettant en route je sens qu'il m'abandonne, et je suis prêt à courir dans les bras de ma mère.

Je m'efforce de retenir mes pleurs, tandis que Pierre laisse couler les siens. Nous ne faisons point six pas sans nous retourner pour voir encore ma mère et mon frère, et leur faire un signe d'adieu : on croit toujours que ce sera le dernier, mais ce n'est que lorsqu'on ne peut plus les apercevoir que l'on renonce à tourner encore une fois ses regards vers ceux que l'on chérit.

Nous sommes au bas de la montagne... Déjà se perd dans l'éloignement le toit de notre chaumière... Jacques, Marie, vous tendez encore vos bras vers nous ! Mais c'en est fait, nous ne distinguons plus vos signes d'adieu. Ah ! je puis maintenant laisser couler mes larmes : ma mère ne les verra pas.

CHAPITRE V. — Les petits Savoyards. — Frayeur et Plaisir.

Nous marchons depuis près d'une heure, Pierre et moi, et nous ne nous sommes encore rien dit. Je ne l'entends plus pleurer ; mais il pousse de temps à autre de gros soupirs qui finit par ces mots : Jacques est bien heureux, lui !... il reste chez nous !...

J'ai aussi cessé de pleurer. Je commence à regarder autour de moi ; ce ne sont encore que des montagnes et des sites semblables à ceux qui entouraient notre chaumière, et cependant tout cela me paraît différent ; il me semble déjà que je suis loin... bien loin de mon pays !... J'aperçois un village ; nous y demanderons si l'on a vu nos compatriotes ; d'ailleurs, je me souviens du nom de la première ville où nous devons nous rendre : c'est à Pont-de-Beauvoisin, puis après à Lyon. Oh ! j'ai de la mémoire, et je trouverai bien ma route.

— André... je suis las, me dit Pierre en s'arrêtant devant moi. — Asseyons-nous là-bas... au bord de la route, lui dis-je en le regardant avec tendresse ; car je me souviens des dernières paroles de ma mère : elle m'a dit de veiller sur mon frère, de le protéger, de ne point l'abandonner. Je me sens fier de la confiance qu'elle a eu en moi, et de cette secrète supériorité qu'elle me reconnaît sur lui.

Nous nous sommes assis au pied d'une colline : — Marcherons-nous longtemps ? me dit Pierre, qui a toujours l'air bien affligé. — Ah ! dame ! nous ne sommes pas près d'arriver !... — Jacques est bien heureux, lui !... il reste chez nous !... — Nous allons gagner de l'argent pour aider notre mère ; est-ce que tu en es fâché ? — Et comment ferons-nous pour gagner de l'argent ? — Nous ramonerons les cheminées ; nous ferons des commissions... nous danserons la savoyarde... nous chanterons la chanson que nous a apprise notre père....

Pierre, qui a fait la grimace quand j'ai parlé de ramoner, me dit alors : — Si tu veux, André, tu ramoneras les cheminées, et puis moi je danserai.

Je regarde mon frère ; ses yeux bleus étaient encore gonflés d'avoir pleuré ; sa figure, ordinairement riante, ronde et rouge comme une cerise, et que ses cheveux blonds qui tombaient en grosses boucles sur son front rendaient si gentille, était comme un des yeux changé par le chagrin. Je lui saute au cou, je l'embrasse tendrement ; cela nous fait du bien, et Pierre retrouve l'appétit.

— J'ai faim, dit-il. — Mangeons... nous avons de quoi dans nos sacs.

Pierre fouille dans le sien... il pousse un cri de joie. Ma bonne mère nous a glissé des noisettes et des pommes avec notre pain. — André !... André !... des pommes ! me dit-il. Et le voilà qui mange et chante en même temps ; les pommes ont rendu à mon frère toute sa gaîté.

— Dis donc, André, qu'est-ce que nous verrons à Paris ? me dit-il tout en se bourrant de pommes et de noix. — Oh ! tout plein de choses !.. Tu sais bien que mon père nous racontait ce qu'il y avait vu.... — Ah ! oui... des polichinelles, n'est-ce pas ? et puis des hommes qui font des tours... qui mangent du fil et des aiguilles... qui marchent sur la tête, qui tournent sur une jambe. — Oh ! bien d'autres choses encore !... des rues superbes, des maisons bien plus grandes que la nôtre, des voitures qui roulent toujours, des boutiques, comme quand c'est la foire à la ville de l'Hôpital, des lanternes magiques, des pièces curieuses, le soleil et la lune qu'un monsieur porte sur son dos, le diable qui danse, un chat qui lui tire la queue, et une bataille avec des chevaux dans une petite maison.

— Comment ! nous verrons tout ça ? dit Pierre en se levant et sautant de joie ; ah ! comme nous allons nous amuser.... Tiens, moi, je ferai la roue... Vois-tu, André, comme je la fais bien !

Et voilà mon frère qui s'exerce à faire la roue sur le bord de la route ; il ne pense déjà plus à notre chaumière. Ah ! Pierre sera heureux à Paris !

Mais le temps se passe : il faut nous remettre en route ; Pierre fait la grimace. Il n'était plus fatigué pour faire la roue, il l'est encore pour marcher. Il me suit cependant, tout en faisant la moue. Mon frère, lui dis-je, tu sais bien que notre mère nous a recommandé de ne point être paresseux ; si nous nous arrêtons souvent aussi longtemps, nous ne rattraperons pas les autres... — Je suis las. — Tu dansais tout à l'heure. — J'ai mal au talon. — Ça ne t'empêchait pas de faire la roue ; il faut bien que nous arrivions ce soir dans une ville pour y coucher, sans cela il faudrait dormir sur la route. — Ah ! oui, oui, dit Pierre. Et il retrouve ses jambes, parce qu'il a peur de passer la nuit en plein air. Je sais maintenant le moyen de le faire avancer.

— Dis donc, André, si nous allions nous perdre ?... — Oh que non ! nous demanderons toujours le chemin de Paris. — Si nous rencontrions des voleurs ? — Tu sais bien que ma mère nous a dit que l'on ne volait pas les enfants. — Est-ce parce que les voleurs aiment les enfants ? — Non, c'est parce que, quand on est petit, on n'a pas d'argent. — Ah ! quand je serai grand, je n'aurai jamais d'argent, pour ne point avoir peur des voleurs. — Et avec quoi achèterons-nous du pain et des pommes ? — Je ferai la roue et on me donnera de quoi dîner. — Et qu'est-ce que tu enverras à notre mère ?

Pierre ouvre de grands yeux et ne répond rien.

Les pommes, la roue et les voleurs l'occupent entièrement. Nous sommes arrivés au village que j'avais aperçu de loin ; je demande si l'on a vu passer une bande de Savoyards se rendant à Paris ou à Lyon.

— Oui, mes enfants, me dit une bonne vieille, mais ils ont beaucoup d'avance sur vous. Ils sont passés au point du jour, et voilà le soleil qui va bientôt se coucher.

— Allons, en route ! dis-je à mon frère, qui s'est déjà assis sur un banc devant une maisonnette et mange ce qui lui reste de pommes et de noix. — Est-ce que nous n'allons pas dîner ? — Nous dînerons en chemin... Il faut rejoindre nos amis.

Pierre a beaucoup de peine à se décider à se lever, mais il me voit m'éloigner, il me suit enfin. Je vois bien fait indiquer la route que nous devons tenir, car le jour commence à baisser ; et si nous nous égarions dans les montagnes, nous pourrions tomber dans quelque précipice ou glisser dans quelque ravin.

— Ne va donc pas si vite ! me crie Pierre. Est-ce que les autres ne nous attendront pas ? — Non, car ils ne savent pas que nous les avons suivis. — Je suis déjà las. — Et quand nous courions toute la journée dans le village, quand nous descendions sur nos mains le mont du Corbeau, tu n'étais jamais las. — Ah ! j'aime mieux grimper à quatre pattes que marcher comme ça. — Tu n'as donc pas envie d'arriver à Paris ? — Oh ! si ; mais Jacques est chez nous, lui ! il n'est pas fatigué, et il aura de la soupe ce soir.

Pierre pousse un gros soupir en songeant à la soupe. Nous avançons toujours, mais le jour finit, et je n'aperçois pas le village que l'on m'a dit qu'il fallait gagner pour trouver à coucher. Mon frère, qui était toujours en arrière, se rapproche de moi dès que la nuit paraît.

— Dis donc, André, voilà la nuit. — Eh bien ! ça n'empêche pas de marcher quand il fait clair de lune ; nous verrons bien devant nous. — Est-ce que nous ne sommes pas bientôt arrivés ? — Je ne sais pas. — Veux-tu courir, mon frère ? — Non, non ; ma mère nous a défendu de courir, ça nous rendrait malades en route. — D'ailleurs je suis las. — Non, je ne suis pas fatigué... Tiens, allons plus vite.

Pierre double le pas. Heureusement que la lune qui vient de paraître éclaire alors nos montagnes et nous permet de marcher sans danger. Cependant son éclat clarté a quelque chose qui m'inspire de la tristesse. Les objets que nous voyons ne nous paraissent plus les mêmes ; les ombres changent leurs formes. Souvent un bloc de rocher, une simple pierre a de loin un aspect effrayant. Mon frère ne regarde plus qu'avec crainte autour de lui, il se serre contre moi, me tient le bras, qu'il presse avec force. Nous marchons ainsi sans parler pendant assez longtemps ; le bruit de nos souliers ferrés trouble seul le silence de la nuit et le calme de nos montagnes, dont les habitants sont déjà livrés au repos.

L'ardeur de Pierre se ralentit ; il commence à perdre courage, et nous n'allons plus aussi vite. — André, est-ce que nous ne sommes pas bientôt arrivés ? me dit-il à demi-voix comme s'il craignait d'être entendu à droite ou à gauche. Je devine au son de sa voix qu'il a grande envie de pleurer, et je tâche de le consoler.

— Allons, Pierre, ne sois pas chagrin, nous souperons bien en arrivant.... — Ah ! je n'ai plus ni pommes ni noix. — On nous donnera quelque chose ; tu sais bien que ma mère nous a dit qu'en chemin on donne aux enfants qui vont à Paris. — Nous aurons peut-être du lard ?... — Si on nous en donne, nous danserons.... — Oh ! oui !... C'est bon, du lard !... En mange-t-on à Paris ? — Oui, puisqu'on gagne beaucoup d'argent. Il y a des gens qui vous donnent un sou pour une chanson...—Un sou!... C'est beaucoup d'argent, ça.—Tiens, chantons tous les deux pour voir comment nous ferons à Paris. — Non, je ne veux pas chanter... j'ai envie de dormir. — Nous dormirons quand nous serons arrivés...—Je ne vois pas de maisons! — Allons, Pierre, il faut que je te tire à présent: marche donc... Si nous étions pris par des voleurs?... —Tu es un poltron, tu trembles toujours; quand tu seras à Paris, tout le monde se moquera de toi! — André, est-ce qu'il n'y a pas des hommes qui mangent les enfants? — Eh non! c'est pour rire qu'on raconte des choses-là, tu sais bien que mon père se moquait de Jacques quand il disait cela; d'ailleurs, si on voulait te faire du mal, je saurais bien te défendre!... je donnerais de bons coups, va!...

Pierre a beaucoup de peine à se rassurer; cependant nous continuons de marcher, lorsque tout à coup il s'arrête et me saisit le bras en me disant d'une voix tremblante : — Ah! mon frère! vois-tu là-bas!....

Il me désigne du côté droit de la route, à une trentaine de pas de nous, et j'aperçois une ombre de la grandeur d'un homme qui avance, puis recule sur le chemin que nous devons prendre; en même temps, j'entends un bruit sourd et uniforme qui se répète toutes les fois que l'ombre s'allonge et s'étend sur la route. Quoique je ne sois pas poltron, je sens mon cœur se serrer, que ma respiration est gênée ; je fais comme Pierre : je m'arrête, les yeux fixés sur cet objet, près duquel je crains d'approcher.

— Ah, mon frère! qu'est-ce que c'est que ça? me dit Pierre, qui n'a presque plus la force de parler. — Dame... je ne sais pas... —Vois-tu comme ça remue... comme c'est grand?... entends-tu le bruit que ça fait?... — Oui... mais il faut pourtant que nous passions là... Oh! non, André, je t'en prie... j'ai trop peur... sauvons-nous...—Allons, Pierre, ne tremble pas ainsi... Nous sauver!... Non, mon père m'a dit que c'était honteux de se sauver. Cet homme qui est là veut nous effrayer ; mais moi je n'ai pas peur... viens... — Non, non, André, je n'ose pas...

Pierre se jette à genoux ; il veut me retenir, il saisit ma veste, mais je ne l'écoute pas.... Je me dégage, et il cache sa figure dans ses mains : j'avance fièrement vers l'objet qui nous cause tant d'alarmes, en criant bien haut pour me rassurer : — Non, non, je n'ai pas peur, moi!...

J'approche enfin ; et dans ce moment l'ombre mouvante s'approchait aussi et semblait vouloir me barrer le passage. Je n'avais pas encore osé la regarder en face pour m'assurer de ce que c'était ; mais quelle est ma surprise en arrivant contre cet objet, de me trouver devant une barrière fixée toute en bois, et placée là pour empêcher les voyageurs de tomber dans un trou très-profond qui touchait presque la route. Cette barrière, qui s'ouvrait par le milieu, devait être fermée par une chaîne ou un cadenas ; mais depuis longtemps une moitié s'était cassée ; on avait négligé de la raccommoder, et ce qui restait et tenait au poteau par des gonds de fer tournait et retournait au gré du vent en rendant un son uniforme causé par le frottement continuel des vis qui criaient dans les gonds.

Je n'ai pas plutôt reconnu ce que c'est, que, riant de ma frayeur, enchanté d'avoir eu le courage de la surmonter, je grimpe sur la barrière et me mets à cheval dessus, tournant avec elle au gré du vent.

Pierre, qui est resté à terre la tête cachée dans ses mains, m'entend pousser des cris de joie en me répétant : — Hue donc! à cheval !... ah ! que c'est gentil!.. viens donc, Pierre. — Ah! qu'on est bien là-dessus! ça va tout seul.

Pierre ne sait pas ce que cela veut dire, ni s'il doit se risquer à venir me trouver. Cependant je l'appelle toujours, il m'entend rire, cela dissipe sa frayeur. Il s'approche enfin, et ne m'a pas plutôt vu tournant sur la barrière, qu'il grimpe à califourchon et se met en croupe derrière moi. Puis nous donnons le mouvement, et nous voilà nous ébattant à qui mieux mieux sur le morceau de bois qui nous fait tourner autour du poteau. Nous ne remarquons pas que ce poteau est placé tout près d'un précipice, et qu'en nous faisant aller de toute notre force sur la barrière, nous pourrions, si nous perdions l'équilibre lorsqu'elle revient sur le bord, rouler à plus de trente pieds, et nous casser bras et jambes sur les rochers ; mais nous ne voyons plus le danger, et ce qui un moment auparavant nous causait de si vives alarmes est devenu pour nous une source de plaisirs.

Comme il faut que tout ait une fin, après être restés près de trois quarts d'heure sur cette nouvelle balançoire, je descends et je dis à Pierre : — Il faut nous remettre en route, mon frère. — Ah! encore un peu, c'est si amusant !... Et coucher? et souper?... — Oh! je n'ai plus ni faim ni envie de dormir. André, fais-moi aller, je t'en prie! — Non, en voilà assez, il faut arriver au village.

J'ai bien de la peine à déterminer Pierre à descendre de dessus la barrière ; il cède cependant en répétant : — Quel dommage !... comme c'était amusant!

Nous nous remettons en marche ; mais cette fois c'est en riant, en chantant ; la frayeur a disparu, le jeu nous a ôté de la tête toutes les visions causées par le clair de lune ; et maintenant quand nous apercevons de loin quelque chose qui semble remuer, Pierre s'écrie en sautant de joie : — Ah! si c'était encore une balançoire!... Qu'il faut peu de chose pour nous faire envisager les objets sous un aspect différent!......

Nous sommes arrivés au bourg que l'on m'a indiqué, et cette fois le chemin ne nous a pas paru long. Mais il est sans doute tard, car je n'aperçois pas de lumière dans les maisons. — Vois-tu dis-je à Pierre, nous sommes restés trop longtemps à cheval sur la barrière. Je ne sais pas où il faut frapper pour demander à coucher et à souper. — Il faut frapper à une maison... — Oui, mais dans toutes les maisons ou ne donne pas à coucher!... —Bah !... nous leur chanterons quelque chose... ou ben tu ramoneras, toi. — Est-ce qu'on ramone la nuit?... Cette bonne femme chez qui nous avons passé ce matin m'avait dit d'aller à l'auberge, qu'on y couchait les Savoyards pour deux sous dans une belle grange, avec un morceau de fromage. — Il faut y aller. — Mais je ne sais à qui demander. Viens, Pierre, on dit que c'est une grande maison ; cherchons-en une belle.

Nous voilà parcourant le bourg, qui est assez considérable, et regardant toutes les maisons au clair de la lune. J'en aperçois une qui me semble bien plus belle que les autres, et je dis à Pierre : — C'est sans doute l'auberge.. frappons.

Nous cognons avec nos pieds et nos poings contre la porte de la maison. Aussitôt nous entendons les aboiements d'un chien qui accourt tout contre la porte à laquelle nous avons frappé, et qui fait un bruit épouvantable. Pierre, effrayé, s'éloigne de la maison, dont il ne veut plus approcher ; je cours après lui pour le rassurer, mais les aboiements du chien ont réveillé les autres. Tous les mâtins du bourg semblent se répondre : de quelque côté que nous nous sauvions, nous entendons près de nous japper avec fureur, et Pierre est tremblant, parce qu'il croit avoir après lui tous les dogues de l'endroit ; il veut à toute force quitter le village.

— Viens, André, me dit-il, allons-nous-en... Il n'y a que des chiens dans cet endroit-ci... Oh! j'aime mieux coucher sur la route... — N'aie donc pas peur!... Tous ces chiens-là sont pour garder les maisons ; mais ils ne nous feront pas de mal, nous ne sommes pas des voleurs!... Est-ce qu'il faut trembler comme ça? Attends, voilà encore une belle maison, je vais frapper plus doucement, pour que les chiens ne m'entendent pas.

Je cogne un petit coup contre la porte : on ne répond pas. Je continue de cogner ; mais le bruit que font les chiens empêche qu'on ne m'entende. Cependant on ouvre une fenêtre à quelques pas de moi, puis une autre dans une maison à côté : j'entends des voix, et bientôt la conversation s'établit d'une croisée à l'autre.

— Dieu! quel tapage font tous ces mâtins !... queu qu'ils ont donc cette nuit pour être en l'air comme ça?... — Ah! c'est toi, Claudine! t'es donc réveillée aussi? — Est-ce qu'on peut dormir avec ce charivari?... Et toi, est-ce ton mari ou les chiens qui t'ont éveillée?—Mon mari!... Ah ben! on lui tirerait le canon dans l'oreille qu'il n' bougerait pas plus qu'une bûche !... i' n'est pas jamais gai la nuit. Tiens, Jeanne, si tu te remaries, ne prends pas un plâtrier !... I gnia rien de plus traître que ça... C'est un état trop fatigant, vois tu : Michel est un bonhomme, mais i' n'rit que le dimanche !... — Ah ! c'est ben triste !... j' tâcherai d'épouser un couvreur, ils sont ben plus aimables.

Pendant la conversation de ces dames, le bruit a cessé. Je veux m'approcher d'elles et leur parler ; mais elles viennent de refermer leur croisée. Je retourne à la grande maison, je frappe encore !... Enfin, on ouvre une fenêtre : une vieille figure presque cachée sous un grand bonnet de laine se montre et demande avec colère :

— Qui est-ce qui frappe chez M. le maire à l'heure qu'il est ? — C'est nous, madame... Qui, vous ? — André et Pierre... — Qu'est-ce qu'ils veulent, André et Pierre ? — Nous sommes de petits Savoyards... Avez-vous une cheminée à faire nettoyer ?... Voulez-vous nous ouvrir, nous chanterons la petite chanson, et nous danserons nous deux mon frère pour un peu de pain et de fromage. — Ah ! les petits drôles !... Ah ! les mauvais sujets, qui viennent réveiller des gens comme nous !... pour leur proposer de les voir danser ! Si je vous retrouve demain, je vous ferai danser, moi. Du fromage !... du fromage !... à ces polissons !... Allez-vous-en bien vite, et que je ne vous entende plus. Venir la nuit !... ramoner... chez M. le maire !...

La vieille femme est rentrée en murmurant des menaces contre nous. Je retourne tristement près de mon frère.

— André, me dit-il, ces gens sont bien méchants, ils ne veulent pas nous ouvrir... Pourquoi donc ça? Et quand on frappait la nuit à notre chaumière, mon père nous ouvrait toujours ; il partageait son souper, sans faire ramoner sa cheminée, et sans savoir si on lui chanterait quelque chose. Pourquoi ces gens-là ne sont-ils pas comme mon père ? — Ah ! dame ! je ne sais pas !... — Ça sera-t-il comme à Paris ? — Oh ! non ! à Paris on aime bien les Savoyards, parce qu'on a beaucoup de cheminées à faire ramoner.

Tout en causant avec mon frère, j'aperçois, à côté d'une petite maisonnette de bien chétive apparence, une espèce d'écurie dans laquelle sont plusieurs monceaux de paille et des instruments de jardinage. Il n'y a point de porte qui ferme cet endroit ; j'entre tout doucement, en faisant signe à Pierre de me suivre. Il n'ose pas. — Il y a peut-être encore des chiens, me dit-il en restant à la porte. J'entre seul... je m'assieds sur la paille, et Pierre, voyant qu'il n'y a pas de danger, se décide enfin à entrer, et vient s'asseoir près de moi.

— Oh ! qu'on est bien là, André ! — Nous allons y passer la nuit.
— Mais si on nous gronde demain ? — Non, non, puisqu'il n'y a pas

de porte, c'est qu'on veut bien permettre d'y entrer. N'aie pas peur, Pierre... Nous serons aussi bien là que dans leur maison, et on ne nous dira rien.

Pierre se rassure ; d'ailleurs il est las, et il a sommeil. Comment quitter cette paille, sur laquelle nous sommes si douillettement !... Mon frère se couche à mon côté ; je passe un de mes bras autour de lui, pour le sentir toujours près de moi ; je mets mon autre main sur le médaillon, que je porte sous ma veste, afin qu'on ne puisse pas me l'enlever, car je suis fier de porter un objet si précieux. Plus tranquille de cette manière, je ne tarde pas à imiter Pierre, et nous nous endormons profondément.

CHAPITRE VI. — Notre début. — Premier exploit de Pierre.

Quand nous nous éveillons, le soleil est levé depuis longtemps. Je me frotte les yeux, je pousse mon frère. — Mon Dieu ! il est bien tard, peut-être ? dis-je en regardant autour de moi. J'aperçois alors, à l'entrée de l'endroit qui nous avait servi de chambre à coucher, un petit vieillard qui nous regardait en souriant.

— Pardon, monsieur, c'est peut-être à vous cette paille sur laquelle nous nous sommes couchés... mais nous étions si fatigués !... Pierre, Pierre, lève-toi donc... Nous allons nous en aller tout de suite, monsieur...

— Et pourquoi, mes enfants ? me répond le vieillard ; reposez-vous tant que vous voudrez... Ne craignez pas de me gêner. Mais il fallait frapper à une chaumière, vous auriez été mieux et plus chaudement pour la nuit. — Ah ! monsieur, nous n'avons pas osé... Nous avions déjà été quelque part, où nous avions été refusés et appelés polissons, parce que nous demandions à coucher et un peu de fromage sur not' pain, et cependant, pour cela, nous aurions dansé et chanté, mon frère et moi. — Pauvres petits ! Mais... où donc avez-vous frappé ? — A la plus belle maison de l'endroit. — Mes enfants, c'était à la plus simple, à la plus modeste qu'il fallait vous adresser, on ne vous aurait pas chassés. Une autre fois, souvenez-vous de mon conseil : quand vous irez demander l'hospitalité, allez frapper aux chaumières, et non pas aux grandes maisons.

Pierre vient enfin d'ouvrir les yeux. J'ai bien de la peine à le décider à quitter notre lit. Il appelle Jacques et notre mère, il se croit encore chez nous. Il demande à déjeuner... Je le pousse, je le secoue. — Pierre, éveille-toi donc tout à fait... Nous ne sommes plus chez nous... Nous allons à Paris...

Il me regarde en se frottant les yeux. Il pousse un gros soupir. — Nous n'allons donc pas déjeuner, André ?

— Si, mes enfants, nous dit le bon vieillard, vous allez déjeuner avec moi, et vous ne vous remettrez en route que lorsque vous aurez pris des forces pour longtemps.

Ces mots ont entièrement réveillé Pierre ; nous suivons gaiement ce bon monsieur, qui nous fait entrer dans sa petite maisonnette. Là, nous voyons sur une table du lait, des œufs, du fromage et du pain blanc. Nous nous regardons en riant, Pierre et moi. Quel doux réveil ! comme nous allons nous régaler !

Le vieillard nous fait asseoir devant la table. — Mangez, nous dit-il, reprenez des forces, mes enfants. Il y a loin d'ici à Paris ! Mais à votre âge, on doit faire la route en jouant et en chantant.

Nous ne nous sommes pas fait répéter l'invitation de notre hôte : nous dévorons le déjeuner qui est devant nous, et nous ne nous arrêtons que lorsque la respiration commence à nous manquer.

— Ah ! que c'est bon du pain dans du lait ! dit Pierre, qui regrette de ne pouvoir manger davantage. Je remercie ce bon vieillard, qui met dans nos sacs ce que nous avons laissé de déjeuner, puis nous conduit lui-même sur la route que nous devons prendre, et nous embrasse tendrement avant de nous quitter.

Nous voici de nouveau en chemin ; mais le déjeuner que nous venons de faire nous a égayé l'imagination, nous voyons tout en rose. Quelle influence l'estomac a sur l'esprit ! comme on est plus aimable, plus humain, plus généreux, plus sociable en sortant de table ! c'est pour cela que les hommes doivent avoir de la bienveillance, de l'aménité les uns pour les autres dans ce siècle où l'on dîne si bien, et où le *Cuisinier Royal* est à sa quatorzième édition !

Nous ne nous arrêtons que pour manger nos provisions et, vers le soir, nous arrivons sans accident à un village que le bon vieillard nous a indiqué le matin en nous disant d'y demander Joseph, qui doit nous donner à coucher. En effet, sur sa recommandation, nous sommes accueillis et logés dans une grange ; mais j'apprends que la bande de montagnards a passé la veille, et ne s'est point arrêtée dans le village. Chaque instant nous éloigne davantage de ceux que nous voulons rejoindre. Comment faire ? Pierre ne veut pas aller plus vite ; je ne puis parvenir à l'éveiller avant le point du jour, et les autres ne nous attendront pas. — Ma foi ! nous ferons la route sans eux, dis-je en me couchant près de mon frère ; nous sommes assez grands pour aller seuls, et en demandant notre chemin nous saurons bien trouver ce Paris que tout le monde connaît.

Le lendemain, c'est la même cérémonie pour décider Pierre à se remettre en route. Si je le laissais faire, ce garçon-là passerait sa journée à dormir. Nous n'avons pas un déjeuner aussi bon que la veille, mais on nous donne du pain pour emporter ; et je pousse Pierre pour qu'il remercie nos hôtes, ce qu'il fait d'assez mauvaise grâce et en lorgnant du coin de l'œil un fromage placé sur une planche et auquel on ne nous a pas fait goûter.

— Pierre, lui dis-je quand nous sommes en route, si tu n'es pas plus honnête, on ne nous donnera plus rien dans les maisons où nous nous arrêterons. — Pourquoi ne nous ont-ils pas donné de ce grand fromage jaune... qui sentait si bon ? — C'est encore bien poli de nous avoir donné du pain, car nous n'avons rien fait chez eux, ni ramoné, ni chanté ; tu veux qu'on te donne sans travailler, toi ?

M. Pierre ne dit rien, il fait la moue, il est de mauvaise humeur pendant toute la route, il veut s'arrêter à chaque instant, et se plaint de son talon. Tout cela, parce qu'il est mécontent de son déjeuner.

Vers la brune, nous apercevons la ville de Pont-de-Beauvoisin. — Tiens, vois-tu, dis-je à Pierre, nous avons déjà fait beaucoup de chemin !... C'est une grande ville, cela... — Sommes-nous à Paris ? — Oh ! non, mais nous approchons... Oh ! il y a de belles maisons là... et de grandes cheminées... Allons, mon frère, c'est là qu'il faut commencer à gagner de l'argent !...

Pierre roule ses yeux autour de lui d'un air qui n'annonce pas qu'il ait grande envie de m'obéir, et pendant que je saute de joie en entrant dans la ville, et que je commence à crier de toute ma force : Ramoneur de cheminées !... faut-il des ramoneurs ?... j'aperçois mon frère qui tire la langue et fait des grimaces aux personnes qui se mettent à leur croisée.

— Pierre, veux-tu finir... — Quoi donc ? je ne fais rien. — Je te vois bien te moquer du monde, faire la grimace : c'est bon, nous n'aurons ni à coucher ni à souper, et on nous chassera de la ville comme des mauvais sujets.

Pierre se tient plus tranquille ; je recommence à crier : Voilà des ramoneurs ! En ce moment, nous nous trouvons devant la boutique d'un pâtissier-rôtisseur-restaurateur. Le maître prenait le frais en fumant sa pipe devant sa porte. Il nous regarde en souriant : Ah ! ah ! voilà des enfants qui vont à Paris peut-être ?... — Oui, monsieur... avez-vous des cheminées à faire ramoner ?... — Allons, je veux essayer votre talent... Entrez, mes enfants... Marguerite !... Marguerite !... conduisez-les à la cuisine et à la chambre du premier ; ils ramoneront chacun une cheminée...

Le pâtissier nous a fait entrer chez lui. Pierre lorgne les petits pâtés qu'il aperçoit dans la salle basse. Une jeune fille arrive et demande à M. Boulette (c'est le nom du pâtissier) ce qu'il faut faire de nous. Il lui renouvelle l'ordre de nous conduire aux cheminées, et retourne fumer sa pipe sur sa porte.

— Allons, venez, petits, nous dit la jeune servante en marchant devant nous. Suivez-moi, et tâchez de ne point faire trop de poussière.

J'ai bien de la peine à faire avancer Pierre, qui semble cloué au milieu des petits pâtés. Je le force cependant à marcher devant moi ; nous arrivons dans la cuisine. — Tiens, ramone celle-là, me dit la servante, tu es le plus grand, et c'est celle où il doit y avoir le plus d'ouvrage. Toi, petit, viens ramoner l'autre.

La jeune fille fait signe à Pierre, qui ne bouge pas, et se contente de chercher dans tous les coins de la cuisine s'il n'apercevra encore quelque galette.

— Va donc avec mamzelle, lui dis-je en le poussant. — Est-ce qu'il ne sait pas ramoner ? dit la servante. — Si, si, mamzelle ; mais comme il est un peu petit, je vais aller avec vous, seulement pour l'aider à grimper. — Oh ! le nigaud ! j'en ai vu de bien plus petits que lui qui graimpaient comme des chats !

Je prends mon frère par le bras, il me suit sans ouvrir la bouche ; nous arrivons dans la chambre de monsieur Boulette, et la servante lui montre la cheminée. Pierre devient rouge jusqu'aux oreilles, et je vois qu'il a envie de pleurer.

— Allons, Pierre, ôte tes souliers... mets là ton sac, accroche ton grattoir à ta ceinture, et monte là-dedans... Elle n'est pas ben haute. — Je ne veux pas !... me dit Pierre en mettant ses mains à ses yeux. — Comment, tu ne veux pas !... et que feras-tu donc à Paris ?... Comment gagneras-tu de l'argent ?... C'est si vilain d'être paresseux... Et notre pauvre mère !... Allons, Pierre, si tu montes, tu auras pour souper un de ces petits pâtés que tu regardais tout à l'heure.

Ce dernier argument paraît être le plus fort. Pierre s'avance en rechignant un peu ; je me mets à genoux pour l'aider à monter, il hésite... Il s'arrête... Je lui crie encore aux oreilles les mots de pâtés, de galette, et il se décide : il monte sur moi..... Le voilà dans la cheminée. — Ramone ferme, et n'aie pas peur, lui dis-je, et surtout va jusqu'au haut, et chante la petite chanson.

Après l'avoir encouragé, je suis la servante, qui raît de la poltronnerie de mon frère ; je redescends à la cuisine, dont je vais ramoner la cheminée, enchanté d'être enfin parvenu à vaincre la répugnance de Pierre. Mais, pendant que je ramone de mon mieux, je suis loin de me douter des suites que doivent avoir les premiers travaux de mon frère.

Pierre est resté longtemps fixé à la même place, ne sachant s'il doit avancer ou reculer : la crainte et l'appétit se livrent un long combat ; mais l'appétit finit par l'emporter, et Pierre monte en s'appuyant des mains et des genoux aux parois de la cheminée. Parvenu à une certaine hauteur, il sent d'un côté une grande crevasse, et se persuade que c'est une fenêtre de la cheminée; il passe par là sa tête, puis ses jambes, cherchant le jour et ne l'appercevant que fort loin au-dessus de lui; il essaie de chanter là sa petite chanson, mais la suie qu'il avale et qu'il respire l'enroue au point qu'il peut à peine se faire entendre. Il tire son grattoir, et ne se doute pas qu'il a changé de cheminée, et qu'au lieu d'être dans celle de M. Boulette, il ramone maintenant pour une de ses voisines.

Bientôt Pierre se sent fatigué... Il m'appelle : ne recevant pas de réponse, il me croit en train de souper sans lui, alors il veut descendre bien vite; mais, parvenu à six pieds de l'âtre, le pied lui manque, et il roule dans la cheminée en poussant des cris épouvantables.

La cheminée dans laquelle mon frère venait de passer par mégarde était celle de la chambre à coucher de mademoiselle Césarine Ducroquet, fille majeure, ayant conservé jusqu'à quarante-deux ans une vertu que n'avaient pu effleurer les hommages des hommes les plus séduisants du département de l'Isère; en revanche, mademoiselle Ducroquet aimait à s'égayer sur le compte des femmes dont les mœurs ne lui paraissaient pas bien pures. Prude par vanité, méchante par goût, coquette par instinct, superstitieuse par faiblesse, bavarde par tempérament, mademoiselle Césarine passait sa vie à se faire tirer les cartes et à jouer au boston; à faire des petits paquets avec sa vieille servante et des grabuges avec madame l'adjointe, à médire de ses voisins et à courir chez eux pour savoir ce qui s'y passait. Deux mille livres de rente, qui ne devaient rien à personne, ouvraient à la vieille fille les portes des maisons les plus considérables de l'endroit.

Cependant une vertu de quarante-deux ans devient quelquefois un poids dont on voudrait alléger la pesanteur. *S'il est un temps pour la folie, il en est un pour la raison*; par conséquent, quand on a commencé par la raison, on finit assez souvent par la folie. Depuis quelque temps, mademoiselle Césarine Ducroquet n'était plus la même; elle éprouvait des maux de nerfs, des vapeurs, des palpitations; ses yeux devenaient humides en lisant les amours de *Huon de Bordeaux* et de la dame *des belles Cousines*; elle avait en secret soupiré avec *Élodie*, et frémi avec *Éléonore de Rosalba*. En vain sa vieille servante lui assurait qu'elle lisait trop tard la nuit, et que cela seul faisait pleurer ses yeux. Mademoiselle Ducroquet trouvait une autre cause à sa sensibilité. Depuis plusieurs jours ses cartes lui montraient sans cesse un beau blond attaché à ses pas, la suivant partout, se trouvant toujours avec elle et l'as de pique, soit à la ville, soit à la campagne. Quel était ce blond? que lui voulait-il? Le destin lui annonçait-il un époux dans les petits paquets? Mademoiselle Ducroquet ne pouvait éloigner ces pensées de son esprit troublé; partout elle cherchait le beau blond. Elle soupirait, elle s'impatientait! Son heure était venue : à quarante-deux ans le timbre du cœur n'a plus cette douceur, ce son argentin qui fait tendrement rêver la volupté; c'est une cloche qui tinte avec force, et qui étourdit celle qui la possède.

Mademoiselle Césarine Ducroquet, ne voulant pas laisser connaître dans la ville le changement qui s'opérait en elle, allait beaucoup moins dans le monde, et se concentrait dans ses cartes et ses romans de chevalerie ou de revenants. Cette nouvelle manière de vivre avait altéré sa santé; bientôt il fallut consulter un médecin. Un nouveau disciple d'Esculape venait de se fixer dans la ville; on vantait beaucoup son savoir; mademoiselle Ducroquet ne le connaissait encore que de réputation; elle le fit prier de venir la voir, et M. Sapiens, charmé de se faire une clientèle, s'empressa de se rendre à son invitation.

A l'aspect du docteur, mademoiselle Ducroquet éprouva un tremblement involontaire, trouvant qu'il ressemblait d'une façon surprenante au valet de carreau qu'elle poursuivait sans cesse dans ses cartes. En effet, sans être positivement blond, M. Sapiens avait quelque chose de la couleur d'Hector; ses yeux étaient vifs et malins; il boitait un peu, ce qui n'est pas très-chevaleresque, mais il traînait la jambe d'une manière si séduisante que cela le rendait encore plus intéressant. D'ailleurs son mollet était bien placé, et M. Sapiens ne portait jamais de bottes; enfin, quoique près de sa cinquantaine, le docteur n'en paraissait guère avoir plus de quarante-huit.

M. Sapiens avait usé sa jeunesse dans la capitale. S'apercevant un peu tard que, malgré ses talents, il parviendrait difficilement à faire fortune, il se décida à s'établir en province. En homme habile, il avait pris des informations sur mademoiselle Ducroquet avant de se rendre chez elle. Une demoiselle à marier, avec deux mille livres de rente, n'était point un parti à dédaigner pour un docteur qui, à cinquante ans, n'avait encore guéri que des pituites et des rhumes de cerveau. Ce fut donc en tâchant de donner à sa physionomie l'expression la plus agréable que le docteur se présenta chez mademoiselle Ducroquet; il n'eut point de peine à lui plaire, sa ressemblance avec le valet de carreau plaidait éloquemment en sa faveur. Les premières visites furent courtes; bientôt le docteur les allongea. Il sondait adroitement le moral de la vieille fille et, connaissant son goût pour le merveilleux, sa croyance aux cartes, son penchant pour les romans de chevalerie, il flattait agréablement ses idées, lui prêtait les *Amours de Bayard* et les *Quatre fils Aymon*; tout en écrivant une ordonnance, en prescrivant une potion calmante, il risquait un brûlant regard auquel on répondait par un tendre soupir que l'on mettait sur le compte des vapeurs.

Au bout de quelques semaines, l'intéressante malade était guérie, grâce aux soins du cher docteur. Il ne lui restait plus que des palpitations, que la présence de M. Sapiens ne faisait qu'augmenter. Celui-ci, ne voulant pas trainer en longueur une conquête qui lui convenait parfaitement, avait déjà risqué quelques mots d'amour et d'hymen, sans cependant se déclarer entièrement, parce que mademoiselle Ducroquet, se rappelant tout ce qu'elle avait dit contre les hommes et le mariage, ne savait plus comment changer de résolution sans se rendre la fable de la ville. Cependant tous les jours il lui devenait plus difficile de résister aux œillades de M. Sapiens et aux palpitations de son cœur.

Le matin du jour où nous devions, mon frère et moi, faire notre entrée à Pont-de-Beauvoisin, le docteur avait fait à mademoiselle Ducroquet sa visite habituelle. Toujours aimable, galant, il avait apporté à la convalescente les *Chevaliers du Cygne* et *Roland furieux*. En récompense, mademoiselle Césarine lui avait promis de lui faire les cartes et de lui dire sa bonne aventure. Mais comme dans la journée tous les moments du docteur étaient pris, on l'avait invité à venir, sans façon, prendre la moitié d'un petit goûter; ce qu'il avait accepté, à condition qu'on voudrait bien lui permettre d'offrir une bouteille de parfait-amour.

Toute la journée mademoiselle Ducroquet s'occupe de sa toilette et de son goûter; les vieilles filles sont friandes, et les médecins sont connaisseurs en bonnes choses. Toujours en courant au miroir au garde-manger; on met des papillotes et on glace des petits pots de crème; on chiffonne un bonnet et on fouette du fromage; on arrange un fichu et on choisit du raisin. Le temps passe bien vite dans de si douces occupations; il n'y a que la vieille servante qui le trouve long, parce que jamais sa maîtresse n'a été si pétulante, si difficile pour sa cuisine et sa toilette.

Enfin, à cinq heures, tout est terminé : une table est couverte de pâtisseries, de fruits, de confitures et de vins fins. Mademoiselle Césarine s'est coiffée d'un bonnet bleu-tendre dont les rubans se marient parfaitement à l'expression langoureuse de ses yeux. Assise sur un canapé, elle attend le docteur en lisant *Roland furieux*; les amours de la belle Angélique la font tendrement rêver. On sonne... Elle a tressailli. Est-ce le neveu de Charlemagne? Non, c'est M. Sapiens, qui reste saisi d'admiration à l'aspect du goûter et de mademoiselle Césarine, et jette alternativement de tendres regards sur le bonnet bleu et les assiettes de macarons.

Après les compliments d'usage, on se met à table; et, malgré ses palpitations, mademoiselle Ducroquet revient très-souvent aux biscuits et au vin muscat. Mais le docteur est là, et il assure que cela ne peut pas lui faire de mal. Comment être sage, quand celui qui gouverne notre santé nous excite à faire un petit extraordinaire, et nous donne lui-même l'exemple? Mademoiselle Césarine se laisse aller; M. Sapiens est si entraînant, et il dit de si jolies choses en versant le parfait-amour, que la vertu de quarante-deux ans commence à faiblir, à chanceler. Cependant on a promis de faire les cartes au docteur, et on ne peut oublier cela. On prend son jeu et, pendant que M. Sapiens continue d'avaler des biscuits à la cuiller, on va s'asseoir sur un coin de la table lire dans l'avenir, quoique le jour baisse et que l'on commence à ne plus y voir; mais pour lire dans l'avenir on ne doit pas avoir besoin de chandelle.

— Ah! docteur!... je vais savoir ce que vous pensez, dit mademoiselle Césarine en présentant à son convive le jeu à couper. — C'est ce que je désire, femme adorable!... répond M. Sapiens en avalant un second verre de parfait-amour.

— Les cartes ne me trompent jamais!... Je serai donc comme les cartes!... — Coupez encore... — Tant que cela vous fera plaisir. — Ah! que votre jeu se présente bien! — Je me montre à découvert, aimable Césarine Ducroquet; vous pouvez analyser ma pensée et respirer une décoction de mon amour. — Laissez donc mon genou... Trois neuf! c'est grande réussite. — Ah! mademoiselle Ducroquet!... il ne dépend que de vous. — Coupez encore... Vous voilà sorti, docteur, je vous prends en valet de carreau. — Prenez-moi de la manière qui vous sera le plus agréable; pourvu que vous me preniez, c'est tout ce que je demande!... — Vous êtes à côté d'une femme brune... — C'est vous, mademoiselle Ducroquet... — Il y a de l'amour... de la sincérité. — Il doit y avoir une infusion de tout cela... Ah! comme vous tirez bien ces cartes... — Mais voilà un valet de pique qui m'inquiète; il vient toujours se mettre entre nous deux... — Nous lui donnerons une petite médecine négative, afin qu'il ne se permette plus de vous faire les yeux doux. — Le dix de trèfle... un amant dans la maison... — Docteur, comme vous me serrez la main!... — Ainsi que Gérard de Nevers aux pieds de la belle Euriant, ou, si vous l'aimez mieux, ainsi qu'Hercule filant aux genoux d'Omphale, je tombe aux pieds de la dame de mes pensées... — Docteur, que faites-vous?... Trois dix... changement d'état... Mais nous ne voyons plus clair, je vais sonner. — C'est inutile, nous voyons assez pour nous comprendre... J'attends votre ordonnance pour faire enregistrer mon amour... — Un valet de pique m'inquiète. — Ce drôle-là nous poursuit comme une lotion de graine de lin... — Pour vous... pour le dehors... pour ce qu'il en sera... — Un mariage... intéressante Césarine, j'en jure par ce baiser!... — Ah! docteur, que faites-vous?... L'as de pique... bagatelle...

docteur... — Je vous adore... — Encore un petit paquet... Docteur, finissez.

Mais le docteur, que le vin muscat et le parfait-amour ont rendu très-amoureux, devient à chaque instant plus entreprenant. On ne voit presque plus clair; mademoiselle Ducroquet, dont la tête est presque perdue, regarde encore ses cartes, tout en se défendant assez faiblement, et en répétant d'une voix émue : — Trois huit... et la dame de trèfle, qui est sens dessus dessous... Ah! mon Dieu, docteur, qu'est-ce que cela signifie?... Je ne sais plus ce que cela veut dire...

La vertu de mademoiselle Ducroquet court de grands périls, lorsque tout à coup un bruit sourd se fait entendre du côté de la cheminée; bientôt il augmente... il approche... enfin, quelque chose de noir tombe avec fracas et vient rouler jusqu'aux pieds du couple amoureux en poussant des cris épouvantables.

À cette apparition soudaine, mademoiselle Ducroquet ne doute point que ce ne soit le diable qu'elle a vu sous la figure du valet de pique, qui vient la punir de sa faiblesse. Elle jette un cri de terreur, et repousse loin d'elle le docteur. M. Sapiens, presque aussi effrayé que la vieille fille, veut aller chercher du monde; mais on ne voit plus clair, et le docteur se jette dans la table, sur laquelle sont les restes du goûter. En voulant se sauver précipitamment, il renverse les assiettes, les vases, les compotiers, et tombe au milieu de la chambre, le visage dans le fromage à la crème, et les mains dans le parfait-amour.

La chute du docteur a augmenté la frayeur de mademoiselle Ducroquet; cependant elle conserve assez de force pour sortir de sa chambre et arriver toute éperdue jusqu'à celle de sa domestique, qui vient d'allumer des chandelles, et reste saisie d'effroi en apercevant sa maîtresse les plus grand désordre, qui tombe sur une chaise en s'écriant : — Ah!... Gertrude!... Le diable!... le docteur!... le valet de pique... par la cheminée... Je l'avais vu dans les cartes... Nous sommes perdues!...

La vieille bonne est au moins aussi peureuse que sa maîtresse. Dès les premiers mots de celle-ci, elle devient tremblante comme la feuille et va mettre la pelle et la pincette en croix sur son lit, afin que le diable ne s'y cache pas. Puis elle prend sa maîtresse par le bras : toutes deux descendent l'escalier pour aller chercher du monde. Et tout le long du chemin mademoiselle Ducroquet s'écrie : — Ce pauvre docteur!... J'ai bien peur que le diable ne l'ait emporté!... Lui si sage!... Comme il connaissait bien mon tempérament!... Mais c'est sa faute, Gertrude; il s'est moqué du valet de pique. — Ah! mon Dieu! mademoiselle, il n'en faut pas davantage pour s'attirer de grands malheurs.

Ces dames arrivent chez leur voisin M. Boulette, auquel elles viennent demander main-forte. Celui-ci, qui ne croit pas aux petits paquets, rit du récit de mademoiselle Ducroquet; la jeune servante Marguerite rit aussi en demandant avec malice à la vieille demoiselle par quel hasard elle se trouvait sans lumière avec le docteur. Car mademoiselle Césarine a dit que, dans l'obscurité, elle n'avait pu distinguer la forme de l'objet qui était venu par la cheminée. La question insidieuse de la jeune servante fait rougir la vieille demoiselle, qui répond que le docteur lui tâtait le pouls, qu'il devait lui appliquer les ventouses sur l'épaule, et que, par décence, elle avait voulu que l'opération se fît dans l'obscurité.

Mademoiselle Marguerite se pince les lèvres, et va conter l'aventure à ses voisins; en dix minutes, elle se répand de porte en porte dans toute la ville. On y sait que le docteur Sapiens était sans lumière avec mademoiselle Ducroquet, à laquelle il allait, soi-disant, appliquer des ventouses, lorsqu'il est tombé par la cheminée quelque chose qui a interrompu l'opération.

Chacun fait là-dessus des commentaires; on rit, on plaisante, on se rappelle la pruderie, la sévérité de la vieille fille; on lance des épigrammes sur la vertu de quarante-deux ans, car il ne faut qu'un moment pour perdre ce que l'on a eu tant de peine à acquérir; les plus curieux se rendent à la boutique du pâtissier, qui bientôt est pleine de monde. On écoute le récit que mademoiselle Ducroquet et sa bonne répètent à tous ceux qui arrivent; et l'on se décide à aller reconnaître l'objet qui lui a fait peur.

Pendant que la chute de mon frère mettait toute la ville en rumeur, j'avais ramoné la cheminée de la cuisine du pâtissier. Je redescends, je cherche des yeux la jeune servante, je ne vois personne. Inquiet de savoir si mon frère s'est bien tiré de la besogne qu'on lui a confiée, je remonte dans la chambre où je l'ai conduit, et, mettant ma tête dans la cheminée, j'appelle Pierre à plusieurs reprises.

Je ne reçois point de réponse. Cependant ses souliers sont là : tout me prouve qu'il n'est pas encore sorti de la cheminée : pourquoi donc ne me répond-il pas? J'appelle de nouveau... Je grimpe jusqu'au milieu du tuyau. Pierre n'est plus dans la cheminée. D'où vient que ses souliers sont encore en bas? Je sors de la chambre, je cours dans la maison en appelant mon frère; je ne rencontre personne; la boutique même est déserte: car tout le monde suit de suivre M. Boulette, qui, tenant à la main la grande pelle avec laquelle il met ses tourtes au four, est allé reconnaître la forme du valet de pique.

Mademoiselle Ducroquet et Gertrude marchent en tremblant derrière le pâtissier; tout le monde suit en chuchotant et se demandant ce que peut être devenu le docteur; mais, à peine à moitié chemin, on le voit arriver d'un air effaré; et chacun part d'un éclat de rire, parce que M. Sapiens a du fromage au menton, des confitures sur le nez et que, grâce au parfait-amour répandu sur le parquet, un biscuit à la cuiller s'est collé au-dessus de son œil gauche tandis que le valet de pique s'est attaché à ses cheveux.

M. Sapiens s'étonne de ce que l'on rit; mademoiselle Ducroquet rougit, se pince les lèvres; chacun se dit en souriant : — Singulière manière de se préparer à mettre des ventouses. Cependant le docteur assure qu'il se passe quelque chose d'extraordinaire dans l'appartement de sa malade; et la vue de la carte collée sur la tête du docteur fait jeter un cri d'effroi à la vieille Gertrude et à sa maîtresse. Celle-ci laisse M. Boulette s'avancer avec les plus intrépides, qui tiennent des flambeaux à la main et pénètrent bientôt dans son appartement. Elle ferme les yeux, persuadée que le diable va s'envoler sous la forme d'une chauve-souris... Mais, au lieu du bruit terrible qu'elle redoute, elle entend rire et plaisanter, car le pâtissier venait de reconnaître ce qui avait tant effrayé ses voisines. En entrant dans la chambre de mademoiselle Ducroquet, on avait trouvé Pierre assis par terre, au milieu des débris du goûter. Mon frère, remis de l'étourdissement que lui avait d'abord causé sa chute, se bourrait de biscuits et de gâteaux qu'il trouvait sous sa main, et soupait fort tranquillement, pendant que tout était en l'air dans la maison.

— Eh! c'est un de mes petits ramoneurs! s'écrie le pâtissier. — Oui, vraiment, dit Marguerite, c'est le plus petit, je le reconnais... Il aura passé par le trou qui donne dans la cheminée de mamzelle Ducroquet, et il est redescendu par ici. — Oui... oui, c'est mon frère! dis-je en courant à Pierre, car j'avais suivi tout le monde, et je m'étais fait jour parmi les plus curieux.

Mademoiselle Ducroquet ne conçoit pas que le valet de pique n'annonce qu'un ramoneur. M. Sapiens, qui voit rire tout le monde, tâche de faire comme les autres, en essuyant sa figure avec son mouchoir, et en s'efforçant de décoller ses cheveux, dont la liqueur n'a fait qu'une seule mèche. — Eh! pourquoi ce petit drôle est-il descendu par ici? dit enfin mademoiselle Césarine en reprenant son ton sévère. — Pardon! madame, dit mon frère, je me suis laissé tomber... je ne l'ai pas fait exprès.

Mademoiselle Ducroquet s'aperçoit que l'on chuchote tout bas en la regardant. Elle remercie M. Boulette, et congédie tout le monde, en jetant sur M. Sapiens un regard qui signifie beaucoup de choses. Le lendemain, on ne parlait dans la ville que de l'aventure arrivée chez la vieille demoiselle, qui se faisait mettre les ventouses à huis clos, en buvant du parfait-amour. Pour mettre fin à tous les propos, au bout de huit jours mademoiselle Césarine devint l'épouse de M. Sapiens. Alors les mauvaises langues se turent, et les demoiselles à marier firent ramoner leurs cheminées trois fois par mois, dans l'espérance qu'il en tomberait aussi quelque chose qui leur annoncerait un mari.

Chapitre VII. — La jeune Fille et son Serin.

L'aventure de la cheminée a fait tant de bruit que chacun veut voir le petit ramoneur qui a été pris pour le diable. Pierre, encore tout barbouillé de suie et de confitures, passe par les mains de tous les curieux; les dames le trouvent gentil, les veuves lui donnent une petite tape sur la joue, les servantes lui demandent tout bas ce qu'il a vu en roulant dans la chambre de mademoiselle Ducroquet, à quelle place le docteur lui posait les ventouses. Pierre, tout surpris d'être ainsi fêté, répond, en souriant à tout le monde, qu'il est tombé sans regarder devant lui; que sa figure se collait sur le parquet, il a senti que c'était sucré, et qu'alors il n'a plus crié.

Après s'être longtemps occupé de mon frère, chacun lui donne quelque chose; et M. Boulette nous permet de nous coucher dans un petit coin de sa maison. Nous nous endormons en chantant, car nous sommes bien riches, nous possédons près de quarante sous; et Pierre me dit : — André, j'ai donc bien fait de passer par le trou de la cheminée et de me laisser tomber dans la chambre de cette dame?

À cela, je ne sais trop que répondre. Il me semble pourtant que j'ai mieux travaillé que mon frère, car j'ai parfaitement ramoné la cheminée de la cuisine, et je ne suis pas allé chez le voisin. Cependant c'est Pierre qui a été fêté, que tout le monde a voulu voir et questionner; c'est à lui que chacun a donné quelque chose, tandis que l'on n'a pas fait attention à moi. Est-ce que mon frère a mieux travaillé? Je n'y comprends rien, et je m'endors sans pouvoir me rendre raison de cela.

Le lendemain, nous quittons Pont-de-Beauvoisin, et nous prenons la route de Lyon. Mais nos sacs sont pleins de friandises que l'on a données à Pierre, nous avons avec cela quarante sous en réserve; cela nous semble suffisant pour arriver à Paris. Nous faisons le chemin gaiement. Tant que nous avons des provisions, mon frère n'est point fatigué; il avance en chantant, en faisant la roue, et ne se plaint plus de son talon. Souvent, lorsque nous nous asseyons pour manger, et que Pierre joue au lieu de se reposer, je tire de dessous ma veste le portrait de la belle dame, et je m'amuse à le considérer. — Si je rencontre cette dame-là à Paris, me dis-je alors, je la reconnaîtrai tout de suite... Je courrai après elle, et je lui dirai : Tenez, madame... voilà vot' peinture qu'on avait laissée chez nous.

Je me souviens aussi du monsieur borgne et de la jolie petite fille, et je suis persuadé qu'une fois à Paris, je rencontrerai bien vite ces gens-là.

Il ne nous survient point d'aventures jusqu'à Lyon ; mais il était temps que nous arrivassions, notre grande fortune tirait à sa fin, et depuis longtemps nos sacs étaient vides. A l'aspect de cette belle ville, je dis à mon frère : — Là, nous allons travailler et gagner de l'argent.

— Oui, oui, me répond Pierre ; tu verras, André ; je veux encore qu'on me donne tout plein de bonnes choses, et qu'on me trouve bien gentil.

Cette fois, ce n'est point à l'approche de la nuit que nous faisons notre entrée dans la ville, il n'est que sept heures du matin lorsque nous nous trouvons au milieu de ces rues qui nous paraissent autant de villes donnant les unes dans les autres. Il n'y a encore que peu de monde dehors ; les marchands ouvrent leurs boutiques, les ouvriers vont à leur ouvrage, les gens riches sont encore livrés au repos, ou tâchent de trouver sur leur oreiller l'emploi d'une journée si longue pour les oisifs, et si courte pour l'homme laborieux. Nous ne pouvons admirer que la largeur des rues et la hauteur des maisons. — Allons, dis-je à mon frère, faisons-nous tout de suite entendre ; et surtout, Pierre, ne fais plus tant de façons pour monter dans une cheminée.

Pierre me le promet. En effet, il parait déterminé, et se met à crier comme moi de toutes ses forces :

— V'là des ramoneurs !

— Oh ! oh ! vous commencez de bonne heure, mes enfants, nous dit un vieux portier occupé à balayer le devant de sa maison, nous ne sommes qu'au premier octobre... on ne fera de feu qu'à la Toussaint... Cependant, comme ma femme veut me faire manger des beignets dimanche, je ne suis pas fâché que ma cheminée soit nettoyée. Quoique nous soyons assurés contre l'incendie, j'ai toujours aussi peur du feu ; car enfin, je puis être grillé la nuit... Je ne suis pas assuré, moi... Ma femme qui voulait l'autre jour que je fisse assurer Azor... parce qu'on jetait des boulettes dans le quartier. S'il fallait encore payer une assurance pour les bêtes, on n'y suffirait pas. Allons, viens, petit, tu vas me ramoner cela avec soin, entends-tu ?

En disant ces mots, le vieux portier fait entrer mon frère dans sa maison. — Et moi ? lui dis-je. — Ah ! toi, tâche de trouver de l'ouvrage ailleurs. Je n'ai pas besoin de deux ramoneurs pour une cheminée. — Va toujours, dis-je à Pierre, je t'attendrai ici ; si je suis quelque part, tu resteras contre ce banc.

Pierre suit le portier ; je me promène un moment dans la rue, et ne tarde pas à être appelé par une servante qui me donne deux cheminées à ramoner.

Pendant que je suis à mon ouvrage, mon frère a suivi le vieux portier, qui le fait monter dans une pièce au sixième étage de la maison. Pierre regarde autour de lui : une petite chambre mansardée, triste ; un pot à l'eau sur une table, tout cela ne lui annonce rien de bon ; et cela ne ressemble pas à la boutique de M. Boulette ; mais Pierre a son projet : il ne dit rien, et se dispose à monter dans la cheminée.

— Surtout, prends bien garde, petit, lui répète le vieux portier, ne va pas me casser quelque chose... On a raccommodé le tuyau il y a fort peu de temps... Ramone bien... Ne te presse pas... Je redescends dans la cour, quand tu auras fini tu m'appelleras.

Mon frère ne l'écoute pas, il est déjà dans la cheminée ; il grimpe, en tâtant à droite et à gauche ; point de trou, point de crevasse ; Pierre n'y conçoit rien, il croit qu'il faut qu'il trouve une autre cheminée par laquelle il doit se laisser rouler, ou tout au moins descendre, afin de faire encore peur à tout le monde, et pour manger des gâteaux, des confitures, et recevoir des compliments et des gros sous.

A force de grimper, Pierre a bientôt gagné le haut de la cheminée ; il sort sa petite tête blonde, il est sur le toit... Il reste un moment indécis sur ce qu'il doit faire, ne se souciant pas de redescendre dans la chambre du vieux portier, où il ne trouvera personne à qui faire peur, et par conséquent ni récompense ni friandise.

En regardant autour de lui, Pierre aperçoit, presque à deux pas du tuyau sur lequel il est assis, celui d'une autre cheminée dont l'ouverture est très large. En s'avançant un peu, il lui est facile de l'atteindre. Un enfant ne calcule pas le danger. Il recule souvent devant un péril imaginaire, et s'avance en courant dans un sentier bordé de précipices. Mais s'il est une Providence pour les ivrognes, à plus forte raison il doit y en avoir une pour les enfants ; car, aux yeux de la Divinité, un petit être innocent doit être tout aussi intéressant qu'un individu pris de vin.

Voilà donc mon frère qui sort de son tuyau, avance doucement le corps, atteint avec ses petites mains le tuyau voisin, dans lequel il entre facilement ; puis descend dans l'intérieur de cette nouvelle cheminée, content comme un roi, ou comme un amant qui va à un premier rendez-vous, ou comme un auteur qui vient de réussir, ou comme un acteur qui vient d'entendre siffler le camarade dont il partage l'emploi, ou comme un joueur qui a gagné un quaterne, ou comme une vieille coquette à qui l'on fait un compliment, ou comme une servante qui voit sortir ses maîtres, ou comme un écolier qui entre en vacances ! Choisissez là-dedans, lecteur, celui qui doit être le plus content.

Arrivé aux deux tiers de la cheminée, Pierre se consulte pour savoir s'il se laissera rouler jusque dans l'âtre ; mais en roulant on peut se faire mal : il ne faut donc pas risquer cela. Quand il sera près du foyer, il descendra bien lourdement, quitte à se rouler ensuite dans la chambre, en poussant de grands cris pour amuser toute la maison.

Voyons un peu chez qui Pierre descend cette fois, et si sa visite inattendue doit produire autant d'effet que chez mademoiselle Césarine Ducroquet.

Dans la maison du vieux portier, où il y avait beaucoup de locataires, logeait entre autres une vieille dame riche, qui avait avec elle sa nièce, jeune personne de seize ans.

Madame Durfort, c'était le nom de cette dame, avait été élevée fort sévèrement, n'allant ni au bal ni au spectacle, ne jouissant d'aucun de ces plaisirs que l'on permet à la jeunesse. Ce n'était qu'à trente-neuf ans que l'on avait jugé à propos de la marier et de la laisser maîtresse de se conduire suivant sa volonté ; et, en effet, la jeune mariée de trente-neuf ans ne consulta jamais celle de son mari, soit qu'elle voulût se dédommager d'une contrainte un peu longue, soit qu'elle trouvât naturel de commander après avoir obéi. Madame Durfort s'empara sur-le-champ de l'autorité. On lui avait donné pour mari un petit homme qui avait six ans de moins qu'elle, et ne lui venait pas au bout de l'oreille ; joignez à cela le caractère le plus bénin et la voix la plus flûtée, vous jugerez que M. Durfort ne dût pas imposer beaucoup de respect à sa femme. Au bout de huit jours de mariage, le pauvre homme tremblait devant elle, et ne parlait qu'après en avoir obtenu la permission, mais il avait reçu de son épouse l'ordre de dire partout qu'il était le plus heureux des hommes ; et lorsque, dans une réunion, il ne l'avait pas répété trois ou quatre fois, sa femme s'approchait de lui et le pinçait pour lui faire lâcher la phrase de rigueur.

M. Durfort ne put supporter l'excès de son bonheur ; il mourut au bout de cinq ans de ménage, en remerciant le ciel du présent qu'il lui avait fait. Cependant la veuve était fort mécontente du défunt, parce qu'il ne lui avait pas laissé d'enfants ; elle répétait partout que ses parents lui avaient donné un mari trop petit, et qu'elle ne se remarierait qu'avec un homme de cinq pieds six pouces. Mais, soit que le bonheur de M. Durfort n'eût pas été assez apprécié, soit que peu d'hommes se jugeassent dignes de lui succéder, il ne se présenta personne pour remplacer le défunt. Madame Durfort, songeant que la condition qu'elle avait mise à un second hymen pouvait éloigner beaucoup de soupirants, et réfléchissant que les beaux hommes sont rares, commença par rabattre un pouce de ses prétentions. Au bout de quelque temps, elle disait partout qu'un homme de cinq pieds quatre pouces est encore fort agréable ; bientôt elle penchait pour les tailles moyennes ; elle convint ensuite qu'on pouvait être très-bien fait, quoique petit, et ajouta que les petits hommes ont plus de grâce que les grands. Mais tout cela ne fit pas arriver un seul soupirant ; et madame Durfort, qui aurait fini par s'accommoder d'un nain, vit avec dépit qu'il fallait renoncer à l'espoir de retrouver un second mari, bien qu'elle eût laissé la taille ad libitum.

Forcée de rester veuve, et n'ayant point d'enfants, madame Durfort, qui avait besoin de gouverner quelqu'un, prit avec elle une de ses nièces, auquelle elle promit de doter et de marier lorsqu'on la laisserait l'élever à sa fantaisie. Madame Durfort était riche, on lui confia la jeune Aglaé, qui n'avait alors que huit ans et promettait d'être un jour fort jolie.

La jeune nièce tenait tout ce qu'elle avait promis : c'était une rose qui devait bientôt briller du plus vif éclat. Mais à quoi bon tant d'attraits, tant de fraîcheur ! pauvre petite, à quelle tante cruelle on l'avait confiée !... Madame Durfort, se rappelant qu'on ne l'avait mariée qu'à trente-neuf ans, avait l'intention de ne point donner un époux à sa nièce avant qu'elle n'eût la quarantaine, assurant que ce n'est qu'à cet âge qu'une jeune personne est capable d'entrer en ménage et de gouverner son époux. — Quelle folie, disait-elle souvent, de marier des enfants de dix-huit ou vingt ans !.. et vous voulez que cela ait de la tête... que cela conduise une maison !... Voyez ce qui en arrive : ce sont alors les hommes qui sont les maîtres ; ils mènent leurs femmes comme des enfants, et tout va de travers dans le ménage. Parlez-moi d'une demoiselle de quarante ans ! cela sait ce que cela fait ; le caractère est formé, on a de la fermeté, de l'aplomb !... on sait sur-le-champ répondre à un mari. Ah ! si M. Durfort vivait encore, il vous dirait qu'au bout de huit jours de mariage je lui faisais l'effet d'être sa femme depuis vingt ans.

La petite nièce ne répondait rien à sa tante ; mais à quinze ans son cœur commençait à soupirer, et il lui semblait qu'elle aurait beaucoup de peine à attraper la quarantaine sans mourir d'ennui. Car madame Durfort élevait Aglaé comme elle l'avait été elle-même, ne la menant ni au bal ni à la promenade, lui interdisant toute société ; elle faisait payer à la pauvre petite tout l'ennui qu'elle avait éprouvé jadis. C'est ainsi que se vengent les âmes étroites : il faut que des êtres innocentes souffrent du mal qu'on leur a fait ; tandis que les cœurs généreux se dédommagent des chagrins qu'ils ont soufferts en faisant des heureux et répandant des bienfaits.

Madame Durfort avait soixante ans lorsque sa nièce entra dans sa soixième année. Vainement quelques personnes raisonnables voulurent faire entendre à la tante d'Aglaé qu'en persistant à ne marier sa nièce qu'à quarante ans, c'était probablement renoncer au plaisir de la voir entrer en ménage ; madame Durfort, qui croyait sans doute qu'à soixante ans on ne vieillit pas aussi vite qu'à seize, répondait constamment : — Je marierai ma nièce quand elle aura l'âge que j'avais en épousant M. Durfort.

Mais le bon La Fontaine a dit :

« Un excès de témérité
Vaut souvent mieux qu'un excès de prudence. »

La jeune Aglaé s'ennuyait de passer une vie si triste, et son ennui redoublait en songeant qu'elle avait encore vingt-quatre ans à faire.

Mademoiselle Césarine Ducroquet, fille majeure, tire les cartes au séduisant docteur.

Enfermée dans sa petite chambre, dont la porte donnait sur le carré, auprès de celle de l'appartement de sa tante, la pauvre enfant soupirait sur son tambour à broder ou sur son canevas de tapisserie. Pas un livre amusant pour la distraire. Madame Durfort n'aurait pas vu sans frémir un roman entre les mains de sa nièce, et les romans de chevalerie lui semblaient encore plus dangereux que les autres ; car monsieur *Amadis*, monsieur *Tancrède* et monsieur *Roland* parlent sans cesse d'amour, et d'une manière à tourner la tête d'une jeune innocente qui ne sait pas que les amants d'aujourd'hui ne ressemblent point aux chevaliers d'autrefois. La jeune fille n'avait pour toute lecture que le *Cuisinier bourgeois* ; encore madame Durfort avait-elle coupé le chapitre concernant les chapons, parce que la manière dont on engraisse ces pauvres bêtes pouvait donner à sa nièce des idées mélancoliques.

Lorsque Aglaé se hasardait à dire à sa tante : — Il me semble que je serai vieille à quarante ans. — Qu'appelez-vous vieille ? s'écriait madame Durfort en lui lançant des regards furibonds ; est-ce que j'étais vieille, moi, mademoiselle, quand je me suis mariée ? Est-ce que je n'étais pas alors dans tout l'éclat de ma beauté ?... fraîche, superbe, éclatante ? Mais, à entendre ces morveuses, on n'est plus jeune à cinquante ans. Cela fait pitié, en vérité. Lisez, péronnelle, lisez l'histoire de nos premiers parents. — Mais, ma tante, vous ne me laissez lire que la manière de faire les sauces. — C'est ce qu'une demoiselle peut apprendre de plus nécessaire, et votre mari vous en saura gré. — Mais que dit-elle donc, l'histoire de nos premiers parents ? — Elle dit, mademoiselle, que la femme d'Abraham avait quatre-vingt-dix ans lorsqu'elle fit la conquête du Pharaon d'Égypte, et que la belle Judith en avait plus de soixante lorsqu'elle tourna la tête à Holopherne ; d'après cela, mademoiselle, il me semble qu'à quarante ans on peut bien trouver encore des maris.

A cela Aglaé ne trouvait rien à répondre ; elle se contentait de retourner soupirer dans sa chambre jusqu'à ce que sa tante l'appelât pour faire une partie de loto, seule récréation que l'on se permit quelquefois.

Cependant un jeune officier à la demi-solde, qui logeait depuis quelques jours dans la même maison que la tante et la nièce, aperçut un matin la jolie Aglaé accrochant à sa fenêtre la cage de son serin. La pauvre petite parlait à son oiseau, elle tâchait de le faire chanter ; mais elle-même paraissait si triste qu'elle aurait eu besoin d'un maître, et la manière mélancolique dont elle disait : *Petit fils, petit mignon !* aurait ému le cœur le plus indifférent. On doit penser que le jeune officier n'y fut pas insensible : la figure d'Aglaé l'avait intéressé ; sa fenêtre, plus haute d'un étage, dominait sur la chambre de la jeune fille, dont la croisée était, il est vrai, presque toujours fermée. Cependant le jeune homme passait tout son temps à la sienne, dans l'espérance d'apercevoir sa voisine. Il n'y a rien de si dangereux pour les jolies filles que le voisinage d'un officier en non-activité ; un guerrier, pour plaire, passe aisément des combats les plus rudes aux occupations les plus futiles : ainsi Hercule filait aux pieds d'Omphale, Antiochus s'habillait en Bacchus pour séduire Cléopâtre, Renaud chantait pour Armide, François Ier faisait des vers pour la belle Ferronnière, et le preux Bayard lui-même maniait quelquefois une aiguille tout en soupirant près de madame de Randan.

Ainsi notre jeune officier, après avoir battu les ennemis de son pays, passait des journées entières à crier au serin de sa voisine : *Baisez, petit fils ; baisez, petit mignon.*

Aglaé, qui n'ouvrait sa fenêtre qu'une fois le matin, pour accrocher la cage lorsqu'il faisait du soleil, et une fois le soir pour rentrer son serin, fut quelque temps sans remarquer son voisin ; mais un jour qu'elle venait, comme à son ordinaire, de placer la cage, et qu'elle restait pensive devant *Fifi*, elle entendit une voix bien tendre qui répétait avec expression : *Baisez donc, petit fils ; baisez, petit mignon.*

M. Boulette.

Elle lève alors les yeux et aperçoit la figure de son voisin, qui n'avait rien d'effrayant. Cependant elle referme brusquement sa fenêtre, parce qu'elle est toute honteuse ; mais ensuite elle se rapproche et soulève un petit coin du rideau, afin de savoir quelle physionomie a ce monsieur dont la voix est si douce.

C'est un jeune homme ; il est très-bien ; des cheveux bruns, des yeux bleus, un sourire fort agréable, et puis une paire de jolies petites moustaches bien noires, qui donnent beaucoup de caractère à sa figure. Aglaé a vu tout cela d'un coup d'œil, et elle reste toujours là, tenant un petit coin du rideau, et à chaque minute elle regarde encore le voisin, et elle se dit : — Ah ! que c'est gentil, des moustaches ! Ah ! je voudrais bien en avoir aussi, si j'étais garçon !... Je suis sûre que cela m'irait bien. Et mademoiselle Aglaé passerait volontiers sa journée à tenir un coin du rideau pour regarder en face. Sa tante l'appelle ; il faut quitter sa fenêtre : quel dommage ! mais on s'y mettra le lendemain. Pauvre petite, quel plaisir elle trouve à regarder le voisin ! Ah ! madame Durfort, vous auriez bien dû mettre votre nièce en garde contre les moustaches.

Le soir, lorsqu'on retire la cage, on ne voit pas le voisin, c'est l'heure de son dîner. Mais le lendemain matin on ne manque pas d'accrocher Fifi, et on s'est déjà assuré que le jeune homme est à sa croisée ; on n'ose pas encore le regarder ; mais on parle un peu plus longtemps à son serin, et on entend le voisin qui lui parle aussi. Aglaé devient rouge et embarrassée, elle n'en est que plus jolie ! l'embarras de l'innocence a quelque chose de si séduisant ! Il n'est pas donné à toutes les belles d'avoir cette aimable gaucherie ; il en est qui veulent encore l'imiter, mais ce sont de ces choses qui ne s'apprennent point.

Aglaé referme sa fenêtre plus lentement cette fois, mais sans regarder en face ; elle compte s'en dédommager en soulevant un coin du rideau... Mais sa tante l'appelle pour travailler. Quel ennui ! et que la journée sera longue jusqu'au lendemain !

Le jeune homme s'est bien aperçu qu'on l'a remarqué, et quoiqu'on ne l'ait pas encore regardé la fenêtre ouverte, il devine qu'on l'a examiné sous le rideau. Une jeune fille se trahit par ses manières, par ses moindres gestes, et lors même qu'elle veut feindre l'indifférence, il y a dans toute sa personne quelque chose qui dément ses yeux ou ses paroles ; l'amour est pour elle un sentiment si doux, si exclusif, qu'il s'identifie avec tout son être ; on le reconnaît dans ses actions, dans sa démarche, dans son silence même ; et tous les efforts qu'elle fait pour le cacher ne servent souvent qu'à le mieux faire paraître.

Aglaé n'est plus la même ; en parlant à son serin, elle est plus gaie, plus vive. Elle fait la conversation avec l'oiseau, qui n'a jamais été aussi bien soigné, et qui se voit maintenant bourré de biscuits, de sucre, de graine et de mouron. Comme ces petites niaises se forment vite !

— Qu'il est beau ! qu'il est gentil, Fifi ! dit la jeune fille, en mettant l'oiseau à la fenêtre. Et le voisin répond :

— J'aime bien ma maîtresse... Elle est bien jolie ! baisez maîtresse, baisez vite !... — M'aimes-tu bien, Fifi ? — Oui, oui, oui, oui.

— Si j'ouvrais la cage, tu t'envolerais, pourtant ! — Non, non, je voudrais rester avec toi ! Jamais voler auprès d'une autre !..... — Cher Fifi !..... »

Et mademoiselle Aglaé avait l'air de croire que c'était son serin qui lui répondait ; pour une innocente, ce n'était pas maladroit. Des serins qui tiendraient une telle conversation se vendraient en France un prix fou ; et l'*oiseau bleu* n'était qu'un idiot auprès du serin de mademoiselle Aglaé.

CHAPITRE VIII. — Pierre fait encore des siennes.

Depuis que, par l'intermédiaire de l'oiseau, on commençait à s'entendre, la petite nièce avait risqué quelques regards ; elle avait rencontré ceux du jeune homme, continuellement attachés sur elle, quoiqu'il eût l'air de ne parler qu'au serin. Il avait fait un profond salut, auquel on avait répondu par une légère inclination de tête. Puis on avait repris la conversation avec Fifi, que l'on mettait à la fenêtre, n'importe le temps qu'il faisait.

Mais ces deux entretiens étaient bien courts, parce que la tante, qui ne concevait pas qu'on fût si longtemps pour accrocher une cage, grondait sa nièce lorsqu'elle n'arrivait pas aussitôt qu'à l'ordinaire ; et la petite, que l'amour tourmentait sans cesse, et qui ne pouvait plus passer une journée sans retourner à sa fenêtre, s'écriait à chaque instant :

— Ah ! ma tante, il pleut... il faut que j'aille rentrer Fifi... — Non,

MADEMOISELLE AGLAÉ.
— Baisez donc, petit-fils ! baisez, baisez, petit mignon.

mademoiselle, il ne pleut pas... — Ma tante, je vous assure qu'il va faire de l'orage. Ce pauvre Fifi, il a si peur de l'orage ! Je suis sûre qu'il ne sait où se cacher maintenant... Voyez-vous comme le temps devient noir... On n'y voit plus clair.

La tante, ennuyée de ces lamentations, permettait quelquefois que l'on allât retirer le serin, mais un moment après, Aglaé disait : — Ah ! il fait beau maintenant ! voilà l'orage dissipé. — Je le crois bien ! vous avez rêvé qu'il en faisait ! — Ah ! le beau soleil... Ma tante, voulez-vous que j'aille remettre Fifi à la fenêtre ?... — Non, mademoiselle, je ne le veux pas. En vérité, vous me faites tourner la tête avec votre serin. Au lieu de vous occuper de votre broderie, de votre tapisserie, c'est Fifi qu'il faut rentrer, c'est Fifi qu'il faut sortir !... Le matin, on n'en finit pas d'arranger Fifi ! Si cela continue, je vous préviens que je donnerai la volée à votre oiseau. — Ah ! ma tante, j'en mourrais de chagrin ! Je n'ai que cela pour m'amuser ! — Qu'est-ce à dire, mademoiselle, je vous trouve bien impertinente !... Et qu'avez-vous besoin de vous amuser ? est-ce qu'une jeune fille bien élevée s'amuse ? Croyez-vous que jusqu'à l'âge de trente-neuf ans, que je me suis mariée, je me sois amusée, moi ? Non, mademoiselle, et même, étant mariée, je ne m'amusais jamais, ni M. Durfort non plus. Mais ces demoiselles, cela ne songe qu'au plaisir !...

Aglaé se taisait, et n'osait plus parler de Fifi pendant la journée, mais on s'en dédommageait le lendemain matin. En ayant l'air de s'adresser à l'oiseau, on se comprenait, on se répondait, et le jeune officier savait dans quelle triste position se trouvait la petite nièce.

— Hélas ! disait Aglaé en regardant la cage, je suis bien malheureuse, mon cher Fifi, on ne veut me marier qu'à quarante ans ! et je n'en ai que seize encore !... — Mais c'est affreux !... c'est une barbarie ! Laisser se faner une aussi jolie fleur, lui faire perdre son printemps dans la retraite ! la priver de tous les plaisirs de son âge !... A quarante ans, au lieu de songer à plaire, une femme commence à remplacer l'amour par l'amitié, la folie par la sagesse, la coquetterie par la raison. Et c'est alors que l'on veut seulement vous permettre d'aimer ! Ah ! n'écoutez pas une tante si cruelle, cédez aux lois de la nature, aux mouvements de votre cœur ; le printemps n'est que la saison de l'amour, du plaisir ; aimez, charmante Aglaé, aimez avant que les rides, la raison, les années ne viennent fermer votre cœur à ce sentiment si doux. N'est-ce pas pour inspirer l'amour que vous avez tant d'attraits, de grâces, de fraîcheur ? Ne vous a-t-on créée si belle que pour être privée des hommages que l'on doit à la beauté ? Partagez le sentiment que vous faites naître, et croyez à l'amour de celui qui jure de n'adorer jamais que vous.

C'était le serin qui parlait ainsi, et Aglaé avait répondu en balbutiant et en donnant son doigt à baiser à l'oiseau : — Moi, je veux bien t'aimer, Fifi, ce n'est pas ma faute si le voisin ne sors pas et on m'enferme tous les soirs à dix heures.

Après un pareil aveu, le jeune officier n'avait plus qu'à agir pour tâcher de se rapprocher de sa belle ; car il ne comptait pas se borner à faire le serin à la fenêtre. Mais comment parvenir près de la petite nièce, que la tante ne laissait pas sortir un seul instant dans la journée, et qu'elle enfermait tous les soirs dans sa chambre ? Si la croisée du jeune homme avait été plus rapprochée, on aurait pu placer une planche et se laisser glisser, à l'imitation des montagnes russes ; mais il y avait près de seize pieds d'intervalle, et on ne trouve pas dans son appartement une planche de seize pieds. C'était la clef de la chambre d'Aglaé qu'il fallait tâcher de se procurer, et Fifi répétait tous les matins à sa maîtresse :

— Donne la clef, donne vite !... Cherche la clef de la cage; ou bien :
— Ouvre-moi la porte, pour l'amour de Dieu !

Mademoiselle Aglaé, qui, quelques semaines auparavant, n'osait pas mettre sa jarretière devant une glace, de crainte d'apercevoir le diable ou autre chose, trouva moyen, au bout de quelques jours, de prendre la clef placée dans le sac à ouvrage de sa tante, qui venait de lui demander ses lunettes. La petite niaise a glissé la bienheureuse clef dans sa poche, puis elle court retirer son serin de la fenêtre, parce qu'il fait beaucoup de vent et qu'il y a beaucoup de nuages rouges au ciel. En prenant vivement la cage, on a appelé Fifi à plusieurs reprises; le jeune officier, qui est toujours aux aguets, paraît à sa croisée et voit tomber une clef dans la cour. Aussitôt il s'en saisit; mademoiselle Aglaé referme sa fenêtre, et revient près de sa tante en disant que, pour sûr, le temps changera dans la nuit; mais la tante n'écoute pas sa nièce, elle est occupée à chercher la clef qu'elle croit avoir perdue, et la petite lui dit d'une voix bien calme : — Que cherchez-vous donc, ma tante ? — Ce n'est rien, ce n'est rien, mademoiselle, répond madame Durfort, qui se dit en elle-même : — N'apprenons pas à cette petite que j'ai perdu la clef de sa chambre, car elle pourrait la garder si elle la trouvait ; mais j'en ai une seconde, elle ne se doutera de rien.

Le soir, à une heure ordinaire, madame Durfort fait rentrer sa nièce, et l'enferme à double tour. En entendant la clef tourner dans la serrure, la petite est toute saisie, elle craint de s'être trompée, le matin, en ayant eu tant de peine à prendre la clef de sa chambre ; car elle ignore que sa tante en possède une seconde; et ce pauvre Fifi, qui est descendu si vite pour la ramasser, que va-t-il dire tout à l'heure ? Il croira peut-être qu'elle se moque de lui, qu'elle ne l'aime point. Cette pensée désole Aglaé ; elle s'assied sur une chaise et se met à pleurer. Il est si cruel d'être trompé dans son attente, et l'on aurait eu tant de plaisir à causer un peu avec Fifi !

Mais bientôt quelqu'un monte doucement l'escalier, puis s'arrête devant sa porte, puis met une clef dans la serrure. O bonheur ! cette clef tourne, la porte s'ouvre... Aglaé pousse un cri de joie : elle vient d'apercevoir les petites moustaches de Fifi.

Ce que dit un amant qui se voit enfin seul avec sa maîtresse sera facilement deviné par ceux qui ont aimé ou qui aiment encore ; quant aux êtres indifférents, ils n'y comprendraient rien. D'ailleurs il y a en amour des lieux communs qui n'ont du charme que pour ceux qui les emploient.

J'aime à penser que le jeune officier ne voulait que causer d'un peu plus près avec sa jolie voisine, et qu'Aglaé ne voyait aucun mal à écouter celui qui faisait si bien répondre son serin. Sans doute ils furent tous deux un peu bavards, car la conversation se prolongea jusqu'à sept heures du matin ; mais la tante ne venait jamais qu'à huit heures et demie ouvrir à sa prisonnière ; cependant, par prudence, à sept heures on mit Fifi à la porte.

Il y avait quinze jours que ces doux entretiens se succédaient. Rien ne semblait devoir troubler le bonheur des deux amants ; la tante n'avait aucun soupçon, elle était même plus satisfaite de sa nièce, qui s'occupait moins de son serin dans la journée, par la raison qu'elle pouvait lui parler la nuit. Qui se serait attendu que l'arrivée de deux petits Savoyards détruirait le bonheur de ces pauvres jeunes gens ? Mais tout se tient, tout s'enchaîne. C'est le chapitre des ricochets ! une cérémonie oubliée en Allemagne peut faire prendre les armes à toute l'Europe; une révérence manquée en Chine peut mettre l'Asie en cendres ; mais laissons le chapitre des ricochets, il nous mènerait trop loin.

On a déjà deviné, sans doute, que c'est dans la cheminée de la jeune Aglaé que mon frère a passé au lieu de celle du portier, il n'était pas sept heures du matin. Les jeunes gens avaient causé comme à l'ordinaire, et causaient peut-être encore, lorsque Pierre, arrivé près de l'âtre, se laisse tomber comme une masse, puis se roule dans la chambre en criant de toutes ses forces.

A ce bruit inattendu, Aglaé perd la tête; elle croit que c'est sa tante qui vient d'entrer dans sa chambre, et pousse des cris de fureur, parce qu'elle l'a vue causer avec Fifi. Elle se roule, se cache sous ses draps, sous la couverture, et le jeune homme, passant par-dessus mon frère, qu'il ne voit pas, se jette contre la porte au moment où la tante accourt en camisole, en bonnet de nuit, attirée par le bruit que fait M. Pierre.

En se trouvant nez à nez avec le jeune officier, la vieille tante pousse un cri :
— Un homme chez ma nièce !... ah ! quelle horreur... quel scandale !... Qui êtes-vous ?... d'où venez-vous ? que faisiez-vous ?

L'amant ne répond qu'en faisant faire une pirouette à la tante, puis descend quatre à quatre les escaliers. Madame Durfort, qui n'a point fait de pirouettes depuis le jour de ses noces, perd l'équilibre, et se laisse choir sur le carré, dans un désordre qui ne ressemble point à un effet de l'art. Les voisins, attirés par les cris de mon frère et de la vieille tante, sortent de chez eux pour savoir ce qui se passe. Les hommes s'empressent de relever madame Durfort, les cuisinières demandent ce qui est arrivé; le vieux portier accourt avec son balai à la main. La tante continue de pousser des exclamations ; et mon frère, voyant que cela ne l'avance à rien de se rouler, et qu'il n'y a pas dans toutes les chambres de la liqueur répandue sur le parquet, se relève,

et se met à danser la savoyarde en poussant des you ! piou, piou ! et en battant des mains.

Aglaé, qui ne comprend rien à cette musique, se décide à se lever, et commence par donner une paire de soufflets au Savoyard qui se permet de danser ainsi dans sa chambre. Pierre, qui s'attendait à recevoir des gâteaux, reste tout saisi. Dans ce moment, la tante entre chez sa nièce, suivie du portier et de quelques cuisinières; Aglaé feint d'ignorer le motif de la colère de sa tante, et montre le petit ramoneur qui lui est arrivé là sans qu'elle sache par où. Mais le portier reconnaît mon frère ; il le prend par les oreilles, et le fait sortir de la chambre en lui demandant ce qu'il fait là, lorsque depuis une heure il le cherche dans sa cheminée.

Pierre, qui a déjà reçu des soufflets et qui se sent tirer les oreilles, descend les escaliers en pleurant ; arrivé dans la cour, il est arrêté par le jeune officier qui feint de descendre de chez lui et de s'informer de la cause du tumulte, mais qui applique une demi-douzaine de coups de pied à mon frère en lui disant : — Ah ! petit drôle ! tu t'amuses à descendre par les cheminées !... Tu mets toute une maison sens dessus dessous ! Tu fais lever les tantes à sept heures du matin ! Tiens, voilà pour t'apprendre à te tromper de cheminée... Et si je te rencontre encore, je te coupe les deux oreilles.

Après avoir tiré vengeance de mon frère, le jeune homme rentre chez lui. Les cuisinières, qui croient qu'il ne s'agit que d'un ramoneur qui s'est trompé de cheminée, retournent à leur ouvrage. Mais madame Durfort n'a pas oublié le jeune homme qu'elle a vu sortir de chez sa nièce, suivie du portier et de quelques cuisinières ; Aglaé feint le plus grand étonnement, et jure à sa tante qu'elle ne l'a pas vu ; elle finit en disant que, puisqu'il est tombé dans sa chambre un ramoneur, il n'y a rien d'étonnant à ce qu'il soit tombé aussi un jeune officier ; la tante ne répond rien à cela ; mais, pour qu'il ne tombe plus personne chez sa nièce, elle la fait coucher à côté d'elle, ne lui laisse plus faire un pas seule, et, malgré tout ce que peut dire la jeune fille, on donne la volée à Fifi.

J'attendais mon frère dans la rue, assis sur le banc que je lui avais désigné ; j'avais depuis longtemps fini mon ouvrage, et je ne concevais pas ce qui pouvait le retenir, lorsque tout à coup je le vois arriver tout en larmes, les yeux gonflés et portant une de ses mains à un endroit où il paraît souffrir.

— Eh ben ! qu'as-tu donc, Pierre, que t'est-il arrivé ? lui dis-je en courant à lui. Mais il me prend par la main et me tire en me disant :
— Viens, André, viens vite... Allons-nous-en... ne restons pas dans cette ville... — Pourquoi donc partir si vite ?... Qui te fait ainsi pleurer ?... — Viens, mon frère... sauvons-nous... ou l'on te couperait les oreilles !... — On te couperait les oreilles ? — Viens donc, mon frère..., je ne veux pas rester ici.

Pierre m'entraîne toujours ; nous voilà loin de Lyon, et il regarde encore en arrière pour voir si l'on ne nous suit pas.

CHAPITRE IX. — Notre arrivée à Paris. — Événement imprévu.

Ce n'est qu'à plus de deux lieues de Lyon que Pierre, un peu remis de sa frayeur, consent à s'arrêter et à me répondre.

— Pourquoi pleurais-tu ? que t'a-t-on fait ? lui dis-je. — Mon Dieu, André, je ne sais pas ce que tous ces gens-là avaient contre moi ; j'ai voulu faire comme chez le pâtissier : il n'y avait pas de trou à la cheminée, je suis entré par en haut dans un autre tuyau ; puis, quand j'ai été en bas, je me suis roulé en criant... comme j'ai fait chez cette dame... et je disais : On va me donner des gâteaux et des gros sous... eh ben ! pas du tout : une demoiselle m'a donné des soufflets, le vieux qui tenait un balai m'a tiré les oreilles, et puis, dans la cour, un monsieur à moustaches m'a donné des coups de pied... ici... en me disant qu'il me couperait les oreilles s'il me revoyait !... — Mon pauvre frère !... — Dis-moi donc, André, pourquoi les autres m'ont-ils caressé là-bas ?... et pourquoi ai-je été battu à Lyon pour avoir fait la même chose ? — Je n'en sais rien ; mais, vois-tu, Pierre, il ne faut plus t'amuser à changer de cheminée quand tu iras ramoner quelque part. Moi, je n'ai pas eu de compliments à Pont-de-Beauvoisin, mais aussi je n'ai pas reçu de coups de pied, et on m'a payé mon ouvrage. Tiens, mon frère, fais comme moi, cela vaut mieux.

Pierre me promet d'être plus sage dorénavant et de descendre par la même cheminée où il aura monté. Nous continuons notre route ; nous avons hâte d'arriver à Paris : on nous a tant parlé de cette grande ville ! Mon frère ne rêve que marionnettes, sauteurs, lanternes magiques ; moi, je porte la main au portrait qui est caché sous ma veste, et je pense au monsieur borgne, à la jolie petite fille ; je suis tout fier de pouvoir leur rapporter le bijou qu'ils ont laissé dans notre chaumière, et je crois que je vais les rencontrer dès que je serai à Paris.

Il ne nous arrive plus rien d'extraordinaire en route ; quand nous sommes employés dans les villes où nous passons, Pierre ne va plus tomber dans les cheminées voisines de celle qu'il a ramonée. Le peu que nous gagnons nous suffit pour continuer notre voyage. Enfin nous en apercevons le but... Les édifices immenses de la grande ville se dessinent au loin dans l'espace. Cette vue ranime notre courage. — C'est Paris! nous écrions-nous mon frère et moi; c'est là qu'on gagne beaucoup d'argent!... c'est là qu'on s'amuse!... qu'on voit des spectacles!... des marionnettes!... qu'on mange de bonnes choses et qu'on fait fortune!...

Et nous nous mettons à danser, Pierre et moi, nous jetons notre bonnet en l'air, nous poussons des cris de joie!... Il nous semble qu'une fois à Paris, tout doit nous réussir, et qu'il suffit d'habiter cette ville pour être heureux!... Mais je n'ai encore que huit ans, et mon frère n'en a que sept.

Avant de faire notre entrée dans Paris, je crois utile de faire encore un petit sermon à mon frère. — Pierre, lui dis-je, souviens-toi de ce que nous a dit notre bon père; dans cette grande ville, il n'y a pas que des honnêtes gens, il y a aussi des fripons et des voleurs; c'est dommage, mais il paraît que ça ne peut pas être autrement. Il y a des gens qui se moquent de ceux qui arrivent de leur pays, qui leur font tout plein de tours et qui leur prennent leur argent. On ne nous prendra pas notre argent, parce que nous n'en avons point; on ne se moquera peut-être pas de nous, parce que nous ne sommes que des enfants; cependant il faudra faire attention, et ne pas croire à tout ce qu'on nous dira, entends-tu, Pierre? — Oui! oui!... oui!... Oh! tu sais bien que je ne suis pas bête!...

Je n'étais pas bien certain de cela, mais je le voulais pas le dire à Pierre. Nous voici enfin dans Paris. Quel singulier effet produit sur nous l'intérieur de cette ville immense! car nous étions entrés à sept heures du matin dans un des faubourgs de Lyon, et nous en étions sortis au bout d'une heure, sans regarder derrière nous. Ici, quelle différence! il est trois heures de l'après-midi lorsque nous nous trouvons dans Paris; c'est l'heure où chacun fait ses affaires. Les rues sont encombrées de monde; les voitures circulent avec rapidité et se croisent autour de nous. Les boutiques sont dans tout leur éclat, les marchands ambulants crient et mêlent leurs voix à celles des marchands de légumes, des porteurs d'eau, des ventes à prix fixe; les orgues se font entendre d'un côté; de l'autre, c'est le violon d'un aveugle; un peu plus loin, ce sont des chanteurs qui s'accompagnent avec des guitares. Je tire Pierre pour le faire avancer... Il ouvre de grands yeux... il reste la bouche béante... ses yeux ne peuvent suffire à tout ce qu'il aperçoit. Je suis à peu près comme lui; cependant je veux tâcher d'avoir l'air moins bête. Nous sommes tout étourdis du bruit des voitures et des cris: — A trois sous et demi, choisissez dans la boutique; à trois sous et demi! — A l'eau! à l'eau! — Deux pièces pour quinze sous!... voyez, messieurs et dames!... des couteaux, des ciseaux, des lotos, des jeux de dominos!... — Régalez-vous, mes enfants, ils sont tout chauds, ils sortent du four! — Des chaînes pour des montres, messieurs, assurez vos montres! — Voulez-vous les règles du jeu de piquet et de l'écarté? — Je vais vous chanter la complainte de ce fameux criminel très-connu dans Paris, qui a empoisonné toute sa famille, sur l'air: *C'est l'amour! l'amour! l'amour!* — Voilà le restant de la vente! — A tout coup l'on gagne; tirez, mademoiselle! etc., etc.

Plus nous avançons, plus le bruit augmente, et plus nous sommes entourés de gens qui vont et qui viennent. Déjà Pierre a été jeté deux fois par terre, parce qu'il s'arrête pour regarder dans les boutiques, et qu'alors il ne voit pas devant lui et ne se range pas pour laisser passer le monde. Il va encore se cogner le nez contre un beau monsieur, habillé comme un seigneur, qui a des bottes bien luisantes, un habit bleu avec des boutons qui brillent comme des miroirs, un pantalon bien plissé, des cheveux bien frisés, une cravate qui a l'air d'être en carton, et des gants comme un marié. Le beau monsieur repousse mon frère en s'écriant: — La peste étouffe le Savoyard! le petit drôle m'a tout sali le genou! On ne peut plus marcher dans Paris sans être assailli par cette canaille!

Mon frère s'est sauvé de l'autre côté de la rue, et en regardant si le beau monsieur ne le poursuit pas, il va se jeter sur l'éventaire d'une marchande d'oranges et fait rouler la marchandise sur le pavé.

— Prends donc garde, Savoyard! s'écrie aussitôt la marchande. Est-ce qu'il ne voit pas clair, ce petit imbécile? qui vient se jeter à corps perdu sur ma boutique?... Ramasse-moi bien vite mes oranges, et s'il y en a une de gâtée, tu me la payeras.

Je m'empresse d'aller aider mon frère à ramasser les oranges, et je l'emmène en lui disant: — Fais donc attention, Pierre, regarde donc devant toi... Mais Pierre est tellement étonné de tout ce qu'il voit, qu'il ne sait où il en est. Il me montre du doigt ce qui le frappe. Tiens, André, les beaux habits... les beaux miroirs... les belles chaises... C'est pour de vrai tout ça, n'est-ce pas, André?

J'ai de la peine à tirer Pierre de devant la boutique d'un pâtissier. Bientôt mon frère me tire doucement par ma veste en me disant tout bas: — Dis donc... à douze sous? — Non, pourquoi cela? — Est-ce que tu n'entends pas? Tiens, v'là un petit monsieur qui vend douze cents francs pour douze sous... Faut les acheter, André, et puis nous irons chez le pâtissier nous régaler. — Laisse donc, Pierre, c'est pour se moquer de nous ce que ce monsieur crie ça... Tu sais bien que je t'ai averti qu'à Paris on faisait tout plein de tours... — Bah! je crois que c'est pour rire! — Est-ce qu'on peut vendre douze cents francs pour douze sous?... Ah! il faut qu'il nous croie ben bêtes!...

Nous voici devant la boutique d'un marchand d'estampes; nous restons près d'une heure en admiration devant toutes ces images, jamais nous n'avons rien vu de si joli; ce n'est pas sans peine que nous nous décidons à quitter cette boutique. Mais un peu plus loin, beaucoup de monde est rassemblé devant une petite maison de toile, et Pierre y court en criant: — Ah! André... un chat! Polichinelle! le diable!

Je suis mon frère: nous sommes devant un spectacle de marionnettes, dans lequel un chat fait le compère de Polichinelle et se bat avec Rotomago. J'admire la patience de ce pauvre chat, mais cela ne me surprend pas, car on m'a dit qu'à Paris on voyait des bêtes si adroites!... Ce spectacle attire beaucoup de monde; nous sommes entourés de curieux; ce sont des bonnes qui font voir le chat à des enfants tout en causant avec des soldats; ce sont des demoiselles qui regardent souvent derrière elles. Comme les jeunes filles ont l'air aimable à Paris! Et puis voilà des messieurs qui viennent se placer derrière ces demoiselles et qui leur marchent sur les talons... ça n'est pas poli, cela. Ah! j'en vois un qui glisse sa main sous le tablier d'une jeune fille... J'ai envie de crier: Au voleur! Mais la jeune fille se retourne, le regarde en souriant; il paraît que c'est un monsieur de sa connaissance.

Enfin le chat est vainqueur, le diable disparaît, non dans les entrailles de la terre, mais au fond de la maison de toile, qui s'ébranle et va un peu plus loin amuser les passants. Je prends Pierre par le bras, et nous nous remettons en marche. Nous ne savons pas encore où nous irons, ni ce que nous demanderons; mais Paris nous offre tant de merveilles, qu'il nous semble naturel de donner le premier moment au plaisir d'admirer toutes ces belles choses qui frappent nos yeux. Cependant, parmi tout ce monde qui se croise devant moi, je cherche le monsieur qui a passé une nuit chez nous, et la belle dame dont j'ai le portrait; je cherche aussi la jolie petite fille... Mais je ne les vois point, et je commence à penser qu'il ne me sera pas aussi facile de les rencontrer que je le croyais avant d'être dans Paris.

— Mon Dieu, que c'est grand! me dit Pierre à mesure que nous parcourons la ville. Dis donc, André, on pourrait bien se perdre ici! — Certainement. Ça n'en finit pas ici!... Ah! tiens, v'là des arbres... C'est une promenade! Viens de ce côté; c'est encore plus joli, et nous n'aurons pas toujours des voitures sur notre dos.

Nous gagnons les boulevards, car ce sont eux que je viens d'apercevoir. Il y a déjà bien longtemps que nous marchons, mais nous ne sentons pas la fatigue, tant nous sommes occupés de ce que nous voyons. Ici ce sont des bagues en or, des épingles en brillants à deux sous pièce. — Achetons-en, me dit tout bas Pierre. — Non, mon frère; c'est encore une attrape, c'est pour se moquer de nous. Un peu plus loin un monsieur, placé à la porte d'une petite maison de bois, frappe une toile avec une baguette en criant que le fameux *Antiantocolophage* va avaler des serins, des anguilles, des épées et des sabres pour la modique somme de deux sous. Pierre veut entrer voir cela. — N'y allons pas, lui dis-je, c'est encore pour se moquer du monde qu'on dit cela. Souviens-toi donc que nous sommes à Paris.

J'ai bien de la peine à retenir Pierre, qui, avec sept sous que nous avons en poche, voudrait tout voir et tout acheter. Mais où court ce monde? pourquoi cette musique? Nous suivons le torrent: nous apercevons un cabriolet arrêté au milieu d'une grande place, et dans ce cabriolet, qui est découvert, un monsieur en habit rouge, galonné en or, coiffé en poudré, avec une grosse queue, ayant une culotte de nankin avec des bottes à la hussarde et deux chaînes de montre auxquelles pendent de grosses boules rouges.

Derrière ce beau monsieur sont deux hommes qui ont la figure noire comme des nègres, quoiqu'ils aient les mains comme tout le monde. Ces deux hommes sont habillés d'une façon singulière: ils ont des pantalons larges comme des jupons, de petites vestes de soie pucé, des ceintures brodées, et sur la tête quelque chose de roulé comme un mouchoir; ce sont eux qui font cette musique que nous entendions de loin. L'un a un cor de chasse, l'autre une clarinette; sur leur tête sont attachés des triangles avec des sonnettes, et devant eux sont deux gros tambours que ces messieurs frappent avec des baguettes à leurs genoux. Comme ces deux messieurs ne restent pas un moment en repos et qu'ils font constamment aller leur tête, leurs genoux et leurs coudes, cela produit un effet superbe et étourdissant. Pierre, qui n'avait jamais entendu une aussi belle musique, se sent électrisé; parvenu contre le cabriolet, il se met à danser la savoyarde en poussant des *you! you!* et des *piou! piou!* mais un de ces messieurs à figure noire prend un énorme fouet et en distribue quelques coups à Pierre pour le faire tenir tranquille.

— Tu vois bien, dis-je tout bas à Pierre, qui fait la grimace en regardant le musicien qui l'a fouetté, ce n'est pas pour nous faire danser qu'on fait une si belle musique... Tiens-toi tranquille, ou l'on va nous renvoyer. — André, c'est un seigneur ce monsieur en habit rouge tout couvert d'or? — Dam', il a l'air bien riche! — Et ces deux vilains noirauds? — Tu vois ben que ce sont ses domestiques. Chut! attends, ce beau monsieur va parler.

En effet, l'homme en habit rouge se lève, fait un signe aux musiciens qui se taisent, et, après avoir essuyé sa figure avec un mouchoir tout troué, se dispose à parler. Tout le monde se presse pour mieux l'entendre; mais Pierre et moi nous trouvons sur le premier rang, et nous ne perdons pas un mot; malheureusement ce seigneur a un accent étranger qui ne nous permet pas de bien saisir ce qu'il dit ; mais je crois que la société qui nous entoure ne le comprend pas plus que nous, et cependant chacun l'écoute avec attention. Le beau monsieur est debout dans son cabriolet, et, après avoir craché au hasard sur la foule, il commence en ces termes :

— Messieurs et mesdames, signora et mistriss, salut. Vi voyez il signor Fougacini, dont vi devez avoir entendu parler ; perche depouis deux ou trois siècles ze souis très-connu dans toutes les capitales ; si signor, per les cures que j'avais terminées avec le divin baume pectoral inventé par mon génie ! *If you please*, messieurs et milords, c'est un baume pour l'estomac, qui fait vivre cent ans et quelquefois davantage, c'est suivant les caractères. D'ailleurs, quand on a fini la boîte, z'en pouis donner d'autres, z'en ai toujours au service des amateurs, *God dem*, signor, ze souis capable de vi donner à tous des estomacs d'autruche ou autres bêtes quelconques ; mon baume il fait digérer des pierres, du marbre, de la mousse, des cailloux, du pain rassis, des perles, du cuivre, des radis noirs et des diamants ! *Perche*, vi en comprenez tou de souite l'outilité ; et *per provar*, d'un moment à l'autre, messiou et dames, vi pouves vi trouver dans oune pays où vi n'auriez per toute nourriture que des pierres et des diamants !... alors vi prenez de mon baume... *Omna tulit punctum*... Vi manzes des cailloux, comme si c'étaient des petits pois ! et *wery good*, signors.

Tout le monde se regarde : — C'est un Allemand, disent les uns. — C'est un Anglais, disent les autres. — Eh ! non, c'est un Turc ! vous voyez bien qu'il a des nègres, dite une vieille cuisinière ; il aura trouvé son baume dans quelque sérail. Ces Turcs, ça fait de fiers hommes ! — Non, ma chère, dit une autre, ce n'est pas un Turc, c'est un Italien, et j'en suis sûre, il a dit *Wery good*... D'ailleurs, je dois savoir un peu l'italien, j'ai fait pendant trois mois le ménage d'une chanteuse des *Bouffa*.

— André, me dit tout bas Pierre, est-ce que ce monsieur va nous faire manger des cailloux ? — Eh ! non, c'est un baume dont il veut nous faire cadeau, à ce que je crois. On n'entend pas trop bien ce qu'il dit ; mais taisons-nous, le voilà qui va encore parler.

— Je pourrais, messiou et dames, per vi *provar* l'efficacité de mon baume, vous dire allez vi en informer à Londres, à Rome, à Constantinople, à Madrid, à Pékin, en Egypte, en Syrie, en Arabie; mais non, zou ne veut point vi envoyer si loin. Je me contenterai de vi montrer, *coram populo*, ces deux nègres d'Afrique, qui, grâce à mon baume, ne se nourrissent que de pierres, de mousse et de marbre.

Le beau monsieur nous désignait les deux musiciens, dont l'un mangeait alors un gros morceau de pain et un cervelas.

— Vi voyez, signors, comme ils se portent !... Eh bien ! le piou jeune il a quatre-vingt-dix-neuf ans, et l'autre est dans sa cent onzième année ! ma tout cela n'est rien encore. Je veux vi donner sous les yeux à tous la preuve de la bonté de mon estomac, et pour cela ché vais-je manzer ? un caillou ? de la terre ? un diamant ? Non, messiours !... ce serait oune bagatelle trop facile ! Je vais, devant vos yeux, manzer un jeune enfant de sept à huit ans, mâle ou femelle, le premier qui se présentera.

A ces mots chacun pousse un cri d'étonnement ; et Pierre me dit tout bas : — Comment, mon frère, ce beau monsieur va manger un enfant ? — Eh non, c'est pour rire ! .. C'est encore un tour qu'on va faire !... Tu vois ben que ce monsieur plaisante.

Cependant le seigneur Fougacini est descendu de son cabriolet, un de ses nègres fait ranger la foule en agitant un bâton devant le nez des curieux, qui répètent à chaque minute : — Oh ! ça serait fort, ce tour-là... — Bah ! ça n'est pas possible ! — Je voudrais bien voir ça, moi.

Pierre et moi nous nous trouvons toujours sur le premier rang : le nègre a fait former un grand rond dans lequel le monsieur en habit rouge se promène en se dandinant et jetant des regards fiers autour de lui ; mais aucun enfant ne se présente pour être mangé. Tout à coup le signor Fougacini s'arrête devant Pierre, et le considère longtemps avec attention. Mon frère devient rouge et interdit, mais je le pousse en lui disant tout bas : — N'aie pas peur... tu sais bien que c'est pour rire.

— Avance, petit ! dit le monsieur en faisant signe à Pierre. Je le pousse, et le voilà au milieu du rond. — Quel âge as-tu ? — Sept ans, monsieur. — Sept ans !... c'est juste ce qu'il me faut... Tou es xantil, gras, bien portant. Veux-tou ché ze te manze ? zou ne te ferai pas de mal dou tout !... et zou te donnerai douze sous.

Pierre me regarde en ouvrant de grands yeux ; je lui dis tout bas : — Accepte ! c'est pour rire... Ne crois-tu pas que ce monsieur te mangera ?

— Je veux bén, répond alors Pierre, et l'homme à l'habit rouge prend mon frère par la main et le montre à la foule assemblée , et, pour qu'on puisse le voir de loin, le fait prendre par les deux nègres, qui l'élèvent sur leurs bras et le tiennent ainsi en l'air pendant cinq minutes en frappant des genoux sur leurs tambours, tandis que mon frère commence à faire la grimace et que le beau monsieur crie à tue-tête :

— Voici oun enfant de sept ans ché zou vais manzer grâce à mon baume, qui me permet de le digérer en cinq minutes !

La foule est devenue considérable, c'est à qui sera témoin de ce spectacle singulier ; j'en attends le dénoûment avec curiosité, bien tranquille sur le sort de mon frère, qui ne paraît pas aussi calme que moi, quoique je lui fasse sans cesse signe de n'avoir point peur.

— Mon petit homme, dit le beau monsieur à Pierre, que les nègres viennent de remettre à terre , il faut ché tou te déshabilles, z'ai bien dit ché ze manzerai oune enfant, ma ze n'ai pas dit ché ze manzerai ses habits. Cependant , par respect per l'honorable souziété, ze veux bien tou manzer avec ta chemise; ôte seulement ta veste et ta culotte.

Pierre reste indécis : — Ote donc... ôte donc, lui dis-je ; tu vois bien que c'est pour rire... Est-ce que tu crois qu'il veut te manger ?

Pierre se déshabille en pleurant un peu la moue. Il tient enfin ses habits sous son bras, et le beau monsieur le fait promener en chemise le rond en criant toujours : — Examinez-le, messiou et dames, vi voyez ché ce n'est pas oun squelette ; le petit drôle est gras et dodu... God dem .. quand zou l'ai choisi, zou n'avais pas remarqué sa rotondité !... c'est égal, quelques livres di piou ou di moins! zou n'y regarde point pour être agréable à la souziété.

Cette promenade en chemise n'amuse point Pierre, qui veut quitter son conducteur ; celui-ci s'arrête de nouveau et l'examine.

— Mon petit homme, ce n'est point tout encore !... tou as des cheveux d'oune longueur extrême, et cela ne me serait point agréable au goût ; la souziété il sait bien que per avaler le morceau le piou délicat, il ne faut pas trouver dessus quelque chose qui répugne ! perché , petit, zou ne pouis pas manzer tes cheveux ; Holà ! Domingo, venez couper les cheveux à l'enfant.

Un des nègres arrive avec des ciseaux... Pierre hésite... — Laisse-toi faire, dis-je à mon frère .. quoique je commence à m'impatienter de la longueur de cette plaisanterie; mais reculer maintenant serait honteux, on se moquerait de nous. Encouragé par mes signes, le pauvre Pierre se laisse couper les cheveux ; en trois minutes le nègre l'a mis à la Titus... Et j'aperçois un monsieur de la société qui ramasse les belles boucles blondes de mon frère et les fourre vivement dans sa poche.

Pendant que l'on tondait Pierre, le signor Fougacini se serrait le ventre, tâtait et retâtait sa mâchoire et faisait mille grimaces, comme pour se préparer à ce qu'il avait annoncé qu'il ferait.

Mon impatience était au comble, car je voyais la frayeur de mon frère augmenter à chaque instant. Enfin, quand le nègre s'est éloigné, le signor Fougacini court sur Pierre en lui faisant des yeux effrayants, et, le saisissant par le bras , commence à lui mordre légèrement l'épaule droite... A peine Pierre a-t-il ressenti une légère douleur, que, poussant des cris affreux, il s'échappe des mains du beau monsieur ; ce qui ne lui est pas difficile, car celui-ci ne demande qu'à le voir se sauver. Se jetant à travers la foule, poussant des pieds et des mains, Pierre parvient à se faire jour ; et se met à courir de toutes ses forces, tondu, en chemise et avec ses habits sous le bras, tandis que la foule le poursuit en criant : Ah ! c'est un compère !... c'est un compère !...

Au premier cri de mon frère, j'ai voulu voler à son secours, mais la foule nous sépare ; je me débats au milieu de tous ces badauds qui cornent à mes oreilles : — C'est un petit compère ; il s'entendait avec l'autre !... Je regarde de tous côtés, je ne vois plus mon frère. J'appelle : — Pierre !... Pierre !... où es-tu ?... Il ne me répond pas. Quelques personnes me montrent le chemin qu'il a pris ; je cours aussitôt de ce côté en appelant toujours : — Pierre ! et à chaque instant je me sens plus inquiet, plus tourmenté.

Je ne sais où je suis... j'ai parcouru beaucoup de rues ; pour comble de malheur la pluie baisse, et je ne sais plus de quel côté me diriger. Je demande aux personnes qui passent : — Avez-vous vu mon frère ? On ne me répond pas, ou, l'on me dit : — Qu'est-ce que c'est que ton frère ?... — C'est Pierre, il se sauvait en chemise... parce qu'un monsieur en habit rouge lui a fait peur... On me regarde en souriant, on s'éloigne sans me donner de renseignements, ou l'on me dit froidement : — Va chez vous, tu l'y trouveras.

— Chez nous... hélas !... nous en sommes bien loin !... et ici nous n'avons pas encore d'asile. Où donc pourrais-je chercher mon frère ?... mon pauvre Pierre ! peut-être s'en est-il retourné chez nous ?... ma mère qui m'avait tant recommandé de ne point le quitter !... Ah ! pourquoi l'ai-je engagé à écouter ce beau monsieur, qui est sans doute un voleur !... Mon Dieu ! mon Dieu ! qui me rendra mon frère ?

Je pleure amèrement , je n'ai point de courage pour supporter un pareil malheur. Il est nuit, et je n'ai pas retrouvé Pierre. Je m'assieds sur une borne, car je suis bien las. Je n'ai point mangé depuis le matin, mais je n'ai pas faim, j'ai le cœur si gros ! Je pleure à mon aise ; personne ne me dit rien, on ne me demande pas ce que j'ai.

Je veux faire de nouvelles recherches, je me remets en marche... Cette ville est immense !... comment y retrouver mon frère ?... Ah ! ce n'était pas la peine de sauter de joie en apercevant Paris !...

Je ne sais pas où je vais, mais souvent je m'arrête et j'appelle encore Pierre !... Ma voix n'a plus de force !... j'ai tant pleuré ! Il est sans doute bien tard, car je ne rencontre plus personne dans les rues. La fatigue m'accable, je ne puis aller plus loin. Je me jette à terre dans un coin , devant une petite porte... c'est là que je passerai la nuit. Demain, dès qu'il fera jour, je recommencerai mes recherches, et je serai peut-être plus heureux.

Le sommeil me gagne, il ne tarde pas à venir suspendre mes chagrins; je veux encore appeler mon frère, mes paupières se ferment, et je m'endors en prononçant son nom.

Chapitre X. — Le Porteur d'eau. — Les Bonnes Gens.

Je suis éveillé par une voix qui me crie : — Prends garde, petit, tu barres le passage de notre allée, qui n'est déjà pas trop grande... Comment, tu dors encore, mon garçon!... Est-ce que tu as couché là, par hasard?

On me secoue fortement le bras; j'ouvre les yeux : il fait grand jour, et je vois devant moi un homme vêtu à peu près comme l'était mon père, en pantalon et veste de laine brune, avec un chapeau rabattu sur la tête, et qui porte, pendu après des courroies de cuir, un cercle auquel sont attachés deux seaux.

La figure de cet homme respire la franchise et la bonté; il est arrêté devant moi et m'examine avec intérêt. En m'éveillant, ma première pensée est pour mon frère; je le cherche auprès de moi et mes yeux se remplissent encore de larmes.

— Eh ben! petit, tu ne réponds pas? — Ah! monsieur, auriez-vous vu mon frère?... — Qu'est-ce qu'il fait, ton frère? quel âge a-t-il? est-ce qu'il demeure dans ce quartier? C'est peut-être une de mes pratiques? — Mon frère a sept ans, il s'appelle Pierre, il est Savoyard comme moi; nous sommes arrivés d'hier seulement à Paris; nous venons de chez nous, de Vérin, auprès de l'Hôpital; notre père est mort il y a quelques mois, et notre pauvre mère ne pouvait plus nous nourrir, car nous avons encore un frère, le petit Jacques, qui est resté avec elle. Il a bien fallu partir; mais j'avais promis à ma mère de ne jamais quitter mon frère et de toujours veiller sur lui, parce qu'il n'est pas aussi hardi que moi. Hier, en arrivant à Paris, nous nous sommes arrêtés devant un monsieur bien mis, qui avait pour domestiques et qui offrait de manger un enfant et lui donner douze sous s'il se laissait faire... Moi j'ai cru que c'était pour rire... — Par Dieu! mon garçon, tu avais raison, c'était un faiseur de tours qui voulait se moquer des imbéciles qui l'écoutaient! — Il a choisi mon frère, et moi, je le lui ai dit tout bas : — Laisse-toi faire... c'est pour jouer. Cependant il a fait déshabiller Pierre, il lui a coupé les cheveux, et puis ensuite il a sauté sur lui en faisant une grimace si horrible que Pierre a eu peur et qu'il s'est sauvé sans penser à moi. J'ai voulu le rattraper, j'ai couru très longtemps! mais je ne l'ai pas retrouvé! Enfin, il faisait nuit, et j'étais si las que je me suis couché devant cette porte, où j'ai dormi jusqu'à présent.

A mesure que je parlais, je lisais dans les traits du porteur d'eau l'intérêt et l'attendrissement. Quand j'ai fini, il passe sa main sur ses yeux, et me considère encore pendant quelques instants.

— Tu n'as pas menti, petit? — Oh! non, monsieur, je ne mentirai jamais, je l'ai promis à ma mère. — Et que comptes-tu faire ce matin? — Chercher mon frère... Il faut bien que je le retrouve... — Ça n'est pas aussi facile que tu le crois!... Paris est une ville bien grande!... Et dans quel quartier as-tu perdu ton frère? — Mon Dieu! je n'en sais rien, monsieur... C'était une grande place... entourée de maisons... — Ah! ce n'est pas ça qui mettra sur la voie... Mais, au fait, arrivés d'hier, les pauvres enfants ne peuvent connaître aucun quartier... — Est-ce que je ne le retrouverai pas, monsieur? — Dame! ça sera peut-être long!... Et pendant que tu chercheras ton frère, tu ne pourras pas travailler. As-tu de l'argent pour vivre? — Mon Dieu, non, monsieur, mais j'en suis bien content! — Pourquoi cela? — C'est que nous avions encore sept sous, et au moins, c'est mon frère qui les a!

Le porteur d'eau passe encore sa main sur ses yeux, puis il me donne une petite tape à la joue en me disant : — Tu es un bon garçon, tu aimes bien ton frère; mais console-toi, mon petit, il ne faut pas toujours pleurer, ça n'avance à rien. Tu n'as pas déjeuné, tu dois avoir faim? — Oui, monsieur, car je n'ai pas mangé depuis hier trois heures; mais je ne veux pas crier dans la rue, on me fera ramoner, et puis je déjeunerai. — Ah! oui! tu crois qu'on trouve comme cela tout de suite une cheminée pour son déjeuner! Mais, mon petit, il y a diablement de ramoneurs à Paris, et avec ton estomac vide tu ne pourras pas crier bien fort. Allons, allons, monte avec moi... Il n'est que cinq heures et demie... D'ailleurs, les pratiques attendront un peu, voilà tout.

En disant cela, le brave homme se débarrasse de ses seaux, qu'il laisse dans un coin de l'allée, puis il monte l'escalier en me faisant signe de le suivre. Je grimpe derrière lui; l'escalier n'est pas large, et on ne voit pas très-clair, mais je me tiens à la rampe. Nous montons jusqu'au haut de la maison, et lorsqu'il n'y a plus de marches, mon conducteur s'arrête enfin et frappe à une porte en criant : — Manette! Manette!... Allons, dépêche-toi!

Une petite fille, qui me paraît être de mon âge, nous ouvre la porte. Elle n'est pas mise comme celle qui a dormi dans notre chaumière; ses traits ne sont pas aussi délicats, et ses vêtements sont grossiers; mais elle a des yeux si vifs, une figure si ronde, des joues si fraîches et un air si gai, que l'on a du plaisir à la regarder.

— Tiens!... c'est toi, papa, s'écrie Manette en nous ouvrant; puis elle me regarde avec étonnement. — Allons, ma petite, dit le porteur d'eau en me faisant entrer chez lui, cherche vite ce que nous avons de reste de déjeuner et donne à manger à ce petit, qui doit en avoir besoin.

Pendant que la petite fille fait ce que lui dit son père, je regarde autour de moi : l'appartement du porteur d'eau me rappelle un peu notre chaumière, l'ameublement n'est guère plus élégant. Nous sommes dans une grande pièce dont la moitié est mansardée; au fond est un grand lit, puis des ustensiles de ménage; à gauche, j'aperçois un petit cabinet avec une croisée et un autre lit, et j'ai vu tout le logement de mon protecteur.

Manette a mis sur une table du pain, du fromage et du bœuf; je ne me fais pas prier pour manger : à huit ans, si le chagrin fait oublier l'appétit, il ne l'ôte pas entièrement. — Oh! comme il avait faim! dit la petite en me regardant manger; et son père sourit en répétant : — Ce pauvre garçon!...

Mais, au milieu de mon déjeuner, je m'arrête... Une pensée subite ne me permet plus de continuer : — Si Pierre n'avait pas de quoi déjeuner, lui!... dis-je en levant les yeux au ciel. — Ne crains rien, mon petit, me dit le porteur d'eau, on ne le laissera pas non plus mourir de faim; d'ailleurs n'a-t-il pas sept sous?...

— Je l'avais oublié, mais ce souvenir me rend l'appétit. — Ecoute, mon garçon, me dit le père de Manette lorsque j'ai fini de me restaurer, je m'intéresse à toi... Ta figure franche, ton attachement pour ton frère... pour tes parents... Enfin, je veux t'être utile, si je puis. Je ne suis pas de ton pays : je suis Auvergnat, moi; mais, en Auvergne, nous sommes de braves gens aussi!... Et le père Bernard est connu comme tel dans le quartier; ma réputation est nette comme du verre... Je ne suis pas riche, je n'ai plus de tonneau!... La maladie de feu ma pauvre femme m'a coûté de l'argent!... Mais je puis te loger sans que te coûte rien : Tiens, vois-tu cette soupente?... c'est là où couchait mon frère... Il est reparti pour le pays il y a six mois; eh ben! je te mettrai là un matelas, de la paille fraîche!... Eh! morbleu! tu seras couché comme un prince... tu mangeras chez nous. Je n'ai avec moi que Manette, qui a huit ans, mais qui commence déjà à savoir faire la soupe; et puis il y a une voisine qui se charge de notre cuisine; tu te retrouves ton frère, il viendra loger avec toi!... La soupente est assez grande pour vous deux. Eh ben! petit, cela te convient-il?

— Oh! oui, monsieur, vous êtes bien bon! dis-je au père Bernard, mais je voudrais bien retrouver Pierre!... — Tu le chercheras tout en travaillant; de mon côté, je vais demander partout, m'informer dans chaque quartier... — Ah! monsieur, je vous en prie, n'y manquez pas!... — Sois tranquille, mon petit, et console-toi. Mais voilà six heures, il faut que j'aille emplir mes seaux... Descends avec moi, je vais te montrer comment on ouvre la porte de l'allée... Et si tu te perdais dans Paris, tu demanderais la Vieille rue du Temple, auprès de la rue Saint-Antoine... Le père Bernard! D'ailleurs tu reconnaîtras bien la maison.

Je reprends mon sac, mon grattoir, je fais un petit signe de tête à Manette, qui me sourit en me disant en souriant, comme si nous avions déjà passé six mois ensemble. Je descends derrière le bon porteur d'eau; j'ai toujours le cœur bien gros, la figure bien triste; et le brave homme, qui s'en aperçoit, me répète à chaque instant : — Allons, prends courage, petit, tu retrouveras ton frère!... et d'ailleurs, il y a une Providence; elle a veillé sur toi, elle le fera autant pour lui.

— C'est vrai, me dis-je tout bas, et puis Pierre a sept sous! et avec cela on va loin.

— A propos, me dit le père Bernard quand nous sommes dans l'allée, je ne t'ai pas encore demandé ton nom? — Je m'appelle André... et mon frère Pierre. — Oh! ton frère! je le sais... André, regarde bien notre porte, notre rue, Vieille rue du Temple, entends-tu?... Suis tout droit, tu iras au boulevard : ne va pas te perdre aussi, et reviens pas trop tard, mon garçon; dès que le jour baisse, il faut rentrer manger la soupe. Va, mon petit; moi, je vais faire mes pratiques et m'informer de ton frère.

Le père Bernard me quitte, et me voilà seul dans la rue. Je ne m'éloigne qu'après avoir bien examiné l'extérieur de la maison où l'on vient de me donner un asile. Mon pauvre frère! me dis-je en marchant, si je te retrouvais, que nous serions heureux chez ce bon porteur d'eau, qui veut bien nous loger pour rien! Allons, ne pleurons plus; je le retrouverai. Pierre a sept sous... il a de quoi vivre quelque temps; d'ailleurs il est gentil, Pierre, et sans doute il aura trouvé aussi quelqu'un qui l'aura logé pour rien.

J'avance dans cette ville, où je ne suis que depuis vingt-quatre heures; mais déjà tout ce qui frappe ma vue a perdu une partie de son charme de la veille. Je vois maintenant d'un œil indifférent ces belles boutiques, ces étalages brillants, ces beaux boulevards et toutes ces curiosités que je ne pouvais me lasser d'admirer hier. Mais mon frère n'est plus auprès de moi pour partager mon plaisir!... C'est lui que je cherche partout, et c'est à lui que tout au monde me rappelle. A peine ai-je le courage de crier de temps en temps : — Ramoner la cheminée!... et cependant la journée s'écoule, et je n'ai rien gagné. J'aperçois des enfants de ces montagnes qui jouent entre eux, ou courent en dansant devant les passants pour en obtenir quelque chose; mais je n'ai point envie de les imiter, il me serait impossible de danser maintenant, et d'ailleurs, je ne chercherai jamais à obtenir quelque chose à force d'importunités, quoiqu'on m'ait dit cependant que c'était comme cela que l'on faisait fortune à Paris.

Au milieu du boulevard j'entends le son du cor, de la clarinette et des tambours... C'était une musique comme celle que faisaient les domestiques noirs de ce beau monsieur qui mangeait du marbre et des enfants. Je cours du côté de la musique... J'aperçois un monsieur habillé en Turc qui porte une énorme pièce de bois sur le bout de son nez. Ah! l'on avait bien raison de me dire qu'à Paris on voyait des choses extraordinaires. Mais, dans tout ce monde qui se regarde, je ne trouve pas mon frère; et comme le Turc annonçait qu'il allait enlever un enfant par les cheveux sans le faire crier, je prends mes jambes à mon cou, de crainte qu'il ne lui prenne envie de me choisir pour amuser la société.

Le jour baisse, il faut retourner chez le père Bernard. Je demande la Vieille rue du Temple. Une fois dedans, je retrouve facilement la maison; mais quand je suis dans l'allée, je songe que je n'ai rien gagné de la journée, et je n'ose plus monter l'escalier. Cependant mon estomac crie : le porteur d'eau est si bon! ils m'attendent peut-être; il faut toujours rentrer pour me coucher, je n'ai pas besoin d'argent pour cela. Je monte donc, je pousse la porte, et je vois le père Bernard et Manette déjà assis devant une table sur laquelle est le dîner, qui sert aussi de souper, parce qu'on se couche de bonne heure, afin d'être levé de grand matin.

— Arrive donc, André, nous t'attendions, me dit le porteur d'eau; je commençais à craindre que tu n'eusses oublié le nom de notre rue. Et puis, ce Paris est si grand! il faut de l'habitude pour marcher dans toutes ces rues et à travers ces voitures, qui ne se gênent pas pour écraser le pauvre monde.

J'entre d'un air honteux, et je vais m'asseoir dans un coin de la chambre quoique l'odeur du dîner redouble ma faim.

— Eh bien! qu'est-ce que tu vas faire là-bas, petit? est-ce que tu ne vois pas que nous dînons? — Oh si! je le vois bien... — Pourquoi donc ne viens-tu pas te mettre à table? — C'est que... je n'ai pas faim, monsieur Bernard. — Tu n'as pas faim? tu as donc dîné en chemin? — Non... je n'ai rien mangé. — Et tu n'as pas faim? C'est bien drôle, ça!

Le porteur d'eau m'examinait, et mes yeux, qui se tournaient souvent vers le dîner, ne lui paraissaient pas d'accord avec ma bouche. — Morbleu! je veux que tu dînes, moi, reprend-il au bout d'un instant : faim ou non, tu mangeras.

— Mais c'est que... c'est que... je n'ai rien gagné de la journée! dis-je en m'avançant lentement vers la table. A ces mots, le père Bernard court à moi, me porte sur une chaise à côté de la sienne. — Comment, petit imbécile, c'est parce que tu ne voulais pas dîner!... Est-ce ta faute, si tu n'as rien trouvé à faire? n'en faut-il pas moins que tu dînes? et tant pis que j'en aurai pour moi et ma fille, n'y en aura-t-il pas aussi pour toi?... Mange! mange, morbleu! et ne t'avise plus de me dire encore de pareilles bêtises, ou je te donnerai des coups pour te rendre l'appétit.

Et le brave homme me bourre de soupe, de pain, de bonne chère; il m'étoufferait si je le laissais faire, tant il a peur que je ne satisfasse point mon appétit.

— Mon garçon, me dit-il, dans tous les états il y a de bons et de mauvais jours. Tu arrives au commencement de l'automne : la saison n'est pas encore bonne pour les cheminées; mais quand tu connaîtras mieux Paris tu feras des commissions, tu porteras des lettres. Quand on est intelligent et honnête on parvient à gagner de l'argent. Mais, je te le répète, plus de façons comme aujourd'hui; tant mieux quand tu auras été heureux! tant pis quand tu auras fait chou-blanc! nous n'en serons pas moins tes amis... Rappelle-toi, mon petit, que je t'ai offert un asile sur la bonne mine et ton amour pour tes parents, et je ne t'ai pas demandé si ta bourse était bien garnie.

J'embrasse ce bon Auvergnat qui me témoigne tant d'amitié; et dans ses bras je sens que je ne suis plus seul à Paris. Manette vient aussi me jeter sur le sein de son père; tout en l'embrassant, elle me sourit. Je lis dans ses yeux qu'elle veut m'aimer aussi, et je la regarde déjà comme ma sœur. Les bonnes gens! que je suis heureux de les avoir rencontrés!... Ah! mon pauvre frère, puisses-tu, comme moi, t'être endormi devant quelque allée obscure, demeure de l'ouvrier honnête et laborieux! cela vaut bien mieux que de se coucher sous le portique d'un palais, d'où vous chassent le matin des valets insolents.

Le soir, le père Bernard me donne quelques renseignements sur Paris, sur les quartiers voisins. Je l'écoute avec attention, car je veux profiter de ses avis afin d'être bien vite en état de gagner de l'argent comme commissionnaire. Il s'est informé de mon frère dans toutes les rues où il a été; mais, ainsi que moi, il n'en a appris aucune nouvelle. Où donc Pierre s'est-il fourré?

Quand on a porté de l'eau toute la journée, on a besoin de repos le soir. Bientôt le père de Manette fait signe à la petite, qui va se coucher dans le cabinet; je monte à la soupente, où l'on m'a arrangé un lit; j'avais dormi la veille sur le pavé; on doit juger si je me trouvai bien dans ma nouvelle chambre à coucher.

Le lendemain en m'habillant, je laissai sortir de dessous ma veste le médaillon que je portais toujours sur moi; j'avais oublié de parler de ce portrait au père Bernard. Il aperçoit le bijou, sa figure se rembru-

nit, et il me fait sur-le-champ signe d'approcher, tandis que Manette tend le cou et ouvre de grands yeux pour mieux regarder le portrait.

— Qu'est-ce que c'est que cela, petit? d'où cela te vient-il? depuis quand as-tu ce bijou? et pourquoi ne m'en as-tu pas parlé?

Je m'empresse de raconter au porteur d'eau l'histoire du portrait. A mesure que je parle, ses traits reprennent leur expression de bonté habituelle; et quand j'ai fini, il m'embrasse en me disant : — Pardon, mon petit; c'est que, vois-tu, la vue de ce bijou... Allons, tu es un brave garçon.

Manette grille de considérer à son aise le portrait; je l'ôte un moment, et le donne à son père. Tous deux l'examinent longtemps. La jolie dame! dit Manette, la jolie figure!... la belle robe!... — Oui, dit le porteur d'eau en regardant le bijou, c'est une belle femme, mais il y en a tant dans Paris, et qui sont mises comme cela! Va, mon cher André, je crois bien que le portrait te restera; car tu pourrais habiter Paris pendant vingt ans sans rencontrer celui ou celle à qui il appartient.

Moi, je conserve l'espérance de trouver le petit monsieur borgne, et je remets précieusement le médaillon sous ma veste. Puis je sors avec le père Bernard pour commencer ma journée et chercher encore mon frère.

Je ne suis pas plus heureux du côté de Paris; mais du moins j'ai eu deux cheminées à ramoner, et je rentre tout fier présenter au porteur d'eau le fruit de mon travail. Il le prend en souriant et me dit : — Au bout de l'année, mon garçon, je te donnerai ce qui te restera pour ta mère.

Cet espoir double mon courage; en peu de temps je connais différents quartiers de Paris; j'ai de la mémoire; on me trouve de l'intelligence, et on m'emploie souvent. Plus d'un beau monsieur me donne à porter un billet bien plié, et qui sent le musc ou la rose. — Va, cours, me dit-on; tu demanderas la dame : si c'est un monsieur qui t'ouvre la porte, tu diras que tu viens voir si l'on a des cheminées à faire ramoner, et tu ne montreras pas la lettre!... Ne va pas faire des gaucheries!... Je fais exactement ce qu'on me dit; quand je rapporte une réponse, les beaux messieurs se montrent généreux; quand je n'en ai pas, je reçois peu de chose; et quand je rapporte la lettre, je ne reçois quelquefois que des reproches. Les jeunes filles sont plus justes; elles me payent toujours, lors même que la réponse paraît les affliger; mais elles m'accablent de questions; et il faut avoir une grande mémoire pour les satisfaire : — Y était il! — Lui as-tu remis la lettre à lui-même? — Que faisait-il? — Que t'a-t-il dit? — Était-il seul? — A-t-il eu l'air content en la lisant? Telles sont les questions que ne manque jamais de m'adresser la demoiselle ou la dame qui vient de me faire porter une lettre à un monsieur.

Le temps s'écoule : près de Manette et de son père je serais heureux si le souvenir de mon frère ne revenait souvent troubler ma joie; je n'ai pu le découvrir; le père Bernard n'a pas été plus heureux, et cependant nous l'avons cherché dans tous les quartiers de Paris. Je n'ai point osé apprendre cet événement à ma mère; d'ailleurs, ce n'est qu'au retour du printemps que je puis lui envoyer mes épargnes, et le bon porteur d'eau me dit qu'il est inutile de l'affliger d'avance, et que peut-être Pierre lui donnera de ses nouvelles de son côté.

Je suis les conseils de celui qui me traite comme son fils; les enfants de nos montagnes ont pour habitude de ne donner de leurs nouvelles que lorsqu'il se présente une occasion. Malheureusement je ne sais pas écrire, c'est un de mes chagrins; mais le père Bernard, qui n'en sait pas plus que moi, prétend que cela n'est pas nécessaire pour faire son chemin, et qu'avec une langue on s'explique aussi bien qu'avec une plume. Oui, sans doute, quand on veut rester ramoneur ou commissionnaire toute sa vie... mais pour faire fortune!...

— Tu as de l'ambition, André, me dit quelquefois le porteur d'eau. Tu voudrais, je crois, devenir un grand seigneur... — Ah! je voudrais seulement devenir riche afin de rendre heureux ma mère, mes frères et vous, père Bernard, ainsi que Manette... — Bon, mon garçon, nous sommes bien comme nous sommes. Il ne faut pas toujours envier ceux qui sont au-dessus de nous!

Le brave porteur d'eau a de la philosophie, parce qu'il n'est pas ivrogne et qu'il se contente de peu; mais Manette aimerait bien avoir une jolie robe, des souliers au lieu de sabots, et je lui promets de lui donner tout cela quand je serai riche.

Ma bonne mère m'avait dit que le médaillon ferait mon bonheur; cependant je le porte toujours, et je ne peux découvrir ceux auxquels il appartient. Souvent le dimanche, lorsque je rentre de meilleure heure, je m'amuse à considérer le portrait; alors Manette vient se placer derrière pour le voir aussi tandis que son père me dit : — Oui, regarde-le bien?... C'est tout ce que tu en retireras.

L'été est revenu. Le père Bernard connaît un brave homme qui se rend en Savoie : je puis donner de mes nouvelles à ma mère... je puis lui envoyer le fruit de mon travail. C'est le porteur d'eau, auquel chaque jour je donne mon argent, dont il ne prend que ce qu'il juge convenable pour ma nourriture, qui me présente un petit sac de cuir : je l'ouvre... il contient cent dix francs... quelle somme! je n'en puis revenir! J'ai tout cela à envoyer à ma mère!... Je ne me sens pas de joie... Ah! si la nouvelle de ma séparation d'avec Pierre lui cause du chagrin, j'espère du moins que ceci pourra l'adoucir.

Je ne veux rien garder pour moi, quoique Manette me dise qu'il faut m'acheter une veste et un pantalon pour les dimanches. Non, non : je me trouve bien comme je suis; je me sens si heureux de pouvoir envoyer tant d'argent! d'ailleurs je vais en gagner encore davantage. La vue de mes épargnes redouble mon ardeur pour le travail. Je veux me lever plus tôt, me coucher plus tard... — Et te rendre malade, me dit Manette : car on pense bien que nous n'avons pas été longtemps sans nous tutoyer; à notre âge, c'est si naturel! C'est une bien bonne fille que Manette; elle aussi sera bonne travailleuse; elle n'a que neuf ans, et déjà c'est elle qui a soin de notre petit ménage. Toujours gaie, toujours chantant, Manette a sans cesse le sourire sur les lèvres. Leste, vive, laborieuse, elle descend en une minute les six étages de la maison quand il s'agit de faire quelque chose qui peut être agréable à son père. Ne se plaignant point de la fatigue, ne montrant jamais d'humeur, Manette nous attend les soirs en travaillant, et va en sautant apprêter notre petit repas. Un baiser de son père la paye de ses peines, et lui fait oublier l'ennui de la journée : car elle doit s'ennuyer toute seule dans notre mansarde; mais le père Bernard ne veut pas qu'elle aille courir chez les voisins, et Manette est obéissante.

Pour me divertir le soir elle me prie de lui chanter les chansons de mon pays; et, de son côté, elle danse devant moi les bourrées d'Auvergne, frappant des pieds et des mains pour marquer la mesure. Manette est alors aussi contentente que si elle dansait à la guinguette; et moi je crois en la regardant être encore dans nos montagnes, entouré de mes bons parents.

C'est en nous livrant au travail, en nous délassant par des plaisirs aussi simples que nous passons encore une année de notre enfance. Ma mère m'a donné de ses nouvelles; cette bonne mère craint que je ne me prive de tout pour elle, elle ne veut plus que je lui envoie d'argent de longtemps. Elle n'a point reçu de nouvelles de Pierre, et m'engage à faire de nouveau tous mes efforts pour le retrouver. Enfin, elle me prie de témoigner toute sa reconnaissance à l'homme généreux qui m'a recueilli à mon arrivée à Paris.

Je n'avais pas besoin des ordres de ma mère pour continuer à chercher mon frère; il se passe point de jour où je ne tâche d'obtenir quelques nouvelles de lui.

Mais le temps, qui adoucit toutes les peines, a dissipé ma tristesse, j'ai retrouvé ma gaieté; et comment pourrais-je être triste près de Manette, qui, à dix ans, est déjà si espiègle, si bonne!... Chère Manette!... une sœur pourrait-elle m'aimer davantage? Quand elle me voit rêveur, elle vient tourner, sauter autour de moi; elle me pousse le bras, me prend la main pour me faire danser avec elle.

— Ne sois point chagrin, André, me dit-elle, tes gros soupirs ne te feront pas retrouver plus vite ton frère!... Viens danser avec moi; cela vaudra bien mieux que de rester là sans rien faire. Obéissez-moi, monsieur, où je ne vous aimerai plus.

Je cède aux désirs de Manette, d'abord pour lui faire plaisir, et bientôt parce que j'en goûte aussi avec elle. A dix ans le chagrin s'oublie si vite!

Chaque jour Manette devient plus gentille; ses yeux bleus sont pleins de franchise, de gaieté; sa bouche, un peu grande, est garnie de dents blanches et bien rangées; ses cheveux châtains forment sur son front des boucles naturelles, et les belles couleurs de ses joues annoncent le contentement et la santé.

De mon côté, j'entends dire souvent par les bonnes qui viennent me chercher à ma place : — Comme il devient gentil, cet André!... comme il grandit!... cela fera un bien joli garçon.

Ces propos me font rougir, mais l'instant d'après je les oublie, et je ne songe point à en tirer vanité, car je me rappelle que dans mon pays on se moquait des jeunes gens qui s'occupaient trop de leur figure, et que mon père me disait : — André, un garçon qui se mire est digne de porter des jupons et un bonnet.

Cependant, lorsque le soir nous dansons, Manette et moi, quelque bourrée des montagnes, le père Bernard sourit en nous regardant, et je l'entends dire à demi-voix : — Ils seront, morgué! gentils tous les deux.

CHAPITRE XI. — Rencontre, accident. — Nouveau protecteur.

J'ai déjà onze ans et quelques mois; j'ai fait deux autres envois d'argent à ma mère, et ils étaient plus considérables que le premier. Ma bonne mère me fait savoir que, grâce à moi, elle ne manque de rien; que Jacques est un bon garçon, quoique un peu trop enclin à dormir et à manger, et qu'elle serait bien heureuse si je pouvais lui donner des nouvelles de Pierre. Hélas! je le voudrais bien!... mais je ne suis pas plus instruit que le lendemain de mon arrivée à Paris, et je crains que mon pauvre frère ne soit mort; s'il vivait, il aurait donné de ses nouvelles au pays.

Je viens de faire une commission dans un quartier éloigné de notre demeure; il est près de cinq heures du soir; je double le pas, car Manette me gronde lorsque je reviens trop tard; elle dit que, quand on a bien travaillé depuis le point du jour, on ne doit point oublier l'heure du dîner. Cette bonne Manette!... elle a toujours si peur que je tombe malade!...

Je suis sur les boulevards. Au coin de la rue Richelieu un cabriolet élégant s'arrête sur la chaussée; un monsieur en descend et entre dans une grande maison. J'ai porté mes regards sur ce monsieur... Quel souvenir me frappe!... ce n'est point une illusion, c'est bien lui !... c'est cet homme qui a passé une nuit chez nous!... Oh! je le reconnais; et, quoiqu'il y ait quatre ans de cela, ce monsieur est toujours aussi laid qu'il était alors. Voilà son œil couvert d'un taffetas noir, sa petite queue, son corps maigre, sa démarche penchée; c'est bien lui!... quel bonheur, je l'ai enfin rencontré!

Mais ce monsieur est entré dans une maison... je ne le vois plus ; que vais-je faire?... L'attendre; il faut bien qu'il sorte, son cabriolet est là. Oh! certes, je l'attendrai, dût-il rester jusqu'au lendemain ; je suis si content de pouvoir lui offrir le bijou qu'il a laissé chez nous!... Comme il sera satisfait de le ravoir! car il doit le croire perdu.

Je me plante devant la maison où est entré M. le comte, je me rappelle maintenant qu'on l'appelait ainsi. Je ne bouge pas, et j'ai les yeux fixés sur le cabriolet, dans lequel est resté un domestique, mais ce n'est pas celui qui est venu avec son maître dans notre chaumière.

Au bout d'une demi-heure, qui m'a paru bien longue, j'entends enfin marcher derrière moi; c'est ce monsieur qui sort de la maison. Le cœur me bat... je suis tout tremblant, et cependant c'est moi qui vais obliger ce monsieur; mais il a l'air si peu agréable! Je m'approche de lui cependant, et je me décide à parler.

— Monsieur... monsieur... — Laisse-moi tranquille, petit drôle... — Monsieur, c'est chez nous que... il y a quatre ans... — Veux-tu t'en aller, Savoyard! me répond le monsieur, qui ne m'écoute point et regagne son cabriolet.

— Ah! mon Dieu! le voilà qui va monter dedans! et il ne m'entend pas... je le tire par son habit : Monsieur!... de grâce, écoutez-moi...

— Comment, polisson, tu oses prendre mon habit! s'écrie-t-il en se retournant avec colère. Je ne donne rien aux pauvres... ce sont tous des fainéants. Ces petits drôles demandent un sou pour leur mère, et courent le dépenser chez le pâtissier. — Mais, monsieur, je ne vous demande rien..., au contraire, c'est moi qui vais vous donner quelque chose.

Il ne m'écoute pas; il est déjà dans son cabriolet. Il ordonne à son domestique de partir. O ciel!... il va s'éloigner, et peut-être ne le rencontrerai-je plus!... Je veux m'attacher à la voiture, je tâche de me faire entendre... — Gare! gare! crie le valet. Je ne l'ai pas écouté... le cheval part. Je tenais encore le brancard... je ressens une forte secousse, je suis renversé, je me sens blessé à la tête... mon sang coule... j'ai jeté un cri qui m'arrache la douleur... et je n'ai plus la force de me relever.

En un instant je suis entouré de monde... On me regarde, on me tâte... on crie après le maître du cabriolet, après le cheval, après le domestique; on me plaint, on fait des discours, des réflexions sur le danger que les piétons courent dans Paris, mais on ne me secourt point. Un jeune homme perce la foule en s'écriant : — C'est son cabriolet!... il n'en fait pas d'autres!... et il prend le grand trot au lieu de secourir celui qu'il a blessé.

Ce jeune homme s'approche de moi, m'examine avec intérêt en disant : — Pauvre petit!... un Savoyard... peut-être le soutien de sa mère... c'est eux qu'Adolphine ne serait lui, sans eux il périssait lui-même au fond d'un précipice!... et voilà sa reconnaissance... Ah! pauvre enfant! je veux réparer le mal qu'il a fait!...

Ce monsieur a envoyé chercher une voiture, il s'assure que je ne suis blessé qu'à la tête; on me porte dans le fiacre, le monsieur y monte avec moi, en ordonnant au cocher d'aller doucement. Malgré cela le mouvement de la voiture augmente ma douleur, je perds connaissance... mes yeux se ferment, je ne vois plus, je n'entends plus rien.

En revenant à moi, je me trouve couché dans un bon lit, entortillé dans de belles couvertures, et sous de beaux rideaux bleus et blancs, qui se croisent et forment des bouffettes au-dessus de ma tête. Je crois rêver... je me retourne... une glace placée au fond du lit répète mon image; je me vois... je me regarde... je me souris... je me fais la grimace... Oh! c'est bien moi qui suis dans ce beau lit; on m'a mis sur la tête un fichu de soie; en dessous j'ai des linges, un bandeau qui me serre fortement; j'y veux porter la main... je sens que j'ai mal à cette place. Je me rappelle ma blessure, ma chute sur la chaussée... Oh! je me souviens de tout maintenant.

Mais chez qui suis-je donc?... Quels sont les êtres généreux qui m'ont secouru? Tout ce qui m'entoure est superbe : cette glace, ces draperies... Mais je voudrais bien voir dans la chambre. Le rideau est fermé, tâchons de le tirer; je sens que je suis bien faible, j'ai de la peine à avancer mon bras.

Je parviens cependant à écarter un peu ce qui me cache l'appartement, et puis en voir une partie... Oh! que cela me semble joli!... des tableaux, des portraits... des hommes, des femmes en grandeur naturelle, puis des campagnes, de charmants paysages, et tout cela entouré de bordures en or! Je suis sans doute chez un seigneur, et celui-là est aussi bon que Bernard le porteur d'eau. Mais mon père adoptif sa fille savent-ils où je suis?... on l'a de mes nouvelles!... O ciel! s'ils m'attendent encore, quelle doit être leur inquiétude! Pauvre Manette, sans doute elle me croit perdu, tué!... et son père me cherche partout.

Cette idée m'arrache un soupir. J'entends du bruit : une vieille femme entre dans la chambre où je suis, et regarde doucement du côté du lit. — Ah!... enfin, il a repris connaissance, dit-elle. Pauvre petit!... C'est bien heureux!... Que monsieur sera content quand il reviendra!...

— Madame!... madame!... dis-je d'une voix faible. La bonne femme vient aussitôt s'asseoir près de mon lit en me faisant signe de me taire. — Chut! mon enfant, il ne faut pas parler... cela vous ferait du mal... Le médecin l'a dit : votre blessure est grave, mais avec de grands soins et du repos on vous guérira. Allons, allons, je vois dans vos yeux l'impatience.... vous voulez savoir où vous êtes, c'est naturel; écoutez-moi : C'est M. Dermilly, mon maître, qui vous a secouru lorsque le cabriolet de M. le comte Francornard vous eut jeté par terre... ce M. Francornard n'en fait jamais d'autres... encore l'autre jour, il a renversé la boutique d'une marchande de sucre d'orge... mais elle les lui a fait tous payer : aussi, il les a fait ramasser par son domestique; et, pendant huit jours, ses chiens n'ont mangé que du sucre d'orge...

Pierre se met à courir de toutes ses forces, tondu, en chemise, avec ses habits sous le bras.

Voilà ce que c'est que de vouloir conduire un cabriolet quand on n'a qu'un œil! je vous demande s'il peut voir en même temps à droite et à gauche! Ainsi, mon enfant, il y avait peut-être de votre faute... les petits garçons n'écoutent jamais lorsqu'on crie Gare! et il semble qu'ils se fassent un plaisir de couper la rue quand ils voient venir une voiture.... — Ah! madame.... — Chut! mon enfant, je ne vous dis pas que vous ayez fait cela... Enfin M. Dermilly vous a fait porter dans un fiacre et conduire ici. C'est un peintre très-distingué que M. Dermilly, et un homme fort sensible!... trop sensible même!... car... — Mais, madame, depuis quand?... — Silence! mon ami, le docteur ne veut pas que vous parliez; je puis bien parler pour vous et pour moi. Monsieur comptait d'abord ne vous garder chez lui que le temps de vous donner les premiers secours, il pensait que nous pourrions découvrir votre demeure et faire prévenir vos parents; car vous êtes ici depuis hier, mon petit homme.... — Hier!... ô mon Dieu! et le père Bernard, et Manette!.... — Ah! quel bavard que ce petit garçon!... voyez s'il pourra se taire!... vous vous rendrez plus malade, mon enfant... Je disais donc que monsieur s'occupait déjà de savoir à qui vous apparteniez, lorsqu'en vous ôtant votre veste toute pleine de sang, nous avons trouvé sur votre poitrine un portrait pendu après un ruban!... oh! dès que monsieur l'a vu, il a poussé un cri de surprise... des exclamations!... des phrases!... et puis il s'est emparé de la miniature sans me permettre de la regarder. Il faut que ce soit un portrait bien précieux, car monsieur ne se serait pas extasié devant une croûte. Il n'en revenait pas d'avoir trouvé cela sur vous; il s'écriait : Où l'a-t-il eu? pourquoi le porte-t-il? et mille autres choses semblables. Il aurait bien désiré que vous pussiez lui répondre; mais, pauvre petit, vous étiez dans un bien triste état! Enfin, monsieur a voulu que vous fussiez

couché dans son lit; il a déclaré que vous ne sortiriez de chez lui que parfaitement guéri. Il a couché cette nuit dans la petite chambre à côté, et tous les quarts d'heure il venait voir comment vous alliez. Forcé de sortir un moment ce matin, il m'a bien recommandé de ne point vous quitter une minute. Voilà ce qui vous est arrivé, mon ami, j'espère que vous n'êtes pas trop malheureux, et que, pour guérir plus vite, vous serez sage et ne parlerez pas.

A la fin du discours de la vieille bonne, j'ai mis la main sur ma poitrine. Je ne trouve plus le médaillon que je portais sans cesse; il ne m'avait pas quitté d'une minute depuis mon départ de chez ma mère. Mes yeux se remplissent de larmes, et je dis d'une voix entrecoupée :

— Madame, rendez-moi le portrait... je vous en prie... — Je vous ai dit, mon enfant, que c'était mon maître qui l'avait; il vous le rendra!... n'avez-vous pas peur! Comme ces petits garçons sont méfiants!... — Ah! madame, maman m'avait tant recommandé de ne point le perdre!... — Il n'est point perdu, puisque c'est monsieur qui l'a. Est-ce le portrait de votre mère? de votre sœur? de votre père?... Je crois que c'est un portrait de femme, mais je n'ai pas eu le temps de bien voir... et je n'avais pas mes lunettes.

J'allais répondre à la vieille bonne, lorsque nous entendons du bruit dans la pièce voisine. — Voilà monsieur! s'écrie-t-elle. Au même instant, je vois entrer un monsieur de vingt-huit à trente ans, d'une figure aimable et douce; je le reconnais pour celui qui s'est approché de moi sur le boulevard.

— Eh bien! comment va-t-il? demande-t-il en entrant à la bonne. — Oh! monsieur, il a repris sa connaissance; et, si je le laissais faire, il bavarderait comme une pie!... Mais je suis là pour faire respecter l'ordonnance du médecin. — Pauvre petit! Que ses yeux sont expressifs!... quelle candeur et quelle finesse dans les traits!... — Il est certain que cela ferait un joli Amour... Et monsieur qui cherchait l'autre jour un modèle pour faire le fils de madame Andromaque dans son tableau de l'histoire ancienne, il me semble que ce petit garçon.... — Laissez-nous, Thérèse, je vous appellerai si j'ai besoin de vous... — Oui, monsieur. Et la vieille bonne s'éloigne en répétant entre ses dents que je ferais à merveille le fils de madame Andromaque.

— Eh bien! mon ami, comment vous trouvez-vous? me dit le monsieur, qui est venu s'asseoir auprès de moi. — Je suis bien, monsieur... Je n'ai mal qu'à la tête. Je vous remercie de tout ce que vous avez fait pour moi. — Vous ne me devez point de remerciment, mon petit ami; j'ai dans l'idée que je ne fait qu'acquitter une dette sacrée...Vous sentez-vous assez de force pour me répondre sans vous fatiguer? — Oh! oui, monsieur; je puis bien parler. — Dites-moi alors de quel pays vous êtes et depuis quand vous habitez Paris.

Je conte mon histoire au monsieur. Il m'écoute avec beaucoup d'attention; il paraît prendre un grand intérêt à tout ce que je dis. Il est touché du chagrin que je ressens encore d'avoir perdu mon frère; et quand j'en viens au père Bernard et à Manette, il s'écrie : — Le brave homme! les bonnes gens! Mais ce portrait que vous portez sur vous, d'où vient-il ? l'avez-vous trouvé? vous l'a-t-on donné? Dites la vérité, mon ami. Ah! vous ne savez pas quel intérêt j'ai à connaître cette circonstance.

Je raconte alors comment les voyageurs se sont arrêtés dans notre chaumière ; je n'oublie rien sur le monsieur, son valet et la petite fille endormie. A mesure que je parle, je vois le plaisir, l'attendrissement se peindre dans les yeux de celui qui m'écoute; mais quand j'en viens à la blessure que s'est faite mon père en courant la nuit pour M. le comte, quand je dis que, pour prix de son dévouement en arrêtant la voiture qui roulait vers un précipice, le vieux monsieur lui a donné un petit écu, alors le jeune peintre ne peut plus se contenir ! il se lève, court comme un fou dans la chambre en s'écriant : — Est-il bien possible!... Quel cœur sec!... quelle âme ingrate!... chère Caroline!... Et voilà l'époux qu'on t'a donné! Sans le perte de cet enfant, tu perdais ta fille, ton Adolphine; ce pauvre homme est mort, victime peut-être des suites de son zèle, mais le père de cet enfant vit. Je tâcherai de rendre à son fils une partie du bien qu'il nous a fait; et si, du haut des cieux, il veille sur cet enfant, il le verra jouir du fruit de sa bonne action.

— Oui, cher petit, je prendrai soin de toi... tu ne me quitteras plus! En disant cela, le monsieur m'embrasse; et, oubliant que je suis blessé, il serre ma tête dans ses mains. La douleur m'arrache un cri; le jeune peintre est désespéré et s'écrie : — Allons! je veux lui servir de père, et je l'étouffe à présent... et j'oublie sa blessure. — Oh! ce n'est rien, monsieur, mais je voudrais bien ravoir... — Quoi, mon ami? — Ce portrait que j'avais là... J'ai juré à ma mère de ne le donner qu'à ceux auxquels il appartient; hier seulement j'ai rencontré ce petit monsieur borgne qu'elle cherche avec eux nous; je l'ai reconnu sur-le-champ ; j'ai couru après lui pour lui rendre le bijou, mais il ne m'a pas écouté, il est monté dans son cabriolet, et c'est alors qu'il m'a renversé et que j'ai été blessé.

— Pauvre garçon! oui, en effet, je dois te rendre ce portrait que tu portes depuis si longtemps; mais ce n'est pas à l'homme indigne du comte qu'il faut remettre cette image chérie, il est indigne de la posséder !... Bientôt tu verras celle... Ah! si elle était à Paris, aujourd'hui même elle aurait trouvé le moyen de te voir... Mais elle reviendra bientôt, je l'espère; en attendant, reprends ce médaillon, dont tu as été si fidèle dépositaire...

Le monsieur tire le portrait de son sein; et, après l'avoir considéré quelque temps avec amour, il le repasse à mon cou. Je me sens alors plus tranquille. Mais quelque chose me tourmente encore, et je m'écrie:
— Monsieur... et le père Bernard?... et Manette?...
— Oh! tu as raison, mon ami, il faut bien vite les faire avertir... Ces bonnes gens sont dans l'inquiétude; hâtons-nous de la faire cesser. Thérèse! Thérèse!

La vieille bonne arrive. —Vite un commissionnaire, dit M. Dermilly; que l'on aille rassurer les bons amis de cet enfant.

Le père Bernard et Manette.

J'ai donné l'adresse de Bernard. M. Dermilly est allé lui-même parler au commissionnaire. Depuis un quart d'heure, sa vieille bonne lui dit:
— Monsieur, vous avez modèle ce matin... Votre modèle est arrivé... il y a une heure qu'il se promène en chemise dans l'atelier. C'est ce mauvais sujet de Rossignol; il est venu dans ma cuisine, le corps presque nu... me demander une croûte de pain : il dit qu'il est en Romain, qu'il représente *Mutius-Cervelas*. Qu'il fasse *Cervelas* tant qu'il voudra, ce n'est pas une raison pour qu'il vienne goûter à mon bouillon!... C'est d'ailleurs fort indécent; je vous prie, monsieur, de lui défendre de quitter l'atelier et de venir dans ma cuisine en Romain.
— Allons, allons, ne crie point, Thérèse, dit M. Dermilly en souriant; je vais travailler; toi, veille bien sur mon petit André; tu m'avertiras lorsque ces bonnes gens arriveront, je serai bien aise de les voir.
— Oui, oui, je veillerai sur lui, et je ne le ferai point parler comme vous, dit Thérèse en me tâtant le pouls lorsque son maître est éloigné. Voyez-vous, il y a de la fièvre.. beaucoup plus de fièvre!... Mais on ne veut pas m'écouter... Buvez cela, petit, et dormez : cela vous fera du bien.

Dormir, cela m'est impossible maintenant : je suis encore tellement étonné de tout ce qui m'est arrivé et des bontés que ce monsieur a pour moi, que je ne puis trouver le repos dans ce beau lit sur lequel je suis si douillettement couché. Ce monsieur veut me faire du bien... me garder près de lui !... et tout cela à cause du portrait! Ma mère avait bien raison de dire qu'il me porterait bonheur! Mais Bernard, Manette, est-ce qu'il faudrait les quitter? Ah! je veux toujours les voir! Le porteur d'eau est aussi mon bienfaiteur; je n'oublierai jamais ce qu'il a fait pour moi.

J'entends des pas pesants... des sabots qui courent sur le parquet. Mon cœur tressaille...Ah! ce sont eux, j'en suis sûr. On ouvre la porte; Thérèse dit en vain : Attendez que j'aille voir s'il dort... Ne le faites pas parler, surtout! On ne l'écoute pas, les voilà... ils sont là, près de moi!... ils m'entourent, ils me couvrent de baisers..., de larmes! Qu'on est heureux d'être aimé ainsi !

— Mon père!... Manette!... voilà tout ce que j'ai la force de dire; l'émotion m'ôte la voix : mais je tiens la main du père Bernard, et la jolie petite figure de Manette est tout contre la mienne, appuyée sur mon oreiller.—Pauvre garçon! dit enfin le bon porteur d'eau, si tu savais quelle inquiétude, quels tourments tu nous as causés... J'ai passé toute la nuit à te chercher, et Manette n'a pas cessé de pleurer son frère!...— C'est donc votre fils? dit Thérèse. — Non, madame; mais c'est tout de même, je l'aimons comme s'il m'appartenait... — Mon père, regardez donc.., il est blessé à la tête, dit Manette. As-tu bien mal, mon cher André? — Non... oh! c'est passé. — On nous a dit qu'un cabriolet t'avait renversé, dit Bernard; as-tu pris son numéro au moins! Ah! c'est qu'il ne faut pas se laisser écraser sans rien dire, mon garçon; et tu as été bien maltraité? — Vraiment oui, dit la vieille bonne; M. le docteur trouve la blessure *conséquente*.

Dans ce moment M. Dermilly arrive. Le père Bernard s'incline; il ne sait s'il doit rester devant le maître du logis. Mais Manette ne bouge point. Elle s'est assise sur mon lit ; elle admire les rideaux, les franges, la glace, et elle me dit tout bas : — André, on doit bien dormir dans un si bon lit!

M. Dermilly s'empresse de mettre Bernard à son aise; celui-ci lui fait mille remerciments pour les soins qu'il m'a prodigués. — Mais comment allons-nous l'emmener, dit le porteur d'eau. — L'emmener!... Oh! il ne me quittera pas qu'il ne soit parfaitement guéri, répond le jeune peintre; et alors même j'espère... — Mais, monsieur, il va vous gêner... et je craignons... — Non, brave homme, je vous le répète, je m'intéresse au sort de cet enfant; son père a sauvé l'existence à quelqu'un qui m'est bien cher... J'en ai acquis la certitude en trouvant sur lui un portrait dont je suis l'auteur... — L'auteur?... Comment, monsieur... c'est vous?... — Oui, c'est moi qui ai peint cette jeune dame dont il a le portrait. — En ce cas, monsieur doit la connaître? — Sans doute; et, ainsi que moi, elle voudra, j'en suis certain, contribuer à assurer le sort futur de cet enfant.

M. Dermilly, peintre.

Le bon porteur d'eau ouvre de grands yeux, il est tout surpris de ce qu'il entend, et il me dit : — Tu avais raison, André, de croire que cette belle peinture te pousserait... Mais je veux toujours te voir, mon garçon... — Venez tant que vous voudrez, brave homme, vous pourrez à toute heure embrasser votre fils adoptif... Ah! ne pensez pas que je veuille le priver de vos caresses; André sera d'ailleurs maître de suivre sa volonté... Mais j'ai lu dans son cœur, et, quel que soit le parti qu'il prenne, je vous réponds qu'il ne sera jamais ingrat. — Oh! j'en sommes bien sûr aussi, monsieur, et si vous devez faire sa fortune, je sommes trop juste pour vous en empêcher.

Dermilly sourit et tend la main au brave Auvergnat, qui paraît surpris de cette marque d'amitié de la part d'un monsieur élégant; il n'en serre pas moins avec force cette main dans les siennes, puis il dit à Manette : — Allons! viens, mon enfant, il faut que j'aille faire mon ouvrage; demain nous reviendrons voir André.

Manette n'a point écouté la conversation de son père et de M. Dermilly, elle ne s'est occupée que de moi et de toutes les belles choses qu'elle aperçoit dans l'appartement. La vue des tableaux lui arrache des exclamations de surprise, et quand son père l'appelle, elle le regarde et ne bouge point.

— Eh bien! viens-tu, petite?... — Et André, mon père? — André ne peut pas se lever... Il reste chez monsieur, qui veut bien en avoir soin. — Comment! il ne revient pas avec nous?... — Nous viendrons le voir demain... Tant que nous voudrons, monsieur veut ben le permettre. — Ah! je ne veux pas quitter André... Laissez-moi ici, mon père. — Eh quoi! Manette, tu veux m'abandonner... Ce n'est pas assez que je sois privé d'André, tu veux aussi laisser ton vieux père... Je serai donc tout seul.. je n'aurai plus personne auprès de moi!

Manette ne répond rien; elle se lève en portant à ses yeux le coin de son tablier. Elle me dit adieu en sanglotant, et se dispose à suivre son père; celui-ci tâche de la consoler, mais il ne peut y parvenir. Tous les deux m'embrassent encore, et s'éloignent, Bernard en me souriant, Manette en pleurant amèrement.

La vue des larmes de ma sœur a fait couler les miennes. M. Dermilly n'a pas peu de peine à me consoler, et il ne me quitte que lorsqu'il me voit disposé à me livrer au repos. — C'est bien heureux! dit alors la vieille Thérèse; ils vont enfin laisser cet enfant tranquille... L'a-t-on fait parler!... et puis on veut qu'il guérisse... est-ce que c'est possible!

La bonne femme ferme mes rideaux, et je l'entends murmurer en s'éloignant: — Retournons maintenant à ma cuisine!... je suis sûre que pendant que monsieur était ici son coquin de Romain est allé goûter à mon ragoût. Voilà ce que c'est que d'avoir un atelier qui tient à son appartement... Monsieur dit que c'est commode... c'est possible; mais Dieu sait ce que sa dernière bataille grecque m'a coûté de pots de confiture!

CHAPITRE XII. — L'atelier du peintre. — M. Rossignol.

Les soins les plus empressés me sont prodigués par M. Dermilly, pour lequel je sens bientôt la plus tendre amitié. La vieille Thérèse, tout en me grondant quelquefois, a pour moi mille attentions; je ne sais comment j'ai mérité d'être traité ainsi. Cependant ma nouvelle fortune ne me fait pas oublier mes amis, et j'attends toujours avec impatience le moment où je dois voir Bernard sa fille. C'est auprès d'eux que je passe les plus doux instants de ma journée; et toutes les fois qu'ils me quittent, j'éprouve le même chagrin.

— Dépêche-toi donc de te guérir, André, me dit Manette, pour revenir chez nous. Comme nous danserons des bourrées! comme nous chanterons ensemble!... Ah! c'est bien beau ici, mais je m'amuse mieux chez nous avec toi.

Je n'ose dire à Manette que M. Dermilly m'a offert de me faire apprendre à lire, à écrire, à dessiner. Toutes les fois qu'il cause avec moi, il paraît content de mes réponses; il dit que je ne dois pas rester commissionnaire; que je puis, avec des talents, parvenir, faire fortune; qu'alors je ferai le bonheur de ma famille et de mes amis. Je sens au fond du cœur une secrète envie de profiter de ses bontés. Est-ce de la vanité? est-ce le désir de pouvoir faire des heureux? Ah! mon ambition est excusable; car lorsqu'en espérance je me donne une belle maison, de beaux appartements, je m'y vois toujours auprès de ma mère et de mes amis.

Il y a huit jours que j'habite chez M. Dermilly; je commence à me lever; mais je suis encore bien faible, et je ne puis sortir de la chambre. Manette voudrait me tenir souvent compagnie; mais il faut qu'elle s'occupe de son ménage, et le père Bernard craint d'être importun en venant trop souvent. Pour me distraire, M. Dermilly m'a donné des crayons, du papier, des dessins; le soir, la vieille Thérèse me conte des histoires et me donne des confitures et des biscuits; mais tout cela ne vaut pas les pommes de terre cuites sous les cendres que je mangeais avec Manette.

Un matin que la vieille bonne est sortie, ennuyé d'être seul dans une chambre dont je sais maintenant par cœur tous les tableaux, j'éprouve le désir d'aller voir travailler M. Dermilly; je me sens assez fort pour marcher sans appui; j'irai doucement; je ne sais pas où est l'atelier; mais ce ne peut être loin, puisqu'il tient à l'appartement.

Je sors de ma chambre, je traverse une pièce, puis une autre... J'aperçois un corridor; je le suis; au bout je monte quelques marches; j'ouvre une petite porte. Je me trouve dans une pièce immense qui est éclairée par le haut, et j'aperçois des choses si extraordinaires que je ne sais plus si je dois avancer ou reculer.

Devant moi est un grand squelette qui se tient debout, et contre lequel est appuyée une belle Vénus en plâtre. Ici de grandes toiles sur lesquelles des corps sont ébauchés; là-bas, j'aperçois un tableau de diables qui tourmentent un pauvre jeune homme et le fouettent avec des serpents; à mes pieds, un bras; plus loin, une jambe, une épaule; sur une table, je vois des couleurs; un volume doré sur tranche contre une bouteille d'huile; des phalanges de doigts sur un petit pain à café; un casque grec sur une tête de vierge; une tunique, du fromage, un chapeau crasseux sur un Amour; une boîte de vermillon sur une tête de mort.

Je suis sans doute dans l'atelier; un peu revenu de ma surprise, j'avance... Mais j'aperçois alors une personne qu'un grand tableau cachait et qui est immobile devant la toile. Je n'ose plus bouger; la présence de cette personne m'intimide, et son costume singulier m'inspire je ne sais quelle défiance.

Je n'aperçois pas encore sa figure, qui est tournée vers la toile; mais je vois que cet homme tient un grand sabre à la main. Son corps est presque enveloppé dans un grand manteau cramoisi; ses pieds ont des souliers lacés; sa tête est couverte d'un casque auquel pend une grande queue en laine rouge; son attitude est menaçante, son bras semble levé pour frapper... Il paraît que ce monsieur est en colère; et cependant il reste bien tranquille, il ne remue pas.

Je cherche des yeux M. Dermilly, je ne le vois pas. Je ne sais si je dois m'en aller, ce monsieur ne s'est point dérangé pour me regarder, il ne m'a peut-être pas vu entrer. Je tousse légèrement... Je fais quelques pas... Il ne bouge pas. N'importe, il me semble que je dois demander excuse d'être entré ainsi sans permission.

— Pardon, monsieur, dis-je en m'avançant derrière l'homme au manteau, je croyais que M. Dermilly était ici... Je suis bien fâché d'être entré... sans savoir si... mais si je vous gêne, je vais m'en aller.

Point de réponse, et toujours la même immobilité; je n'y comprends rien. Est-ce que ce monsieur dort? Mais quand on dort, on ne tient pas son bras en l'air avec un sabre dans sa main. Est-ce qu'il serait sourd? Je ne puis résister au désir de voir sa figure. J'avance doucement la tête... O ciel! qu'ai-je vu! Je ne puis retenir un cri d'effroi. Ah! quelle figure pâle! quels yeux ternes! Oh! cet homme-là a été bien plus malade que moi! et je ne conçois pas comment il a la force de rester debout si longtemps.

Je vais m'éloigner lorsqu'on ouvre une porte qui fait face à celle par laquelle je suis entré; et un monsieur, entièrement nu depuis la tête jusqu'à la ceinture, mais chaussé et habillé jusque-là, entre dans l'atelier en sautant, en chantant et en mangeant une cuisse de volaille.

Le nouveau venu ne m'a pas aperçu en entrant; je l'entends rire et se dire tout en mangeant : — Oh! en voilà encore une bonne!... et quand la vieille Thérèse cherchera sa cuisse! ni vu, ni connu! ça sera le chat!... Pourquoi laissez-vous traîner de la volaille on autres aliments!...

Quand on attend sa belle,
Que l'attente est cruelle!...

Ah! si elle avait su que monsieur Dermilly était sorti! comme on aurait dissimulé les plats et séquestré les légumes! Apportez-vous de quoi manger? me dit-elle. J'apporte aussi... tout ce que j'ai trouvé de mieux chez moi : une gousse d'ail et deux oignons, déjeuner frugal qui chasse le mauvais air...

Viens, Zétulbé,
C'est ma voix qui t'appelle...

Tra, la, la, la... tra, la, la, la. C'est bien dommage qu'on n'ait pas mis le pot au feu aujourd'hui!... nous aurions pincé le bouillon à la barbe des Athéniens!... Monsieur Dermilly qui me laisse là des heures entières! Heureusement que je suis à l'heure comme les fiacres!...

Et j'en rends grâce à la nature.

Dans ce moment, ce monsieur fait une gambade de mon côté, et s'écrie en me voyant : — Tiens! qu'est-ce que c'est que ça? Quel est ce petit rapin? Est-ce que tu viens poser pour les *Innocents*, criquet? Tu aurais besoin de manger encore de la panade pendant quelque temps... Tu as le teint comme un œuf frais... Il faudra te faire mettre de la farce dans les joues...

Ah! dis-moi comment tu t'appelles,
Afin que je sache ton nom.

— Monsieur, je m'appelle André, dis-je à ce monsieur, qui, pendant que je lui parle, valse et se donne des grâces. J'ai été renversé par un cabriolet, et monsieur Dermilly a eu la bonté de me prendre chez lui.

— Ah! pardon, intéressante victime! repris-tu au malheur!... Eh bien! moi, j'ai été renversé vingt fois ou quatre fois, et personne ne m'a ramassé. Il est vrai que ces jours-là Bacchus me donnait des faiblesses dans les jambes. Tiens, mon petit, comment trouves-tu cet entrechat?

Je ne concevais pas que ce monsieur osât danser, chanter et faire tant de bruit auprès de cet autre qui ne bougeait pas et tenait toujours son sabre levé. Je le montrai du doigt au faiseur d'entrechats en disant à demi-voix : — Prenez garde de faire mal à la tête de ce monsieur.

A ces mots, le monsieur sans chemise se jette sur une chaise en riant aux éclats : — Oh! en voilà encore une bonne! et l'enfant est joliment dedans! Il prend le mannequin pour un sapeur!... N'aie pas peur, mon petit, je te réponds qu'il ne te coupera rien. C'est une nature inanimée, ça n'a pas comme nous le fluide vital et le cerveau spirituel. Oui, c'en est fait, je me marie... Si vous voulez bien le permettre...

— Comment! c'est un mannequin!... Je n'en reviens pas. Je m'approche pour le toucher. — Halte là, fœtus! dit le beau chanteur en m'arrêtant; on ne touche pas à ça!... ça brûle!... — Ah! malheureux! si tu allais déranger un pli, tu ferais donner l'artiste à tous les diables, et tu pourrais recevoir une monnaie qu'on ne met pas dans sa poche. — Pardon, monsieur, je ne savais pas... — A présent que tu le sais, n'en approche pas... Il faut que j'étudie le pas que je danserai ce soir à la chaumière. — Mais, monsieur, vous devez avoir froid en restant ainsi sans chemise... — Est-ce que je ne suis pas habitué à cela, depuis quinze ans que je pose pour les torses? Tu ne sais pas, innocente créature, que tu es devant Rossignol, le plus beau modèle de Paris pour les torses. Ah! si le reste du corps répondait à cette partie-là !... je vaudrais douze francs par jour. Malheureusement les cuisses ne renflent point, les mollets sont exigus, quoique je me bourre de haricots pour les faire pousser. Mais c'est égal, je suis encore assez bien partagé; joignez à cela une figure intéressante, de l'esprit, de la grâce, une danse vive et légère, et l'on ne sera point étonné des nombreuses conquêtes qui me sont familières... une... deux... chassez... assemblez... et la pirouette de rigueur... Ah! quel dommage que mon habit soit sale, et que mon chapeau soit troué !... Mais M. Dermilly m'a encore donné avant-hier vingt francs d'avance... Il ne voudra pas me récidiver... je suis déjà à sec... *Le malheur me rend intrépide*... Dis donc, petit, tu ne pourrais pas me prêter vingt-quatre sous pour huit jours ?... Je t'en rendrais vingt-cinq. — Monsieur, je n'ai pas d'argent sur moi. C'est le père Bernard qui a ma bourse. — Alors... je vais mettre une couche d'huile sur mes escarpins, pour me donner un air opulent... Il n'y a rien qui jette de la poudre aux yeux comme des souliers bien luisants.

M. Rossignol prend la bouteille d'huile, et avec un pinceau en étale par-dessus la crotte de ses souliers; puis s'en verse dans le creux de chaque main, qu'il passe dans ses cheveux. Pendant qu'il s'occupe de sa toilette, je profite pour le considérer. Le modèle est un homme de trente-six ans environ, d'une taille assez élevée; ses cheveux sont noirs et mal peignés; ses yeux gris ont une expression d'effronterie et de gaîté, qui, jointe à un nez retroussé et plein de tabac, et à une énorme bouche qu'il ouvre sans cesse pour faire des roulades, rend sa physionomie tout à fait originale.

— C'est bien dommage, dit-il en bouclant ses cheveux, que je ne puisse pas embellir mon habit par le même procédé !... Mais je vais en mettre aussi une teinte sur mon chapeau... Je sentirai un peu le rance, c'est égal... La princesse me trouvera encore bien aimable... Mais avec treize sous qui me restent, je ne lui ferai pas manger un chapon au riz... Enfin nous trouverons peut-être des amis... Ah! si je savais que Fanfan eût posé... comme j'irais chez sa femme faire du sabbat afin d'avoir des sonnettes !...

Comme je vois ce monsieur arranger ses souliers et ses cheveux, je présume qu'il va s'habiller entièrement; et je lui présente sa chemise et son habit, qui étaient à terre, dans un coin de l'atelier. — Merci, petit, me dit-il, je ne veux pas me rhabiller que le patron ne soit revenu et ne m'ait renvoyé; on ne pose pas un torse avec sa chemise, c'est du grec, ça, pour toi. Eh bien! mon petit, si la nature t'a bien taillé, crois-moi, ne prends pas d'autre état; fais-toi modèle, ça s'apprend facilement... Il ne faut que se tenir tranquille. Des peintres et des modèles, je ne connais que ça au monde. Il faut des modèles pour les peintres, et des peintres pour les modèles; tu comprends ça ? Ah! si ma femme ne m'avait pas mis dedans!... nous ferions une maison d'or; je l'avais épousée pour ses formes, qui me semblaient tournées sur celles de la Vénus Callipyge; je me disais : Tu poseras, et nous aurons des enfants qui poseront... C'est héréditaire dans ma famille. Mon père posait pour ses bras, ma mère pour ses hanches, mon oncle pour ses pieds, ma tante pour son dos, mon frère pour ses mains et ma sœur pour ses oreilles. Quand j'ai fait la cour à mon épouse, je lui ai dit : — Avant de nous engager dans des liens réciproques, je veux prévienus que ma femme posera, n'importe pourquoi, et mes enfants *idem*. Elle me répondit : — Mon ami, je te montrerai tout ce que tu voudras. Hum! la perfide !... Quel corset trompeur !... Madame Rossignol m'en a fait voir de dures! Quand je dis de dures, c'est une façon de parler. Comme j'étais abusé! impossible de la faire poser pour la moitié des choses!... Ça n'était que du coton, depuis le haut jusqu'en bas. Je veux la quitter pour défaut de formes; mais elle était enceinte, et je compte me refaire sur l'enfant. En effet, j'ai un fils bâti comme un Apollon, dans mon genre... Ce sera un des plus beaux modèles de l'Europe. Dès que le petit drôle a trois ans, je veux l'exercer à poser... impossible de le faire tenir tranquille !... J'emploie le nerf de bœuf pour calmer la vivacité de son sang; ma femme prend un balai pour défendre son fils, qu'elle prétend que je fais crier. Comme ces scènes conjugales se renouvelaient tous les jours et que cela faisait du bruit, le commissaire du quartier trouva mauvais les leçons de pose que je donnais à mon fils, et me fit prier de laisser l'enfant se développer de lui-même. Alors je pris mon département; depuis ce temps, je vis en garçon, et je ne veux plus épouser que lorsque je présume qu'elle a un superflu dont il est urgent de la débarrasser. *Et voilà pourquoi l'on m'appelle la petite Cendrillon !...*

Comme Rossignol achevait de parler, nous entendons un grand bruit du côté de la cuisine; je reconnais la voix de Thérèse qui crie : — Oh! c'est lui! j'en suis certaine. Ce coquin de Rossignol aura trouvé un prétexte pour quitter la séance et venir jusqu'à ma cuisine... Mais je vais me plaindre à monsieur; je ne souffrirai pas que tout disparaisse et qu'on mette cela sur le dos de Mouton.

— C'est la vieille! dit Rossignol, qui a été écouter à la porte du fond; elle vient ici... Oh! quelle idée !... Pendant que le patron n'est pas là, si je pouvais... C'est ça, une scène de mélodrame! La vieille est peureuse... elle donnera dedans... Eh! vite, petit... là... à genoux devant le mannequin... un casque sur la tête, la visière baissée... une tunique sur les épaules, et ne va pas bouger... — Mais, monsieur... — Point de mais... — Pourquoi ?... — Point de pourquoi. Tu n'auras rien à dire, tu fais le mannequin, c'est seulement pour qu'elle ne te reconnaisse pas... ça ne sera pas long. Mais ne t'avise point de parler, ou je te casse l'épée d'Annibal sur les reins.

Je n'ai pas peur de M. Rossignol; mais je suis curieux de voir ce qu'il veut faire. Il y a longtemps que je m'ennuie dans ma chambre, et je ne suis pas fâché de m'amuser un moment; d'ailleurs je présume que tout ceci n'est que pour rire, et que cela ne saurait fâcher M. Dermilly. Me voici donc à genoux auprès du mannequin : Rossignol m'enfonce un casque sur la tête, dont la visière retombe sur mon visage; il me jette un grand morceau de soie jaune sur le corps. Me voilà déguisé, il n'a plus à s'occuper de lui. Je le vois courir au squelette, il le prend dans ses bras et vient le placer devant un grand coffre qui est au milieu de l'atelier, puis jette par-dessus un vaste manteau brun qui cache entièrement ce personnage effrayant; ensuite Rossignol se blottit dans le coffre qui est derrière le squelette; il fait retomber le couvercle sur lui, mais il laisse un jour suffisant pour pouvoir respirer et pour tenir un coin du manteau. Tout cela a été l'affaire d'un moment; et chacun est à son poste quand Thérèse ouvre la porte de l'atelier.

— Monsieur, cela ne peut pas continuer comme cela... il faut que cela finisse, dit Thérèse en entrant et en s'avançant lentement du côté où elle suppose que son maître travaille, M. Rossignol me fait tous les jours quelque tour nouveau... Encore aujourd'hui, le restant de la volaille... une cuisse tout entière... et puis on accusera le chat... Je vous prie de lui défendre de mettre le pied dans ma cuisine, ou de faire fermer cette porte de communication. D'ailleurs il est fort désagréable que les voisins aperçoivent des hommes sans chemise auprès de moi... J'ai beau dire que c'est le modèle, on me rit au nez... et l'on pense des choses... on a des idées... Cela me compromet, monsieur.

Thérèse est arrivée à l'autre bout de l'atelier; elle se trouve devant le grand tableau, près du coffre et du manteau brun. Elle lève les yeux et regarde autour d'elle.

— Tiens, est-ce que monsieur est sorti ?... Rossignol est parti !... Ils ont eu fini de bien bonne heure aujourd'hui !... Au milieu de toutes ces toiles... de ces mannequins, on croit toujours voir du monde... Monsieur, êtes-vous ici ?... Non, il n'y a plus personne... Allons-nous-en, je n'aime pas à me trouver seule dans cette grande pièce... Toutes ces figures... Et ce pauvre jeune homme qu'on touche avec des serpents! ça me fait de la peine. Quel dommage! un si beau garçon!... C'est monsieur *Ixion* qu'ils l'appellent... Et tout ça, parce qu'il avait fait les yeux doux à madame *Jupiter*... Ah! si l'on fouettait comme cela tous ceux qui reluquent les femmes mariées!

Dans ce moment, un gémissement sourd part du fond du coffre; Thérèse change de couleur et regarde timidement autour d'elle.

— C'est singulier... J'ai cru entendre quelque chose... Monsieur! monsieur! est-ce que vous êtes ici ?

On ne répond pas; mais un second gémissement, plus prolongé que le premier, vient redoubler l'effroi de Thérèse. Elle devient tremblante et n'ose plus ni lever les yeux, ni faire un pas.

— Ah! mon Dieu! ah! mon Dieu! qu'est-ce que c'est que cela ? dit la vieille bonne, qui peut à peine parler; je n'ai plus la force de m'en aller... mes jambes tremblent sous moi.

Rossignol, déguisant sa voix et lui donnant un ton lugubre et lamentable, appelle lentement Thérèse par trois fois.

— Qui... qui m'appelle ? dit la vieille en mettant sa main sur ses yeux. — Ton grand-père... — Il y a plus de cinquante ans qu'il est mort. — C'est égal, tu vas me faire le plaisir de l'écouter, et tu vas jurer d'obéir à ce qu'il t'ordonnera. — Oui... oui... oui... je ju... jure.

— Ecoute bien! Rossignol est le meilleur garçon que j'aime beaucoup et que je protège; c'est le plus beau torse que la nature ait formé; nous t'ordonnons de le laisser entrer dans la cuisine quand bon lui semblera, de ne jamais ôter la clef du buffet du garde-manger, de lui permettre de goûter au bouillon, et même d'y tremper une croûte de pain quand cela lui sera agréable, de mettre de côté pour lui quelques pots de confitures, de ne jamais parler de tout ceci à ton maître; enfin d'avoir pour le susdit Rossignol tous les égards que mérite le plus beau modèle de la capitale : si tu manques à tout cela, nous t'en ferons voir de cruelles. Lève les yeux pour nous souhaiter le bonjour.

Thérèse a beaucoup de peine à se décider à ôter ses mains de devant ses yeux; enfin, après quelques minutes d'hésitation, elle lève doucement la tête. Dans ce moment, Rossignol, tirant brusquement le coin du manteau, le fait tomber à terre; et le squelette paraît à découvert devant la vieille bonne, qui pousse des cris affreux. Ne sachant plus, où elle en est, Thérèse se va jeter sur le coffre en invoquant tous les saints du paradis. Mais Rossignol, qui se voit alors privé d'air, se démène et pousse des cris horribles du fond de son coffre. La vieille croit qu'elle est assise sur un nid de démons, car elle sent qu'on donne des coups de pied et des coups de poing à ce qui lui sert de banc. Elle vient de se lever... lorsque, m'apercevant de sa frayeur, et voulant la faire cesser, je m'avance brusquement, dans l'intention d'aller lui apprendre la vérité ; mais je n'ai pas pensé à ôter mon casque ni à lever ma visière. En voyant un chevalier s'avancer vers elle, Thérèse ne doute plus que tous les morts de l'atelier ne soient ressuscités ; et, saisie d'une terreur encore plus grande, elle retombe de tout son poids sur Rossignol, qui vient d'ouvrir le couvercle pour se donner de l'air, et reçoit sur lui la vieille bonne, avec laquelle il se trouve couché dans le fond du coffre.

Rossignol crie, parce qu'il est obligé de porter Thérèse : celle-ci se croit livrée à toute la fureur du démon. Rossignol, qui étouffe, la pince, la pousse en jurant comme un possédé. Thérèse, qui a perdu la tête, se laisse pincer et pousser ; mais elle ne se lève pas, parce qu'elle croit que l'atelier est occupé par une légion de spectres.

— Otez-vous !... mille pipes !... ôtez-vous donc ! crie le beau modèle ! Sac... position !... j'étouffe... Allons donc, la vieille !... comptez-vous rester sur moi jusqu'à demain ? — Ah ! Belzébuth !... Astaroth !... Asmodée !... faites de moi tout ce que vous voudrez... Je me soumets...
— Eh ! non, sacrebleu ! je n'en veux rien faire. Allons, la petite mère, baissez vos jupons, ou je cl-que... — Mon cher grand-père, c'est vous qui l'aurez voulu... que votre volonté soit faite... — Au diable le grand-père et toute la famille ! voilà une jolie Vénus qui m'est tombée là !

Je riais aux éclats... tout à coup on ouvre la porte, et M. Dermilly parait au milieu de nous. Que l'on juge de sa surprise en me voyant couvert d'un vêtement de chevalier, tandis que sa vieille bonne et son modèle sont encore dans le fond du coffre.

— Qu'est ce que cela signifie ? s'écrie le peintre en courant au coffre, d'où il retire Thérèse pendant que je jette loin de moi mon casque et mon manteau.

— Ah ! c'est mon maître !... c'est mon cher maître ! je suis sauvée ! dit Thérèse en remettant son bonnet, qui s'est défait pendant la bataille.

— Et que faisiez-vous au fond de ce coffre avec M. Rossignol ?... et toi, André, avec un casque... une tunique ?...

— Est-il possible ! dit la vieille, c'est André !... et c'était ce coquin de Rossignol qui me pinçait là-dedans !... — Eh ! oui, morbleu ! dit le modèle en se levant à son tour : il y a deux heures que je vous crie de vous lever et que vous m'étouffez !...

— M'expliquerez-vous tout ceci ? dit M. Dermilly en nous regardant tous. Rossignol s'occupait de refriser ses cheveux ; Thérèse reprenait sa respiration et se reposait de la fatigue du combat.

Je m'avance vers M. Dermilly, et je lui conte franchement tout ce qui s'est passé en lui demandant pardon d'être venu dans son atelier sans sa permission. Pendant mon récit, Thérèse s'écrie à chaque instant : — C'était ce coquin de Rossignol ! j'aurais dû m'en douter ! Pouah... il sentait le rance dans ce coffre... et l'ail à faire reculer !...

Je m'aperçois que M. Dermilly a beaucoup de peine à ne pas rire ; cependant lorsque j'ai fini il prend un ton sévère et dit à son modèle : — Vous pouvez vous retirer, monsieur Rossignol, et il est inutile que vous reveniez. Vous ne voulez pas être raisonnable et vous conduire sagement ; il y a longtemps que je vous ai prévenu : je ne veux point d'un modèle qui met toute ma maison sens dessus dessous.

— Comment, monsieur !... s'écrie Rossignol, qui, pendant ce discours, lance à Thérèse des regards furibonds, parce que cette vieille folle vient se jeter sur moi et me prend pour un Astaroth, vous tournez cela au sérieux ! C'était une simple plaisanterie, dans le but d'un moment de récréation. — Oh ! ce n'est pas pour cela seulement... vous m'avez entendu. — Monsieur, j'ai reçu de vous vingt francs d'avance ; c'est quatre séances que je vous dois encore, et je viendrai poser pour cela. — C'est inutile !... je vous en fais cadeau.

— Cadeau, monsieur ! je ne suis pas fait pour recevoir des cadeaux, dit Rossignol se mettant derrière un tableau, où il met sa chemise, son gilet et son habit. Je suis bon pour vingt francs, monsieur, et je vous les payerai ! Et ce n'est pas à Rossignol que l'on fait de ces choses-là !... Au reste, vous chercherez longtemps avant de trouver un torse dans mon genre... J'ai un corps antique !... c'est du bon style... Je vous défie de faire sans moi un Hercule, un Mars ou un Apollon ! allez donc chercher pour cent sous une poitrine comme celle-ci ! Vous y reviendrez, monsieur, et ce n'est point un bouillon ou une cuisse de volaille qui doivent brouiller les artistes.

En disant ces mots, Rossignol reparaît au milieu de nous. Après avoir salué M. Dermilly, il pose fièrement son chapeau sur une oreille, dandine son corps comme un tambour-major, balance une grosse canne qu'il tient dans sa main, marmotte entre ses dents : — Allons faire une descente chez madame Rossignol, et tâchons de faire poser Fanfan pour le *Sacrifice d'Abraham ;* puis s'éloigne en laissant après lui une odeur d'ail et d'huile grasse qui ne peut sortir de l'atelier.

— Grâce au ciel, nous en voilà débarrassés ! dit Thérèse. Le mauvais sujet ! Quelle frayeur il m'a causée !... Mais je vous connais, monsieur, vous êtes trop bon ; et quand il reviendra d'un ton piteux vous promettre de se mieux conduire, vous l'emploierez de nouveau.

Pendant que Rossignol était là, je m'étais tenu dans un coin de l'atelier, car je m'attendais à être grondé ; mais, lorsque le modèle est parti, je m'avance timidement vers M. Dermilly :

— Et moi, monsieur, faut-il que je m'éloigne aussi ? lui dis-je. — Toi, mon cher André, ah ! bien au contraire !... Tu vas la voir, elle arrive demain... et demain, j'espère... Va, mon ami, il ne faut pas encore faire d'imprudence : tu as besoin de te reposer... Thérèse, conduisez-le dans sa chambre.

Quelle est donc cette personne que je dois voir demain, et d'où vient le plaisir que cela semblait faire à mon protecteur ? Je n'y comprends rien, mais je n'ose le questionner, et je suis Thérèse, qui répète à chaque instant : — C'est qu'il me pinçait d'une manière ! je n'aurai plus besoin d'être sans cesse aux aguets. Ah ! le mauvais sujet !... Ah ! si j'avais su que c'était lui, comme je vous aurais égratigné ! Il n'aurait pu faire le Romain de six mois.

CHAPITRE XIII. — L'original du portrait.

A mon âge, les forces reviennent vite. Le lendemain de la scène de l'atelier, en me réveillant, je me sens capable de courir de nouveau dans Paris, et je me promets de sortir avec Manette. Je veux me lever... je cherche mes vêtements... Quelle est ma surprise de trouver, à la place de ma grosse veste et de mon pantalon rapiécé, une jolie veste en beau drap bleu, garnie de boutons dorés ; un pantalon de même étoffe, et un charmant gilet en casimir jaune !

J'examine, j'admire ces vêtements ; mais je n'ose y toucher : est-ce pour moi qu'ils sont là ?... Je ne puis le croire ; cependant je ne trouve pas mes vieux habits, et je veux me lever. J'appelle Thérèse !... Thérèse !... Elle vient enfin.

— Eh bien ! mon garçon, que me voulez-vous ? — Mes habits, s'il vous plaît, ma bonne Thérèse ! — Vos habits ? les voilà... Est-ce que ceux-ci ne valent pas les autres ? — Quoi ! c'est pour moi ces beaux vêtements... cette jolie veste avec ces boutons dorés ? — Oui, sans doute, c'est pour vous ; et le coiffeur va venir vous coiffer aussi. — Oh ! nous voulons vous faire beau. Pensez-vous que, vous gardant avec lui, monsieur voulût que vous restiez vêtu en ramoneur ? — Me gardant avec lui !... Si je mets ces habits, est-ce que je n'irai plus chez le père Bernard, est-ce que je ne pourrai plus danser avec Manette ? — Vous pourrez toujours aller le voir, mais vous n'y demeurerez plus. Oh ! pour danser avec Manette, cela ne vous en empêchera point ! quand on a le cœur gai, on peut danser sous tous les costumes. Ce n'est point l'habit qui fait l'homme, mon petit André, vous sentirez cela plus tard, mais ça l'embellit. Oh ! quant à cela, on ne peut pas nier que la toilette ne fasse beaucoup. Quand mon pauvre défunt avait, le dimanche, son habit marron, sa culotte collante et un col bien repassé, ce n'était plus le même homme que les autres jours. Et moi-même, quand je mets mon bonnet brodé et mon déshabillé à bouquets, vous devez remarquer un grand changement dans toute ma personne... cela m'ôte dix ans.

Je regarde les beaux habits, et j'hésite... Si cela allait fâcher le père Bernard de me voir vêtu ainsi ! Cependant je tiens la veste... le pantalon... je brûle de les essayer. Thérèse me dit que je vais être charmant avec cela. Comment résister à l'envie de mettre ce qui peut nous embellir ?... ce n'est pas à onze ans que l'on a ce courage ; et je serais fort embarrassé de dire à quelle époque de la vie le désir de plaire n'a plus d'empire sur nous.

Je ne résiste plus : je passe le beau pantalon ; j'endosse le gilet, la veste. Thérèse dit que cela me va à ravir ; il me semble aussi que je ne suis pas mal, je me mire dans une glace ; je me retourne dans tous les sens ; je ne puis me lasser d'admirer ma toilette. Ce n'est pas tout : le perruquier arrive ; il me débarrasse de mes longs cheveux, me les frise, me met de la pommade, et me voilà encore devant la glace... Ah ! mon Dieu !... je me trouve laid maintenant. Peu à peu cependant je m'accoutume à ce changement de coiffure. Mais qu'il me tarde de voir Manette et son père ! je gage qu'ils ne me reconnaîtront pas. Et ma pauvre mère ! si elle pouvait me voir ainsi... comme elle serait contente !... Je tâcherai de ne point user mon nouvel habit, afin qu'il soit encore propre pour aller au pays.

M. Dermilly entre, il me regarde, m'embrasse... je veux le remercier, il ne me le permet jamais. Je voudrais sortir pour aller chez Bernard, et peut-être aussi pour me montrer dans la rue avec mon nouveau costume. Ce petit mouvement de vanité est si naturel ! — Tu ne peux sortir aujourd'hui, me dit mon protecteur, tu n'es pas assez fort... — Oh ! si, monsieur, je ne suis plus malade. — Tes amis viendront te voir, et une autre personne... — Celle dont vous m'avez parlé hier ? — Oui, mon ami. — Est-ce qu'elle me connaît ? — Oui, et je lui ai écrit tout ce qui te concerne ; elle brûle de te voir. De la patience, mon cher André, et surtout point d'imprudence !

M. Dermilly s'éloigne et me laisse bien curieux de voir cette personne qu'il m'a annoncée ; mais que le temps me semble long ! Quel dommage de rester dans une chambre quand on est si beaux habits ! J'entends enfin sonner... Ce sont mes amis, sans doute... Oui, je reconnais leurs pas... Comme ils vont être surpris ! Je saute, je cours dans la chambre, je ne sais si je dois me cacher ou me montrer tout de suite.

Les voici : ils entrent... ils me voient... mais ils me cherchent encore : ils ne me reconnaissent pas. Je suis obligé de courir à eux. —
— C'est moi, Manette... c'est moi, père Bernard ; regardez-moi donc !
— Est-il possible !... c'est André mon père... — André ! ce petit mirliflore !... quoi ! vraiment, ce serait lui ? ... — Oui, c'est André... avec de beaux habits. — Eh bien ! vous ne m'embrassez pas ? est-ce que vous ne m'aimez plus parce que je suis autrement vêtu ? — Attends donc mon garçon, il faut que nous soyons d'abord certains que c'est toi ; Viens, viens, André ; va, riche ou pauvre, je t'aimerai toujours, moi.

Le père Bernard m'embrasse ; Manette ne sait pas si elle est contente, elle touche ma veste, mes boutons, et dit tout bas : — Oui... c'est bien beau... mais pour faire les commissions, tu te saliras bien vite avec ça !... et tes grands cheveux étaient si beaux... il me semble que je n'oserai plus danser avec toi quand tu auras ces riches habits... Mais tu ne les mettras que le dimanche. N'est-ce pas, mon père, qu'il ne faudra pas qu'il les mette dans la semaine ?

— Ah ! ma pauvre petite, cela ne nous regarde plus ! Voilà André sur le chemin de la fortune ; le voilà chez un homme qui veut le pousser dans le monde... et, à coup sûr, il ne lui laissera plus faire des commissions !... Qui sait si André ne deviendra pas lui-même un grand personnage ?... s'il n'aura pas un jour des laquais, une voiture ? Il ne serait pas le premier que l'on aurait vu commencer dans un grenier et finir dans un hôtel. Pourvu qu'André soit honnête, délicat, pourvu qu'il nous aime toujours, c'est l'essentiel !... et j'en réponds, parce qu'il a un bon cœur, que l'air de Paris n'a point gâté.

Manette a écouté avec étonnement le discours de son père, elle reste un moment toute saisie ; puis elle me prend le bras et me dit d'une voix altérée : — Est-ce que c'est vrai, André ? Est-ce que tu n'es plus commissionnaire ? Tu ne vas pas revenir avec nous à la maison ? Nous ne te verrons plus !... Comment ! tu ne nous aimes plus parce que tu as de beaux habits ?... Ah ! quitte-les, André ! tu étais bien mieux en Savoyard !... Viens avec nous, viens, je t'en prie ; tu n'es plus malade ; allons-nous-en pendant que ce monsieur n'y est pas. Oh ! reviens... je serai malheureuse si je ne te vois plus ! mon père aussi !... il ne le dit pas !... mais nous nous ennuyons après toi !... Ah ! ça serait bien vilain de ne point revenir chez nous !

Manette n'y tient plus ; ses larmes coulent ; elle sanglote ; je veux la consoler, je lui promets que j'irai la voir tous les jours, je l'appelle ma sœur ! ma chère sœur, mais tout cela ne la calme point ; et elle répète sans cesse :

— Reviens avec nous.

Touché de la douleur de Manette, je vais lui céder, je veux partir, je veux retourner chez le père Bernard ; mais le bon Auvergnat m'arrête. — André, me dit-il, il faut être raisonnable et ne point se montrer ingrat : ce M. Dermilly peut t'avancer dans le monde ; et, quoique je perde beaucoup de ne t'ayant plus auprès de moi, je ne suis point assez égoïste pour t'engager à refuser le bien que l'on veut te faire. Si tes protecteurs changeaient un jour pour toi, tu auras alors revenir chez nous : tu y seras toujours reçu comme chez ton père. Allons, mon petit, sois plus raisonnable que Manette. Bah ! bah ! elle se consolera aussi ! tout le monde se console avec le temps.

Je me rends aux volontés du père Bernard, et je dis tout bas à sa fille : — Manette, quand je gagnerai beaucoup d'argent, je t'achèterai aussi de belles robes, de beaux bonnets. — Je n'en veux pas, dit Manette, j'aime mieux rester comme je suis. Elle détourne les yeux et elle ne veut plus me regarder ; elle dit que je suis affreux avec mes beaux habits. Le porteur d'eau m'embrasse et il emmène sa fille... Je veux l'embrasser, elle ne le veut pas... Il faut que son père le lui ordonne. Alors elle me tend ses joues mouillées de larmes en faisant une petite mine si touchante !... Puis, elle me dit encore tout bas à l'oreille : — Reviens avec nous !... Ah ! si le père Bernard le voulait, je serais prêt à la suivre ; mais il entraîne sa fille... De loin j'entends encore ses sanglots... cela me fait du mal ! je regarde mes beaux habits avec colère ; je suis presque tenté de les ôter : ils ont fait de la peine à Manette... Je ne me trouve plus bien avec. Je me sens une tristesse !... C'est donc là l'effet de l'opulence ! et, en devenant riche, est-ce que l'on cesse d'être gai ? Ah ! si je savais cela, je voudrais rester commissionnaire.

Il y a plus d'une heure qu'ils sont partis, lorsque j'entends du bruit dans la pièce voisine ; bientôt M. Dermilly ouvre la porte et fait entrer une dame en lui disant : — Venez, ma chère Caroline, et jouissez de sa surprise.

Cette dame est jeune ; elle est belle, et sa mise est très-élégante. Elle donne la main à une petite fille qui peut avoir huit ans. Mais je ne la remarque pas d'abord, parce que les traits de cette dame captivent toute mon attention ; je cherche où je l'ai déjà vue... pendant qu'elle dit à M. Dermilly : — Il est charmant ! Quel bonheur de l'avoir trouvé ! Quel bonheur, surtout, qu'il ne soit pas adressé à M. le comte, qui ne m'en eût jamais parlé !

Quel souvenir me frappe !... Je cherche le portrait que je porte à mon cou... Je le regarde... Je reporte mes yeux sur cette dame... Oh ! plus de doute, c'est elle, c'est l'original du médaillon. Je le détache aussitôt d'après le ruban, et le présente à cette dame en lui disant :

— Voilà votre portrait, madame... Oh ! c'est bien vous, je vous reconnais, et il y a bien longtemps que je vous cherche pour vous rendre cela.

— Oui, mon ami, oui, c'est à moi qu'appartient ce portrait, me dit la jeune dame en m'embrassant tendrement ; ou plutôt c'est à ma fille, à mon Adolphine ; qui doit l'existence à ton généreux père... La voilà, mon ami, celle que vous avez sauvée, et qui a passé une nuit dans votre chaumière, celle que j'aime plus que ma vie !... Ah ! je veux réparer l'injustice de M. le comte. Je suis trop heureuse de faire quelque chose pour le fils de l'homme auquel je dois le bonheur d'embrasser encore ma fille !

Cette dame serre sa fille contre son cœur. — Quoi ! ce serait la petite dormeuse que j'ai portée dans mon bras ce tant de plaisir ! En effet, je reconnais aussi ses traits. Mais quels changements quatre ans ont amenés ! Elle est grande ; elle a déjà une petite tournure élégante ; ses yeux sont toujours aussi beaux, aussi doux, mais elle ne les fixe plus sur les étrangers avec cette hardiesse enfantine du premier âge ; elle les baisse timidement et rougit quand on la regarde. Ses cheveux sont plus foncés, ses traits plus formés ; ses manières ont perdu de leur vivacité ; déjà la raison arrive et se mêle aux sensations de l'enfance.

Je reste immobile devant la petite fille, qui me sourit parce qu'elle voit sa mère me sourire. — Embrasse-la donc, André, me dit la jeune dame, tu ne la reconnais pas ? Mais elle est toujours aussi bonne, aussi douce ; elle t'aimera aussi, car mon Adolphine n'aura point un mauvais cœur.

Je m'approche de la jolie petite fille. Puis, je reste gauchement devant elle. Il me semble que je n'ose point l'embrasser. Je suis bien plus à mon aise avec Manette ; et je l'embrasserais vingt fois par jour sans être honteux comme cela.

Enfin, la petite Adolphine m'a tendu sa joue, et je l'ai légèrement effleurée avec mes lèvres ; puis, je vais me retirer à l'autre bout de la chambre, comme si j'avais fait quelque chose de mal. — Que comptez-vous faire de cet enfant ? dit la dame à M. Dermilly. — Le garder chez moi, en prendre soin, lui donner des maîtres, lui montrer ce que je sais s'il a du goût pour la peinture. Jamais je ne le prendrai de compagnie ! Jamais l'hymen ne m'engagera ! Cet enfant charmera mes ennuis ; il deviendra mon fidèle compagnon. Avec lui je pourrai parler de vous !... Maintenant je vous vois si rarement ! Il vous connaît... il vous aimera, et, s'il ne comprend toutes mes peines, du moins sa présence en adoucira une partie. — Mon ami, je trouve quelques changements à faire à ce plan. Vous voulez garder cet enfant avec vous ; mais vous êtes garçon, vous ne restez chez vous que pour travailler ; vous aimez à voyager, à faire de fréquentes excursions dans les environs de Paris ; André est encore trop jeune pour vous accompagner, ou, si vous l'emmeniez, il lui serait bien difficile de se livrer à l'étude ; il sait mille détails dont vous ne pourriez vous occuper, et, seul avec votre vieille Thérèse, ce pauvre André ne s'amusera pas. Au lieu de cela, mon ami, laissez-moi me charger d'André ; il demeurera près de moi, dans mon hôtel ; il aura tous les maîtres d'Adolphine ; je veillerai sur lui comme une mère, il viendra vous voir quand vous le voudrez... Et pour lui donner des leçons, vous pourrez venir tous les jours à l'hôtel... Allons, mon cher Dermilly, faites-moi encore ce sacrifice ; d'ailleurs, n'est-ce pas à moi à me charger du sort futur de cet enfant ? Vous y consentez, n'est-ce pas ? — Ah ! chère Caroline ! ah ! madame, nous serons toujours soumis à vos moindres désirs ?... Votre père nous a séparés ; il a été sourd à nos prières, à nos vœux ! Il vous a donnée à un autre ! mais il n'a pu éteindre un sentiment qui ne finira qu'avec ma vie !...

La jeune dame ne répond point à Dermilly ; mais elle soupire et le regarde d'une manière si tendre, si expressive, que ce silence doit être aussi éloquent que la parole. — Éloignons ces souvenirs, dit-elle enfin, et ne nous occupons que d'André. Mon ami, me dit-elle, voudrez-vous venir habiter avec moi ?

Je regarde cette dame avec surprise, mais je me sens déjà porté à l'aimer ; ses traits sont si aimables, elle me témoigne tant de bonté ! Et cette petite Adolphine... est-ce qu'on me laissera jouer avec elle ? Je n'ose le demander ; mais je réponds à M. Dermilly, et je réponds en hésitant : — Je ferai ce que monsieur voudra... pourvu qu'on me laisse toujours voir le père Bernard.

— C'est celui chez qui il demeurait, dit M. Dermilly : un honnête Auvergnat, qui l'aime, comme son fils. — Mon cher André, vous seriez bien coupable si vous oubliez ce digne homme ; car si vous êtes près de moi, que vous receviez les leçons d'ingratitude. Prenez cette bourse, portez-la demain chez Bernard pour qu'il l'envoie à votre mère ; qu'elle sache que ce n'est qu'une dette que j'acquitte, et que désormais elle soit tranquille sur votre sort. Dans deux jours, je viendrai vous chercher pour vous emmener avec moi.

La jeune dame me met la bourse dans la main, m'embrasse et s'éloigne avec sa fille, suivie de M. Dermilly. Je suis resté immobile : une bourse pleine d'or !... Tout cela pour ma mère !... Je ne sais si je veille !... Je fais sonner la bourse, je la compte des yeux, je les étale sur une table... il y a vingt pièces d'or ! C'est une fortune ! ma bonne mère ne travaillera plus du matin jusqu'au soir, petit Jacques mangera tant qu'il voudra... et Pierre !... le pauvre Pierre ! il n'y a donc que lui qui ne partagera pas notre bonheur ; mais je le retrouve, ah ! que nous serons heureux !

Je voudrais aller sur-le-champ porter cet or chez le père Bernard ; mais on dit que je ne puis pas encore sortir aujourd'hui. J'irai demain, et je dirai à Manette : — Tu vois bien que les beaux habits ne donnent point toujours du chagrin.

Le lendemain je m'éveille dès la pointe du jour ; je m'habille, je veux aller chez le porteur d'eau. Thérèse n'entend pas que je sorte seul ; je la supplie de me laisser aller et de ne point éveiller M. Dermilly : mais elle ne m'écoute pas ; et bientôt son maître arrive : il conçoit mon impatience, et veut m'accompagner chez Bernard ; il dit qu'il a à lui parler, j'ai bien peur qu'il ne m'empêche d'aller aussi vite que je voudrais. Mais eh bien nous trouvons un cabriolet, et il me fait monter dedans. Oh ! comme je serais content d'aller en cabriolet si la bourse que je porte ne m'occupait pas entièrement !

Enfin nous sommes devant la demeure du porteur d'eau ! Je monte rapidement les six étages, sans regarder si M. Dermilly me suit. Me voilà devant la porte, qui est entr'ouverte ; je la pousse, j'entre brusquement. Manette me voit, elle fait un cri, lâche un poêlon plein de lait qu'elle tenait à la main, et saute à mon cou en s'écriant : — C'est lui, c'est lui, mon père ! c'est André, il est revenu !...

Chère Manette !... comme elle m'aime !... et Bernard vient m'embrasser aussi. Je tire la bourse de ma poche, je la lui donne en lui disant : — C'est pour ma mère, c'est de l'or... C'est cette dame qui me l'a donné... vous savez bien la dame du portrait... Oh ! qu'elle est bonne !... Envoyez ça tout de suite, père Bernard ; oh ! je vous en prie... et dites lui qu'elle n'a plus besoin de travailler.

Bernard ouvre de grands yeux en regardant la bourse ; il ne comprend pas d'où cela vient ; il ne sait de quelle dame je veux lui parler ; et Manette, sans s'embarrasser de la bourse, continue à sauter sur les débris du poêlon en répétant : — Il est revenu !... Il va rester avec nous !

Mais tout à coup M. Dermilly paraît ; alors la scène change, car il s'empresse d'expliquer au père Bernard d'où me vient cette bourse, et Manette ne saute plus, parce qu'elle commence à deviner que je ne suis pas venu pour rester tout à fait.

Quand Manette apprend que je vais habiter l'hôtel de M. le comte de Francornard, elle s'écrie :

— Mon Dieu ! mais on veut donc en faire un prince ?

— Non, mon enfant, lui dit M. Dermilly, on veut qu'il vous aime toujours, et t'a la fortune lui sourit, qu'il soit digne de ses faveurs.

Le père Bernard me promet d'envoyer, dès le jour même, l'argent à ma mère par quelqu'un qui se rend en Savoie. Je suis content, j'embrasse le bon porteur d'eau et sa fille, je jure de venir les voir souvent, M. Dermilly leur promet de veiller sur moi, et je m'éloigne de cette maison où se sont écoulées si rapidement les premières années de mon séjour à Paris.

Il est arrivé ce jour où je dois aller habiter un hôtel. Comment supporterai-je ce changement de situation, cette nouvelle manière de vivre ? Mais on se fait à tout : je suis déjà habitué à ces beaux habits, que je porte depuis deux jours, et je ne me sens plus gêné dedans.

Cette dame vient avec sa fille ; on me témoigne autant d'amitié, autant d'intérêt. — Tout est arrangé, dit-elle à M. Dermilly, je lui ai fait préparer une jolie petite chambre au-dessus de mon appartement ; il sera près de moi, et je pourrai le voir tant que je voudrai. — Et M. le comte ? — Qu'il dise ce qu'il voudra, vous savez que cela m'est fort indifférent, et que je n'en ferai pas moins ma volonté. N'est-il pas trop heureux maintenant que j'habite le même hôtel que lui pendant une partie de l'année !... Mais les soins qu'exige l'éducation de ma fille ne me permettent plus de voyager comme autre fois. Quelle Adolphine ! pour toi je puis supporter toutes les privations !... Je n'ai pas encore parlé d'André à M. le comte ; je le lui présenterai ce matin. Il le regardera un moment, puis n'y pensera plus ; vous savez bien que son cuisinier et son chien l'occupent entièrement. Allons, André, dites adieu à M. Dermilly, à Thérèse ; nous allons partir. Adolphine, nous emmenons André, il va habiter avec nous, en seras-tu contente ?

— Oui, maman, dit la petite fille, s'il t'aime, je l'aimerai bien aussi.

Mes préparatifs sont bientôt faits ; je veux prendre mes vieux habits, mais Thérèse se charge de les faire porter chez le père Bernard. M. Dermilly m'a acheté un joli chapeau, que je mets sur ma tête en faisant un peu la grimace, parce que cela me serre plus que mon petit bonnet ; mais il faut bien souffrir pour être à la mode.

J'embrasse M. Dermilly, et je descends avec madame la comtesse et sa fille. J'aperçois en bas une belle voiture et des laquais en livrée qui attendent ma protectrice : ils ouvrent la portière avec fracas, et s'empressent de lui présenter la main après avoir fait monter la petite Adolphine.

— Monte, André ! me dit la jeune comtesse en me prenant le bras. J'étais incertain si c'était derrière ou dedans que je devais monter. Je me sens poussé, je monte : me voilà dans la voiture, qui part comme le vent. La belle dame m'accable de bontés, et la jolie Adolphine me dit en souriant : — N'est-ce pas, André, que c'est amusant d'être en voiture ?

Je ne sais que répondre ; je suis tout étourdi de me trouver là... Le bruit de la voiture, toutes ces maisons que je vois fuir devant moi, m'ôtent presque la faculté de parler. Ma bienfaitrice sourit de mon étonnement, qui redouble lorsque je vois la voiture entrer dans une maison magnifique et s'arrêter dans une vaste cour.

On ouvre la portière ; un valet me donne la main pour descendre... la main... à moi !... Je le remercie, et je lui ôte mon chapeau. Je jette les yeux autour de moi : — Voilà donc l'hôtel que je vais habiter ! Quelle différence d'avec la maison du père Bernard ! Mais ici serai-je aussi heureux que chez le porteur d'eau ?...

CHAPITRE XIV. — Le second Service. — La Femme de chambre.

Ma protectrice monte avec sa fille un grand escalier ; elle me fait signe de la suivre : j'avance mon chapeau à la main ; nous entrons au premier dans un superbe appartement, nous traversons plusieurs pièces meublées avec magnificence, et ce n'est qu'en tremblant que je me décide à marcher sur les beaux tapis qui couvrent le parquet, tandis que la jeune Adolphine court dessus sans y faire attention. C'était fort joli chez M. Dermilly ; mais ici c'est bien plus beau : de tous côtés des glaces, des pendules, des candélabres, des vases de fleurs, des lustres attachés aux boiseries, des globes d'albâtre pendus au plafond. Mon Dieu ! si Manette voyait tout cela, c'est pour le coup qu'elle dirait que l'on veut faire de moi un seigneur !

Madame la comtesse s'est arrêtée dans une pièce charmante, où une jeune femme est venue lui prendre son châle et son chapeau. Comme on est poli dans ces beaux hôtels ! on ne se parle qu'en s'inclinant. — Lucile, dit la mère d'Adolphine à la jeune femme qui est devant elle et semble attendre ses ordres, allez dire à M. le comte que je désire lui parler un moment.

Mademoiselle Lucile s'éloigne : c'est la femme de chambre de madame. La petite Adolphine est déjà occupée avec une superbe poupée ; je reste debout au milieu de la chambre, tournant mon chapeau dans mes mains, et les yeux fixés sur le tapis.

La jeune dame me regarde en souriant : — Te plairas-tu ici, André ? me dit elle en me faisant signe de m'asseoir et en ayant la bonté de m'ôter de mes mains ce chapeau dont je ne sais que faire. — Ah ! madame, sans doute... Mais vous me laisserez toujours aller voir le père Bernard ?

— Oui, mon ami, je ne veux pas te priver de ta liberté ; je sais trop qu'il n'y a point de richesses, point d'honneurs qui vaillent le plaisir de voir ceux que l'on aime... Ah ! si l'on m'avait laissée maîtresse de mon sort, ce n'est point dans ce brillant hôtel que j'aurais cherché le bonheur !...

Ma protectrice soupire ; je vois un nuage de tristesse obscurcir ses yeux : mais bientôt elle embrasse sa fille et me sourit de nouveau. — André, je te conduirai tout à l'heure dans la chambre qui t'est destinée ; mais auparavant il faut que je te présente à M. le comte : cette entrevue passée, tu n'auras probablement plus fort rarement l'occasion de le voir. Et pour tout ce que tu désireras ici, c'est toujours à moi ou à Lucile que tu devras t'adresser.

Je promets à madame de faire tout ce qu'elle me dira ; mais je voudrais déjà que ma présentation fût terminée, car je crains que M. le comte ne me traite pas aussi bien que sa femme.

M. de Francornard était alors dans son cabinet, tenant conseil avec son cuisinier et Champagne, qui, par ses talents, était devenu intendant. M. le comte avait du monde à dîner ; il traitait des gens en place, des personnages importants ; et pour lui ce n'était point une petite affaire que l'examen du menu et les ordres à donner pour que tout fût digne de ses convives.

Assis dans un vaste fauteuil, la tête couverte d'un bonnet de velours noir, les pieds posés sur un tabouret, d'une main M. le comte caressait un gros chien anglais couché à ses pieds ; de l'autre il tenait la liste que venait lui présenter son chef de cuisine, et paraissait méditer profondément.

Devant lui, le gros cuisinier, au nez rouge, au teint animé, au ventre arrondi, se tenait debout le bonnet à la main ; un peu plus loin était M. Champagne, qui, beaucoup moins respectueux, s'appuyait de temps à autre sur le fauteuil de son maître.

— Nous disons donc, monsieur le comte : turbot aux huitres... horsd'œuvres... six entrées... Nous avons arrêté ces entrées-là, n'est-il pas vrai ? — Oui, monsieur le comte. — Ah ! c'est que maintenant de passer au second service... Ah ! ce n'est pas une petite affaire que de traiter des gens dont on peut avoir besoin ! — Surtout quand on le fait avec le tact de monsieur le comte, dit Champagne en caressant César, qui fait mine de vouloir le mordre.

— Tu as bien raison, Champagne. Prenons une prise de tabac... cela fait du bien quand on a la tête si occupée... C'est que je ne commande pas un plat sans y mettre de l'intention... Monsieur le comte en met dans tout. — Par exemple, j'ai à dîner un baron allemand, un préfet, un banquier, un gentleman fort riche, un poète en faveur, et un officier supérieur en activité, il ne faut des mets analogues à mes convives ; entendez-vous, monsieur le chef, pas la moindre négligence, je ne la pardonnerais pas ! — Monsieur le comte sera satisfait.

— Voyons un peu ce que vous m'offrez pour plat du milieu..... Allons, César, allons... taisez-vous... Sultane à la Chantilly... Diable ! est-ce assez distingué, ceci ?... qu'en penses-tu Champagne ? — Oh !... monsieur le comte, c'est quelque chose de fort présentable : une sultane! peste!... on ne servirait pas mieux au Grand Turc. — Va donc pour la sultane... Taisez-vous, César! Une poularde aux truffes : nous mettrons M. le préfet vis-à-vis... Hein! qu'en dis-tu, Champagne? — Très-judicieusement pensé, monsieur le comte ; le fumet des truffes dispose à la bienveillance. — J'ai justement une demande à lui faire.... j'attendrai pour cela le second service. Voyons... Deux canards sauvages : je me mettrai en face, parce que deux canards sauvages, cela annonce un chasseur... et tu sais, Champagne, que j'ai blessé trois fois un chevreuil ? — C'est vrai, monsieur le comte ; et vous auriez certainement fini par le tuer, s'il ne s'était pas avisé de mourir de vieillesse. — Poursuivons. Des navets glacés... nous mettrons cela devant le poëte, pour lui échauffer l'imagination ; on dit qu'il travaille dans le genre romantique, et il me semble que des navets glacés, cela doit prêter à quelque chose de vaporeux, de mystérieux... Hein! Champagne? — Comment donc, monsieur, mais c'est une allégorie charmante!... Si j'étais poëte, je voudrais faire cinquante vers sur des navets... c'est un sujet délicieux. — Allons, c'est arrêté ; vous entendez, monsieur le chef, des navets glacés dans le genre romantique... Avez-vous dans dans votre cuisine quelque marmiton un peu adroit dans ce genre-là ? — Monsieur le comte, j'ai deux marmitons de Paris et un de Nogent ; mais je n'en ai point de romantique. — Alors, vous les glacerez vous-même... Silence, César! ce drôle-là veut toujours me couper la parole. Un plumpudding!... oh! cela, devant le gentleman, cela va sans dire... Surtout faites-le bien gros, monsieur le chef ; car au dernier dîner, où j'avais un milord, on lui a présenté le plat pour en servir, et il l'a mis devant lui sans en offrir à personne : il fau tâcher que ces choses-là n'arrivent plus. — Je le ferai double, monsieur le comte. — Faites-le triple, afin que je sois tranquille. Des choux fleurs à la sauce... Nous les placerons auprès de mon baron ; les Allemands aiment la choucroute, donc ils doivent aimer les choux-fleurs... hein, Champagne ! est-ce raisonner, ceci ? — Monsieur le comte tire des conséquences d'une justesse !... Il faut être profond diplomate pour avoir de ces idées-là. — Oui, Champagne, cela est très-nécessaire pour ordonner un dîner ; il me faut encore deux plats... Des cardons à la moelle, ceci devant le militaire : la moelle, allégorie de la force, de la vigueur, du courage : cela convient aux guerriers... n'est-ce pas, Champagne ? — Parfaitement, monsieur le comte ; car, pour se battre, il faut avoir de la moelle dans les os, le mets est donc placé avec discernement. — Reste mon banquier : c'est un jeune homme, un peu petit-maître, qui joue beaucoup à l'écarté : placez devant lui des éperlans, et séparez-les de trois en trois afin qu'ils lui annoncent la vole et le roi. — Oh! pour le coup, monsieur le comte, voilà une idée de génie ! et je me donne au diable si j'aurais jamais trouvé cela.

Dans ce moment, mademoiselle Lucile ouvre la porte du cabinet de M. de Francornard pour remplir le message dont l'a chargée sa maîtresse.

— Qui vient là ? s'écrie monsieur le comte en colère pendant que César mêle ses aboiements à la voix de son maître. J'ai défendu que l'on vint me déranger... J'ai dit que je n'y étais pour personne... Pourquoi La Fleur laisse-t-il pénétrer jusqu'à moi ?

— Monsieur, c'est mademoiselle Lucile, dit Champagne d'un ton gracieux et en souriant à la jeune femme de chambre, qui entre dans le cabinet sans paraître faire attention à la colère de M. le comte.

— Mademoiselle Lucile, dit, d'un ton plus doux M. de Francornard en levant la tête pour regarder la jeune fille, à laquelle il fait une grimace qu'il croit ressembler à un sourire... Allons, silence! César... Taisez-vous... et sautez pour Lucile... Sautez, drôle, et plus haut encore !...

César, après beaucoup de façons, se lance enfin par-dessus la canne que son maître tient en l'air ; puis, après avoir fait son tour, va sauter sur le ventre du cuisinier, qui a beaucoup de peine à garantir son nez des dents de César : ce qui divertit longtemps M. le comte. Mais mademoiselle Lucile, peu sensible à la galanterie du maître, fait signe à Champagne, qui représente M. le comte que sans doute la femme de chambre n'est pas venue seulement pour voir les gentillesses de César.

— Et moi qui ai encore mon dessert à régler, s'écrie M. de Francornard. Voyons, Lucile, qui vous amène ? Parlez, je suis en affaire, je n'ai pas un instant à moi. — Monsieur, je viens de la part de madame, qui désire vous parler un moment. — Madame la comtesse veut me voir ! dit M. de Francornard en ouvrant son œil avec les signes du plus grand étonnement. Je vais me rendre chez elle... J'y serai dans un moment, mademoiselle.

Lucile s'éloigne, M. le comte dit au chef d'aller attendre qu'il le fasse appeler, pour s'occuper du troisième service, puis il sonne un valet de chambre pour se faire habiller ; et, pendant qu'on fait sa toilette, il s'entretient avec Champagne, son confident habituel.

— Que penses-tu de cela, Champagne? madame la comtesse qui me fait prier de passer chez elle ! — C'est que probablement madame a quelque chose à dire à monsieur. — Je le présume aussi ; mais depuis neuf ans que nous sommes mariés, voilà la première fois que ma femme a quelque chose à me dire. — Il y a commencement à tout, monsieur. — Oui, mais j'aurais bien voulu que ce commencement n'arrivât pas si tard !... car enfin, tu sais, Champagne, je désire d'avoir un héritier de mon nom !... — Est-ce que monsieur le comte n'a pas toujours ce désir-là ? — Si fait ; oh ! pour le désir... je l'ai toujours...

Tu sais que, pendant les premières années de mon hymen, madame la comtesse voyageait sans cesse, et que nous nous rencontrions fort peu. — Je m'en souviens parfaitement, monsieur, ainsi que du voyage que nous fîmes en Savoie, où nous manquâmes d'être engloutis dans un précipice avec mademoiselle votre fille... Par Dieu ! j'ai eu assez peur !... — Oui, et tu as fait la gaucherie de conter cela à tout le monde en arrivant ici, si bien que madame la comtesse l'a su, elle était déjà fort irritée contre moi de ce que je lui avais enlevé sa fille... ce fut bien pis quand elle apprit que nous avions manqué de périr. — Cependant, depuis ce temps, madame voyage beaucoup moins... — C'est vrai, nous habitons souvent le même hôtel, mais je ne la rencontre pas plus pour cela. Impossible, mon ami, d'avoir un tête-à-tête avec ma femme !... Quand je lui parle d'un héritier de mon nom, quand je lui demande un moment de conversation, sais-tu ce qu'elle me dit, Champagne ? — Non, monsieur. — Eh bien ! mon garçon, elle me dit que cela n'est pas possible. — En vérité, monsieur ? — Oui, Champagne, elle me dit cela... avec beaucoup de grâces et de douceur, mais elle a une fermeté de caractère bien piquante pour un mari. Quand je donne un grand dîner, c'est fort rare qu'elle veuille y présider. — Heureusement, monsieur le comte sait en faire les honneurs pour deux. — Oui, mais une femme, cela fait bien devant un beau couvert, surtout lorsqu'elle est aussi jolie que madame la comtesse... Car elle est fort bien, ma femme... — Madame est charmante, monsieur. — Et quand on a quelque chose à demander... quand on traite de grands personnages... quand on fait quelques opérations de finances, une jolie femme est fort nécessaire à table. — Madame sera-t-elle au dîner d'aujourd'hui ? — Elle me l'a refusé hier ; c'était cependant fort intéressant pour moi, je veux faire une opération avec le préfet ; j'ai des biens dans le département du préfet ; le poëte m'a promis de parler de moi dans un petit pot-pourri ; l'Anglais veut acheter des chevaux, j'en ai à vendre ; enfin, chacun de mes convives est bon à quelque chose, ou peut le devenir, tu sens bien que je n'invite personne sans motif. — Oh ! je connais la finesse de monsieur. — Eh bien! madame refuse de se trouver à ce dîner. Cependant, puisqu'elle me fait demander, ce ne peut être sans motif ; je voudrais savoir ce dont il s'agit... — Monsieur est coiffé. — Suis-je bien, Champagne ? — Parfaitement, monsieur. Ma queue est bien peu serrée, il me semble. — Cela n'en a que plus de grâce, monsieur ; elle se balance sur vos épaules comme un petit serpent à sonnettes. — Et la rosette ? — Délicieuse, la rosette ! Elle fait exactement le papillon. — Je vois que je puis me présenter. Emmenèrai-je César ? — Monsieur sait bien que madame n'aime pas les bêtes. — Je le sais très-bien, mais César fait maintenant des choses superbes ; son éducation est achevée, et je veux que madame en juge. Allons, César, suivez votre maître.

M. le comte se dirige vers l'appartement de madame, où je suis encore, regardant l'aimable Adolphine, qui me montre ses bijoux. Les aboiements de César nous annoncent l'arrivée de son maître. En effet M. de Francornard se présente suivi de son chien, qui, pour son entrée, court sur la poupée de sa jeune maîtresse, la prend dans sa gueule et va se fourrer sous une table à thé.

M. le comte salue sa femme avec respect, et va commencer un compliment, lorsque Adolphine jette les hauts cris : — Maman !... ma poupée !... ma poupée !... ce vilain chien l'emporte... il va la manger... — Comment, monsieur, vous amenez votre chien chez moi... lorsque vous savez que ma fille en a peur ! — Madame, je voulais.... Ici, César !... Madame, je comptais... César, lâchez cela... lâchez donc, drôle !... C'est égal, je vous réponds qu'il ne la mangera pas. — Mais, monsieur, faites-lui donc rendre cette poupée... Vit-on jamais chose pareille !... vous faites pleurer cette enfant !... — César, allons, coquin !... que l'on obéisse !

Le chien ne paraît pas vouloir écouter son maître ; il a mis la poupée sous ses deux pattes de devant, et, toujours retranché sous la table, il lève vers nous son museau et semble nous défier d'approcher. Témoin du chagrin d'Adolphine, je veux lui rendre cet objet, qu'elle menace de mettre en pièces ; je m'élance vers la table... Effrayé de ce brusque mouvement, le chien fait un saut par-dessus, et entraîne avec lui un charmant cabaret, dont les tasses roulent sur le tapis. Mais j'ai repris la poupée, je la rends à la petite fille ; et le chien va, en grognant, se placer sous la chaise où son maître vient de s'asseoir.

— Il faut avouer, monsieur, que vous nous procurez des scènes fort agréables, dit la jeune comtesse en prenant sa fille sur ses genoux tandis que M. de Francornard, un peu troublé par le dégât que son chien César vient de commettre, balbutie en me caressant les jambes : — Madame... sans ce petit garçon, César n'aurait point sauté sur les tasses...

— C'est assez, monsieur, laissons ce sujet. C'est cet enfant que j'ai voulu voir. Le reconnaissez-vous, monsieur ? — Moi! madame, est-ce que je fais société avec des enfants ? — Il n'est point question de société, monsieur ; je vous demande si vous vous rappelez avoir vu dernièrement celui-ci ? — Non, madame. — C'est lui que vous avez renversé avec votre cabriolet, et blessé assez grièvement... — C'est ce petit garçon ? Non, madame, ma car je n'ai renversé qu'un petit Savoyard qui m'obsédait et ne voulait pas se ranger. — Cet enfant est ce même Savoyard, il ne vous obsédait que pour vous remettre le médaillon que vous voyez au cou d'Adolphine, et qu'elle avait perdu en Savoie, dans la chaumière de ce pauvre homme qui vous sauva la vie il y a quatre ans...— En vérité !... Taisez-vous, César.—Et depuis que ce pauvre petit est à Paris il vous a constamment cherché pour vous remettre ce bijou : c'était pour vous le rendre qu'il vous parlait sur le boulevard ; vous l'avez bien payé de sa fidélité... — Madame, pouvais-je deviner cela ? Il fallait qu'il vînt à moi avec le portrait à la main ; alors j'aurais vu que... Mais certainement je ne serai pas moins généreux pour cela.... J'ai justement sur moi une pièce de quinze sous.... et...—Fi, monsieur !... vous traiteriez le fils comme vous avez récompensé le père ; mais c'est moi qui me charge d'acquitter votre dette. Désormais cet enfant habitera cet hôtel ou me suivra lorsque j'irai à la campagne ; je l'attache à ma personne. —Ah ! j'entends... vous en faites un petit jockey. — Non, monsieur, non, André ne sera point domestique ; ce n'est point ainsi que je veux qu'il soit regardé en ces lieux.

de plus ?... — Oui, c'est extrêmement aimable, sans doute, mais ce n'est pas à table... que nous causerons... de cet héritier... dont depuis longtemps... — Ah ! monsieur, de quoi venez-vous me parler ? — Mais, d'une chose fort intéressante..... à ce que je crois..... — Taisez-vous, monsieur, je vous en prie... Devant ces enfants... se permettre... — Madame, il me semble que je ne dis rien qui puisse alarmer l'innocence.... et mon amour... A bas, César, à bas!... Ma tendresse.... — Encore ! Ah ! monsieur, si vous ajoutez un mot, ne comptez pas sur moi à votre dîner.—Allons, madame, cela restera donc encore en suspens... mais je me flatte que bientôt...—Et votre troisième service, monsieur ? —Ah ! vous avez raison. L'heure se passe, et j'ai encore tant d'affaires !... A tantôt, madame... Suivez-moi, César !

M. le comte fait un profond salut à sa femme et sort suivi de César, qui, pour gagner la porte, a trouvé moyen de passer sur tous les meubles de l'appartement.

Dès que son époux s'est éloigné, ma protectrice me fait signe de la suivre. Nous montons par un escalier qui communique à la cour et à une pièce de son appartement ; elle me fait entrer dans une jolie chambre meublée avec goût, en m'annonçant que c'est la mienne. Là, je suis éloigné des domestiques. Mademoiselle Lucile a sa chambre en face de la mienne ; je pourrai donc être tranquille pour travailler, et venir chez madame la comtesse dès qu'elle me fera demander. Mademoiselle Lucile promet à madame de veiller sur moi ; la jeune femme de chambre paraît fort empressée d'être agréable à sa maîtresse. Je ne dînerai point à l'office ; Lucile se charge de me faire apporter mon dîner dans ma chambre. C'est une bonne fille que cette demoiselle Lucile ; elle dit à madame que je suis bien gentil, et que c'eût été dommage de me laisser ramoner. Madame lui sourit et lui donne un petit coup sur la joue, puis on me laisse prendre possession de mon nouveau domicile ; et madame me dit en me quittant : — Dès demain, André, je t'enverrai les maîtres qui te sont nécessaires ; c'est en travaillant bien que tu te montreras digne de ce que je veux faire pour toi.

Thérèse apercevant Rossignol dans sa cuisine.

— Il me semble pourtant qu'un Savoyard... — Est un homme comme un autre, et souvent, par sa probité, sa délicatesse, au-dessus de ceux qui se croient plus que lui. — Madame, c'est fort bien ; mais la probité et la délicatesse n'empêchent point de ramoner les cheminées, et je ne vois pas trop ce que vous voulez faire de... Silence, César !—J'en ferai ce qu'il me plaira, monsieur. André sera plus tard mon secrétaire ; mais je n'entends pas qu'on regarde comme un domestique le fils de l'homme auquel je dois l'existence d'Adolphine. C'est pour vous prévenir de cela, monsieur, que je vous ai fait mander... — Mais, madame... — Point de mais, monsieur ; je me flatte que mes désirs seront respectés par vous. En revanche de l'intérêt que vous témoignerez à cet enfant, je veux bien quelquefois assister à vos dîners de cérémonie. — Quoi ! madame, vous daignerez... Et celui d'aujourd'hui ? — J'y serai, monsieur... — Ah ! madame, combien je suis charmé... César, sautez pour madame la comtesse!... — Eh ! non, monsieur, c'est inutile... Ne le faites donc pas bouger... — Voulez-vous qu'il saute pour André, madame ? — Non, non, qu'il ne saute pour personne .. Vous allez encore lui faire mettre tout en désordre !... — C'est qu'il fait maintenant des choses charmantes ! — Je m'en suis aperçue tout à l'heure. — Je vais donner mes ordres pour le troisième service, madame, et j'espère que vous serez satisfaite de ce que j'aurai fait . — Pour tous ces détails je connais vos talents, monsieur le comte.

Jamais la belle Caroline n'avait dit à son époux quelque chose d'aussi agréable. Celui-ci ne se sent pas d'aise ; mais en voulant s'avancer pour baiser la main de sa femme il prend la queue de César sous le pied de sa chaise, et les aboiements du chien font de nouveau peur à Adolphine. M. de Francornard se lève et s'éloigne, lorsqu'une réflexion le ramène près de sa femme, qu'il aborde d'un air fort tendre, tandis que madame en prend un plus sévère.

— Vous voyez, madame, que je souscris à tout ce qui peut vous être agréable. De votre côté... ne ferez-vous pas aussi quelques efforts pour...
— Je vous ai dit, monsieur, que je serai à votre dîner, que voulez-vous

Première entrevue d'André et de Rossignol le modèle de torse.

Lorsque je suis seul, je commence par regarder l'un après l'autre chaque meuble de ma chambre ; je suis en admiration devant tous. Je trouve, dans les tiroirs d'une commode, du linge et des vêtements à ma taille, je les essaie les uns après les autres ; sur un petit secrétaire est une jolie bourse en soie dans laquelle il y a de l'argent, devant est un papier avec quelque chose d'écrit. Ah ! si je savais lire !... Je n'ose toucher à cette bourse... je ne sais si elle est pour moi ; qu'ai-je besoin d'argent chez cette dame, qui me donne plus que le nécessaire ? Cependant, je sens que, si j'en avais, je pourrais faire des cadeaux à Manette et lui prouver que je ne l'oublie point.

Ma fenêtre donne sur la cour de l'hôtel, j'y regarde quelques instants ; je ne vois passer que des valets, des aides de cuisine : cela ne me semble pas aussi gai que chez Bernard. Je connais déjà par cœur tous les meubles de ma chambre, tous les vêtements de ma commode ;

je ne sais plus que faire, l'ennui me gagne, je voudrais aller chez mes amis, mais je n'ose sortir sans la permission de madame, et je ne sais comment la lui demander.
Je m'assieds tristement ; je songe à Manette : voilà l'heure où, de retour de ma journée, nous dansions ensemble en tapant dans nos mains, et chantions en poussant des cris de joie qui s'entendaient du premier étage. Ici, quel silence !... Sans doute on ne danse et on ne chante jamais.
On ouvre une porte... C'est mademoiselle Lucile, qui tient un panier à la main.
— Eh bien ! petit André, que faites-vous là ?...
— Rien, mademoiselle...
— Il a l'air triste !... Il s'ennuie !... Ce pauvre garçon, il est encore tout surpris de son changement de situation !... Mais on s'habitue à tout. D'abord un hôtel ne parait pas aussi gai que sa demeure, où sans doute on faisait le diable avec ses camarades ?...
— Mais, mademoiselle, je viens de chez M. Dermilly ; et je ne faisais pas le diable, puisque j'étais malade.
Au nom de M. Dermilly, je vois la jeune femme de chambre sourire avec malice. Puis elle m'engage à lui raconter mon histoire, car mademoiselle Lucile est un peu curieuse. Je ne demande pas mieux que de causer : elle m'écoute avec attention, ne m'interrompant que pour s'écrier de temps à autre :
— Ce pauvre André !... ce pauvre Pierre !... Venir à pied de si loin !... et se perdre en arrivant !... C'est un brave homme que ce porteur d'eau ; et M. le comte qui manque de l'écraser parce qu'il voulait lui rendre le portrait de madame !...
J'ai fini, et je demande à mademoiselle Lucile si M. Dermilly viendra me voir à l'hôtel, et si je pourrai sortir et rentrer quand je voudrai.
— Sans doute, si madame le permet ; excepté le soir, cependant, car, à votre âge, petit André, on ne doit pas sortir seul.
— Oh ! je ne me perdrai pas !... je connais bien Paris. D'ailleurs, je n'irai que chez le père Bernard et M. Dermilly.
— Oh ! pour celui-ci, vous le verrez à l'hôtel : il a presque toujours à peindre pour madame. Elle a déjà fait faire son portrait et celui de sa fille de toutes les grandeurs.

Rossignol le beau modèle de torse.

M. Dermilly donne par amitié des leçons de dessin à mademoiselle Adolphine, qui l'appelle son bon ami. Autrefois il venait plus souvent... Mais il y a de si méchantes langues !... Madame se sera peut-être aperçue que cela faisait jaser... Et madame tient à sa réputation... Quand on a une fille qui grandit... Malgré cela, M. Dermilly vient encore assez souvent à l'hôtel. Cependant, je crois qu'il est un peu brouillé avec M. le comte parce qu'il a refusé de lui faire le portrait de son chien, de ce vilain César, qui est si méchant !... A propos ! moi qui oubliais de lui donner son dîner que lui apporte. Ici, on ne dîne qu'à six heures ; mais madame a pensé que vous deviez avoir faim, et je me suis chargée de tout... Tenez, mangez, petit.
Mademoiselle Lucile a garni une table de tout plein de bonnes choses. — Comment ! c'est pour moi tout cela ? lui dis-je. — Sans doute. — Mais il y en a beaucoup trop. — Eh non, non ! Oh ! j'aurai bien soin de vous. Après madame, je suis presque la maîtresse dans cet hôtel. Dès que je demande quelque chose, c'est à qui s'empressera de m'obéir. Le cuisinier se mettrait en quatre pour moi ; le sommelier ne me regarde qu'en soupirant ; tous les laquais sont mes serviteurs ; M. Champagne me fait la cour ; il n'y a pas jusqu'à M. le comte qui ne fasse sauter son chien pour moi en faisant avec son œil une grimace si drôle ! Ah ! le vieux fou !
Pendant que mademoiselle Lucile bavarde, je me bourre des friandises dont elle a chargé ma table ; tout cela est délicieux, et je ne puis m'empêcher de répéter souvent : — Ah ! si Pierre était avec moi, comme il se régalerait !
— Il a bon cœur, ce petit André, dit mademoiselle Lucile en me donnant une légère tape sur la joue... C'est bien, cela : nous en ferons quelque chose... Ah ! mon Dieu ! et moi qui oublie que madame m'attend pour s'habiller... Cela l'ennuie de paraître à ce dîner, mais elle l'a promis. C'est pourtant bien amusant d'être à table la reine du repas ; car tous les hommes lui rendent hommage : c'est à qui fera l'aimable, le galant !... Ah ! Dieu ! que j'aimerais cela, moi !... Et madame n'y prend pas garde : elle soupire après le moment où elle sera seule avec sa fille. Moi, je regarde tout le monde à table à travers un œil-de-bœuf ; j'examine les figures, je ris des mines de l'un, des singeries de l'autre... Oh ! c'est amusant ; mais madame m'attend... Adieu, André... — Est-ce que je ne puis pas aller jouer avec mademoiselle Adolphine ? — Oh ! elle va dîner avec madame ; est-ce que madame s'en sépare jamais !... Regardez à votre fenêtre, vous verrez arriver tout le monde, vous verrez des figures bien originales : cela vous amusera. C'est dommage qu'il ne vienne pas de dames : on verrait des toilettes ; mais comme madame ne veut aller dans aucune société, les dames ne viennent pas chez elle. Les hommes, c'est différent, ça vient toujours, ce n'est plus la même cérémonie !... Ah ! mon Dieu ! madame m'attend !
Lucile va s'en aller, je l'arrête pour la prier de me lire ce qu'il y a sur le papier attaché après la jolie bourse.
— Vous ne savez donc pas lire, André ?
— Non, mademoiselle...
— Il faut apprendre bien vite, mon ami : ne pas savoir lire... fi ! c'est honteux. Et puis, plus tard, quand on veut écrire à sa bonne amie...
— Oh ! la mienne ne sait pas lire non plus...
— Comment, André, est-ce que vous avez déjà une bonne amie ?
— Est-ce que ce n'est pas notre mère, mademoiselle, qui est notre bonne amie ?
— Si, André, si... c'est... Ah ! que je suis bête aussi d'aller lui parler de ça !... Voyons ce qu'il y a sur le papier : *Pour André, pour ses menus plaisirs* ; cela veut dire que la bourse est pour vous, que vous pouvez disposer à votre gré de ce qui est dedans.
— Quoi ! tout cela ?
— Oh ! madame est généreuse !... Voyons ce qu'il y a dedans : Vingt... trente... trente-six francs... c'est bien gentil ! Avec trente-six francs on a bien des choses !
— Mais je n'ai besoin de rien, mademoiselle.
— Alors on met de côté... on amasse, et il vient un temps où l'on est bien aise de trouver cela : c'est ce que je fais, moi. Je pourrais m'acheter mille choses, mais je ne suis point coquette ; il est vrai que madame me donne toutes ses robes et ses bonnets. Je ne suis pas si grande que madame, mai j'ai plus de hanches. Voilà une robe qu'elle n'a portée que trois fois. Elle la trouvait vilaine... moi, je n'ai pas voulu dire le contraire ; mais n'est-il pas vrai, André, qu'elle est fort jolie, cette robe-là, et qu'elle me va très-bien ?... Ah ! mon Dieu ! madame qui m'attend !... et voilà qu'il est six heures !... Adieu, petit André ; si j'ai le temps, je reviendrai causer avec vous.
Mademoiselle Lucile est partie cette fois. J'ai fini de dîner ; le bruit des carrosses m'attire à la fenêtre : je vois entrer de belles voitures dans la cour de l'hôtel ; des messieurs en descendent, mais ils sont presque tous en noir, et je ne vois rien d'amusant sur leurs figures. Il se fait beaucoup de mouvement dans l'hôtel, on allume des lampions qu'on place dans la cour. Les valets vont et viennent : les uns portent des plats, les autres des bouteilles ; ceux-ci jurent, les autres rient. Après avoir regardé quelques instants ce tableau, je quitte ma fenêtre, et, comme j'ai contracté chez Bernard l'habitude de me cou-

cher de bonne heure, je me mets au lit au moment où les habitants de l'hôtel commencent à dîner.

CHAPITRE XV. — Espiègleries de M. Rossignol.

Quand je m'éveille, le plus profond silence règne encore dans l'hôtel ; cependant il fait grand jour. Je me lève, je regarde à ma fenêtre, je n'aperçois personne... Tout paraît calme, tranquille dans la maison. J'ai bien envie d'aller chez Bernard ; je ne les ai pas vus hier : je suis sûr que Manette est fâchée contre moi ; madame m'a dit que j'étais libre d'aller voir mes bons amis : je n'y tiens plus, je veux courir chez le porteur d'eau.

Je sors de ma chambre, je descends un étage, un second, et me voilà dans la cour. Je ne rencontre personne, je n'aperçois pas un seul domestique. Comme on dort tard dans cette maison ! Mais la porte cochère est fermée, et le portier est encore barricadé chez lui. Ah ! mon Dieu ! comment vais-je faire ?... Je voudrais cependant bien sortir !... Je me promène de long en large dans cette grande cour ; je regarde aux fenêtres... pas une ne s'ouvre ; je tousse légèrement en passant contre la demeure du portier ; puis je me hasarde à frapper un petit coup au carreau, puis un second... mais on ne me répond pas.

Il faut donc retourner dans ma chambre !... Je trouve cet hôtel bien triste, car il me semble que je suis privé de ma liberté. Ces gens-là sont capables de dormir encore deux ou trois heures ! et pendant ce temps-là je serais si heureux près de ma sœur ! Mais il faut renoncer à la voir maintenant. Je remonte mon escalier : arrivé sur mon carré, je m'arrête devant une porte qui fait face à la mienne... Je me rappelle que madame m'a dit que mademoiselle Lucile logeait là.

La jeune femme de chambre est si bonne pour moi, qu'il me vient à l'idée de m'adresser à elle pour avoir les moyens de sortir. Je me rappelle qu'elle m'a dit qu'après madame elle était la maîtresse de la maison. On est plus courageux près d'une jolie femme ; elles ont quelque chose de si aimable, de si séduisant, cela vous entraîne !... Probablement que j'éprouve déjà cette douce influence, car je frappe sans hésiter à la porte de mademoiselle Lucile.

Les jeunes filles ont le sommeil léger. Bientôt j'entends que l'on approche ; puis on demande : — Qui est-ce qui frappe ? — C'est moi, mademoiselle... c'est André... — Comment ! déjà levé, André ?... Mais tu es fou d'être si matin : il n'est pas six heures ; on ne se lève qu'à huit dans cette maison, et les maîtres qu'à neuf. Que veux-tu donc faire de si bonne heure ? — Ah ! mademoiselle, je voudrais bien aller chez le père Bernard ; il y a longtemps que Manette et lui sont levés... Eh bien ! qui t'en empêche ? — Mademoiselle, c'est que la porte cochère est fermée, le portier dort ; j'ai pourtant frappé deux fois à son carreau. Je ne sais comment faire... Ah ! que vous seriez bonne de me faire ouvrir !... — Mon Dieu ! quand ces enfants veulent quelque chose... Je dormais si bien... Allons, attendez !... je ne puis pas vous ouvrir en chemise. — J'attendrai, mademoiselle.

Lucile est vive : au bout de deux minutes elle ouvre sa porte, elle a passé un petit jupon, une camisole garnie, et mis sur sa tête un joli fichu de soie. Quoique je n'aie pas onze ans et demi, la vue de la jeune femme de chambre dans ce simple négligé, qui la rend plus piquante, me trouble et me fait rougir sans que je sache pourquoi. Mademoiselle Lucile n'a que dix-huit ans ; elle est bien faite, elle a des formes un peu prononcées ; mais sa jambe est fine et son pied mignon ; ses yeux sont vifs et malins, son nez retroussé, sa bouche fraîche ; ce n'est point une beauté, mais c'est un joli minois de fantaisie, capable d'en faire naître beaucoup : enfin elle a ces tournures de grisette qui font envie à beaucoup de grandes dames et qui détournent maints honnêtes gens de leur chemin.

Je reste tout honteux et les yeux baissés devant mademoiselle Lucile. Elle sourit de mon air gauche et embarrassé, je crois qu'elle en devine la cause ; puis elle passe lestement devant moi et descend légèrement l'escalier en me disant : — Eh bien ! venez donc, petit André ; à quoi pense-t-il là ?

Je n'y pensais pas, j'étais bien aise, sans savoir de quoi. Sa voix me tire de cette espèce d'engourdissement, je la suis. Arrivés près de la loge du portier, elle me montre un cordon : — C'est cela qu'il faut tirer, me dit-elle, quand on veut qu'il nous ouvre la porte. En effet, elle a tiré cette sonnette qui répond chez le portier, et au bout d'un moment la porte cochère s'ouvre. Ah ! que je suis content de me voir dans la rue. — Ne soyez pas trop longtemps ! me crie Lucile. Je ne l'écoute pas... Je suis déjà loin.

En fort peu de temps, j'arrive chez Bernard ; le bon Auvergnat tâchait de consoler sa fille, qui, ne m'ayant pas vu la veille, pensait déjà qu'elle ne me reverrait plus. Ma présence ramène la joie dans leur demeure ; je leur conte tout ce qui m'est arrivé, tout ce que j'ai fait depuis la veille. — Sois bien sage, bien obéissant, me dit le porteur d'eau ; sois digne des bontés de cette grande dame, suis le filet de l'eau, mon garçon, il n'y a plus qu'à se laisser aller.

Le père Bernard va à son ouvrage ; mais je puis rester jusqu'à neuf heures avec Manette. Que ce temps nous paraît court ! Ma pauvre sœur est si contente d'être avec moi ! — Si tu deviens un gros monsieur, me dit-elle, tu ne nous oublieras pas, André ? et tu nous aimeras toujours ?

Je promets à Manette de venir la voir tous les matins ; cette assurance lui rend un peu de gaieté, et la laisse moins triste. Il me semble que je dois aussi aller chez celui qui s'est montré si bon pour moi, et je me rends chez M. Dermilly.

— Je t'attendais, me dit-il. Viens me voir les jours où je n'irai point à l'hôtel. Je lui parle de ma protectrice, de ses bontés pour moi ; il paraît prendre beaucoup de plaisir à m'entendre parler de madame : c'est bien naturel, elle est si bonne !

De retour à l'hôtel, je m'aperçois que les domestiques me regardent du coin de l'œil ; puis je les entends chuchoter entre eux : — C'est le protégé de madame. Et ils me saluent très-humblement ; ils paraissent surpris de ce que je leur rends leurs politesses ; est-ce qu'on ne rend pas les saluts quand on est bien mis ?

Madame me fait demander ; je lui conte tout ce que j'ai fait. Quand je viens à parler de ma visite chez M. Dermilly, elle me fait répéter tout ce qu'il m'a dit, puis m'engage à aller le voir souvent. Je veux remercier madame pour la bourse dont elle m'a fait présent. — Fais-en bon usage, me dit-elle, et tous les mois tu en recevras autant.

On me règle l'emploi de ma journée : jusqu'à quatre heures, je dois travailler dans ma chambre, où mes maîtres se rendront ; puis je descendrai chez madame jusqu'à l'heure du dîner ; et le soir, j'y retournerai encore jouer avec mademoiselle Adolphine, à moins que madame ne sorte ou n'ait du monde.

Les premiers jours qui suivent ce changement d'existence me semblent bien longs, bien monotones ; ce travail sédentaire est si nouveau pour moi ! Mais bientôt le désir de mériter les bontés de ma bienfaitrice me fait surmonter les dégoûts de mes premières études ; je veux, à force d'application, lui prouver que je suis digne de ses bienfaits. Au bout de quelque temps je trouve dans ce que l'on m'apprend des jouissances nouvelles ; mon esprit s'ouvre à d'autres lumières : mon jugement se forme, mes idées semblent s'agrandir ; je commence à éprouver les doux fruits du travail : plus j'étudie, plus je sens le prix de l'éducation.

Madame la comtesse est si bonne, elle voit mes progrès avec tant de plaisir, que cela redouble mon désir de bien faire. M. Dermilly m'encourage aussi ; il prétend que je fais ce que je veux. Et la petite Adolphine, en causant avec moi, me reprend plus dans mon langage ces fautes grossières que je devais faire autrefois, et dont cependant je ne l'ai jamais vue se moquer. Aussi bonne que sa mère, au récit de l'infortune d'un malheureux, ses yeux se remplissent de larmes ; elle ne se console point qu'on ne lui ait promis de le secourir. Elle me nomme son petit André. Quand elle m'a pas bien fait quelque chose, on lui dit : — André ne descendra pas jouer avec toi, et aussitôt l'aimable enfant s'efforce de contenter ses maîtres.

Presque tous les matins je me rends chez le père Bernard. Si l'éducation change mes manières et mon langage, je sens bien que mon cœur ne changera pas. Mes bons amis me sont toujours aussi chers. Manette me dit en soupirant : — On fait de toi un beau monsieur... Quand tu auras beaucoup d'esprit, tu nous trouveras bien bêtes !... J'embrasse ma sœur, et je tâche de lui faire comprendre que l'esprit et la sensibilité sont deux choses que la fortune ne peut ni ôter ni donner.

Il y a six mois que je suis dans l'hôtel de M. le comte ; et, depuis le jour de mon arrivée, je ne l'ai revu qu'une seule fois ; il a jeté sur moi un regard dédaigneux ; je l'ai entendu murmurer entre ses dents : — C'est le petit Savoyard. Puis, il a caressé son chien. Que je suis heureux de ne le point voir plus souvent ! Mais quand il se rend chez madame, ce qui est fort rare, les aboiements de César m'avertissent, et je me sauve bien vite dans ma chambre.

Mademoiselle Lucile est toujours aussi complaisante pour moi, et je me suis aperçu qu'on est heureux d'être dans ses bonnes grâces. Le portier montrait de l'humeur d'être réveillé presque tous les matins par moi : mademoiselle Lucile lui a dit que je devais sortir quand je le voulais, et il n'a plus murmuré. M. l'intendant se permettait de ricaner en me voyant : mademoiselle Lucile lui a dit qu'elle en avertirait madame, et M. Champagne est devenu très-poli avec moi. Enfin, il n'est personne dans l'hôtel qui n'éprouve l'influence du cotillon de la jeune femme de chambre. J'ai mille détails auxquels la maîtresse ne peut descendre ; mais rien n'échappe à la suivante : et pour être heureux chez les grands, je m'aperçois qu'il ne faut pas être mal avec les petits.

Grâce aux bontés de la généreuse Caroline, je suis possesseur de près de neuf louis ; j'ai suivi les conseils de Lucile, j'ai amassé, mais c'est dans l'intention de faire un joli cadeau à Manette. Je veux offrir à ma sœur un présent de quelque valeur ; et je ne sais encore à quoi m'arrêter. Ma mère est pour longtemps à son aise : il me semble juste de prouver ma reconnaissance à ceux qui m'ont recueilli à mon arrivée à Paris, et je suis bien sûr que ma mère approuvera ma conduite. La somme que j'ai est maintenant assez forte : que vais-je acheter ? À mon âge, on peut être trompé. J'ai envie de consulter mademoiselle Lucile ; et pourtant je voudrais bien agir de moi-même, bien certain que ce qui aura été choisi par moi plaira davantage à ma sœur.

Toutes les fois que je sors, j'emporte ma bourse sur moi ; je m'arrête devant les boutiques ; j'admire des châles, des étoffes ; mais Manette ne porterait point cela. Une montre serait un bien joli présent ; mais avec huit louis a-t-on une montre ?... Je me figure que cela doit coûter plus cher...

Un matin, en me rendant chez M. Dermilly, je songeais à une montre charmante que je venais de voir chez un horloger, lorsque, devant la porte du peintre, j'aperçois un homme qui se promène, tenant sous son bras une boîte longue en bois blanc et fredonnant un air d'opéra-comique.

A sa tournure, à sa voix, à son chapeau posé sur l'oreille et à la malpropreté de son habit, je reconnais sur-le-champ M. Rossignol, le modèle qui mangeait les confitures de Thérèse, et a manqué de faire mourir de peur la vieille cuisinière.

De son côté, Rossignol me toise, m'examine, puis vient à moi en faisant tourner son bambou et en me souriant de l'air d'un homme qui retrouve un de ses amis intimes.

— Eh ! c'est toi, mon petit !... je ne me trompe pas... je t'ai vu là-haut dans l'atelier... Peste ! comme nous sommes beau !... quel genre !... Il paraît que ça va bien !... Est-ce que tu poses chez quelque milord amateur ? — Non, monsieur, je ne pose point... — Eh bien ! tu as tort, tu as une figure taillée pour les modèles, tu es bien fait... tu grandis... tu seras moulé en Apollon ; crois-moi, pose, jette-toi dans les beaux-arts, il n'y a que ça pour être heureux. Imite-moi, sois artiste... Les arts, vois-tu... les arts sont à la vie ce que le soleil est aux petits pois : ils sucrent tous les moments de notre existence. Un artiste est libre comme la mouche à miel, excepté quand il n'a pas le sou... ce qui m'arrive dans ce quart d'heure ; mais

Un moment de peine,
Un moment de gêne
Nous fait mieux sentir
L'instant du plaisir !...

Et messieurs les peintres ont comme ça des boutades... ils abandonnent l'antique, ils aiment mieux peindre des culottes que des muscles ; mais il faut toujours revenir à la bonne école ; les Grecs et les Romains seront toujours de bonne réserve. Je vous demande un peu si l'on doit comparer un homme en pantalon et en bottes avec un beau torse, de belles jambes, une chair bien mâle !... Enfin je me promène en attendant que les antiques reparaissent avec plus de vigueur que jamais. J'avais envie de me représenter chez M. Dermilly ; je suis sûr qu'il ne pense plus à notre petite discussion ; mais si la vieille m'ouvre la porte, elle est capable de me jeter son eau de vaisselle dans les yeux. J'ai préféré me promener dans la rue, espérant saisir M. Dermilly au passage. Mais toi, que fais-tu, mon petit ? — Je suis chez madame la comtesse de Francornard, qui veut bien me faire donner de l'éducation. — La comtesse de Francornard... voilà un nom qui n'est ni grec ni romain ; cela sent le français à une lieue de loin... Et il paraît qu'on mange bien chez ta comtesse !... on l'a joliment remplumé ! — Oh ! madame est si bonne !... Chez elle on n'a rien à désirer... Elle me donne aussi de l'argent pour mes menus plaisirs... et je vais faire un cadeau à Manette. — Qu'est-ce que c'est que ça, Manette ? — C'est la fille du père Bernard, le porteur d'eau... chez qui j'ai logé longtemps... c'est ma bonne sœur, je l'aime comme si j'étais son frère !... — J'entends,

Tous les deux sous le même toit...

Eh bien ! mon petit, si tu veux faire un joli cadeau à Manette, j'ai justement ton affaire sous mon bras... — Vraiment ? — Oh ! c'est un coup du hasard !... Je venais de faire la visite de rigueur chez madame Rossignol quand les monnaies sont en fuite ; mais néant !... La chère femme, qui se doutait peut-être que c'était pour arriver et qui craignait que je ne vinsse encore lui enlever Fanfan pour poser dans le Sacrifice d'Abraham, était sortie avec son héritier dès les premiers rayons de Phébus. Cependant, comme j'ai eu l'adresse de me munir d'un double clef du domicile conjugal, j'ai pénétré dans l'asile de l'innocence, où j'espérais qu'on aurait mis le pot au feu ; mais rien... la marmite renversée... pas de quoi faire un potage aux croûtons... Dans ma fureur, je fouille dans les armoires. — Faute de légumes, je me jette sur les immeubles ; mais madame Rossignol et mon héritier ont la funeste habitude de porter toute leur garde-robe sur eux. Je ne trouve que quelques assiettes écornées, quelques tasses fêlées, que, faute de mieux, j'allais prendre sous mon bras et aller étaler dans la rue en criant : Voilà le restant de la vente !... lorsqu'en fouillant dans le fond d'un vieux buffet je découvre cette boîte. Je l'ouvre. ô bonheur ! j'y trouve la seringue de madame Rossignol. Elle est superbe et presque neuve... il n'y a que cinq ans qu'elle s'en sert ; j'ai laissé là toute la vaisselle, et m'en suis allé avec ce meuble précieux sous mon bras. J'allais le vendre pour déjeuner et dîner, quand je t'ai rencontré. Mon cher ami, il vaut mieux que tu profites du bon marché qu'un autre. D'ailleurs, tu veux faire un cadeau à ta sœur, il est jeune amie, il est la compagne de tes premiers ans, et que peux-tu lui offrir de mieux qu'une seringue ? objet utile, meuble nécessaire, que l'on retrouve avec joie dans toutes les phases de la vie ! Tu aurais donné à Manette quelque joujou, quelque colifichet, qui ne l'aurait amusée qu'un moment ; mais ceci !... quelle

différence ! elle ne s'en servira pas une fois sans penser à toi, sans donner un soupir à ce bon André, dont la générosité ne lui sera point stérile... Enfin, mon ami, en offrant ce présent, tu donnes une preuve de la maturité de ta raison, et tu peux être certain que le père le plus rigide n'y verra aucune tentative de séduction.

En finissant son discours, Rossignol ouvre la boîte et me fait admirer l'objet qu'elle renferme ; cependant, malgré tous ses efforts pour me séduire, j'avoue que je regardais avec indifférence, et que cela ne me semblait pas devoir être un cadeau bien agréable à Manette.

— Eh bien ! mon petit, tu ne dis rien ? reprend Rossignol, vois comme c'est brillant !... comme c'est net !... Je ne t'offre pas de l'essayer, ça va tout seul... Tiens, comme c'est toi, et que notre connaissance étant faite dans l'atelier, je te regarde comme un artiste, tu auras le meuble pour cent sous, et la boîte par-dessus le marché... Hein ? c'est pour rien... mais je t'aime parce que tu es gentil ; et puis, je n'ai pas mangé depuis hier matin, et je sens que l'horloge a besoin d'être remontée.

— Vous n'avez pas mangé depuis hier ? dis-je en tirant vivement ma bourse de ma poche. Oh ! tenez... tenez, monsieur Rossignol, que ne disiez-vous cela plus tôt, je ne vous aurais pas fait attendre si longtemps.

Aussitôt je fouille dans ma bourse : à la vue de l'or qu'elle renferme, Rossignol semble frappé de stupéfaction ; puis il se gratte l'oreille, renfonce son chapeau sur le côté, se pince plusieurs fois les lèvres et paraît réfléchir profondément. Je tiens à la main une pièce de cent sous que je lui présente en disant : — Prenez pour cela, monsieur Rossignol, et allez déjeuner ; vous devez avoir bien faim.

Il me regarde avec attention, prend la pièce de cent sous, qu'il met dans sa poche, puis tire son mouchoir et le porte sur ses yeux en poussant un profond soupir.

— Oui, sans doute, j'ai faim, dit-il au bout d'un moment ; mais, hélas !... je ne suis pas le seul !... Ah ! mon cher petit André ! vous dont le cœur paraît sensible, qu'auriez-vous fait... si vous aviez vu... ce que j'ai vu hier au soir ?

— Qu'avez-vous donc vu ? lui dis-je ému du ton pathétique qu'il vient de prendre et le voyant se frotter les yeux avec le coin de son mouchoir comme s'il polissait de l'acajou.

— Mon ami, Paris est une ville bien dangereuse pour les cœurs sensibles !... on est souvent mis à de rudes épreuves. Heureux le Mécène qui peut répandre avec profusion ses magnificences depuis le rez-de-chaussée jusqu'au sixième étage, et dont l'œil découvre, sous l'habit râpé de l'infortune, le mérite et les talents aux prises avec le malheur et les punaises !... — Enfin, monsieur Rossignol ? — Un instant, mon petit, nous arrivons : hier au soir je revenais de battre quelques entrechats au salon de Flore ; je chantais, suivant mon habitude, toujours gai et philosophe. J'allais faire un souper réparateur... Je n'avais pas eu le temps de dîner. J'avais encore trente-trois sous dans mon gousset, fruit de mon travail et de mes économies ; tout à coup, au détour d'une rue, je suis arrêté par une voix douce... de ces voix qui percent les oreilles, et on me dit en s'interrompant à chaque minute pour se moucher : Homme sensible ! prenez pitié de mon père, de ma tante, de mon frère et de moi !... Il y a huit jours que nous n'avons pas mangé, et les huit jours d'auparavant, nous n'avons vécu que des chats qui errent sur nos toits. Je suis fille d'un artiste ; mais le malheur s'attache aux talents.

— Fille d'un artiste ! m'écrié-je : conduisez-moi sur-le-champ vers votre père. Tous les artistes sont frères ; je lui dois secours et protection. A ces paroles, la jeune fille, belle comme l'étoile du matin quand il n'y a pas plus dans la nuit, se saisit de ma main en s'écriant : C'est la Providence qui vous a fait passer dans ce quartier-ci ! Venez rendre toute une famille au bonheur ! Aussitôt elle m'entraîne, je la suis dans une allée noire comme un four ; nous montons sept étages d'un escalier tortueux ; je me cogne plusieurs fois le nez contre la muraille... Mais que ne ferait-on pas quand on va faire des heureux ! Enfin, je pénètre dans leur domicile... Ah ! mon cher André, quel tableau !...

Du malheur auguste victime...

Le père n'a point fait sa barbe depuis quinze jours ; la tante a vendu jusqu'à ses jarretières ; le petit frère se promène en chemise faute de culotte... et ce sont des artistes que je vois dans cet état !... Aussitôt je fouille à mon gousset, j'en tire les trente-trois sous qui me restent, je les dépose aux pieds du vieillard et je me jette dans l'escalier sans vouloir attendre qu'on m'éclaire. — Ah ! vous avez bien fait, monsieur Rossignol, de secourir ces pauvres gens !... — Certainement !... J'aurais eu cent francs, je les aurais donnés tout de même ; mais malheureusement ce faible secours ne suffit pas pour les tirer de peine !... Ce matin, je suis allé les voir un moment : qu'ai-je appris !... Un propriétaire sans humanité va les mettre dans la rue, un créancier barbare va conduire le vieillard en prison si aujourd'hui ils ne trouvent pas huit à neuf louis pour le payer. O Dieu !... un artiste dans la rue !... un enfant sans culotte !... une famille sans asile !... Ah ! si j'étais riche, quel bonheur de les secourir !... Mais, hélas ! je n'avais plus que cette seringue ! et j'allais encore la partager avec eux.

3.

En finissant ces mots, Rossignol se cache entièrement la figure avec son mouchoir, et pousse des gémissements comme s'il allait se trouver mal. Je me sens attendri ; je me représente cette famille dans la misère, ce vieillard que l'on va conduire en prison. Je regarde ma bourse, et je me dis : — Avec cela je puis les rendre au bonheur ; Manette peut attendre mon cadeau, sur lequel d'ailleurs elle est loin de compter ; ne vaut-il pas mieux employer cet argent à secourir des infortunés ? Oui, oui, et, à ma place, Manette en ferait autant.

Aussitôt je verse le contenu de ma bourse dans la main de Rossignol, qui justement la tendait vers moi. — Tenez, lui dis-je, prenez cet argent, c'est tout ce que je possède ; mais j'espère que cela sera suffisant pour sauver ces malheureux.

— Sensible enfant ! j'avais bien jugé ton cœur, s'écrie Rossignol en mettant l'argent dans sa poche et me glissant la boîte sous le bras. Tu fais là une action superbe ! — Surtout n'en parlez pas à M. Dermilly. — Oh ! sois tranquille, je n'en parlerai à personne. Ces choses-là doivent rester secrètes, ça en double la beauté. Adieu, mon petit André, je vole près du vieillard malheureux... Va porter ton présent à Manette, et regarde-moi comme ton ami.

Quel nouveau jour pour moi,
Quel heureux changement !

Rossignol est parti comme un trait. Je reste là avec la seringue sous le bras. Irai-je l'offrir à Manette ?... Non, il me semble que ce n'est pas un présent à faire à une jeune fille de douze ans. Ma sœur se moquera de moi si elle croit que je lui ai acheté cela, et je ne veux pas lui dire par quelle circonstance je m'en trouve possesseur. Décidément je ne la lui porterai point, et, puisque je n'ai plus d'argent, il est inutile que j'aille admirer les boutiques : retournons à l'hôtel.

Je reprends le chemin de ma demeure, assez embarrassé de ce meuble que je tiens sous mon bras. Je traverse rapidement la cour, enchanté de ne trouver personne ; mais sur mon carré, au moment où je vais entrer dans ma chambre, je me trouve vis-à-vis de mademoiselle Lucile, qui sort de la sienne.

— Ah ! vous voilà, André ? vous avez été bien longtemps dehors ; madame vous a fait demander. Qu'est-ce que vous tenez donc sous votre bras ? — Oh ! ce n'est rien, mademoiselle. — Vous avez fait des emplettes à ce qu'il ma paraît ? On a touché son trésor... Eh bien ! comme il se sauve ! Pourquoi donc êtes-vous si pressé, monsieur André ? Je ne suis pas pressé... mais... je... — Il faut que je sache ce que vous avez acheté ; je suis curieuse d'abord : eh bien ! André, est-ce qu'on ne peut pas voir cela ? — Ce n'est pas bien intéressant, mademoiselle. — Oh ; comme il rougit ! je gage que c'est un présent pour sa Manette. qu'il aime tant, et dont il me parle sans cesse. Il me semble que pour faire vos achats, vous auriez bien pu me consulter. Je sais mieux marchander qu'un enfant ; cela n'a que douze ans, et cela veut déjà agir comme un homme ! Voyons donc cela, monsieur. Oh ! vous ne rentrerez pas dans votre chambre que je ne sache ce que c'est.... et plus vous y mettrez de mystère, plus j'aurai envie de le savoir.

Mademoiselle Lucile se place devant moi : il n'y a pas moyen de lui échapper ; elle s'empare de la boîte, l'ouvre, et part d'un éclat de rire qu'elle ne peut plus modérer.

— Que vois-je ! ah ! ah ! ah ! c'est trop drôle ! Ah ! ce pauvre André !... quel heureux choix il a fait... ah ! ah ! une... mais c'est qu'elle n'est pas neuve encore !... Et voilà ce que vous allez offrir à votre petite Manette !... Elle est donc malade, cette pauvre Manette ?

— Non, mademoiselle, non ; elle n'est point malade... et ce n'est pas pour elle que j'ai acheté cela, dis-je avec un dépit qu'augmente encore la gaieté de la jeune femme de chambre, qui ne peut pas me regarder sans partir d'un éclat de rire.

— Comment ! c'est pour vous, André ? Mais, mon ami, si vous aviez tant envie de ce meuble, que ne parliez-vous ? il n'en manque pas à l'hôtel.

J'ai repris ma boîte, et je rentre brusquement dans ma chambre, d'où j'entends encore rire mademoiselle Lucile. — Mon Dieu ! si elle allait parler de cela ! Mais madame m'a demandé, il faut descendre. Où vais-je mettre mon nouveau meuble ?... Je le fourre sous mon lit, et je me rends près de ma protectrice.

La maligne Lucile y est déjà, et au sourire que madame laisse échapper en me voyant, je ne doute plus qu'elle ne soit instruite. Mon embarras est au comble ; mais madame est si bonne, qu'elle s'empresse, pour le faire cesser, de me parler de M. Dermilly. Cependant il me semble toujours la voir sourire, et mademoiselle Lucile se pince les lèvres pour ne pas éclater encore. Jamais je n'ai été si mal à mon aise... Est-ce donc là le fruit que l'on devrait retirer d'une bonne action ? Ah ! si l'on savait ce que j'ai fait ! certainement on ne se moquerait pas de moi, mais on ne doit point dire ces choses-là.

Le lendemain de cet événement, pendant que je travaille dans ma chambre, j'entends doucement ouvrir ma porte, et mademoiselle Lucile paraît devant moi. Son premier soin en entrant est de jeter des regards curieux autour d'elle ; sans doute elle cherche où j'ai placé mon emplette, mais je l'ai cachée sous mon lit.

Mademoiselle Lucile vient à moi d'un air mystérieux : — Mon petit André, il faut que vous me rendiez un service. — Un service ! mademoiselle... Oh ! parlez, tout ce qui dépendra de moi...— Je connais votre obligeance, et je suis bien sûre que vous ne me refuserez pas. D'ailleurs ce sont de ces services que l'on se rend réciproquement entre amis.— Qu'est-ce donc, mademoiselle ?—Vous devez avoir de l'argent, André ; car vous m'avez encore dit dernièrement que vous amassiez pour faire un présent à votre bonne amie Manette... et, à coup sûr, vous n'avez pas tout dépensé en seringue....

Mademoiselle Lucile recommence à rire comme hier ; moi, je deviens rouge et embarrassé ; je m'aperçois d'ailleurs qu'elle m'examine avec attention ; je balbutie enfin : — Pourquoi cela, mademoiselle ?

— C'est que je veux acheter quelque chose de fort joli, mais c'est un peu cher, et il me manque vingt francs : voulez-vous me les prêter, André, pour quinze jours seulement ?... cela ne vous contrariera pas ? — Mademoiselle, je le voudrais bien, mais.... — Eh bien ! mais... parlez donc ?... — Je ne peux pas... — Vous ne pouvez pas ?... Comment, monsieur André, vous n'avez pas assez de confiance en moi pour me prêter cette somme ?... Ah ! fi ! monsieur, c'est mal d'être aussi méfiant ! — Ah ! mademoiselle ! pouvez-vous penser cela !... Si j'avais de l'argent, tout serait à votre service... — Si vous en aviez !... quoi !... vous n'en avez plus ? — Non, mademoiselle, je l'ai dépensé.

— Dépensé. Vous avez donc fait un beau cadeau à votre sœur ?...

Je prononce bien bas : — Oui, mademoiselle... il m'en coûte de mentir ; mais dire que j'ai tout donné pour les malheureux, cela serait ôter le mérite du bienfait ; d'ailleurs Rossignol m'a recommandé le secret. Cependant Lucile ne semble pas convaincue ; je l'entends murmurer : — Ce n'est pas clair... Il y a quelque chose là-dessous... je le découvrirai. Et elle s'éloigne en me disant : — Adieu, monsieur André ; je n'aurais pas cru que vous eussiez déjà des secrets.

Au bout de quelque temps, je m'aperçois qu'on veut s'assurer où je vais quand je sors. Si je reste plus longtemps chez Bernard, on s'informe si je suis allé ailleurs ; il me semble enfin que l'on surveille ma conduite. Je ne fais point de mal, et je ne crains point qu'on connaisse mes actions. Cependant, je vois avec peine que la jeune femme de chambre ne me témoigne plus la même amitié, il règne maintenant dans ses discours quelque chose d'ironique, et souvent je l'aperçois à l'instant où je l'attends le moins, qui semble me guetter et vouloir épier mes moindres actions.

Grâce à la générosité de madame, je pourrai bientôt faire à Manette ce présent projeté depuis si longtemps. Je n'ai pas vu Rossignol ; il est vrai que M. Dermilly est absent depuis deux mois, et je n'ai pas été depuis ce temps dans son quartier. Encore quelques jours, et je recevrai ce que ma protectrice me donne tous les mois ; cela me fera six louis, car il y a déjà bientôt quatre mois que j'ai donné tout ce que j'avais. J'attends avec impatience le moment pour réaliser enfin mon projet.

Mais Rossignol n'avait point, comme on le pense bien, été porter à des infortunés l'argent qu'il avait reçu de moi, et mes économies avaient servi au beau modèle pour aller faire belle jambe dans les guinguettes et mener ses conquêtes dans des cabinets particuliers. Jamais Rossignol n'avait possédé plus d'un louis à la fois ; quand il se vit deux cents francs dans la poche, il se crut électeur du grand collège. Cependant, s'étant un peu calmé, il commença par examiner ses vêtements : son habit, couvert de taches d'huile, ne convenait plus à un richard ; il en avait un autre dans un certain endroit, où on le lui rendit moyennant quinze francs ; Rossignol fit ensuite l'emplette d'une paire d'escarpins enjolivés de larges rosettes ; puis il acheta un beau foulard rouge qu'il mit autour de son cou, et dont les bouts fort grands furent étalés avec art sur sa poitrine, afin de cacher une chemise qui semblait plutôt appartenir à un serrurier qu'à un milord.

Tous ces achats faits, Rossignol recompta son argent ; il ne lui restait plus que sept louis. Il sentit qu'il était temps de s'arrêter, et qu'il ne fallait pas mettre tout à sa toilette. Son pantalon, serré par le bas, avait assez des accrocs qui avaient nécessité quelques reprises, lesquelles n'étaient point perdues ; mais, en examinant cette partie de son vêtement, Rossignol se disait : — Ce ne sera pas sur les reprises que les belles attacheront leurs regards. Son gilet à larges raies était usé du haut ; il replia le collet en dedans, et en fit un gilet à châle ; son chapeau était la partie la plus maltraitée de son costume, mais il pensa qu'en le posant un peu plus de côté, ce qui devait ajouter à l'expression agaçante de sa physionomie, on ne remarquerait pas que les bords étaient usés et que le fond ne tenait plus.

Ayant ainsi fait la revue de son costume, Rossignol ne voit pas dans la capitale d'homme qui puisse lui être comparé pour la tournure, les formes et l'élégance ; d'une main faisant tourner sa grosse canne, de l'autre faisant sonner ses écus, et le menton enfoncé dans le foulard qui lui monte jusqu'à la bouche, il se lance dans les plaisirs, mène ses belles à l'Ile d'Amour et à Kokoli, et devient pendant trois semaines l'homme à bonnes fortunes de la Courtille et de Charonne.

Mais sept louis ne durent pas longtemps lorsqu'on tranche du grand seigneur. Rossignol vient de dépenser son dernier écu, et il voit avec effroi le moment où il faudra aller poser pendant huit heures pour cent sous, ce qui est beaucoup moins agréable que de valser ou de danser la course. Quand on a pendant trois semaines vécu dans les plaisirs, le travail semble encore plus pénible, et d'ailleurs Rossignol a toujours été paresseux. Il reporte son habit en dépôt, et avec le produit prolonge encore le temps de sa grandeur ; mais, cet argent dépensé, il n'a plus rien avec quoi il puisse en faire, et depuis qu'il a pris à sa femme le meuble utile qu'elle avait cru à l'abri de sa rapacité, madame Rossignol ne laisse chez elle aucun objet dont son époux puisse tirer parti.

Il faut donc se décider à faire encore ou le Grec ou le Romain. Mais le souvenir de ses plaisirs passés trouble le modèle, et ne lui permet plus de bien poser. Les peintres se plaignent de son peu de tranquillité, et Rossignol dit qu'il a des inquiétudes dans les jambes quand la pensée de la vie délicieuse qu'il a menée lui arrache un mouvement de dépit.

Un beau jour, tout en faisant Antinoüs, Rossignol pense à moi, et songe qu'en mettant de nouveau mon bon cœur et mon inexpérience à contribution, il lui sera facile d'avoir de l'argent. Cette idée est un trait de lumière, il s'étonne de ne l'avoir pas eue plus tôt; et, au sortir de sa séance, il court se placer en faction devant la porte de M. Dermilly; mais il m'attend en vain pendant plusieurs jours, car M. Dermilly n'est pas à Paris.

Cependant Rossignol veut absolument me voir; plus il réfléchit à ma confiance, à mon humanité, plus je lui semble un trésor dans lequel il pourra, en agissant avec adresse, puiser continuellement, la somme que je possédais lui faisant présumer que j'ai beaucoup d'argent à ma disposition.

Impatient de me retrouver, il se rappelle enfin que je lui ai dit que j'étais chez M. le comte de Francornard, où l'on me comblait de bontés. Sur-le-champ il se met en route, court tous les quartiers de Paris en demandant M. le comte de Francornard, et parvient à savoir où est situé son hôtel.

Aussitôt Rossignol nettoie de son mieux son habit couvert d'huile, il frotte ses souliers avec de la mie de pain faute de cirage anglais; tire artistement son pantalon, rentre le haut de son gilet en petits rouleaux, met sa cravate tellement haute que sa bouche ne se voit plus, pose son chapeau sur l'oreille gauche, se fait deux boucles sur l'œil droit, et, la canne à la main, le bras gauche arrondi, s'achemine d'un air fier et insolent vers l'hôtel de M. le comte, marchant sur la pointe du pied, et choisissant les pavés comme s'il avait peur de gâter sa toilette.

Arrivé dans la cour de l'hôtel, le concierge l'arrête: — Où allez-vous, monsieur?... Rossignol répond d'un air résolu: — Chez mon ami... Et il veut passer. Mais comme sa tournure n'inspire pas de confiance au concierge, celui-ci sort de sa loge, et court barrer le passage à Rossignol en lui disant: — Un moment donc, monsieur! Et quel est votre ami? — Mon ami, c'est le jeune André, le fils adoptif de M. le comte. — Le fils adoptif... — Eh! oui, Le petit Francornard, si vous aimez mieux. — Le petit Francornard?... — Eh! oui!... — Est-ce que vous ne comprenez pas?... — M. le comte n'a pas de fils, il n'a qu'une fille. — Eh! sacrebleu! je vous dis que si, moi; je l'ai encore vu, il n'y a pas quatre mois, beau comme un soleil, qui sortait d'ici... un jeune homme de douze ans à peu près, qui paraît déjà en avoir quatorze. — Ah! c'est le petit André, le protégé de madame, que vous demandez?... — Eh! qu'il soit protégé de madame ou de monsieur, qu'est-ce que ça fait, tout cela?... Il loge ici, n'est-ce pas? — Oui, oui, je vous comprends maintenant. — C'est bien heureux. Enseignez-moi alors sa chambre... Tenez! je serai bien aise de lui parler en particulier.

— Tenez, prenez ce vestibule au fond, puis tournez à gauche, le second escalier... — C'est bon, c'est bon.

Et Rossignol s'avance en disant: — Ces drôles-là font-ils leur embarras! il semble qu'on entre chez le roi de Maroc.

Arrivé sous le vestibule dans lequel devaient deux escaliers, Rossignol ne se rappelle plus lequel on lui a dit de prendre; mais ne se souciant pas d'aller reparler au concierge, il monte au hasard, traverse plusieurs pièces, admirant la beauté des tentures et des draperies, et se dit en avançant: — Sacredié! mon petit bonhomme est bien logé; j'ai là une connaissance qu'il fait bon de soigner, c'est un véritable lingot que j'ai trouvé là.

Des laquais qui bâillent en attendant les ordres de leur maître demandent à Rossignol où il va; et celui-ci, sans se déconcerter, répond fièrement: — Chez mon intime ami. Les valets le regardent avec surprise; mais comme la hardiesse impose toujours, surtout aux subalternes, ceux-ci, qui auraient repoussé un pauvre homme humble et timide, laissent passer M. Rossignol, qui arrive devant l'appartement où, suivant son habitude, M. de Francornard était en conférence avec son intendant et son cuisinier.

Le laquais de garde devant la porte demande à Rossignol son nom. Celui-ci dit enfin: — Pourquoi faire? — Pour vous annoncer. — Est-ce que je ne m'annoncerai pas bien moi-même? — Ce n'est pas l'usage. — Ah! f...! que de façons pour parler à ce petit drôle!... Eh bien! annonce Rossignol, premier homme de l'Europe pour les torses.

Le valet se fait répéter deux fois cette phrase, et va enfin la rapporter à M. le comte, qui la fait aussi recommencer, puis regarde Champagne et son cuisinier en murmurant: — Rossignol... le premier pour les torses... Comprends-tu cela, Champagne?... — Ma foi! non, monsieur... Je ne connais pas de Rossignol!... Les torses... Eh! mais ne serait-ce pas quelque nouvelle sauce qu'on vient d'inventer? — Qu'en dites-vous, monsieur le chef?... — Monsieur le comte, je crois que c'est une nouvelle manière pour accommoder les têtes de veau. — Ah! diable!... ceci est fort intéressant; cet homme-là sera venu à mon hôtel sur le bruit de mes connaissances culinaires et sur la réputation de mes dîners... Faites entrer M. Rossignol, je serai charmé de le voir.

Pendant ce colloque, le beau modèle impatienté de faire antichambre, frappait avec force de son bâton sur le parquet, tout en chantant avec roulades:

Ah! que je fus bien inspiré
Quand je te reçus dans ma cour!

Enfin le valet revient lui dire: — Vous pouvez entrer, monsieur Rossignol. — Ce n'est pas sans peine, dit celui-ci; et il pénètre dans le cabinet de M. le comte, où il fait son entrée en donnant un violent coup de canne sur la tête de César qui était venu sauter après lui, et qu'il chasse en criant: — Allez coucher, coquin!... Ce misérable chien qui vient mettre ses pattes sur mon habit... Reviens-y! et je te donnerai un tourniquet qui le mettra pour quinze jours sur le flanc!

Cette entrée ne prévient pas M. le comte en faveur de l'étranger; et Champagne, considérant l'habit de M. Rossignol, ne peut s'empêcher de sourire de la crainte que celui-ci témoignait que le chien ne mît ses pattes dessus. Cependant, comme un homme qui connaît une nouvelle manière d'accommoder les têtes de veau mérite des considérations particulières, on pardonne à celui-ci son originalité; et M. le comte lui fait signe de s'asseoir; ce que Rossignol fait, après s'être dit: — Il paraît que le petit est absent; sans doute il va revenir... Je suis peut-être avec ses protecteurs; ayons de la tenue, et faisons voir que je sais ce que c'est que la bonne société.

Et pour commencer à montrer son usage du monde, Rossignol continue de faire tourner sa canne et chantonne entre ses dents; puis, considérant le comte, dit à demi-voix: — En voilà un qui ne posera jamais dans les Apollons... mais ça ferait un joli petit cyclope.

— Mon ami, qui vous a envoyé vers moi? dit M. de Francornard à Rossignol. — Personne ne m'a envoyé; je suis venu de moi-même, et parce que cela me convenait... — J'entends, vous avez entendu parler de mes dîners, et vous avez voulu m'offrir vos services pour le premier que je donnerai. — Vos dîners!... que la peste m'étouffe si on m'en a jamais parlé! mais c'est égal, si ça peut vous être agréable, j'en tâterai avec plaisir, et vous verrez un gaillard qui ne boude pas. — Il en tâtera!... dit M. le comte en regardant Champagne, il veut dire sans doute qu'il en apportera. Il faut que cet homme là ait un grand talent, car il paraît bien sûr de son affaire. — C'est ce que je pense aussi, monsieur le comte.

— Mais enfin, monsieur Rossignol, qui est-ce qui vous a dit mon nom? — Eh parbleu! c'est le petit que j'ai rencontré il y a quelque temps. — Le petit... ah! oui!... le petit qui est dans mes cuisines, sans doute? — Je ne sais pas s'il est dans vos cuisines, mais ça ne m'étonnerait pas, car je l'ai trouvé bien engraissé. — Oui... oui, dit le chef à son maître, c'est mon petit marmiton qui lui aura donné l'adresse de monsieur le comte.

— Monsieur Rossignol, je mettrai avec plaisir vos talents à l'épreuve. — Est-ce que monsieur le comte est artiste aussi, ou s'il travaille en amateur? — Oh!... je suis professeur, moi!... Monsieur le chef vous dira comment je discute mes trois services. — Les trois services?... Je n'ai jamais posé là-dedans!... — Votre tête fume-t-elle comme cela un volume considérable? peut-on se mettre quatre ou six après?... — Ma tête!... — Est-ce que c'est de ma tête que vous avez envie? — Sans doute. — Ah! les fous!... ordinairement on ne me prend que pour le corps. — Comment! vous faites le corps aussi?... — Je crois bien! c'est mon triomphe!... Mais c'est égal, ma tête vous parait jolie pour l'antique, je suis à vous à raison de cent sous par séance. — Cent sous!... dit M. le comte en regardant tour à tour Champagne et son chef. Ce n'est, ma foi! pas cher! — Aussi cela pourrait bien être mauvais, dit tout bas le cuisinier.

— Et vous m'assurez, monsieur Rossignol, que j'aurais une bonne tête de veau? reprend M. de Francornard. A ces mots, le modèle se lève brusquement et enfonce son chapeau sur son front en s'écriant: — Qu'appelez-vous tête de veau!... il vous sied bien, misérable modèle des Quinze-Vingts, de venir insulter un homme dont on fait tous les jours des Jupiter et des Achille!

— Qu'est-ce que cela signifie? dit M. le comte, qui, effrayé du mouvement de Rossignol, recule brusquement son fauteuil: ce qui fait de nouveau aboyer César, tandis que le modèle lève son bâton sur le chien et semble le défier. — Expliquons-nous, monsieur, je vous prie: pourquoi êtes-vous venu ici? A coup sûr, ce n'est pas pour vous! — Est-ce que vous ne venez pas m'offrir vos talents pour accommoder les têtes de veau d'une nouvelle façon? — Ah! pour le coup... voilà une bonne bêtise!... Dites-moi un peu, mon vieux, qui est-ce qui vous a mis dedans comme ça?... — Que voulez-vous enfin? s'écrie le comte avec colère. — Eh! morbleu! je veux voir André, mon ami, mon ancien collègue chez M. Dermilly, un enfant que j'aime et que vous élevez gratis; c'est pour lui parler que je suis venu. — Comment, drôle! et vous avez l'audace de vous présenter chez moi, de pénétrer dans mon cabinet!... — Est-ce que je savais que c'était votre cabinet?... quand je vous dis que c'est André que je cherche... — L'impertinent! et se permettre de battre César!... Ah! vous êtes l'ami du petit Savoyard! ils sont gentils, ses amis... — Plus gentils que vous, j'espère, mauvais

Bélisaire manqué! —Voyez un peu à quoi madame la comtesse m'expose en donnant asile à des misérables... Lafleur, Jasmin!... qu'on mette ce drôle à la porte!... Qu'on le jette par la fenêtre s'il fait encore l'insolent!

— Qu'est-ce à dire? s'écrie Rossignol en faisant faire le tourniquet à son bâton. César court de nouveau sur Rossignol, qui d'un coup de bâton l'étend à ses pieds; les valets accourent au bruit; mais la contenance fière de Rossignol les tient en respect, et celui-ci effectue sa retraite, suivi des laquais qui font semblant de le chasser, mais qui se contentent de le regarder s'éloigner. Parvenu sous le vestibule, Rossignol s'y trouve en face de mademoiselle Lucile, qui accourait s'informer de la cause du tapage que l'on entendait chez M. le comte. Elle lui demande ce qu'il veut: en deux mots Rossignol lui conte ce qui s'est passé et le motif qui l'amène à l'hôtel. Lucile l'examine avec attention; cependant elle lui enseigne le chemin de ma chambre, et cette fois mon ami intime y arrive sans se tromper.

J'étais à étudier; j'entends quelqu'un entrer brusquement, et je vois Rossignol qui s'écrie en m'apercevant: — Ah! mille Romains!... ce n'est pas sans peine qu'on arrive jusqu'à toi, mon petit André!... — Comment! c'est vous, monsieur Rossignol? — Oui, c'est moi, qui pour te voir ai soutenu un combat contre cinq ou six escogriffes, commandés par un invalide. — Un combat?... — Mais je te conterai cela un autre jour; je te trouve, et c'est l'essentiel. — Et ce malheureux vieillard dont vous m'avez parlé?... et ses enfants? — Oh! mon garçon! toute la famille te bénit et te nomme son ange tutélaire! Ah! si tu avais vu le tableau de leur ivresse quand je leur ai porté tes dons! Ah! Dieu!... Tiens, quand je pense à cela... je ne sais plus où j'en suis. — Ils sont heureux: ne parlons plus de cela, monsieur Rossignol. — Non, tu as raison: occupons-nous de ceux pour lesquels je suis venu. André, mon ami, tu as toujours le cœur aussi bon, aussi sensible? — Je suis toujours le même, monsieur Rossignol; pourquoi cela? — Aimable enfant de la nature! il n'est pas changé! Dis-moi, as-tu de l'argent? — Mais... oui... un peu... — Eh bien! je veux de nouveau te faire goûter cette jouissance des âmes bienfaisantes qui répandent autour d'elles l'abondance... et, semblables à ces météores... à ces météores qui...—Qu'est-ce que vous voulez dire, monsieur Rossignol? — Je veux dire que j'ai découvert dans mes courses quatre autres familles malheureuses que tu peux encore rendre au bonheur: avec deux louis par famille tu en seras quitte, et tu sauveras des infortunés du désespoir. Eh bien! André, tu hésites, mon ami? C'est serait-il endurci à la voix de M. le comte? Si tu savais!... il y a une malheureuse mère, jeune encore, qui reste veuve avec quatorze enfants sur les bras... Ah! Dieu! si j'étais à ta place, je les balancerais tous... Mais, hélas! ce que je gagne suffit à peine pour soutenir mon épouse et mon jeune fils. — Mais, monsieur Rossignol, c'est que je voulais faire un présent à Manette.— Encore! mais il me semble que tu lui as donné, il n'y a pas longtemps, quelque chose d'assez gentil; il ne faut pas, petit bonhomme, se ruiner en cadeaux avec les femmes... Mauvaise habitude dont je veux te corriger. — Mais je n'ai que quatre louis maintenant... — Eh bien! donne-les-moi toujours, nous remettrons les deux autres familles au mois prochain. Oh! elles attendront; je te promets qu'elles ne voudront pas avoir d'autres bienfaiteurs que toi.

Je ne suis pas bien déterminé à donner encore tout ce que je possède; je ne sais quel pressentiment m'arrête. Mais Rossignol, qui voit que je balance, redouble ses sollicitations: il me parle d'une mère aveugle, de père paralytique... je suis ému, je tire mes épargnes de mon secrétaire... elles vont passer dans les mains de Rossignol qui déjà les dévore des yeux... lorsque Lucile paraît tout à coup, et vient se placer entre moi et mon aimable modèle.

A sa vue je reste interdit, comme si j'allais faire quelque chose de mal, tandis que Rossignol, fort contrarié de l'arrivée de la jeune femme de chambre, tâche de cacher sa mauvaise humeur et de prendre un air de bonhomie qui ne va pas à sa physionomie.

Lucile, qui depuis longtemps surveillait mes actions, avait été fort intriguée en voyant un homme comme Rossignol me demander, en se disant mon ami intime. Elle l'avait laissé parvenir jusqu'à moi, et, placée à l'entrée de ma porte, avait écouté toute notre conversation.

En entrant, son premier mouvement est de me prendre la main qu'elle presse tendrement dans les siennes; puis se tournant vers Rossignol: — Monsieur, lui dit-elle, savez-vous qu'il n'est pas bien d'abuser ainsi de la crédulité, de la sensibilité de cet enfant pour lui prendre le fruit de ses économies?...

Rossignol se pince les lèvres et baisse les yeux, puis prononce d'une voix fêlée: — Je suis envoyé vers mon ami par une bande d'infortunés qui connaît son âme et ses moyens, et je ne pensais pas faire mal en l'encourageant le petit à la bienfaisance.

— Non, sans doute, monsieur, ce n'est point mal de donner aux malheureux, et André est maître de son argent; mais encore faut-il savoir placer ses bienfaits, en croyant être humain, on est dupe quelquefois, et les épargnes de cet enfant ne doivent point servir à encourager le vice et la paresse.

A ces mots, Rossignol reprend son air tapageur, et dit à Lucile d'un ton insolent: — Que signifient ces insinuations?

— Cela signifie, monsieur, que vous avez déjà mangé l'argent d'André, auquel vous avez eu l'effronterie de donner en échange une vieille seringue... — Elle était neuve... je vais vous l'essayer si vous en doutez... —Vous venez encore aujourd'hui dans l'espoir de lui soutirer ce qu'il a amassé depuis... — Mademoiselle! je vous prie de le prendre plus bas... — Je le prendrai aussi haut que cela me plaira, et si vous faites l'impertinent, je vous ferai chasser de l'hôtel, où je vous défends dès à présent de remettre les pieds. Il vous sied bien de faire encore l'insolent après toutes les sottises que vous venez de commettre chez M. le comte! — Tiens... voilà grand'chose! parce que j'ai cassé une patte à un vieux chien qui voulait salir mon habit... D'ailleurs, est-ce qu'il n'a pas assez de trois pattes pour courir après son maître qui n'a qu'un œil? — Si vous n'avez point avancé de mensonges à André, donnez-moi sur-le-champ l'adresse des malheureux pour lesquels vous veniez l'implorer. Madame la comtesse est bienfaisante: c'est elle qui se chargera de les secourir. — Ah! laissez-moi tranquille avec votre comte et votre comtesse. —Vous le voyez, vous ne pouvez pas répondre à cela. Allez, monsieur, votre conduite est bien vile! Sortez, et ne vous avisez plus de vous présenter ici. — C'est bon, mademoiselle du tablier... Ça prend déjà le ton de ses maîtres... Je sors parce que ça me fait plaisir. André, je ne t'en veux pas... Nous nous reverrons... Adieu, la domestique!

Rossignol fait la grimace à Lucile, puis s'éloigne en se dandinant et en fredonnant:

Enfant chéri des dames...

— Hom! le mauvais sujet! dit Lucile en le regardant s'éloigner; elle revient vers moi, me prend dans ses bras, m'embrasse tendrement... c'était la première fois que cela lui arrivait; j'en suis encore ému et je regarde mademoiselle Lucile, qui paraît prête à pleurer.

— Qu'avez-vous donc? lui dis-je. — Ah! que tu es bon, cher André!... et j'avais pu le soupçonner... te croire des défauts! Oh! non, je ne le croyais pas; mais je savais bien qu'il y avait du mystère; j'avais juré de le découvrir. Ah! je le sais maintenant... courons bien vite le dire à madame... Ah! que je suis contente!...

Lucile me quitte vivement. Bientôt ma protectrice me fait demander, elle paraît attendrie en me voyant. M. Dermilly, qui vient d'arriver, me presse aussi dans ses bras, et mademoiselle Adolphine m'appelle son bon André. Qu'ont-ils donc tous? et qu'ai-je fait de si extraordinaire? On me prie de raconter tout ce qui s'est passé entre moi et Rossignol; la bonne Caroline me force d'accepter une somme égale à celle que j'ai cru donner à des malheureux. Enfin, c'est à qui me fêtera, me complimentera, en me recommandant de ne plus être aussi confiant à l'avenir.

Après cet événement, madame la comtesse me témoigna encore plus d'intérêt et Lucile d'amitié; M. le comte, au contraire, me fit fort mauvaise mine, ne me pardonnant pas la cause de l'accident arrivé à César.

CHAPITRE XVI. — Mon cœur commence à parler.

Grâce à la générosité de ma bienfaitrice, je puis être doublement heureux: j'enverrai en Savoie une somme égale à celle que j'ai donnée à Rossignol, et je ferai un cadeau à ma sœur. Mais, cette fois, je veux consulter Lucile; je la prierai même de se charger de faire pour moi cette emplette.

La jeune femme de chambre, satisfaite de la confiance que je lui témoigne, m'achète une jolie petite montre d'or: et cela coûte bien moins cher que je ne pensais. Je saute de joie en voyant ce bijou. Quel plaisir cela va faire à Manette! Lucile m'examine avec attention toutes les fois que je parle de ma sœur... —Vous l'aimez bien, me dit-elle, cette petite Manette?... — Oh! oui, mademoiselle, je la chéris comme si j'étais son frère. — Quel âge a-t-elle? — Le même âge que moi, bientôt treize ans. — Est-elle jolie?... — Tout le monde le trouve, mademoiselle. — Et vous, André, le trouvez-vous aussi? — Je la sais bonne, douce, aimante; je n'ai pas encore pensé à regarder si elle est jolie... mais on ne peut pas être laide quand on a si bon cœur. — Ah! vous croyez cela, monsieur André? Je serais bien curieuse de la voir. Pourquoi ne vient-elle jamais à l'hôtel? — Ah! mademoiselle, elle n'oserait pas, ni le père Bernard non plus... Ils aiment bien mieux que j'aille chez eux. — Et que fait-elle votre Manette?... — Elle coud... elle s'occupe de son ménage... Oh! elle s'entend déjà très-bien à conduire une maison... —Vraiment?... — Oh! je vois que c'est un petit prodige!...

Mademoiselle Lucile dit cela d'un ton singulier: on croirait qu'elle est fâchée des éloges que je fais de ma sœur; si elle la connaissait, je suis bien sûr qu'elle l'aimerait comme moi. Je me hâte de me rendre chez Bernard. Manette est seule... tant mieux; car je suis si gauche pour faire un cadeau!... Je ne sais ce que ma sœur a depuis quelque temps, mais en grandissant elle devient moins gaie; elle n'est plus aussi familière avec moi; quelquefois il lui arrive de ne plus me tutoyer et de m'appeler *monsieur André*. Quand je lui fais la guerre sur le changement de ses manières, Manette rougit, me regarde tendrement, et me répond qu'elle n'en sait pas elle-même la cause; mais elle me jure qu'elle m'aime toujours autant, et je suis bien sûr qu'elle dit la vérité.

Le présent que je lui fais lui cause la joie la plus vive; elle attache la montre à son cou en disant :

— Elle ne me quittera jamais!

Puis elle soupire en ajoutant :

— Moi je n'ai rien à t'offrir.

— Bonne sœur, n'ai-je pas ton amitié? cela vaut mieux que tous les bijoux.

Le père Bernard arrive ; il reste en extase devant le cadeau que j'ai fait à sa fille ; mais bientôt il prend un air sévère :

— Et ta mère! me dit-il, André, ne valait-il pas mieux lui envoyer cela que te ruiner pour Manette? — Oh! je ne me ruine pas! tenez, voilà qui est pour envoyer au pays. Madame la comtesse est si bonne!... elle ne me laisse pas le temps de former un souhait. — A la bonne heure, mon garçon; mais je ne veux plus à l'avenir que tu fasses des dépenses folles pour Manette... Ce n'est pas une princesse, vois-tu ; et elle ne doit pas porter de si belles choses que toi, qui vis avec les grands. Nous sommes de pauvres gens, et il ne faut pas que ma fille se donne des airs de dame... Je n'entendrais pas cela.

Manette a les larmes aux yeux... elle est sur le point de me rendre ma montre ; ce n'est pas sans peine que je fais entendre raison au porteur d'eau. Ce brave homme pousse la délicatesse à un point extrême, et cependant il ne fréquente ni la bourse, ni les courtiers, ni les gens d'affaires... Il serait même déplacé dans un salon.

Mais, après avoir causé du plaisir à Manette, il faut que je lui apprenne une nouvelle qui va lui faire du chagrin : ma bienfaitrice va partir pour sa campagne, où elle n'a pas été l'année dernière, et je sais qu'elle doit m'emmener.

— Ah! mon Dieu! s'écrie Manette ; et combien serez-vous de jours absents?

— Je n'en sais rien!...

— Je n'ose lui dire que nous serons peut-être plusieurs mois éloignés de Paris.

— Voyez-vous! reprend-elle, voilà le commencement : nous serons longtemps sans le voir... Il s'y habituera, puis il ne viendra plus que rarement. Ah! je savais bien que cela finirait comme cela, avec toutes vos grandes dames!... J'aimerais bien mieux que vous reprissiez votre montre, et vous vécut comme autrefois. — Ça ne se peut pas, ma fille, dit le bon Auvergnat ; André sait maintenant tout plein de belles choses ; il n'agirerait avec nous, qui ne savons rien.—Oh! ne croyez pas cela, père Bernard!... — Eh! morgué! je ne t'en voudrais pas pour ça, mon garçon... C'est tout naturel! quand on apprend à être savant, ce n'est pas pour vivre en commissionnaire. — Et si j'apprenais à être savante, moi, mon père?... Allons, taisez-vous, petite ; raccommodez vos bas, et faites-moi de bonne soupe : voilà ce qu'il faut que vous sachiez, vous.

En arrivant à l'hôtel, j'apprends de Lucile que c'est dans huit jours que nous partons pour la terre de madame.

— Vous verrez, me dit-elle, une charmante campagne!... de beaux jardins... des bois, des fleurs, des bosquets... Oh! comme nous nous amuserons! et là, point de M. le comte, ni point de M. Champagne qui m'étourdisse de ses compliments!... Nous emmènerons que Sophie, la bonne de mademoiselle et une cuisinière. Il y a là-bas un concierge et un jardinier. Nous pourrons rire, nous promener!... Je vous ferai voir tous les environs.

Mademoiselle Lucile paraît enchantée de notre départ ; je m'en ferais aussi une fête si je n'éprouvais pas de regret de m'éloigner de mes bons amis, car, à Paris, je crains sans cesse de rencontrer M. de Francornard, qui, quand il me voit, fait tourner son œil avec colère, et murmure, assez haut pour que je l'entende :

— Hom!... petit Savoyard... qui est cause qu'on a estropié César! et il faut que je nourrisse pour cela un misérable mendiant!

Ces paroles me font toujours monter le rouge à la figure. Je me rappelle alors mon père malade, blessé et mourant des suites de son zèle pour le service de M. le comte ; quelquefois je suis prêt à lui répondre, mais le souvenir de ma protectrice arrête les mots sur mes lèvres. Je me tais, je m'éloigne en soupirant :

— Quoi! cet homme-là est le mari de l'aimable Caroline, le père d'Adolphine!

La veille de notre départ je vais faire mes adieux à ma sœur.

— Combien je vais m'ennuyer! me dit-elle ; que le temps me semblera long!... Je regarderai bien souvent à ma montre, et à toutes les heures je songerai à toi.

Bonne Manette! si elle savait que nous devons être plusieurs mois absents! Je l'embrasse tendrement; j'ai tant de plaisir à la presser dans mes bras!... et cela ne me fait pas le même effet que le baiser que j'ai reçu de mademoiselle Lucile. Près de ma sœur, mes sens ni troublés, ni tremblants; je ne rougis ni ne soupire ; pourquoi donc étais-je si ému après avoir embrassé la jeune femme de chambre? A coup sûr, j'aime mieux ma sœur que mademoiselle Lucile. Et Adolphine!... oh! pour celle-là, je l'aime encore différemment, quelquefois même je crois que je ne l'aime pas, car je deviens gêné, embarrassé auprès d'elle ; je suis inquiet quand je sais que je vais la voir, je reste à ses côtés sans oser parler. Mon Dieu! que tout cela est singulier! il me semble que, plus je grandis, et plus je deviens bête; il n'y a qu'auprès de Manette que je me trouve aussi à mon aise qu'autrefois.

Le jour du départ est arrivé ; je monte en voiture avec madame la comtesse, sa fille et Lucile ; les deux bonnes sont dans une autre voiture chargée de malles et de cartons. Que ce voyage va être agréable! je suis assis en face d'Adolphine ; il me semble cependant que j'aimerais mieux être autrement placé. Je tiens continuellement mes yeux baissés ; je n'ose le lever sur l'aimable enfant qui est devant moi ; je n'ose point allonger mes pieds, de peur de rencontrer les siens, ni placer ma main à la portière de crainte d'effleurer la sienne ; et, ce qui redouble mon embarras, c'est qu'il me semble que tout le monde devine ce qui se passe en moi, tandis que je ne le sais pas bien moi-même.

— Tu ne dis rien, André, me dit l'aimable Caroline ; est-ce que tu n'es pas content de venir avec nous?

— Oh! pardonnez-moi, madame...

— Je le trouve l'air tout chagrin.

— J'en sais bien la cause, moi, madame, dit Lucile; M. André pense à sa petite Manette!... Il soupire après elle!...

Mademoiselle Lucile se trompe ; je ne pensais pas à Manette. Mais madame sourit en me disant :

— Tu n'en auras que plus de plaisir à la revoir.

Sans doute, j'aurai beaucoup de plaisir à revoir ma sœur ; mais madame et Lucile sont dans l'erreur ; ce n'est point son souvenir qui m'empêche de lever les yeux sur mademoiselle Adolphine.

La fille de ma bienfaitrice touche à sa dixième année ; sa taille commence à se développer, ses traits prennent du caractère. Ses yeux sont toujours aussi aimables ; mais son parler me semble encore plus doux ; ses manières acquièrent de la grâce, son esprit et son jugement s'annoncent avec avantage. Elle ne joue plus à la poupée, ni à la musique, ni au dessin sont maintenant ses chères récréations ; mais sa bonté pour les malheureux est toujours la même. Et son passage de l'enfance à l'adolescence ne s'annonce ni par la coquetterie, ni par la prétention de montrer ses jeunes talents.

Je vois tout cela en la regardant du coin de l'œil, lorsque je pense qu'on ne me remarque pas. Quand je rencontre les regards d'Adolphine, je baisse aussitôt les miens, et cependant je vois toujours dans les siens de la douceur et de l'amitié.

La terre de madame est située dans les environs de Fontainebleau. Nous roulons jusqu'à six heures du soir ; alors la voiture entre dans une superbe maison qui s'avance sur le bord de la route. Nous entrons dans une vaste cour fermée par un mur à grille. Le concierge accourt ; bientôt arrivent le jardinier et sa femme.

— C'est madame! répètent ces bonnes gens, et je vois la joie, le plaisir briller dans leurs yeux.

En un moment, le bruit de l'arrivée de madame la comtesse se répand dans les environs ; nous ne sommes pas encore entrés dans l'intérieur de la maison, et déjà une foule de villageois, vieillards, enfants, jeunes mères, accourent témoigner à la bonne Caroline le bonheur que leur fait éprouver son arrivée ; partout où elle a passé on la chérit, car partout elle marque sa présence par des bienfaits.

Quelle touchante réception font les habitants de l'endroit! Ce n'est point un seigneur qui vient visiter sa terre, et auquel les paysans tirent des pétards par ordre de l'intendant en poussant quelques cris d'allégresse qui démentent leurs visages ; ce n'est point une suzeraine qui vient recevoir les hommages de ses vassaux et écoute en bâillant la harangue d'usage ; c'est une femme bienfaisante qui n'emploie sa fortune qu'à secourir les indigents, à faire des heureux. La gaieté que cause son retour est franche, naturelle ; c'est une mère qui revient au milieu de ses enfants.

La joie des paysans est d'autant plus vive que, l'année précédente, madame la comtesse, retenue à Paris par divers motifs, n'a pu se rendre à sa terre. Elle répond avec amitié à tous ceux qui l'entourent ; elle les fait connaître à sa fille en lui disant tout bas :

— Tu vois, ma chère Adolphine, comme ces bonnes gens m'aiment ; et je ne quitterais fait que veiller sur leurs intérêts en aidant les pauvres, en récompensant le travail, et surtout en ne laissant commettre aucune injustice. Il est facile de se faire aimer!... Il ne faut pour cela que faire le bien soi-même... En passant par trop de mains, le bienfait perd de son charme, et souvent on en oublie la source.

— Et M. le comte, dis-je tout bas à Lucile, est-il reçu comme cela ?

— Ah! c'est bien différent!... On lui tire des pétards, des coups de fusil ; on lui fait des compliments ; et c'est Champagne qui paie souvent tout cela d'avance. M. de Francornard fait mordre par César ceux qui n'ont pas l'air content de son arrivée.

Pendant que madame et sa fille vont se reposer, Lucile me propose de visiter avec elle toute la maison. Je ne demande pas mieux, et je suis mon aimable conductrice.

Elle me fait parcourir de charmants jardins, qui s'étendent au loin derrière la maison.

Comme tout cela est bien entretenu! Je suis en admiration devant ces charmants bosquets, ces allées touffues, ces massifs artistement taillés. Rien ne manque dans ce séjour délicieux, où l'on trouve une pièce d'eau, une grotte, des rochers, une cascade, un bois épais, des gazons

fleuris, de jolis pavillons; quel plaisir d'habiter ces lieux ! Je saute de joie en parcourant les jardins, et Lucile me dit :
— Je vous avais prévenu que c'était charmant... Oh ! je voudrais que nous restassions ici bien longtemps !... Mais, à propos, où vous logera-t-on ?... Venez, nous allons vous chercher une jolie chambre.

Nous retournons à la maison ; Lucile entre partout en disant :
— Ici, c'est l'appartement de madame... puis, celui de mademoiselle ; celui de M. le comte est à l'autre extrémité de la maison...
— Et celui-ci ?
— C'est celui qu'occupe M. Dermilly quand il vient tenir compagnie à madame. Le mien est de ce côté. Eh ! mais, au-dessus de moi, il y a deux pièces fort gentilles ; vous logerez là, André ; ça fait que si vous n'êtes pas sage, je cognerai au plafond pour vous faire tenir tranquille. Cela vous convient-il, André ? voulez-vous qu'ici je sois encore votre surveillante, comme à Paris ?
— Oui, mademoiselle, vous êtes si bonne pour moi !...
— Oh ! certainement, je ne suis pas comme cela pour tout le monde. Mais aussi vous êtes bien gentil, André, bien sage, bien obéissant.

André et mademoiselle Lucile, femme de chambre de madame la comtesse.

Elle s'approche et me donne un petit coup sur la joue. J'ai cru qu'elle allait m'embrasser, mais elle n'en fait rien : c'est dommage !

Madame approuve le choix que Lucile a fait de mon logement. Elle règle mes heures d'étude, ainsi qu'à sa fille ; le reste du temps nous sommes libres de nous promener, de courir de jouer. Dans cette campagne, je me sens moins gêné, moins embarrassé près d'Adolphine ; excepté les heures consacrées à l'étude, nous sommes toujours ensemble. Nous courons dans les allées, sur les gazons ; je la promène en nacelle sur la pièce d'eau. Souvent Lucile nous accompagne ; mais quelquefois elle est occupée pour madame, et, dès qu'Adolphine m'aperçoit, elle me fait signe de l'accompagner.
— Tu n'es pas raisonnable, tu ennuies André, lui dit parfois sa mère ; mais l'aimable enfant lui répond en l'embrassant :
— Laisse-nous courir ensemble ; oh ! je te jure qu'André ne s'ennuie pas avec moi.

Le temps passe vite dans ces lieux charmants, où une intimité plus tendre s'établit entre nous deux, où la présence de personnages ennuyeux, la sévère étiquette, ne me forcent point à chaque instant de quitter Adolphine. Chère Manette ! je t'aime toujours autant ; et cependant je n'aspire point après le moment de notre retour à Paris.

Il y a cinq mois que nous habitons cette terre. Cinq mois !... qu'ils se sont vite écoulés !... M. Dermilly est venu trois fois nous visiter ; et, chaque fois, il a passé quinze jours avec nous. M. le comte n'est point venu : il a cependant écrit à madame, en lui annonçant sa prochaine arrivée ; mais la goutte l'a retenu à Paris, et nous en avons été quittes pour la peur.

Les feuilles jaunissent, les gazons se dépouillent, les bois perdent leur ombrage : il faut retourner à Paris. Nous nous remettons en route vers la fin du sixième mois écoulé depuis notre départ. Je quitte à regret ces lieux charmants, où j'ai passé de si doux instants.
— Nous reviendrons l'année prochaine, me dit Adolphine, et nous nous amuserons autant. Lucile dit la même chose, et je pense au plaisir que j'aurai à revoir Manette pour chasser l'ennui que me cause mon retour à Paris.

En arrivant, mon premier soin est de courir chez Bernard. C'est Manette qui m'ouvre la porte. Elle est grandie, elle n'a plus l'air d'un enfant... Mais je ne lui vois plus cette gaieté qui doublait sa gentillesse. Ses yeux sont rouges, ses traits abattus ; en me voyant, elle ne se jette point dans mes bras, et se contente de me dire :
— C'est vous, monsieur André !...
— Monsieur André !... que signifie ce ton ?... Ne suis-je plus ton frère, ton plus tendre ami ?...

Je cours dans ses bras, je l'embrasse, je la presse contre mon cœur... ses larmes se font un passage.
— Tu m'aimes donc encore ? me dit-elle ; et pourtant six mois !... six mois sans nous voir !... Ah ! cette fois, je pensais bien que c'était pour toujours ! j'ai bien pleuré depuis ce temps... et toi, tu t'es bien amusé... n'est-ce pas ?

Je n'ose pas lui avouer que c'est la vérité :
— Mais pourquoi as-tu pleuré ? lui dis-je, tu savais bien que ce n'était pas ma faute, que j'étais avec madame la comtesse et sa fille.
— Ah ! pourquoi ?... te voilà comme mon père !... parce que je m'ennuyais apparemment... Mais l'année prochaine, si vous partez encore... ce qui arrivera probablement, au moins, je pourrai avoir de vos nouvelles...
— Comment, est-ce que tu n'en avais pas à l'hôtel, où le concierge m'avait promis de te dire quand on en recevrait de madame ?...
— Oh !... j'en aurai autrement.

Elle ne veut pas m'en dire davantage.
Le père Bernard revient, il me trouve plus grand, plus fort.
— La campagne te fait du bien, mon garçon, me dit-il.
— C'est ça ! s'écrie Manette, dites-lui cela, pour qu'il y passe toute l'année !...

Bernard me donne des nouvelles de ma mère ; toujours heureuse de mon côté, mais toujours sans nouvelles de Pierre, elle n'a plus qu'un désir, c'est de me revoir, de m'embrasser encore. Je partage ce désir, et j'espère bien un jour aller voir ma bonne mère ; mais il faut que je termine mes études, que je me rende digne des bontés de ma bienfaitrice. Je promets à mes bons amis de venir tous les jours, pour me dédommager de ma longue absence.

J'avais bien deviné en pensant qu'à Paris je ne serais plus si heureux ; ici, je vois bien moins souvent mademoiselle, et jamais je ne suis seul avec elle. Il y a toujours là, ou des maîtres, ou quelque femme de chambre. Eh ! d'ailleurs, quelle différence d'être ensemble dans les bois ou dans un salon ! l'aspect de la nature, la liberté des champs donnent plus d'essor à nos pensées ; en jouant, en courant avec elle dans les jardins, combien de fois ne l'ai-je point tenue dans mes bras ! Ici , j'ose à peine lui prendre la main. Dès que d'ennuyeuses visites arrivent , il faut que je m'éloigne... Je crains de rencontrer M. de Francornard , qui me fait toujours la grimace ; je passe presque tout mon temps dans ma chambre ; mais là , je me livre avec ardeur à l'étude ; je ne sais quel nouveau sentiment redouble mon désir de m'instruire ; il me semble que je voudrais , par mes talents , faire oublier que je ne suis qu'un pauvre Savoyard. Puissé-je l'oublier ? non , je veux m'en souvenir toujours... Si je suis riche un jour, je ne rougirai point de mon origine : celui qui doit sa fortune à son mérite, à ses talents, n'est-il pas aussi estimable que celui qui trouve en naissant des esclaves à ses pieds tout prêts à flatter ses passions, à encenser ses vices ?

Le printemps renaît ; bientôt après le moment où nous irons habiter la campagne, où je me retrouverai souvent seul avec elle, où je la verrai à chaque instant. Chaque jour cependant, je me sens, près de mademoiselle, plus gauche, plus embarrassé. Je viens d'avoir quatorze ans, elle en aura bientôt onze ; mais nous ne sommes encore des enfants ; pourquoi donc suis-je moins gai qu'autrefois ? Est-ce qu'en devenant un homme on n'est plus si heureux ? Je soupire sans en savoir la cause ; dans mes rêves, je vois sans cesse Adolphine. Le minois piquant de la jeune femme de chambre, sa tournure vive et gracieuse, son pied mignon, sont des formes séduisantes me font aussi soupirer. Mon Dieu ! que se passe-t-il donc en moi ? je suis peut-être malade ! Mais je n'ose confier à personne ce que j'éprouve... Il me semble qu'on se moquerait de moi.

Enfin, on retourne à la campagne. J'ai fait mes adieux à Manette.
— Tu recevras de mes nouvelles, m'a-t-elle dit.
— Par qui ?

Elle ne s'explique pas davantage.

Nous voici en route : le chemin me paraît charmant, maintenant que je sais le plaisir qui m'attend au bout du voyage. Je suis encore à côté de mademoiselle ; je ne suis bien promis de ne pas être si timide dans la voiture. Mais , dès que je suis au milieu de ces dames, c'est pis que jamais. Je ne sais où porter mes regards ; dès qu'on me parle, je rougis, je puis à peine répondre. Je suis heureux ; mais on ne s'en douterait pas, car je fais une bien triste mine. Moi, qui étais si gai; moi, que l'on trouvait aimable, gentil, combien je suis changé! Il n'y a qu'auprès de Manette que je me retrouve comme autrefois; mais voyez un peu quel malheur! il me semble que Manette devient avec moi ce que je suis devant mademoiselle; elle soupire, rougit quand je la regarde; Manette est de mon âge : c'est probablement l'effet de nos quatorze ans.

Nous sommes enfin dans ce séjour paisible, où renaissent les doux moments, les heures fortunées. Avec la liberté que l'on goûte en ces lieux, je retrouve une partie de ma gaieté. Que je serais heureux de passer ainsi ma vie! Il ne me manque dans ce séjour que ma mère et mes bons amis de Paris.

Le cuisinier de M. de Francornard méditant une sauce nouvelle.

Grâce aux leçons de M. Dermilly, je dessine déjà agréablement. Adolphine aussi cultive cet art, et, cette année, il nous procure de nouvelles jouissances. Assis tous deux au pied d'un arbre, sur un tertre de gazon d'où l'on a un beau point de vue, nous mettons un carton sur nos genoux, et nous esquissons tous les deux le même paysage; madame la comtesse est juge entre nous. Le désir de mériter les éloges de ma bienfaitrice redouble mon application à l'étude; et puis, on est si bien assis près d'Adolphine!... Pendant qu'elle crayonne, je puis la regarder tout à mon aise; je puis admirer ses traits enfantins, sur lesquels se peignent déjà les premières émotions de l'adolescence. Quand elle s'aperçoit que je la regarde, elle me dit en riant :

— André, vous ne travaillez pas! Vous n'aurez pas fini aussitôt que moi.

Mais lorsque mes regards sont baissés sur mon dessin, elle avance doucement sa tête par-dessus mon épaule pour juger mon travail, le comparer au sien, et corriger ce qu'elle croit dans son ouvrage moins bien que dans le mien. Alors je n'ai garde de me déranger : je feins de ne point m'apercevoir de sa malice... Je suis si heureux de sentir sa jolie tête auprès de la mienne!

Avec Lucile, j'éprouve un sentiment différent. Lorsque nous nous promenons seuls tous deux, lorsque, en courant après elle, je parviens à l'attraper, ma main contre la sienne, à toucher ses formes séduisantes; mes yeux contemplent avec avidité ses charmes; je suis près d'elle moins timide qu'avec Adolphine, mais le sentiment qui m'anime est moins doux, moins tendre que celui que m'inspire l'aimable enfant; je ne pense à Lucile que quand je la vois, et l'image d'Adolphine ne sort jamais de ma pensée.

La jolie femme de chambre ne m'embrasse plus comme le jour où elle a renvoyé Rossignol de ma chambre. Il me semble que Lucile devient moins familière avec moi; cependant, puisqu'elle a vingt ans, elle ne doit pas éprouver la maladie que l'on ressent à quatorze. Quand nous jouons ensemble, quand je me jette près d'elle sur le gazon, Lucile me repousse doucement en me disant d'une voix émue :

— André... prenez garde, vous commencez à ne plus être un enfant... nous ne pouvons plus faire les mêmes folies...
— Pourquoi cela, mademoiselle?
— Parce que... Qu'il est drôle, ce petit André!... Vous saurez cela plus tard, monsieur.

Cependant je vois bien que Lucile aime toujours à folâtrer avec moi; dans les jardins, je la rencontre sans cesse; elle me regarde souvent en cachette; et lorsque madame lui donne quelques commissions pour le village, elle me propose de l'accompagner.

Elle prend mon bras, je suis assez grand maintenant pour être son cavalier : à ma taille, on me donnerait dix-sept ans, et je suis enchanté quand j'entends dire : Il a l'air d'un homme. Il me semble qu'on doit se sentir bien heureux d'être un homme!... Dirai-je toujours cela?

Quand nous marchons ensemble dans des sentiers raboteux, Lucile s'appuie sur moi et cela me fait plaisir; quand le chemin nous force à nous rapprocher davantage, je sens presque son sein palpiter sous ma main, et cela fait battre mon cœur plus vivement; quand nous nous asseyons et que sa main reste dans la mienne, j'éprouve la plus grande envie de la presser, mais je n'ose pas. Heureusement Lucile est plus hardie : ses jolis doigts serrent tendrement les miens, et cela me fait rougir.

Il y a près d'un mois que nous sommes à la campagne, lorsque madame, qui vient de recevoir des lettres de Paris, me fait appeler et m'en présente une à mon adresse.

— Une lettre pour moi!... Qui donc peut m'écrire?...
— C'est peut-être votre mère, me dit ma bienfaitrice.

Lucile part d'un éclat de rire qu'elle ne peut modérer. — Voilà donc ce que vous allez offrir à votre petite Manette! Elle est donc malade, cette pauvre Manette?

— Oh! non, madame, elle ne sait pas écrire... ni Bernard non plus...
— Apparemment que c'est de quelque autre! dit mademoiselle Lucile, qui est dans l'appartement et paraît fort curieuse de savoir d'où me vient cette lettre.

Madame me permet de lire... Les caractères sont assez mal tracés, cependant on peut les déchiffrer. Que vois-je? c'est de Manette!... c'est ma sœur qui a appris à écrire afin de pouvoir correspondre avec moi.

J'ai poussé un cri de surprise, de joie, en disant à madame :
— C'est Manette!... c'est ma sœur qui m'écrit... Et je ne remarque point que Lucile fait une moue horrible en murmurant :
— Je m'en doutais bien, moi!

Je demande à madame la permission de lui lire la lettre de ma sœur, car il ne peut y avoir rien dedans qui exige du mystère; madame me le permet, et je lis le billet suivant :

« Mon cher André, j'ai appris en secret à écrire afin de pouvoir te donner de mes nouvelles, et pour recevoir des lettres de toi. L'été me semble bien long depuis qu'il faut le passer sans te voir : quand donc cela finira-t-il? quand te verrai-je tous les jours, comme autrefois? Réponds-moi, André; mon père me pardonnera d'avoir étudié en secret quand je lui lirai ta lettre. »

— L'aimable fille! dit madame la comtesse; elle vous aime bien, André, et vous seriez un ingrat si vous ne l'aimiez pas aussi.

— Ah! madame, je ne suis point ingrat! et je ne serais jamais heureux si Manette ne partageait pas mon bonheur.

— Oh! cela se voit de reste! dit à demi-voix mademoiselle Lucile en tortillant avec colère une collerette qu'elle tient dans ses mains.

— Il faudra répondre à votre sœur, André; dites-lui que vous ne serez pas constamment séparés... et si dans quelques années vous vous aimez toujours autant... on pourra... Eh bien! Lucile, que faites-vous donc à ce cabaret?... vous jetez toutes les tasses par terre...

— Ce n'est pas ma faute, madame, répond Lucile en se pinçant les lèvres : c'est la théière qui m'a échappé... Je voulais ôter la poussière... J'avais laissé tomber mon dé.

Lucile ne sait plus ce qu'elle dit; et moi, je cours dans ma chambre répondre à Manette, à laquelle je promets de donner souvent de mes nouvelles. Madame veut bien se charger d'envoyer la lettre; en la lui portant je rencontre la femme de chambre. Mon Dieu! comme elle paraît être de mauvaise humeur! Elle passe près de moi sans me parler.

— Qu'avez-vous donc, mademoiselle Lucile? lui dis-je en l'arrêtant.

— Qu'est-ce que cela vous fait, monsieur?... Ah! vous avez déjà répondu à votre Manette!... Lui avez-vous juré de l'aimer toujours?...

— Je n'ai pas besoin de le lui jurer... Ma sœur sait très-bien que je ne changerai pas.

— Voyez-vous cela!... Ce petit rodomont!... La fille d'un porteur d'eau... C'est superbe!...

— Eh! mon Dieu! que suis-je donc, moi, mademoiselle?

— Vous... c'est différent!... avec l'éducation que vous recevez ici, vous pouvez parvenir... Un homme qui a de l'esprit, des talents!... cela va loin.

— Ah! mademoiselle Lucile, ce n'est pas bien de mépriser Manette... Je ne vous aurais pas crue capable de cela.

— Je ne la méprise pas, monsieur... mais je ne puis pas la souffrir...

— Eh! que vous a-t-elle donc fait?

— Oh, rien... mais je vous défends de m'en parler encore... Vous n'avez que votre Manette en tête, et cela m'ennuie...

Lucile me quitte fâchée. Ils croient donc que j'oublie ma sœur qu'à Manette! Ah! je le voudrais bien! car le sentiment que j'éprouve pour ma sœur ne m'ôte point ma gaieté, et ne me fait jamais soupirer. Je l'aime tendrement; je donnerais ma vie pour elle... mais c'est ainsi que j'aime mes frères, c'est ainsi que je chéris celle à qui je dois le jour.

La fin de la belle saison approche; et nous nous boudons toujours Lucile et moi, lorsqu'un matin nous entendons un grand bruit dans la première cour. Une voiture arrive au grand galop... C'est M. le comte, accompagné de Champagne, d'un cuisinier et de deux laquais.

— Nous étions si heureux, si tranquilles!... Que vient faire ici M. le comte?

— Je m'en doute, dit Lucile en riant : madame a reçu une lettre il y a quelques jours, dans laquelle monsieur annonce sa résolution d'avoir un héritier cette année; c'est pour cela qu'il est venu en poste!... Mais voilà moins la douzième fois qu'il accourt pour le même motif, et s'en retourne comme il est venu.

Déjà les aboiements de César, la voix aigre de son maître, le bruit que font les domestiques, ont chassé la paix de notre demeure. Madame est allée se renfermer avec sa fille; je cours me cacher dans ma chambre, Lucile seule reçoit monsieur, qui crie déjà parce que les villageois n'accourent point lui présenter des bouquets.

— Ils ne s'étaient pas prévenus de votre arrivée, monsieur le comte! dit en souriant la jeune femme de chambre.

— C'est égal, mademoiselle, ils devaient la deviner... Ils doivent toujours m'attendre !... Est-ce que le propriétaire d'immenses domaines doit descendre de voiture comme un simple particulier? Est-ce que tous ces paysans ne sont pas là travailler ne devraient pas m'entourer en criant : Vive M. le comte!...

— Certainement, si on leur avait ordonné de le faire, ils n'y auraient pas manqué.

— Ce sont de ces choses qu'on ne doit jamais oublier, mademoiselle... Ici, César... ici!... Mais madame la comtesse gouverne fort mal cette terre; elle ne sait point se faire respecter...

— Elle se fait aimer, monsieur le comte.

— Aimer!... aimer!... ça ne fait pas de bruit, cela?... Taisez-vous, César!... J'entends que l'on me fête, moi, et je veux qu'on me fasse ce soir une réception magnifique... Entendez-vous, Champagne?

— Oui, monsieur le comte.

— Je veux que tous ces rustres viennent chanter, danser... me haranguer... qu'ils montrent leur joie, enfin...

— Ils la montreront, monsieur le comte; j'en fais mon affaire. Vous serez content.

— A la bonne heure. Beaucoup de gaieté surtout!... Et tu leur feras payer les violons, entends-tu?

— Cela va sans dire, monseigneur.

M. de Francornard va se reposer dans son appartement, après avoir ordonné à Lucile de l'annoncer à madame.

— Qui donc vous amène si brusquement? demande Lucile à Champagne.

— Je crois que c'est notre souper d'hier au soir...

— Votre souper?

— Sans doute. M. le comte a traité trois de ses amis... des gaillards qui boivent sec!... On a fait grande chère; le repas a duré depuis neuf heures du soir jusqu'à trois heures du matin. Le cuisinier avait promis un plat nouveau; il paraît qu'il a été du goût de ces messieurs, car ils étaient tous en gaieté; M. le comte a voulu tenir tête à ses convives; j'avais beau dire : Songez à votre goutte, à l'ordonnance, au régime prescrit par le médecin; il n'en a pas tenu compte, et en sortant de table il a juré qu'il aurait un héritier : voilà pourquoi nous sommes partis ce matin au grand galop.

Champagne va dans le village annoncer à tous les habitants l'arrivée de M. le comte, qui veut absolument être fêté.

Les villageois songent que M. de Francornard est l'époux de leur bienfaitrice; ils quittent leurs travaux, mettent leurs plus beaux habits, et font des bouquets.

Champagne fait prendre aux jeunes gens quelques vieux fusils, que l'on bourre avec du sel; il recommande aux paysans de crier bien fort, de faire beaucoup de bruit.

Pour satisfaire l'orgueil des gens il ne faut souvent que les étourdir. Si l'amour-propre, la vanité permettaient à ceux que l'on encense de chercher à démêler la vérité dans les sentiments qu'on leur témoigne, dans les compliments qu'on leur adresse; s'ils pouvaient approfondir les divers intérêts qui font agir cette foule qui semble les déifier, ils attacheraient bien peu de prix à ses hommages.

M. l'intendant, qui a l'habitude de préparer les réceptions de son maître, a toujours soin d'emporter de Paris quelques paquets de pétards, qu'il distribue aux paysans. Il n'y a point manqué à ce voyage; et afin que M. le comte, qui ne trouve jamais que l'on fait assez de bruit, soit plus satisfait cette fois, Champagne a acheté des soleils et des fusées qui doivent compléter la fête.

Tout est en l'air dans la maison; le cuisinier que monsieur mène à sa suite met tout sens dessus dessous pour offrir à son maître une seconde représentation du plat qui a eu tant de succès la veille au souper, et qui en entretenant les belles dispositions de M. le comte doit nécessairement faire réussir ses projets.

Cependant M. de Francornard, qui comptait ne se reposer qu'un moment dans sa chambre et voulait aller faire la cour à sa femme, s'est endormi profondément et ne se réveille qu'à l'instant du dîner.

Madame est dans le salon avec sa fille au moment où son époux, averti par son fidèle Champagne, apprend que le dîner est servi. Monsieur se hâte de descendre près de madame, à laquelle il offre galamment la main pour la conduire à la salle à manger.

A table, M. le comte examine sa fille, à laquelle depuis longtemps il n'a point fait attention.

— Diable, dit-il, mais cette petite grandit prodigieusement!... Elle commence à me ressembler... Quel âge a-t-elle, madame?

— Elle entre dans sa douzième année, monsieur.

— Eh! eh!... cela se forme... Dans trois ou quatre ans, nous marierons cela à quelque grand personnage de mes amis, quelque gaillard de mon genre... Mais auparavant il faut songer à lui donner un petit frère.

— Monsieur, je vous en prie, dit la mère d'Adolphine en se penchant vers l'oreille de son époux, songez que ma fille n'est plus un enfant... Faites-moi grâce de vos plaisanteries.

— Madame, je ne plaisante pas, je parle très-sérieusement. Au reste, vous avez raison : Non est in locus; dînons d'abord; puis, après la fête que j'ai ordonnée aux villageois de m'offrir, j'espère que vous m'entendrez beaucoup mieux.

A la campagne, je dîne ordinairement avec madame, mais sachant l'arrivée de M. le comte, je n'ai garde de me présenter à sa table. L'aimable Adolphine s'aperçoit de mon absence; elle dit à sa mère :

— Pourquoi André ne vient-il pas?

— Qu'est-ce que c'est que cela... André! dit M. le comte, n'est-ce pas le petit Savoyard?...

— Oui, monsieur, c'est le fils de l'homme auquel je dois l'existence de ma fille, et qui a sauvé la vôtre; vous semblez toujours l'oublier, monsieur.

— Eh! mon Dieu, madame! c'est une chose qui n'est arrivée qu'une fois, voulez-vous que j'y pense sans cesse? Il me semble que le petit drôle est assez heureux d'être nourri et logé dans mon hôtel... César, attrape ça, mon garçon... Le pauvre César, comme il saute mal depuis que ce coquin l'a estropié!... Est-ce que le Savoyard dîne avec vous, madame?

— A la campagne, monsieur, pourquoi cet enfant ne serait-il point admis à ma table? je vous ai déjà dit qu'il n'était pas auprès de moi comme domestique; et si je lui ai fait donner de l'éducation, je ne pouvais mieux placer mes bienfaits; André par ses manières et son langage semble mieux né dans les meilleures classes de la société.

— C'est toujours un Savoyard, madame, et je trouve très-ridicule que vous le fassiez dîner à votre table, parce qu'enfin l'étiquette, le décorum... A bas, César, à bas!... vous mettez vos pattes dans mon assiette.

Madame la comtesse ne répond rien ; Adolphine est triste parce que je ne suis pas là, et que la figure de monsieur son père comprime sa gaieté ordinaire.

Pendant qu'on est à table, je quitte ma chambre, où je me tenais renfermé depuis l'arrivée du comte. Bien certain maintenant que je ne le rencontrerai point, je descends dans les jardins pour m'y promener quelques moments. Je commence à réfléchir ; ma raison se forme ; à quatorze ans et demi je connais déjà le charme d'une douce rêverie : l'image d'Adolphine me fait tendrement soupirer... C'est le premier amour qui nous porte à préférer la solitude aux jeux qui nous charmaient ; c'est en aimant que l'on cesse d'être enfant, que l'on commence à se bercer d'espérances ; quand l'âge vient et que l'amour nous quitte, on change l'espérance en souvenirs.

J'ai suivi au hasard une des allées du jardin ; je marche lentement, je suis triste, car je pense que dans quelques jours il faudra retourner à Paris. Tout à coup une voix qui m'est bien connue fait entendre ces mots :

— Finissez, monsieur Champagne, ou je vais me fâcher !

C'est Lucile que je viens d'entendre ; la voix part d'un bosquet dont je suis séparé par un buisson de lilas. Je m'avance ; j'éprouve le désir de savoir avec qui cause la jeune femme de chambre. J'écarte doucement le feuillage, et j'aperçois M. Champagne assis sur un banc de gazon, près de Lucile, qui s'occupe à festonner, et s'arrête de temps à autre pour repousser M. l'intendant, qui regarde son ouvrage de trop près.

Je ne sais pourquoi je n'aime point ce Champagne : à Paris il est sans cesse sur les pas de Lucile, il lui adresse des compliments, il fait le joli cœur, se croit adorable, s'écoute parler et se regarde avec complaisance. Que fait-il là près de Lucile, dans ce bosquet ? Cela m'inquiète, et je ne résiste pas au désir d'écouter ce qu'il lui dit.

— Vous êtes charmante, mademoiselle Lucile... Ah ! d'honneur ! c'est comme je vous le dis !...

— Monsieur Champagne, est-ce que M. le comte n'a pas besoin de vous ?

— Non, non !... il est à table, et vous savez qu'il aime à y rester longtemps... Quel joli bras... quelle main blanchette !...

— Je croyais que vous aviez ordonné une fête ?

— Oui, danse doute, mais elle ne commencera qu'à l'issue du dîner... Quand je suis longtemps sans vous voir je n'en sens que mieux combien je vous aime, délicieuse camériste !...

— Ah ! ne me dites donc pas de ces mots-là !... Rien ne me semble ridicule comme de ces mots qu'il veut faire le bel esprit.

— Auprès de vous, friponne, je ne voudrais faire que l'amour... et si vous vouliez m'écouter...

— Ne vous approchez pas tant, vous chiffonnez mon ouvrage.

— Vous devez bien vous ennuyer dans cette campagne ?

— Au contraire, je m'y plais beaucoup.

— Point de société... seule avec des enfants, que diable pouvez-vous faire toute la journée ?

— Ah ! elle passe bien vite...

— Est-ce que ce tendre cœur serait occupé en secret ?

— Vous êtes bien curieux, monsieur Champagne...

— Que je serais heureux s'il battait pour moi !... Il faut absolument que vous répondiez à mon amour.

— Je n'en vois pas la nécessité.

— Allons, pas tant de sévérité, petite méchante.

— Votre maître vous attend, j'en suis sûre.

— Je ne vous quitterai pas sans vous avoir embrassée.

— J'espère bien que si.

— Il me faut un baiser, et je l'aurai.

— Finissez, vous me déplaît.

M. Champagne n'écoute point Lucile et, malgré sa défense, va la prendre dans ses bras, lorsque, écartant vivement le feuillage qui me sépare d'eux, je cours dans le bosquet, et, me jetant sur M. l'intendant, je le repousse si brusquement que, surpris par cette attaque imprévue, il fait malgré lui quelques pas en arrière, et va rouler sur le gazon.

Lucile rit aux éclats, il reste devant elle, encore rouge de colère, et M. Champagne se relève d'assez mauvaise humeur.

— Je voudrais bien savoir, monsieur André, me dit-il, de quel droit vous venez vous jeter ainsi sur moi ?

— Vous vouliez l'embrasser malgré elle, j'ai dû la défendre.

— La défendre !... ce beau champion ! D'ailleurs, que je l'embrasse ou non, cela ne vous regarde pas.

— Pourquoi donc, quand mademoiselle a besoin de secours, ne m'empresserais-je point d'accourir ?

— Oh ! oh !... des secours ! Jeune homme, apprenez que les femmes savent fort bien se défendre toutes seules... Elles n'ont besoin du secours de personne en de telles circonstances... Vous êtes un enfant ! tâchez de retenir cela.

— André a fort bien fait d'agir ainsi, et je l'en remercie ; il ne suivra point vos avis, monsieur Champagne : son cœur le guidera mieux que vos sots discours.

L'intendant pâlit de colère ; puis, me jetant un regard ironique :

— Je vois, dit-il, que l'on a du penchant pour le petit Savoyard... Il est encore bien jeune.... mais on le formera. Je vous fais mon compliment, mademoiselle Lucile... le Savoyard promet.

En disant ces mots, M. Champagne tâche de rire avec malice, et s'éloigne en chantant pour cacher sa colère.

Nous sommes seuls, Lucile et moi ; je suis encore tout troublé, et elle-même paraît aussi fort agitée. Nous gardons longtemps le silence. Lucile le rompt enfin :

— André, me dit-elle, vous étiez donc auprès de ce bosquet ?

— Oui, mademoiselle...

— Est-ce que les propos de Champagne vous déplaisaient ?...

— Oh ! beaucoup...

— Vraiment, André ?

Et Lucile se rapproche de moi ; elle passe son bras par-dessus mon épaule, et ses regards ont une expression charmante.

— Est-ce que vous seriez fâché que j'aimasse Champagne ?

— Il me semble que oui, mademoiselle...

— Et pourquoi cela ?

— Je ne sais... mais je voudrais que vous n'aimassiez personne...

— Voyez-vous, ce petit égoïste !

Le ton dont elle me dit cela n'annonce pas qu'elle soit bien fâchée ; jamais le son de sa voix n'a été si doux ; jamais Lucile ne m'a paru si jolie...

— André, je n'aime pas Champagne... vous avez très-bien fait de venir le repousser... vous avez été mon défenseur... je vous dois une récompense...

— Oh ! mademoiselle, je ne veux rien pour cela.

— Rien ? Et si je vous offrais de m'embrasser, vous me refuseriez donc ?...

Je deviens rouge et tremblant, et je balbutie....

— Non, mademoiselle.

— Mais peut-être une telle récompense ne vous plaît-elle pas beaucoup ?

— Oh ! si, mademoiselle...

— Eh bien ! voyons donc, André...

Je reste les yeux baissés devant elle, je n'ose bouger, et Lucile reprend en riant :

— Vous verrez qu'il faudra que ce soit moi qui embrasse monsieur.

En effet, je sens ses lèvres s'appuyer sur ma joue brûlante. Un sentiment nouveau parcourt mon être... je rends à Lucile mille baisers, sans écouter sa voix qui me répète :

— André ! c'est assez... je ne vous le permettrai plus... Mais voyez donc quel démon que cet enfant-là !

Tout à coup un grand bruit se fait entendre du côté de la maison, Lucile croit reconnaître la voix de madame ; elle se dégage de mes bras, se sauve en me disant :

— Venez donc, André : c'est sans doute la fête qui commence.

Je la suis à regret : ah ! que m'importe la fête ?... tous les plaisirs qu'ils goûtent là-bas ne vaudront pas celui que j'éprouvais auprès de Lucile.

CHAPITRE XVII. — La fusée et ses suites.

Le bruit que nous avions entendu annonçait le commencement de la fête. Les paysans, en entrant dans la cour de la maison, avaient, par ordre de Champagne, tiré leurs coups de fusil ; puis un mauvais violon, qu'accompagnait un tambourin, avait entamé l'air : *Que de grâce ! que de majesté !* et, n'en sachant pas la fin, l'avait terminé par : *Il pleut, bergère.* Mais les *pon, pon !* du tambourin qui battait toujours une mesure de contredanse, pendant que son collègue jouait un *adagio*, n'avaient point permis de remarquer le changement d'air, et les paysans, électrisés par cette harmonie, avaient sur-le-champ fait entendre le chœur des Tartares de *Lodoïska*, seul morceau que Champagne aurait pu leur avoir appris, et qu'ils entonnaient à tue-tête toutes les fois que l'on fêtait M. le comte.

M. de Francornard avait beaucoup mangé et beaucoup bu, le tout afin de s'entretenir dans les heureuses dispositions qui l'avaient fait partir au grand galop de Paris. Il était fort gai, mais il n'était point gris, parce qu'un homme de qualité ne se grise jamais. Son œil brillait encore plus qu'à l'ordinaire, il tournait sans cesse vers madame, qui alors portait les siens d'un autre côté, sans avoir l'air de remarquer l'air conquérant de son mari.

Cependant le dessert se prolongeait, et madame commençait à s'impatienter des mots à double sens que monsieur lui adressait, lorsque les coups de fusil et le charivari qui partaient de la cour annoncèrent l'entrée des villageois. Un paysan maladroit a tiré dans les carreaux d'une fenêtre de la salle à manger : les vitres se brisent ; Adolphine, effrayée, va se réfugier dans le sein de sa mère ; César aboie, et M. le comte est enchanté.

— C'est bien... c'est très-bien ! dit-il, à la bonne heure... on s'aperçoit que l'on est arrivé... c'est très-joli ce qu'ils jouent là... Mais que chantent ces paysans, Champagne ?

— C'est le chœur qu'ils vous chantent toujours, monsieur le comte.

— Est-ce que tu ne pourrais pas leur en apprendre un autre ?

— A la première fête qu'ils vous offriront, monsieur le comte, je leur ferai chanter de l'italien.
— Bah !... tu crois qu'ils y parviendront ?
— Oh ! très-facilement ; je ne leur ferai pas dire les paroles, c'est le violon qui jouera le chant, et ils ne feront que battre la mesure avec leurs pieds et leurs mains.
— Tu as raison : de cette manière l'accent ne les gênera pas du tout. Allons, madame, il faut nous rendre au désir de ces paysans... il faut pour notre présence achever de les rendre heureux.

Madame accepte la main de monsieur et donne l'autre à sa fille ; ils descendent dans la cour, où la présence de la belle Caroline cause en effet le plus vif plaisir. Les paysans s'empressent de lui offrir des bouquets qu'elle reçoit de la manière la plus gracieuse, trouvant toujours le moyen de dire à chacun quelque chose d'agréable.

Pendant ce temps, M. de Francornard va lorgner les villageoises, donnant une petite tape à celles qui lui semblent gentilles ; pinçant d'un air de protection un bras, un genou, et quelquefois autre chose, et disant :
— Fi ! quel nez !... quelle bouche !... quels gros pieds !... quelles horribles mains !... Ah ! mon Dieu ! où a-t-on pris de si vilaines figures ?... Ah ! passe pour celle-ci... c'est un peu moins laid... Eh ! eh ! petites filles, vous êtes bien contentes de me voir, n'est-ce pas ?... si vous étiez plus jolies, je viendrais plus souvent, mais le sang n'est pas beau dans ce pays-ci.

Les jardins sont ouverts aux villageois, et le violon donne le signal de la danse. Bientôt les quadrilles sont formés ; chacun a pris sa chacune ; la joie anime les traits des danseurs et brille dans les yeux des danseuses. On s'élance, on part, on saute, on tourne, on se croise : les paysans dansent de si bon cœur ! M. le comte a d'abord envie d'ouvrir le bal avec une jeune fille, mais il réfléchit qu'il serait imprudent à lui de se fatiguer, et il se contente de se promener à travers les quadrilles avec César, qui ne manque jamais de sauter aux jambes des danseurs, ce qui fait beaucoup rire son maître.

Adolphine a bien envie de partager les plaisirs des villageois, mais elle ne me voit point ; elle voudrait danser avec moi, et répète à chaque instant à sa mère :
— Où est donc André ? pourquoi ne vient-il pas s'amuser avec tout le monde ?

Madame m'aperçoit me tenant à l'écart et n'osant approcher d'elle. Elle me fait signe d'avancer, et me présente Adolphine en me disant :
— André, fais donc danser ma fille, elle t'attend pour cela.

En présence de M. le comte, je pourrais danser avec Adolphine !... Mais puisque ma bienfaitrice le permet, pourquoi refuserai-je le bonheur qui m'est offert ? Je ne résiste pas à cette douce invitation. Je prends la main de l'aimable enfant, nous courons à la danse. Lucile vient d'accepter l'invitation d'un jeune paysan, elle se place en face de nous. Le violon part, le tambourin bat. Ah ! quel plaisir de danser avec Adolphine et vis-à-vis de Lucile !... Tour à tour pressant les mains de l'une et sentant les doigts de l'autre serrer doucement les miens, jamais je n'ai été si heureux !... Jamais heure ne s'écoula plus vite et ne parut plus courte !... Nous danserions encore sans M. de Francornard ; il vient se promener de mon côté, je l'entends murmurer de ce que je danse avec sa fille ; le mot Savoyard ! retentit à mon oreille, et bientôt le violon reçoit l'ordre de ne plus jouer.

Eh quoi ! toujours me reprocher ma naissance !... toujours me faire un crime de n'être qu'un Savoyard !... Je quitte tristement la main d'Adolphine, je me retire dans le fond d'un bosquet... Je sens des larmes mouiller mes yeux... C'est M. le comte qui les fait couler ; je ne suis point humilié de ma naissance, mais mon cœur est blessé de l'injustice des hommes... Je suis bien jeune, et je ne puis encore y être habitué.

Cependant la fête n'est point terminée : M. Champagne, qui a fait emplette de soleils et de fusées, qu'il est allé placer au bout d'un carré de verdure, vient à M. le comte, tenant à la main un bâton au bout duquel est une mèche allumée, et la présente à son maître en lui adressant le discours suivant :
— L'histoire nous apprend que jadis les seigneurs, lorsqu'ils donnaient des fêtes, des tournois et des joutes, avaient l'habitude de rompre la première lance, et de remporter le premier prix... et, avec leur arc ou leur fusil, d'atteindre les premiers au but, qu'on avait soin de ne point placer trop loin ; c'étaient encore eux qui embrassaient les premiers les jeunes mariées le jour de leurs noces ; enfin, monseigneur, ils étaient les premiers pour tout !...

Ici Champagne s'arrête pour reprendre haleine et chercher la fin de son discours, tandis que M. le comte, qui ne sait pas où il en veut venir, lui demande s'il a par hasard fait préparer un tournoi dans sa cour et ordonné une joute sur la pièce d'eau.

— Pas tout à fait, monseigneur, reprend Champagne, mais j'ai disposé un joli bouquet d'artifice au bout du grand carré de verdure, et je viens proposer à monsieur le comte de mettre le feu à la première fusée... C'est pourquoi j'ai l'honneur de lui présenter cette mèche.

M. le comte paraît enchanté de cette surprise ; il prend la mèche, qu'il porte comme un drapeau, et tout le monde se met en marche vers le grand carré de verdure.

Chemin faisant, M. le comte, qui, tout en tenant sa mèche, a fait sans doute des réflexions, appelle Champagne et lui dit à l'oreille :
— La mèche me paraît bien courte...
— Monseigneur, elle a quatre pieds de long.
— Ce n'est pas assez ; va chercher un manche à balai, le plus long que tu trouveras, et tu l'attacheras au bout de ce bâton.
— Mais, monseigneur...
— Point de mais ! faites ce que j'ordonne.

M. Champagne s'éloigne avec la mèche, et les villageois suivent toujours M. le comte, qui marche fièrement à leur tête, et à défaut de la mèche tient en l'air sa canne qu'il agite avec beaucoup de grâce.

On est arrivé sur le carré de verdure, et Champagne revient et présente à son maître une mèche avec laquelle, d'un rez-de-chaussée, on mettrait le feu à un troisième étage. M. le comte paraît plus satisfait, et il s'avance vers l'artifice. Mais, en voyant la grosseur des fusées et des soleils, il fait encore la grimace et paraît indécis.
— Est-ce que tout cela partira ensemble, Champagne ?
— Non, monseigneur, la première fusée donnera seulement le signal, ensuite vous vous éloignerez, et je mettrai le feu au bouquet que je disposerai beaucoup plus loin.
— Ah ! à la bonne heure ! Donne-moi la plus petite fusée à tirer... Le premier coup pourrait effrayer ces paysans...
— Voilà celle où vous devez mettre le feu...
— Fort bien... Ah çà, es-tu sûr qu'elle ne partira pas ?
— Comment ! mais, au contraire, elle partira parfaitement, j'espère.
— Je veux dire qu'il ne faut pas qu'elle parte de mon côté... Je n'ai pas envie de perdre ici mon autre œil.
— Soyez tranquille, monsieur le comte, je réponds de tout.

On attend avec impatience que M. le comte se décide ; les villageois sont rassemblés sur le carré de verdure ; madame la comtesse est entre sa fille et Lucile, je suis un peu plus loin, je les regarde ; mais je ne veux plus m'approcher d'Adolphine tant que M. le comte sera là.

Enfin le héros de la fête, témoin de l'impatience du public, allonge le bras au bout duquel est le manche à balai qui conduit à la mèche ; il touche celle de la fusée : le feu prend, elle part, aux cris d'admiration des paysans, et M. le comte, enchanté que cela soit fini, jette sa mèche loin de lui et s'essuie le front avec son mouchoir. Mais, dans son empressement à se débarrasser de la mèche, M. de Francornard n'a point fait attention qu'il la jetait sur les autres pièces d'artifice : au bout d'un instant, un grand bruit annonce l'explosion du bouquet, que Champagne, fort peu expert en artifice, n'avait pas eu la précaution d'éloigner de manière qu'il ne pût atteindre personne. Les soleils, les pétards éclatent au-dessus de la foule, sur laquelle ils retombent en serpentant, et un artichaut mal dirigé passe entre les jambes de M. le comte, qui, tout étourdi du bruit, ne sait de quel côté se sauver.

Tout le monde crie ; les paysannes ont du feu à leurs bonnets, à leurs fichus, à leurs tabliers ; on n'entend de tous côtés que ces mots : Je brûle ! je brûle... éteignez-moi.

Les débris d'un soleil sont tombés sur la tête d'Adolphine : le feu prend aux cheveux de l'aimable enfant et se communique rapidement à sa robe ; madame la comtesse crie à l'aide, Lucile appelle du secours ; mais chacun est occupé de soi. Ceux qui brûlent ont trop à faire, ceux qui n'ont rien s'enfuient de la tête aux pieds. Seul, je m'empresse d'accourir près de la charmante enfant. Je la prends dans mes bras ; j'étouffe avec mon corps la flamme de ses vêtements, et mes mains, s'appuyant sur ses beaux cheveux, arrêtent bientôt les progrès du feu.

Elle est sauvée, et sa jolie figure n'a point été atteinte. Madame me donne les plus doux noms, m'appelle son sauveur, celui de sa fille... elle ne trouve pas d'expressions pour me peindre sa reconnaissance... Et qu'ai-je donc fait d'extraordinaire ? Il me semblerait tout naturel de donner ma vie pour sauver celle d'Adolphine. Elle n'a pas eu le temps de connaître son danger, elle rit déjà en m'appelant son cher André. Ah ! ce mot-là m'a payé bien des légères souffrances que j'endure !
— Pauvre garçon ! dit Lucile, il a les mains toutes brûlées !... Tenez, voyez, madame...
— Ce n'est rien, cela ne me fait pas mal.

Madame veut me faire rentrer pour qu'on mette quelque chose sur mes brûlures ; mais bientôt des cris perçants attirent l'attention générale : M. le comte, qui jusque-là avait été tranquille, se met à courir comme un fou dans le jardin, en criant qu'il brûle et en portant ses mains à sa culotte. L'artichaut, en passant entre ses jambes, avait mis le feu à cette partie de ses vêtements, mais le drap ayant été long à prendre, M. le comte, qui attribuait à ses voisins l'odeur de roussi qui le suivait partout, avait été beaucoup plus longtemps qu'un autre à s'apercevoir de son accident.

Au lieu de se tenir tranquille et de tâcher d'étouffer le feu, M. de Francornard court dans le jardin en faisant des sauts, des contorsions, et criant comme un possédé :
— A moi, Champagne ! je roussis, je brûle... ma culotte... la fusée... je rôtis.

L'air et le mouvement qu'il se donne augmentent les progrès du feu que l'on ne peut encore apercevoir, parce qu'il est caché sous les basques de l'habit. Champagne court après son maître en lui demandant où il brûle. Pour toute réponse, M. le comte relève les basques de son habit et montre la partie endommagée. Champagne tire son mouchoir et l'applique dessus; mais cela n'éteint pas assez vivement le feu, et M. le comte, qui souffre beaucoup, jure comme un damné en criant qu'il va perdre ce qu'il a de plus précieux.

Dans un péril si imminent, il faut employer les grands moyens : Champagne, pour sauver la maison Francornard de sa ruine, prend son maître dans ses bras et, courant avec lui vers la pièce d'eau, le jette dans le milieu du bassin.

M. le comte disparaît un moment; mais bientôt il remonte sur l'eau et fait la planche, criant comme s'il brûlait encore, car il craint l'eau presque autant que le feu. Champagne va prendre une perche qu'il aperçoit à quelques pas du bassin, puis revient vers le nageur auquel il crie :

— Êtes-vous entièrement éteint ?

— Eh ! oui, coquin... Repêche-moi bien vite, ou je me noie...

Champagne, avec sa perche, attrape son maître et le ramène doucement vers le bord ; mais ce passage subit du feu à l'eau et les souffrances que M. le comte paraît éprouver ne lui permettent point de se soutenir : on l'emporte dans son appartement, et, au lieu de songer à avoir un héritier, il passe la nuit à se faire appliquer des cataplasmes.

CHAPITRE XVIII. — Je ne suis plus un enfant.

Le lendemain de cette fête, qui a eu des suites si singulières, M. de Francornard, qui se plaint beaucoup, veut retourner à Paris; madame juge convenable d'accompagner son époux pour lui prodiguer ses soins : elle le fuit lorsqu'il lui parle d'amour, mais souffrant, il est certain de la trouver près de lui.

Nous partons tous ; je souffre aussi, et mes mains portent des marques de mes brûlures. Mais je trouve du charme à mes douleurs lorsque je pense que j'ai sauvé Adolphine, que j'ai garanti sa jolie figure des atteintes du feu.

Cette fois nous ne voyageons plus de la même manière : madame est avec sa fille dans la voiture de son mari, je suis dans la sienne avec Lucile et M. Champagne, qui me regarde de travers, surtout lorsqu'il voit la jeune femme de chambre me prendre les mains en disant :

— Ce pauvre André ! cela doit lui faire bien mal... Sans lui, mademoiselle avait la figure brûlée !... Vous avez fait de belles choses, monsieur Champagne, avec votre feu d'artifice !...

— Il me semble, dit Champagne, que je mérite plutôt des éloges ! Sans moi, M. le comte rôtissait ; je lui ai sauvé la vie.

— Je ne sais pas ce que vous lui avez sauvé, mais je sais que vous avez manqué de nous brûler tous.

De retour à Paris, M. le comte fait une maladie causée par son passage subit du feu à l'eau. La bonne Caroline lui prodigue les soins les plus empressés. Pour moi, je passe près de Manette tous les moments que j'ai de libres et pendant lesquels je sais ne point pouvoir être avec Adolphine. Je sens que je ne dois plus me permettre la même familiarité avec la fille de ma bienfaitrice : elle grandit... Les jeux de l'enfance ont fait place aux études de musique, de dessin; nos conversations deviennent raisonnables; nous trouvons du charme à former ensemble notre jugement. L'aimable enfant ne m'appelle plus son cher André ! Sans doute on lui aura dit qu'elle devait cesser de me nommer ainsi. Mais en prononçant mon nom, sa voix est si douce !... Je lis dans ses regards que son cœur me donne toujours le même titre.

Depuis l'aventure du bosquet, Lucile ne veut plus que je l'embrasse, elle dit que je suis trop grand maintenant. Et cependant, plus je grandis, plus il me semble que j'aurais de plaisir à embrasser Lucile.

Manette ne me défend pas cela, et pourtant Manette devient aussi une fort jolie fille : elle est grande, bien faite; ses traits sont assez agréables, sa fraîcheur est naturelle comme toutes ses manières. Elle est active, laborieuse; elle apprend l'état de couturière et lit en cachette des romans pour savoir comment on parle d'amour dans la haute société.

Le temps s'écoule, j'approche de mes dix-sept ans. Depuis qu'une fusée a passé entre ses jambes, M. de Francornard paraît avoir renoncé entièrement au projet d'avoir un héritier, et ma bienfaitrice est plus souvent avec son époux, qui a cessé de lui parler d'amour. Mais M. le comte, ne songeant plus à un fils, s'occupe davantage de sa fille. Adolphine a quatorze ans, et déjà sa beauté, ses grâces captivent tous les regards. L'aimable Caroline est fière de sa fille : bien différente de ces mères qui voient avec dépit se tourner vers leur enfant les regards qui jadis se fixaient sur elles, et entendent avec chagrin les compliments qui ne leur sont plus adressés, la mère d'Adolphine, quoique belle et jeune encore, n'écoute plus que les éloges que l'on accorde à sa fille.

J'admire en secret les charmes que l'âge développe chez Adolphine : chaque jour elle devient plus séduisante, et son image est sans cesse devant mes yeux. Je suis grand; j'ai perdu la tournure de nos montagnes; j'entends dire quelquefois que je suis bien. Plusieurs suivantes de l'hôtel me regardent avec complaisance et m'appellent maintenant monsieur André. J'ai donc l'air d'un monsieur ? On dit aussi que j'ai des talents, que je dessine fort bien. Mais à quoi me servira tout cela... s'il faut un jour me séparer d'Adolphine.

Déjà cette pensée me tourmente, elle me poursuit !... Je ne suis qu'un Savoyard élevé par charité dans cet hôtel, je dois tout aux bontés de madame la comtesse ! Mais cette éducation qu'elle m'a fait donner me rendra-t-elle plus heureux ?

M. de Francornard dit quelquefois à madame :

— Est-ce que vous comptez garder éternellement cet André chez vous ?

— Il est encore bien jeune, répond ma bienfaitrice; dans quelque temps je tâcherai de lui trouver un emploi convenable à ses talents.

Un emploi !... Il faudra donc quitter cette maison, ne plus voir Adolphine... Je n'ose laisser paraître mon chagrin, c'est dans le sein de ma sœur que je vais épancher mon cœur. Je lui parle sans cesse de la fille de madame la comtesse; je lui vante ses grâces, sa beauté, ses talents... J'aime à lui redire les moindres paroles qu'elle m'a adressées. Parler d'Adolphine est un si grand plaisir !... Je n'ose avouer que je l'adore, mais je dis tout ce que je sens. Manette m'écoute en silence; souvent je vois des larmes dans ses yeux... Pauvre sœur! sans doute elle me plaint, et c'est la crainte de me voir malheureux qui cause son chagrin.

Je n'oserais parler aussi franchement avec Lucile, je craindrais qu'elle ne devinât mes sentiments, et que cela ne parvînt à madame. Je serais si fâché que l'on connût dans l'hôtel la cause de ma tristesse !... Je suis déjà si timide, si embarrassé près d'Adolphine ! Il me semble que tout le monde pénètre mes plus secrètes pensées.

M. le comte vient d'ordonner un grand dîner pour célébrer la fête de sa fille. Déjà tout se dispose dans l'hôtel, il y aura un bal brillant.

Je ne sais pourquoi cette fête m'attriste ; c'est cependant la sienne ! Mais je songe que je ne la verrai pas un moment de toute la soirée ; je songe aussi qu'elle sera entourée d'une foule de jeunes gens qui la trouveront charmante et lui diront sans doute : je ne sais pourquoi cette idée m'afflige et me contrarie

Je me rends chez madame; je n'ose point offrir un bouquet, mais j'ai cueilli une fleur à un rosier que j'ai sur ma fenêtre, et je la tiens à ma main.

Madame est à sa toilette, Adolphine est seule devant son piano ; il y a bien longtemps que je ne me suis trouvé seul avec elle ! Si je pouvais profiter de ce moment pour lui offrir cette rose, pour lui dire tous les vœux que mon cœur forme pour son bonheur ! mais non, je suis trop timide... Je n'ose rien dire... Je reste au milieu du salon, regardant alternativement Adolphine et ma rose.

L'aimable enfant m'aperçoit :

— C'est vous, André ? me dit-elle ; venez donc auprès de moi...

Je m'approche lentement ; je chiffonne la fleur dans mes mains.

— Je ne vous vois plus si souvent qu'autrefois, André ; est-ce que vous ne vous plaisez plus avec moi ?

— Oh ! si, mademoiselle !

— Pourquoi donc alors ne venez-vous pas tous les jours ?

— Mademoiselle, je crains maintenant... de vous déranger.

— Comment ! est-ce que je n'étudie pas aussi bien devant vous ? Il me semble même que je travaille avec plus de plaisir quand vous êtes là. Mais la musique vous ennuie peut-être ?

— Oh ! non, mademoiselle.

— Mademoiselle... comme vous me parlez avec un ton de cérémonie ! André ! il me semble que je ne suis plus aussi gai qu'autrefois. Est-ce que vous avez des chagrins ?... Ce serait bien mal de ne point me les confier... Vous savez bien que je suis votre amie...

Je me sens si heureux de ce qu'elle me dit, que je n'ai plus la force de parler ; je ne trouve pas ce que je voudrais exprimer, je me contente de lui présenter ma rose en balbutiant :

— Voulez-vous bien permettre, mademoiselle...

— Ah ! la belle rose... C'est donc pour moi, André ?

— Oui, mademoiselle, si vous daignez l'accepter ; n'est-ce pas aujourd'hui votre fête ?

— Si je daigne l'accepter ! Pouvez-vous en douter ?... Refuserais-je celui qui m'a sauvé la vie ? Ah ! mon cher André, voilà le bouquet qui me fait le plus de plaisir, avec celui que maman m'a donné.

Son cher André ! Elle m'appelle son cher André !... Je ne sais plus où j'en suis... Je crois que je lui prends la main, que je la presse avec ivresse dans les miennes... Mais on vient... J'entends aboyer César... Grand Dieu ! c'est M. le comte... Je m'éloigne précipitamment d'Adolphine, je cours à une porte... Je crois éviter la présence de celui que je redoute, et je me jette brusquement contre lui.

— Allons ! il est dit que ce drôle-là fera toujours des sottises ! s'écrie M. de Francornard ; il est cause que César ne marche plus que sur trois pattes, et le voilà qui me casse le nez à présent. Quand donc madame la comtesse me débarrassera-t-elle de ce Savoyard ?

— Ce drôle !... J'étais si heureux !... Ah ! ce mot vient de détruire toute ma joie... il me fait du mal !... Éloignons-nous, et cachons au moins les pleurs qui s'échappent de mes yeux.

Je suis allé me renfermer dans ma chambre. J'y suis depuis longtemps ; j'entends les voitures, les cochers, les domestiques qui vont et viennent ; le bruit m'apprend que tout le monde est arrivé, mais que m'importe cette fête ? Je ne puis être admis parmi la haute société qui entoure Adolphine, et je ne veux pas non plus me mêler aux domestiques qui encombrent les antichambres. J'ai eu un moment l'idée d'aller trouver Manette ; mais pour traverser l'hôtel je rencontrerais beaucoup de monde, et l'on n'aime pas montrer une figure triste à des gens qui ne songent qu'à rire.

Je suis plongé dans mes réflexions; je crois voir Adolphine; j'entends encore son père m'appeler drôle!... Mes larmes coulent; il me semble maintenant que madame la comtesse aurait mieux fait de me laisser commissionnaire. J'étais si heureux près de Bernard, de Manette, que je n'affligeais pas alors par le récit de mes chagrins! Je ne songeais qu'à ma mère, à mes frères!... et rien ne s'opposait aux projets de bonheur que je formais pour l'avenir.

Tout à coup je sens une main potelée se placer sur mes yeux, et une voix bien connue me dit : — Que faites-vous donc là, tout seul, comme un ours, tandis que tout le monde dans l'hôtel songe à s'amuser?

C'est Lucile qui est entrée doucement dans ma chambre et s'est approchée de moi sans que je l'aie entendue. — Venez avec moi, André; nous irons à une fenêtre où nous serons seuls, et de laquelle on voit danser dans le salon... Oh! c'est fort amusant de voir les toilettes!... et puis on regarde comment danse le beau monde, et on s'en souvient quand on va au bal.

— Merci, mademoiselle, je n'ai pas envie de voir danser, dis-je tristement à Lucile. Elle se baisse alors pour me regarder, et s'aperçoit que je verse des larmes. — Eh bien! qu'a-t-il donc à présent?... Il pleure, je crois!... Oui, vraiment, il a les yeux tout rouges. André, mon ami, qu'avez-vous? qu'est-ce que vous cause de la peine? Oh! je veux que vous me le disiez. Voyez un peu... pleurer quand tout le monde s'amuse!... Allons, dites-moi vite le sujet de vos larmes.

Lucile s'assied tout près de moi; elle me prend les deux mains, qu'elle pose sur ses genoux en les tenant dans les siennes; sa tête est penchée vers moi; ses jolis yeux interrogent les miens, elle me presse, me conjure de parler avec les marques de l'intérêt le plus vif. Ah! que les femmes savent bien nous consoler! Notre peine semble être la leur!... Elles entrent dans nos maux, elles partagent notre douleur, afin de nous en ôter la moitié.

Je me trouve déjà moins à plaindre depuis que je suis auprès de Lucile. Je n'ose cependant lui confier toutes mes peines; mais je lui rapporte ce qu'a dit M. le comte.

— Comment! c'est cela qui vous fait pleurer? me dit-elle; mais vous êtes un enfant, André!... Qu'importe ce que dit ce vieux bougon, qui n'aime que sa table et son chien? En êtes-vous moins aimé de madame, de sa fille, de moi?... En avez-vous moins de talents?... En êtes-vous moins gentil? Allons, ne pleurez plus, monsieur, je vous le défends... C'est qu'il ferait gonfler ses yeux, et ce serait dommage, vraiment.

En disant ces mots, Lucile s'avance et me donne un baiser sur le front. Je me sens tout ému, tout agité; mais il me semble que je suis déjà un peu consolé; cependant je pousse un gros soupir, celui-là n'est pas tout entier de chagrin. Lucile, qui croit que je suis toujours affligé, penche encore sa tête vers mon épaule... cette fois, c'est moi qui l'embrasse, mais ce n'est pas sur le front.

— Eh bien! que faites-vous donc, André? me dit Lucile d'une voix émue : pourquoi m'embrassez-vous? Est-ce que cela vous console? Alors je veux bien vous le permettre un peu... Mais il me semble que c'est assez, monsieur.

Lucile n'a pas le ton bien sévère; la vue de mes larmes a touché son cœur, et l'attendrissement rend bien faible. Je la presse dans mes bras... Elle n'a plus le temps de compter les baisers que je lui donne; elle me repousse, mais si doucement! Sa voix est si tendre en me disant :

— André, mon ami!... finissez, laissez-moi.

Aimable fille, pouvais-je à dix-sept ans ne point me consoler dans tes bras?

Nous avons changé de rôle : Lucile a l'air désolé, et c'est moi qui suis le consolateur. — Ah! André, c'est bien mal, me dit-elle, qui aurait cru?... Est-ce que je pensais à cela, moi?... Puis elle pousse de gros soupirs... mais je ne vois pas de larmes dans ses yeux. Je console Lucile... elle se calme, puis elle se lamente encore, et je la console de nouveau. Mais enfin il est un terme à tout, et quand Lucile se trouve assez consolée, elle reprend son air espiègle et me sourit tendrement, en me disant : — Après tout... cela ne regarde personne; je suis ma maîtresse!... et si je veux vous aimer, moi, qui est-ce qui aurait le droit de m'en empêcher?... J'aurais cependant voulu que vous fussiez plus sage... mais... c'est un malheur!... Si vous me juriez de m'être constant, je serais si heureuse!... Allons, monsieur, dites-moi donc cela : faites-moi tous les serments d'usage!... Il ne sait rien, cet enfant-là; il faut que je le lui apprenne tout.

Lucile se place devant moi, elle me dit de lever ma main droite et de répéter avec elle; puis elle tâche de prendre un air solennel qui ne va pas avec sa mine friponne.

— Je jure à Lucile... que j'aime de tout mon cœur... Allons, monsieur, répétez. — Je jure à Lucile, que j'aime de tout mon cœur... — C'est très-bien... et que je veux aimer toute ma vie.... — Oh! oui, toute ma vie. — Ah! comme il a bien dit cela! Embrassez-moi, André... Ah! mon Dieu où en étions-nous? — Je jurais de vous aimer toute la vie, ma chère Lucile. — Ah! chère Lucile!... Voyez-vous comme il s'émancipe déjà!... C'est égal, je vous permets de m'appeler ainsi, je l'exige même, lorsque nous serons seuls; car devant le monde je n'ai pas besoin, André, de vous recommander d'être circonspect?... — Oh! oui, mademoiselle!... — Mademoiselle... qu'est-ce que c'est que cela, mademoiselle? Dites donc votre chère Lucile : vous le disiez si bien tout à l'heure! — Eh bien! oui, ma chère, ma bonne Lucile. — Ah! c'est bien heureux... Mais le serment, monsieur... Ah! je n'entends pas que cela se passe ainsi; je veux un serment, moi : Je jure de lui être toujours fidèle... — Eh bien! répétez donc... — Fidèle? qu'est-ce qu'on entend par là, Lucile? — Dame... cela veut dire... Mon Dieu! il faut que je lui apprenne tout, à ce garçon-là!... ça veut dire que vous n'en aimerez pas d'autre que moi. — Ah! je ne puis pas vous jurer cela, Lucile. — Comment! monsieur, vous ne pouvez pas jurer cela? Et pourquoi cela, s'il vous plaît? — Parce que je mentirais... et, quoique élevé à Paris, je veux conserver la coutume de nos montagnes, et me souvenir toujours des avis de mon père... Voilà pourquoi je ne veux pas mentir. — Je n'entends rien à toutes ces raisons-là, monsieur; est-ce que vous avez déjà le projet d'en aimer d'autres, petit traître?... Ah! mon cher André, ce serait bien vilain!... — Mais ne dois-je pas aimer aussi ma bienfaitrice... Manette... mademoiselle Adolphine?... — Oh! certainement, mais ce n'est plus cela que j'entends, c'est par aimer je voulais dire... Au reste, je crois, mon cher André, que c'est une folie de jurer!... On se souvient du serment, et l'on oublie celle pour qui on l'a fait. Aimez-moi tant que vous pourrez; je n'ai pas le droit d'exiger plus que votre amitié : vous n'avez que dix-sept ans; moi, j'en ai vingt-quatre... Vous me trouverez trop vieille bientôt!... — Ah! Lucile, je vous aimerai toujours... qu'importe l'âge? — Mais cela importe beaucoup! Ce n'est pas que je veuille dire que je suis âgée maintenant!... Grâce au ciel, à vingt-quatre ans on est encore très-jeune, entendez-vous, André, surtout les femmes : car les hommes c'est différent, ils paraissent bien plus vite raisonnables. Vous, par exemple, vous avez déjà l'air d'avoir vingt ans... Ah! mon Dieu! quelle heure est cela?... onze heures!... déjà onze heures!... Comme le temps passe avec lui! et madame m'avait demandée... Il faut que je vous quitte, André; quel dommage! Ah! auparavant j'ai encore une prière à vous faire, et j'espère que vous ne me refuserez pas. — Qu'est-ce donc? — C'est que vous n'irez plus aussi souvent chez votre Manette... Je ne l'aime pas du tout, monsieur, votre Manette... Elle a le même âge que vous; est-ce qu'elle n'a pas un amoureux? — Un amoureux!... oh! non, Manette me l'aurait dit; mais elle ne pense pas à cela. — Ah! vous en êtes certain?... Je devine bien pourquoi : c'est vous, petit scélérat, qui êtes son amoureux!... — Moi! oh! non, Lucile, je n'aime Manette que comme une sœur. — Oui! oui!... Oh! nous savons bien ce que c'est que ces amours de frères pour des demoiselles qui ne sont pas leurs sœurs. Au reste, ce serait bien mal à vous de séduire la fille de cet honnête Bernard, qui vous a recueilli, logé, traité en fils... — Mais, mademoiselle, je vous jure... — Ah! monsieur, je vous ai déjà dit que je ne voulais plus qu'on me jurât rien... tenez, cela vaudra beaucoup mieux. Adieu, André... il faut que je vous quitte; vous allez vous coucher tout de suite, n'est-ce pas? — Certainement : que voulez-vous donc que je fasse? — Dormez bien... rêvez de moi... Oh! je rêverai de vous, moi... j'en suis bien sûre : j'en rêvais déjà souvent; mais je ne vous le disais pas; à présent ce sera bien pis! Ah! ces hommes! comme cela nous tourmente!... Dire que je l'ai vu enfant... et qu'aujourd'hui... Adieu, André.

Elle m'embrasse, elle s'éloigne, elle revient m'embrasser encore. Charmante fille! qu'elle est vive, aimable, séduisante!... En me quittant, elle s'est retournée vingt fois pour me sourire encore; enfin elle a fermé ma porte, et moi je vais me coucher. Qui m'aurait dit que ce jour commencé si tristement me donnerait pour la nuit des souvenirs si doux?

CHAPITRE XIX. — Nouveau personnage. — Départ.

Pendant quelque temps, les consolations de Lucile m'occupent tellement que je me livre moins à mes rêveries; dès que la jolie femme de chambre s'aperçoit que j'ai l'air un peu mélancolique, elle trouve moyen d'accourir près de moi, et ses caresses, sa gentillesse, dissipent bientôt toutes les pensées sur l'avenir; près d'elle on ne peut songer qu'au présent.

Cependant chaque jour je sens que j'aime Adolphine davantage; j'aime toujours Lucile, mais quelle différence entre ces deux sentiments!... Près de cette dernière, ma timidité a entièrement disparu; je suis gai, enjoué, je ris, je ne songe qu'au plaisir. La vue de ses charmes, son regard fripon, sa tournure piquante, enflamment mes sens, et la plus douce ivresse fait palpiter mon cœur. Près d'Adolphine, je suis toujours aussi timide, aussi embarrassé; j'aurais mille choses à lui dire, et je ne trouve pas un mot. Je ne la regarde qu'à la dérobée; je crains et je désire rencontrer ses yeux; me parle-t-elle, je suis tremblant, je soupire... En regarde-t-elle un autre, je me sens oppressé... Est-ce donc du plaisir que j'éprouve auprès d'elle? il faut bien que cela soit, puisque pour celui-là je sacrifierais tous les entretiens de Lucile. Il y a donc deux sortes d'amour?... Comment se fait-il que l'on préfère celui qui nous fait de la peine à celui qui nous rend heureux?

Malgré la défense de Lucile, je ne cesse point de voir Manette, cette bonne sœur, qui prend tant d'intérêt à tout ce qui me regarde, qui me questionne sur tout ce que je fais, et dans le sein de laquelle j'aime à épancher mon cœur. Il y a cependant certaine confidence que je ne juge pas à propos de lui faire. Je ne suis plus un enfant ; je commence à sentir qu'il est des choses sur lesquelles on doit se taire. Mais Manette a grandi comme moi ; je me rappelle ce que m'a dit Lucile, et, seul avec ma sœur, je lui dis un jour :

— Manette, je te confie tout ce que je fais... mais, toi, il me semble que tu n'as pas pour moi la même confiance?

Manette lève sur moi ses yeux si doux, qui ne sont plus aussi gais qu'autrefois ; elle me regarde avec étonnement. — Que veux-tu dire, André? — Que tu ne me dis pas tous tes petits secrets... A ton âge, Manette, le cœur doit commencer à parler...

Manette rougit et paraît troublée, puis elle s'écrie : — Qui t'a dit que mon cœur parle pour quelqu'un? — On ne me l'a pas dit, Manette, mais je le suppose, parce que mademoiselle Lucile pense que tu es d'un âge à aimer quelqu'un... — Votre demoiselle Lucile en sait bien long !... je ne suis pas aussi instruite qu'elle, mais il me semble qu'il n'y a pas de nécessité à cela. — Mon Dieu ! il ne faut pas te fâcher... Est-ce que ce serait un crime d'avoir un amoureux... bien honnête, qui te ferait la cour pour t'épouser? — Non, monsieur, non, je n'ai point d'amoureux... je n'en aurai jamais !... — Jamais !... est-ce que tu peux répondre de cela?... — Oui, monsieur, oh ! certainement, je puis en répondre ; et je ne sais pas de quoi se mêle votre demoiselle Lucile et pourquoi elle vous fait penser de choses pareilles.

Manette porte son tablier sur ses yeux. — Eh quoi ! lui dis-je en passant mon bras autour d'elle, tu pleures? — Comment ce que je t'ai dit peut-il te faire du chagrin? — Oui, monsieur... parce que c'est très-mal de me supposer un amoureux... à moi, grand Dieu !... est-ce que c'est possible?... — Qu'y aurait-il donc de si étonnant? tu es assez jolie pour plaire à quelqu'un.

Manette relève la tête, et me dit avec l'accent du plaisir : — Tu me trouves jolie, André? — Certainement... — Aussi jolie que mademoiselle Adolphine, que mademoiselle Lucile?... — Ah !... ce n'est pas la même chose.

Manette rebaisse tristement la tête en répétant : — Oh ! non... je vois bien que ce n'est plus la même chose ! — Il y a tant de beautés différentes ! Sans ressembler à aucune, cela n'empêche pas de plaire. — Mon Dieu ! André, comme tu es savant maintenant sur ces choses-là ! Est-ce aussi mademoiselle Lucile qui t'a appris tout cela?

Je ne puis m'empêcher de rougir de la réflexion naïve de Manette, qui me dit au bout d'un moment : — Est-ce que tu serais bien aise que j'eusse un amoureux ? — Pourquoi pas, si c'était un garçon honnête, laborieux, capable de faire ton bonheur?

Manette ne répond rien ; elle se lève, s'éloigne de moi, va prendre son ouvrage, et avec son mouchoir essuie les pleurs qui coulent de ses yeux. Qu'ai-je donc dit qui puisse lui faire de la peine?... je n'y comprends rien ; mais l'arrivée de son père termine notre entretien, et je retourne à l'hôtel sans pouvoir deviner la cause du chagrin de Manette.

Je remarque un grand mouvement dans la maison. Une chaise de voyage est dans la cour de l'hôtel ; le postillon et les chevaux sont encore couverts de poussière. Quel donc est le personnage qui vient d'arriver? Je ne tarde pas à rencontrer Lucile, qui sait tout, et s'empresse de me mettre au fait.

— C'est le neveu de M. le comte qui vient de descendre de cette voiture. — Le neveu de M. le comte ?... voilà la première fois que j'en entends parler. — Ah ! c'est qu'il paraît qu'il n'était pas fortuné. C'est le fils d'une sœur de monsieur qui avait épousé un marquis de Thérigny, qui est mort sans rien laisser à sa veuve. La pauvre femme écrivait en vain à son frère, celui-ci ne lui répondait jamais. Mais elle est morte il y a deux ans, et son fils venait d'hériter d'un cousin de son père d'une fortune assez ronde. Quand M. le comte a appris cela, il a sur-le-champ écrit à son neveu, qui habitait la Normandie, pour l'engager à venir le voir. Celui-ci, qui se rendait justement à Paris, a accepté l'invitation. Il vient de descendre ici, et il paraît qu'il logera dans cet hôtel, car M. le comte a ordonné qu'on lui préparât un joli appartement. — Quel âge a-t-il, ce neveu? — Presque aussi jeune que vous ; mais tout au plus... cela sort du collège !... mais cela a déjà des manières, un ton... beaucoup de fierté, à ce que j'ai pu voir ; du reste, il est assez joli garçon, et sans son air de suffisance il serait encore mieux !... Mais un jeune homme qui se voit tout à coup possesseur d'une nouvelle fortune, comment voulez-vous que cela ne lui tourne pas la tête ? Il faut avoir beaucoup de mérite à vingt ans pour ne pas être insupportable avec vingt mille livres de rente.

Je ne sais pourquoi l'arrivée de ce jeune homme me déplaît. Nous avions bien besoin de ce neveu qui vient s'établir dans l'hôtel ! Il va voir Adolphine tous les jours, à tous les instants... Il va en devenir amoureux, il n'y a aucun doute ! Et Lucile qui dit qu'il n'est pas mal, qu'il est assez joli garçon ! c'est désespérant. Si du moins il avait été laid, contrefait ! Mais vingt ans, de la figure, de la fortune !... Ah ! qu'il est heureux, ce monsieur-là ! Pauvre André ! on ne fera plus attention à toi... Mais que pouvais-tu espérer ? Ne sais-tu pas qu'une distance immense te sépare de l'aimable enfant? Son père ne te regarde-t-il pas avec mépris?... Je sais tout cela, et cependant l'arrivée de ce neveu ajoute encore à mes chagrins.

Cette fois, je suis aussi curieux que Lucile ; je brûle d'apercevoir le nouvel habitant de l'hôtel. Je me place à une fenêtre de mon carré, et je ne tarde pas à voir passer le jeune héritier. En effet, il est grand, assez bien fait, sa figure est régulière ; mais quel ton arrogant avec ses valets, quelles manières lestes et impertinentes, quelle fatuité dans la mise, le maintien ! il ne reste dans la cour que cinq minutes pour donner des ordres, et il a déjà passé plus de cent fois sa main dans ses cheveux, rajusté les bouts de son col et arrondi les parements de son habit. Est-ce qu'un tel homme peut être aimable, sensible? il me semble que non, et je me flatte en secret qu'il ne plaira pas à Adolphine.

Je ne quitte pas ma chambre de la journée ; je n'ose descendre chez madame, je crains de rencontrer le jeune marquis ; je reste chez moi, triste, pensif, inquiet.

Vers le soir Lucile vient me voir, elle me demande la cause de mon humeur ; je serais bien fâché qu'elle la devinât, et cependant je ne puis prendre sur moi de cacher ma tristesse. Lucile fait ce qu'elle peut pour dissiper ce qu'elle appelle ma mélancolie ; mais cette fois tous ses efforts sont vains, et la jolie femme de chambre se met en colère : elle prétend que je deviens très-maussade et que je ne mérite pas que l'on ait autant de bontés pour moi.

Je laisse dire Lucile ; elle pourrait m'adresser les plus sanglants reproches que je n'y ferais pas attention ; je ne songe qu'à Adolphine et à ce jeune homme qui vient d'arriver à l'hôtel. Voyant que je ne suis point ému de ses discours, Lucile emploie un autre moyen : elle se jette sur une chaise, et se met à sangloter. Ce n'est point à dix-sept ans et demi qu'on est insensible aux larmes d'une femme, je crois même qu'à tout âge les pleurs de la beauté doivent trouver le chemin de notre cœur.

Je tâche donc de calmer ma jolie pleureuse, qui s'écrie que je suis un monstre, un perfide, un petit traître ; que je lui fais déjà des infidélités. J'ai beau lui jurer qu'elle se trompe, tout ce que je dis est inutile... Ce n'est pas avec de simples paroles que l'on persuade Lucile ; elle prétend connaître le monde et les hommes... Avec elle, je devrais faire rapidement mon chemin.

Enfin, j'ai séché ses pleurs ; elle commence à me trouver plus gentil, mais en me quittant elle m'engage à ne plus avoir de ces humeurs-là si je veux toujours plaire aux dames. Elle est partie ; je songe à la différence qui existe dans les sentiments que me témoignent les trois femmes que j'aime le plus. Adolphine, d'un mot, d'un sourire, me rend heureux ; elle paraît avoir pour moi la plus tendre amitié ; elle me voit toujours avec plaisir... Mais quand je me sauve auprès d'elle, elle n'est pas triste, elle se livre de même à tous les amusements de son âge... peut-être alors ne songe-t-elle plus à moi. Lucile m'adore, à ce qu'elle dit, à chaque instant du jour elle pense à moi, elle voudrait être près de moi. Mais son amour est exigeant : si je suis distrait, préoccupé, elle me querelle ; il faut ne voir qu'elle, ne penser qu'à elle, il lui faut sans cesse de nouvelles preuves de tendresse... Il me semble que cet amour-là est un peu égoïste. Manette me trouve toujours bien ; que je sois triste ou gai, que je lui parle de Lucile ou d'Adolphine, Manette me témoigne toujours la même amitié, il lui suffit de me voir pour lui être contente... Bonne sœur ! oui je suis bien sûr que ton cœur ne changera jamais : l'amitié est plus solide que l'amour.

Le lendemain matin, je sors pour me rendre chez M. Dermilly, m'a fait demander. En passant sous le vestibule, je me trouve vis-à-vis du jeune marquis et de Champagne. Je m'incline devant le neveu de M. le comte ; il me regarde, se penche vers Champagne, et je l'entends lui dire : — A qui appartient ce garçon ?

A qui j'appartiens !... Quelle impertinence ! suis-je donc en effet un valet ? Champagne répond tout bas au marquis ; celui-ci sourit dédaigneusement, puis prononçant assez haut pour que je l'entende : — Ah ! ah !... c'est le Savoyard dont mon oncle m'a parlé.

— Encore le Savoyard !... Le ton insolent dont ce jeune homme a prononcé ces mots me fait monter le rouge au visage ; je suis prêt à retourner sur mes pas... à lui demander si son intention est de m'insulter... Ah ! je sens que j'aurais du plaisir à me disputer, à me battre avec cet homme, que je déteste déjà !... Mais il n'est plus là... mon sang se calme ; je frémis de la pensée que j'ai conçue !... Dans la maison de ma bienfaitrice, je chercherais querelle à un parent de son époux !... Ce serait donc ainsi que je reconnaîtrais tout ce qu'elle a fait pour moi ? Ah ! André, éloigne-toi plutôt de cette demeure ; fuis avant d'être coupable, et pendant que tu es encore digne des bienfaits de la bonne Caroline.

Je me rends chez M. Dermilly. — André, me dit-il, j'ai une proposition à te faire ; je désire qu'elle te soit agréable, mais songe que tu es entièrement libre de suivre ton goût. Depuis quelque temps, ma santé n'est pas bonne ; les médecins m'ont conseillé le changement d'air. Je suis décidé à faire un voyage en Suisse ; il y a longtemps que je désire parcourir ce beau pays, qui offre tant de merveilles à l'œil du peintre, comme à celui de tout homme qui sait apprécier les beautés de la nature. Dans huit jours je partirai : si tu veux m'accompagner, nous ferons ensemble ce voyage.

— Si je le veux ? dis-je en prenant avec force la main de M. Dermilly. Ah ! monsieur !... vous ne pouviez m'emmener plus à propos ! Je partirai quand vous voudrez ; demain, aujourd'hui même, je suis prêt à vous suivre.

Mon empressement à partir, la chaleur avec laquelle je m'exprime, paraissent surprendre M. Dermilly : il m'examine, et semble vouloir pénétrer ma pensée.

— André, me dit-il, je suis charmé que tu veuilles bien être mon compagnon de voyage ; mais j'avoue que ton vif désir de quitter Paris m'étonne un peu... Mon ami, ne serais-tu plus heureux à l'hôtel du comte ?... Et si cela était, pourquoi ne m'avoir pas confié tes chagrins ? — Je n'ai point de chagrins, monsieur, et madame la comtesse est toujours aussi bonne pour moi. — Je sais que Caroline t'aime tendrement. Cependant, André, depuis longtemps tu n'es plus le même... Je l'ai remarqué et ne t'ai point fait de questions... J'attendais que tu vinsses de toi-même confier tes peines à ton meilleur ami.—Ah! monsieur, si j'avais des secrets, quel autre que vous aurait ma confiance ?...

— Annonce Rossignol, premier homme de l'Europe pour les torses.

vous, à qui je dois tout ?... vous qui daignez me traiter comme votre fils... qui m'avez enseigné cet art divin qui reproduit sur la toile les objets qui ont charmé notre vue ; qui m'avez fait sentir tout le prix de l'éducation, et avez à la fois éclairé mon esprit et formé mon jugement. Mais je n'ai nulle peine secrète, monsieur, je n'ai rien, je vous l'assure.

Le ton dont je dis cela ne persuade sans doute pas M. Dermilly, car il continue de me regarder attentivement.

— M. le comte ne t'a point fait de nouvelles scènes ?
— Non, monsieur.
— Tu es toujours dans les bonnes grâces de Lucile ?
— Oui, monsieur...

Je ne puis m'empêcher de sourire légèrement en disant cela, et je crois m'apercevoir que M. Dermilly sourit aussi. Il reprend au bout d'un moment :

— Manette t'aime toujours autant ?...
— Toujours, monsieur... Oh ! elle ne peut pas cesser de m'aimer.

En disant ces mots je lève les yeux sur M. Dermilly, qui me considère avec attention.

— Et Adolphine te témoigne la même amitié ?

Le nom d'Adolphine me trouble, et je balbutie : — Mademoiselle Adolphine... est si bonne... si aimable !...

Je ne puis en dire plus, je crains de me trahir... M. Dermilly a cessé de me questionner, mais il me regarde... Je vois dans ses yeux l'intérêt mêlé à la douleur. Au bout d'un moment il soupire :—Pauvre André ! s'écrie-t-il en me serrant la main.

Pauvre André !... O ciel !... aurait-il surpris mon secret !... Mais non, je n'ai rien dit qui puisse lui faire soupçonner le sentiment qui m'agite ; cependant il semble avoir lu dans mon âme.—Tu partiras avec moi, André, me dit-il, ce voyage te fera aussi du bien ; et au lieu d'attendre huit jours, je vais faire mes dispositions pour que nous partions après-demain.

— Irons-nous en Savoie, monsieur ? lui dis-je au bout d'un moment.

— Pas cette fois, André, mais l'année prochaine, si ma santé me le permet, je te promets que tu iras avec moi embrasser ta mère...

Embrasser ma mère !... quel bonheur ! après une aussi longue absence ! sur le sein de sa mère on doit oublier toutes les peines de l'amour !

Notre voyage est arrêté. Avant de retourner à l'hôtel, je me rends chez Bernard, auquel je vais annoncer mon prochain départ ; je m'attends à la douleur de Manette ; mais elle apprend mon voyage avec plus de calme que je ne l'aurais cru ; il semble qu'elle soit bien aise de me voir m'éloigner de l'hôtel.—Tu ne devrais plus te séparer de M. Dermilly, me dit-elle, il est si bon, il t'aime tant ! Ne serais-tu pas mieux près de lui que dans cet hôtel, dont le maître te fait mauvaise mine ? En revenant de ton voyage, est-ce que tu retourneras chez M. le comte ? — Mais.... sans doute.... pour quelque temps du moins.... — Tiens, André, à présent que tu es un homme, que tu as des talents, il me semble qu'à ta place je ne voudrais pas rester dans cet hôtel.... A quoi cela te mènera-t-il, si ce n'est à t'accoutumer à vivre en grand seigneur ?

Je crois que Manette a raison ; mais ma bienfaitrice n'a-t-elle pas le droit de disposer de moi, et aurai-je jamais la force de m'éloigner d'Adolphine ? Je ne pense pas en ce moment au marquis de Thérigny.

En arrivant à l'hôtel, apprenant que madame la comtesse est seule avec sa fille, je me rends en tremblant dans son appartement, pour lui faire connaître les intentions de M. Dermilly.

Ma bienfaitrice approuve ce projet. — Ce voyage ne peut que t'être utile, me dit-elle ; il complétera ton éducation ; mon cher André, avec monsieur Dermilly, tu jugeras mieux les pays que tu visiteras ; tu acquerras de nouvelles connaissances, et, à ton retour, je m'occuperai d'assurer ton sort.

Je n'entends pas ce que me dit madame la comtesse. J'ai les yeux tournés du côté d'Adolphine ; en apprenant que j'allais partir, il m'a semblé la voir pâlir : mon absence lui causerait-elle en effet quelque peine ? Ah ! je m'éloignerais moins malheureux, si j'espérais ne pas être oublié !

André et Adolphine prennent ensemble leurs leçons de dessin.

Elle se lève, elle vient vers nous . — Comment ! André, vous allez nous quitter ? me dit-elle avec cet accent qui pénètre jusqu'à mon cœur. Puis l'aimable enfant jette ses bras autour du cou de sa mère en ajoutant : — Maman, pourquoi laisses-tu partir André ?..... qu'a-t-il besoin de voyager ?.... est-ce qu'il n'est pas mieux auprès de nous ?...

Sa mère sourit et l'embrasse en lui disant : — Ma bonne amie, André reviendra. D'ailleurs, il faut bien nous accoutumer à son absence ; songe qu'il ne restera pas toujours auprès de nous ; André devient grand et il faudra... Mais nous parlerons de cela à son retour.

Adolphine me regarde tristement, elle baisse les yeux en soupirant ; je ne puis lui dire que tout mon bonheur serait de vivre auprès d'elle !... Il y a dans la vie tant de choses que l'on pense et que l'on ne dit pas !...

Mais on ouvre la porte avec fracas : c'est le jeune marquis, qui entre en riant et se jette dans un fauteuil en disant que son oncle est furieux, parce qu'en voulant apprendre à fumer à César, il vient de lui casser une dent.

L'arrivée du jeune Thérigny a changé notre situation ; madame la comtesse a la bonté de l'écouter ; Adolphine va à son piano, et moi je m'éloigne, car l'accident arrivé à César ne doit plus permettre que l'on s'occupe du départ du Savoyard.

Il n'y a plus qu'une personne à laquelle je n'ai pas encore appris mon prochain départ ; mais j'attends le soir, parce que la petite femme de chambre vient ordinairement me voir lorsque sa maîtresse n'a plus besoin de ses services.

En effet, je reconnais bientôt la marche vive et légère de Lucile, qui vient s'informer si je suis encore mélancolique comme la veille.

Je ne sais trop comment lui apprendre mon voyage : elle est si emportée dans son amour que je crains aussi de l'affliger... Cependant, il faut parler, elle-même m'en prie.

— Vous avez encore quelque chose ce soir ? me dit-elle ; oh ! je vois bien cela !... vous n'êtes point comme à votre ordinaire..... André, auriez-vous des secrets pour moi ?..... je veux que vous me disiez tout, monsieur, tout absolument, même vos infidélités, si vous avez été assez ingrat pour m'en faire...

— Oh ! non, Lucile, ce n'est pas cela...

— Ce n'est pas cela ? eh bien ! alors, parlez donc, mon ami... vous me faites penser des choses...

— Lucile... je vais bientôt partir... mais je reviendrai...

— Vous allez partir..... sortir ce soir... et il est plus de onze heures ! Non, monsieur, vous ne sortirez pas, ou je dirai à madame que vous vous dérangez.

— Mais vous ne m'entendez pas, Lucile... c'est M. Dermilly qui m'emmène... sa santé l'oblige à voyager, il se rend en Suisse ; je l'accompagne, et nous partons après-demain.

— Vous partez... vous allez en Suisse après-demain. Et il me dit cela comme ça !... Ah ! André, si vous me quittez, je me laisserai mourir de chagrin.

Elle se jette dans un fauteuil, elle ferme les yeux, elle étend les bras, elle serre les dents... Ah ! mon Dieu ! je crois qu'elle a des attaques de nerfs... elle se trouve mal !... Je cours dans ma chambre, je cherche de la fleur d'oranger, du sucre, du vinaigre, de l'eau de Cologne ; je lui frotte les tempes, je lui mets les flacons sous le nez, en lui disant : Lucile, ma chère Lucile !... revenez à vous !... mon absence ne sera pas longue... je ne vous oublierai pas...

Mais elle ne me répond pas, elle ne fait aucun mouvement ; je sens mon inquiétude augmenter, je suis sur le point d'aller chercher du secours dans l'hôtel, lorsque tout d'un coup elle se lève brusquement en jetant de côté les verres et les flacons que je lui présente, et s'écrie avec l'accent de la colère : — Non, monsieur, non, vous ne partirez pas !... je ne le veux pas, moi, ou bien, je partirai avec vous, je vous suivrai partout. Vous verrez que j'ai aussi du caractère. Je ne connais plus rien, j'abandonne tout pour vous suivre !... on dira ce qu'on voudra, ça m'est égal.

Et Lucile, en disant cela, se promène dans ma chambre en frappant du pied, en jetant de côté les meubles qu'elle rencontre, en cognant avec son poing sur les tables, la commode ; c'est un petit démon ; mais sa fureur me rassure sur l'état de sa santé. Cependant, je voudrais pas que l'on entendît son tapage... Je tâche de l'apaiser, elle ne m'écoute pas. Je ne lui dis plus rien... alors elle se met à pleurer, et, avec les larmes, sa fureur a cessé.

Je puis alors me faire entendre, et Lucile commence à devenir raisonnable : elle ne parle plus de me suivre, ni de se laisser mourir. Ce n'était que le premier moment à passer. Mais que de soupirs, de regrets, de promesses de fidélité ! Je fais tout ce que je peux pour la rassurer, elle est toujours inquiète.

Minuit a sonné : Lucile se dispose à rentrer dans sa chambre ; mais elle me prie de la reconduire, afin d'être avec moi plus longtemps. Je n'irai pas loin, sa porte est en face de la mienne. Lucile me prie d'entrer un moment, parce qu'elle n'a pas envie de dormir... Je n'en ai pas envie non plus, et d'ailleurs puis-je refuser quelque chose à celle qui me témoigne tant d'attachement ? J'entre donc... pour un moment ; mais je ne sais comment cela se fait, toute la nuit s'écoule, et il est grand jour que je te tiens encore compagnie à Lucile.

— Ah ! mon Dieu ! dit la jeune femme de chambre, il y a déjà du monde levé dans l'hôtel ! si on allait vous voir sortir de ma chambre... Ah ! André, que penserait-on ?...

Il me semble que l'on ne pourrait penser que la vérité. Mais je conçois qu'il y en a dont il faut faire mystère. Lucile m'engage à rester toute la journée caché dans sa chambre, et à n'en sortir que le soir. Ma prudence ne va pas jusque-là, et je me vois forcé de refuser Lucile, qui, je crois, s'arrangerait de me tenir constamment caché chez elle.

J'ai d'ailleurs à m'occuper des préparatifs de mon voyage : malgré les prières de Lucile, qui craint beaucoup pour sa réputation, je m'esquive et regagne mon appartement. Je dispose tout ce qui m'est nécessaire, puis je fais porter ma valise chez M. Dermilly. Nous partons le lendemain matin ; je n'ai plus que le temps d'aller embrasser Manette et son père. Je promets à ma sœur d'écrire souvent, et elle doit me répondre. J'ai chargé Bernard d'un nouvel envoi pour ma mère ; je puis donc être quelque temps tranquille de ce côté.

Lucile veut aussi que je lui écrive ; je le lui promets, à condition qu'elle me répondra, et qu'elle me tiendra au courant de tout ce qui se passera à l'hôtel pendant mon absence. Je ne puis mieux m'adresser pour être au fait de tout. — Je ne sais pas bien écrire, me dit Lucile ; mais, mon cher André, vous excuserez mon style.

Excuser son style !... Elle croit donc que j'oublie que j'ai été commissionnaire ? Lucile dit qu'il y a tant de gens qui perdent le souvenir de leur origine, mais je

M. le comte de Francornard, suivi de M. Champagne, va lorgner les villageoises et pincer celles qui lui semblent gentilles.

puis bien faire de même. Non, je me rappellerai toujours et mon pays et ma chaumière.

Je saisis le moment où madame est seule pour aller lui dire adieu. Adolphine est là !... comme elle a l'air triste ! Je ne puis dire un mot ; j'ai le cœur si gros ; je reste devant madame, que je viens de saluer ; mais elle devine le motif qui m'amène. — Adieu, André, me dit-elle ; faites un voyage agréable, et surtout veillez bien sur M. Dermilly... Sa santé s'affaiblit chaque jour ; j'espère que le changement d'air lui sera favorable. André, vous devez aimer Dermilly, car il vous regarde comme son fils... Je n'ai pas besoin de vous le recommander...

La voix de madame s'est altérée en prononçant ces paroles ; elle me tend sa main, que je presse sur mon cœur en lui assurant que je ferai tout pour être digne des bontés de celui qui, avec elle, a tant fait pour moi.

Je me retourne vers Adolphine, je la salue... Je vais m'éloigner. — Eh bien, André, me dit ma bienfaitrice, tu n'embrasses pas Adolphine avant de partir ?...

L'embrasser ! je n'osais : en ce moment même je n'ose encore. Mais l'aimable enfant se lève et fait quelque pas vers moi. Elle me tend sa joue fraîche comme la rose, en me disant : Adieu, André ; revenez bien vite...

J'ai approché mes lèvres de ses joues, que j'effleure à peine, puis je m'éloigne précipitamment, car je ne sais plus où j'en suis; mais j'emporte, pour tout le temps de l'absence, le souvenir de ce moment de bonheur.

CHAPITRE XX. — Voyage en Suisse.

Nous sommes partis; déjà plusieurs lieues me séparent d'elle, et je crois encore sentir sur mes lèvres le velouté de ses joues; je crois encore respirer sa douce haleine et tressaillir en lui donnant un baiser. Délire de l'amour, tu fais taire tous les autres sentiments, tu dois rendre souvent ingrat, injuste, égoïste! L'amitié d'une sœur, le souvenir d'un ami, la tendresse filiale, tout s'efface devant l'esprit tant que nous tiens sous ton empire! Mais tu n'es qu'un délire; et quand la raison renaît, l'amitié reprend ses droits.

Je suis près de M. Dermilly, et pendant plusieurs lieues je garde le silence; il a la bonté de me laisser à mes réflexions. Ce n'est qu'au bout d'un long espace de temps que je me revois dans la voiture, près de celui qui a bien voulu me choisir pour son compagnon de voyage, et auquel je n'ai pas encore dit un mot.

Je me retourne vivement vers lui :

— Ah! pardon, monsieur, lui dis-je en rougissant, c'est que je pensais...

— Je ne t'en veux pas, André; je sais ce qui t'occupe, mon ami; dans les premiers moments du voyage le cœur est encore plein du souvenir des adieux; mais cela se dissipera. Puisque tu es sorti de tes réflexions, admire avec moi ce paysage, ces champs, ces bois, ces prairies; oublie un moment Paris!... Tu y retrouveras tout ce que tu y as laissé. André, tu n'as pas encore dix-huit ans; mais ton âme est aimante, ton cœur éprouvé!... Si tu ne sais point modérer tes passions, tu éprouveras bien des chagrins; mon ami, dans ce monde, les gens les plus sensibles ne sont pas les plus heureux!... j'en suis moi-même un exemple. Un amour que je n'ai pu vaincre a fait le malheur de ma vie, lorsque, jouissant d'une fortune honnête, et avec assez de talent pour être estimé par les gens de mérite, j'aurais pu faire un bon mariage et couler des jours heureux. Je sens maintenant que je n'ai pas été raisonnable, parce que j'approche de quarante ans : mais à vingt-cinq ans je ne pensais pas ainsi. Crois-moi, André, ne m'imite point; et si ton cœur éprouve déjà quelque sentiment qui ne te promette aucun heureux résultat, au lieu de t'y abandonner, songe qu'à te distraire, et tu finiras par en triompher.

M. Dermilly a bien raison : au lieu de rêver sans cesse à la charmante Adolphine, je ferais mieux de m'occuper de tout autre objet, dussé-je même faire quelques infidélités à Lucile; mais je n'approche pas de quarante ans, et je pense comme il pensait à vingt-cinq.

Mon compagnon m'entretient de Manette, de Bernard, de ma mère, de ce pauvre Pierre, que je n'ai pu retrouver, et qui sans doute n'existe plus. Ah! il sait bien captiver mon attention; l'amour n'a point banni de mon cœur de si touchants souvenirs. Moi, je lui parle de ma bienfaitrice, de sa bonté, du bien qu'elle répand autour d'elle. M. Dermilly m'écoute attentivement, il ne perd pas un mot, et les moindres détails sur ce qui regarde madame la comtesse sont précieux pour lui; alors je suis bien sûr qu'il rêve encore comme à vingt-cinq ans.

Pour me récompenser de l'avoir entretenu de son amie, il me parle d'Adolphine. Avec quel plaisir je l'écoute! c'est à mon tour à ne point perdre un mot de ce qu'il dit, à le supplier de recommencer encore. Ah! sans nous en être dit davantage, nos cœurs s'entendent bien!... et par cet échange nous savons charmer les journées du voyage.

C'est à Bâle que nous nous rendons d'abord : là, nous devons nous arrêter quelque temps afin de visiter à loisir les environs. La ville de Bâle n'est point gaie, et les habitants ne sont pas liants; mais que les environs sont admirables! Quel plaisir de parcourir les belles vallées de la Suisse, de grimper sur ces montagnes, de visiter les ruines de ces vieux châteaux bâtis sur leur sommet, et de regarder à ses pieds des torrents jaillir en cascades et se perdre sur les rochers! Ce spectacle magnifique me rappelle mon pays : il y a souvent de l'analogie entre les sites de la Suisse et ceux de la Savoie; mais ici les paysans semblent plus riches, plus heureux. Le bonheur et la paix habitent ces cantons, où jamais le cœur n'est affligé par la vue d'un mendiant. Nous nous levons tous les jours de grand matin, pour aller admirer des sites nouveaux; souvent nous ne revenons que le même jour à la ville; nous couchons chez des paysans qui nous reçoivent avec la bonté et la franchise renommées dans ces climats. Nous recevons des lettres de Paris le huitième jour de notre arrivée à Bâle; on sait que c'est là que nous devions d'abord nous arrêter. Il y a deux lettres pour moi, il n'y en a qu'une pour M. Dermilly; mais avec quel plaisir il la reçoit! qu'il est heureux! une ligne de celle qu'on aime doit faire tant de bien! Mais dois-je me plaindre, ingrat que je suis? c'est Manette... c'est Lucile qui m'écrivent! Commençons par Lucile : elle doit me donner des détails sur ce qui se passe à l'hôtel.

Voyez un peu l'étourdie!... elle ne me parle que d'elle, de son amour, de sa constance... Oh! j'y crois, je n'en doute pas! et elle aurait bien dû me parler d'autre chose. Elle ne pense qu'à moi... Elle s'ennuie de ne pas me voir... et pas un mot d'Adolphine, ni du neveu de M. le comte! Cette Lucile ne songe à rien!... Ah!... voilà cependant un petit *post-scriptum* :

« Rien de nouveau à l'hôtel : madame paraît triste; mademoiselle est comme sa mère; monsieur s'est donné deux indigestions la semaine dernière; le jeune marquis mène un grand train, et va beaucoup dans le monde. »

Tant mieux : pendant ce temps il n'est pas auprès de sa cousine. Ah! il y a encore quelque chose d'écrit au bas de la page :

« M. Champagne me fait toujours la cour, mais je ne l'écoute pas. » C'était bien la peine de m'écrire cela!... Enfin je sais qu'elle est triste, et que le cousin n'est pas sans cesse auprès d'elle : c'est quelque chose.

Lisons maintenant la lettre de Manette... Bonne Manette! j'aurais dû commencer par toi!... Mais du moins, en te lisant ce n'est pas d'une autre que je m'occuperai.

Son cœur simple et pur se peint dans ce qu'elle m'écrit : — Sois heureux, me dit-elle, il ne nous oublie pas; quant à moi, ni le temps, ni la distance ne pourront t'effacer de mon cœur.

Il y en a moins long que dans la lettre de la femme de chambre; mais cette simple phrase de Manette vaut mieux, je crois, que tous les serments de Lucile.

Après être restés trois semaines à Bâle, nous visitons Berne, Zurich, Saint-Gall, Neufchâtel; notre collection s'enrichit de vues prises dans tous les lieux où nous nous arrêtons. M. Dermilly ne peut se lasser de parcourir ce pays pittoresque et imposant. Si mon cœur ne soupirait pas en secret, je partagerais son enthousiasme; mais, tout en admirant les sites magnifiques qui s'offrent à mes regards, je ne puis m'empêcher de songer à l'hôtel de M. le comte et aux personnes qui l'habitent.

Je vois avec peine que la santé de mon compagnon ne s'améliore pas.

Chaque jour sa maigreur augmente, et ses traits semblent s'altérer davantage. Je crains que nos courses dans les montagnes ne le fatiguent et ne lui soient nuisibles. Mais lorsque je l'engage à prendre du repos : — Laisse-moi, me dit-il, admirer la nature et jouir des merveilles qu'elle offre à ma vue. Si ciel a marqué bientôt la fin de ma carrière, que du moins je profite encore du peu de temps qui me reste.

Nous sommes restés près de deux mois au milieu de ces belles montagnes; M. Dermilly veut aller à Genève, nous louons des montures, et avec des guides nous allons à petites journées, nous reposant dans tous les endroits qui nous plaisent. C'est ainsi qu'il est agréable de voyager. Nous arrivons sur les bords du Léman. M. Dermilly est faible et souffrant; je prévois que nous passerons quelque temps à Genève, et je le fais savoir à Paris. Il y a plus de deux mois que nous n'avons reçu de nouvelles, depuis ce temps que s'est-il passé à l'hôtel?.. Y suis-je déjà oublié?

Je reçois bientôt une réponse de Manette; toujours bonne, toujours franche, elle m'engage à prodiguer mes soins à M. Dermilly, à ne point le quitter un instant. Pourquoi Lucile ne m'a-t-elle pas répondu aussi promptement?... Lucile qui voulait me suivre... qui voulait mourir... qui avait des attaques de nerfs!... Je ne conçois rien de ce retard je suis si jeune encore!...

Huit jours après, la réponse de Lucile m'arrive enfin; je brise le cachet, il me tarde de lire : de l'amour, encore de l'amour. Il me semble cependant que cela est moins brûlant, moins vif que dans sa première lettre... Ah! voici enfin des détails :

« On s'amuse un peu plus à l'hôtel, on a donné plusieurs bals, M. le marquis est un fou, un étourdi, mais avec lui les plaisirs ne finissent point. Il est plus souvent près de sa cousine... Mademoiselle devient chaque jour plus jolie... »

Hélas! je ne sais que trop combien elle est jolie!... Je n'ose plus continuer... « Elle rit des folies de son cousin... »

Elle rit avec lui!... Ah! je suis perdu!... Pauvre André! on ne pense plus à toi!... Elle rit... elle le trouve aimable... il lui plaît... ils s'aimeront, cela est certain! Allons jusqu'au bout!

« M. le marquis vient de prendre à son service un petit jockey anglais qui n'a que quinze ans; il est gentil, c'est un enfant, et il me fait bien rire avec son baragouin, car il dit à peine quatre mots de français... »

Eh! qu'est-ce que cela me fait?... que M. le marquis prenne tous les jockeys qu'il voudra !... Mais il me vient certaines pensées... Mademoiselle Lucile rit aussi avec le petit jockey... Elle aime beaucoup à former les jeunes gens, mademoiselle Lucile, et le retard qu'elle a mis à me répondre... Oh! quelle idée!... Ne l'ai-je point vu sa douleur, ses larmes, sa fureur même quand je suis parti!... Finissons sa lettre.

« Adieu, mon cher André, amusez-vous bien et soyez bien sage.

» Votre fidèle LUCILE. »

Elle a mis fidèle... J'avais donc tort de la soupçonner.

Je voudrais être à Paris... mais M. Dermilly n'a que moi pour lui parler de madame la comtesse, et cette conversation semble seule le ranimer. Il est malade, je ne puis le quitter; je n'oublierai jamais les soins qu'il m'a prodigués, lorsque je fus blessé par le cabriolet du comte, et fallût-il lui consacrer ma vie entière, mon cœur n'en murmurerait point.

Enfin il se trouve mieux, et nous recommençons nos excursions dans les environs. Ce pays est charmant, mais je ne puis en sentir toutes les beautés ; pour jouir de la vue d'un beau site, il faut que l'âme soit calme et satisfaite ; comment apprécier les merveilles de la nature quand le cœur, brûlant d'amour, est dévoré d'inquiétude et de jalousie !

CHAPITRE XXI. — Retour. — Je quitte l'hôtel.

Après trois mois de séjour à Genève, nous nous embarquons sur le Rhône pour nous rendre à Lyon. Les bords du Rhône charment l'œil du navigateur et réjouissent l'âme du convalescent. Nous restons quelques semaines sur ces bords, admirant ces riantes campagnes, moins sévères et moins pittoresques que les belles vallées suisses, mais bien dignes aussi des pinceaux de l'artiste.

Enfin M. Dermilly songe au retour. Nous arrivons à Lyon ; nous ne nous arrêtons que huit jours dans cette ville, qui me rappelle mon pauvre frère et l'aventure qui nous y arriva. Nous poursuivons notre voyage ; la santé toujours chancelante de M. Dermilly nous retient encore quelque temps, et ce n'est qu'au bout de neuf mois d'absence que je revois ce Paris, où la première fois je suis entré en dansant et en chantant !... Ah ! ce n'est plus la même chose.

— André, me dit M. Dermilly en arrivant dans la grande ville, tu vas retourner à l'hôtel du comte, mais je ne crois pas que maintenant tu y fasses un long séjour. Songe que ma demeure est la tienne, et que je te regarde comme mon fils.

Homme généreux !... qu'ai-je donc fait pour tant de bontés ?... Et je brûle de le quitter, de retourner à l'hôtel !... Ah ! l'amour nous rend ingrats !... et il ne nous dédommage point des fautes qu'il nous fait commettre.

Il est huit heures du soir lorsque j'entre à l'hôtel : je regarde avec ivresse les croisées de l'appartement d'Adolphine... Elle est là... oui, mon cœur ne le dit ; mais je ne la verrai pas ce soir. Je redoute son père... son cousin... Non, je n'ose me présenter, courons chez Lucile.

Pourvu que Lucile soit chez elle ; oui, la clef est à sa porte. J'entre dans la première chambre... j'entends parler dans la seconde, qui est la pièce où elle couche. Avec qui Lucile cause-t-elle ? Si Adolphine était montée... Oh ! non, ce n'est pas présumable... Cependant je m'arrête et ne résiste pas au désir d'écouter un moment ; je reconnais bientôt la voix de Lucile.

— Voyons, petit John, donnez-moi une leçon d'anglais... et ne serrez pas tant vos jambes contre les miennes. — *Yes, miss.* — Oui, mais vos *yes*, *yes*, ne vous empêchent point de me marcher sur les pieds... — *Yes, miss.* — Allons, petit John, tenez-vous tranquille, et apprenez-moi comment on dit je vous aime en anglais. — *Y love you, miss.* — *Aï love...* Ah ! comme il faut ouvrir la bouche !... comment quoi mes dents ne sont pas laides... *Aï love...* — *You for ever.* — Fort et quoi ?... — *Ever, miss.* — Ah ! comme c'est long, et qu'est-ce que cela veut dire tout ceci ? — Je aime vous pour beaucoup longtemps. — Ah ! ah ! ah ! qu'il est drôle, ce petit John, en disant cela !... C'est qu'il me fait des yeux comme s'il avait vingt ans... Ah ! — *For ever, miss.* — Oui, oui, j'entends... Tenez donc vos genoux tranquilles, petit jockey... Ah ! comme les Anglais ont la peau blanche !... Je n'avais pas encore remarqué cela... Et embrassez-moi, comment dit-on cela, John ? — *Kiss my.* — *Kiss my ?* ah ! que c'est gentil, *kiss my !*... Tiens, je dirai cela très-facilement, *kiss my*... *kiss my*... Eh bien ! voulez-vous finir, petit jockey... C'est qu'il m'embrasse vraiment.

En ce moment j'ouvre la porte, pour terminer la leçon d'anglais, et je vois mademoiselle Lucile tenant les mains d'un petit blondin rose, bien joufflu, et qui, je crois, apprend beaucoup plus lestement que les Savoyards.

En me voyant, Lucile jette un cri et rougit ; le petit jockey me regarde avec étonnement... Mais la femme de chambre se remet bientôt, et faisant signe au jockey de s'en aller : — Voilà assez d'anglais pour aujourd'hui, lui dit-elle, la leçon est finie.

M. John la salue d'un air presque fâché et s'éloigne en faisant une petite mine très-comique.

— Comment, c'est vous, André ? me dit Lucile en s'approchant de moi. J'espère que cela s'appelle surprendre son monde !...

— En effet, vous ne m'attendiez pas, et je vous ai aperçu.

— Qu'est-ce que c'est, monsieur ? N'allez-vous pas être jaloux d'un enfant ? d'un petit bonhomme qui me fait dire quelques mots d'anglais pour rire ? voilà tout... Ah ! ce serait joli d'être jaloux de John !

— Non, Lucile, oh ! non, je vous assure que cela ne me tourmente pas du tout.

— A la bonne heure... Comme il est grandi encore depuis neuf mois !... Oh ! vous êtes un homme à présent. Eh bien ! vous ne m'embrassez pas !... Il faut que je vous le dise. Comment, les voyages ne vous ont pas formé plus que cela ?

— Donnez-moi des nouvelles de madame... de mademoiselle.

— Vous ne les avez donc pas encore vues ?

— Non, j'arrive à l'instant.

— Elles doivent être seules maintenant, car madame avait la migraine ce matin et n'aura reçu personne.

— Elles sont seules ? ah ! je cours...

— Eh bien ! monsieur André, vous ne m'avez pas embrassée... J'espère que vous allez revenir.

Je n'écoute plus Lucile, je suis déjà devant l'appartement de madame la comtesse. Comme mon cœur bat !... Je vais voir celle que j'adore... et l'absence, bien loin d'affaiblir mon amour, n'a fait que l'accroître encore.

Je traverse les pièces qui précèdent le salon de madame ; je respire à peine... Enfin, me voici tout près d'elle, une seule porte nous sépare encore... Insensé ! au lieu de nourrir cette passion qui doit faire le malheur de ma vie, ne ferais-je pas mieux de fuir celle qui en est l'objet ? Mais je ne le puis... Je tiens le bouton de la porte. J'ouvre doucement... je l'aperçois... assise près d'une table et lisant.

Elle ne m'a pas entendu... Elle continue de lire... elle est seule. Une glace placée en face d'elle réfléchit ses traits. Je puis la contempler à mon aise... Oui, elle est plus belle encore... L'adolescence amène d'autres sentiments, et les traits en reçoivent une autre expression. Je voudrais lire sur son front... Je cherche en elle un peu d'amour pour moi. Elle a seize ans maintenant... Ah ! que ne sommes-nous encore à ce moment où je la portais dans mes bras... où ses petites mains jouaient avec les boucles de mes cheveux !

En la regardant je me suis insensiblement approché... Enfin, je suis tout près d'elle, et, sans y penser, sans en avoir eu le dessein, je prends une de ses mains et je la porte sur mon cœur.

Adolphine fait d'abord un mouvement d'effroi, mais elle me reconnaît.

— C'est vous, André, me dit-elle, c'est vous ! ah ! que je suis contente de vous revoir !... Vous ne voyagerez plus, n'est-ce pas, André ? vous resterez maintenant avec nous ?...

Fille charmante !... et elle ne retire pas sa main que je presse sur mon cœur ! Je suis si heureux, si troublé, que je ne sais plus ce que je dis, et il me semble qu'elle partage mon bonheur.

— Vous ne m'avez donc pas oublié, mademoiselle ?

— Vous oublier, André ! vous, l'ami de mon enfance, vous qui m'avez sauvé la vie !... c'est mal de penser cela.

— Ah ! mademoiselle, que ne puis-je vous consacrer toute mon existence ! Si vous saviez combien, loin de vous, le temps m'a paru long !... Je n'avais qu'un désir, celui de revenir... de vous revoir...

Je ne suis plus maître de mon secret... il va m'échapper... je ne vois plus la distance qui nous sépare, je ne vois qu'Adolphine, lorsque des pas se font entendre : je n'ai que le temps de quitter sa main, de m'éloigner d'elle... le marquis entre dans le salon.

En m'apercevant il fait une légère grimace, mais il s'approche de sa cousine, il s'assied contre elle... et la regarde avec une familiarité !... il lui prend lestement la main... je ne connais pas le prix de ce trésor !

— Ma chère petite cousine, on m'a dit que la maman était indisposée, et moi aussi j'ai une espèce de migraine ; je viens rire avec vous pour tâcher de la guérir.

En achevant ces mots, le marquis se retourne et semble étonné de me voir encore. Il me jette un regard insolent en s'écriant : — Que faites-vous là ?... sortez donc, vous voyez bien qu'on n'a pas besoin de vos services...

Je reste immobile, mes yeux se fixent sur le marquis, mais je tâche de contenir mon agitation.

Ne me voyant point bouger, le marquis reprend au bout d'un moment : — Eh bien ! est-ce que vous ne m'avez pas entendu ?... je vous dis de sortir.

— Je vous ai fort bien entendu, monsieur ; mais je ne pensais pas que ce fût à moi que vous parliez ainsi.

— Et à qui donc, s'il vous plaît ?... faut-il se gêner pour renvoyer monsieur André le Savoyard !...

— Oui, monsieur, je suis Savoyard, et je m'en fais honneur ; les habitants de mon village sont honnêtes, fidèles, reconnaissants. Je tâcherai de conserver toute ma vie ces vertus héréditaires ; c'est mon seul patrimoine, mais je ne le changerais pas contre l'or et les titres de beaucoup de gens.

— Ah ! ah ! phrase superbe... mon cher ; vous avez retenu cela d'un mélodrame de l'Ambigu ou de la Gaîté, n'est-ce pas ? Mais c'est assez ; je vous dis de sortir, obéissez !

— Ce n'est pas à vous, monsieur, à me donner des ordres...

— Insolent !... je vous mettrai bien à la raison...

Mon sang bouillonne dans mes veines, mais Adolphine accourt près de moi ; son regard est suppliant :

— Mon Dieu ! pourquoi donc vous disputer, s'écrie-t-elle, mon cousin ; que vous a donc fait André pour lui parler ainsi ?...

— Votre André est un drôle que je veux corriger.

Je ne me connais plus, je suis prêt à m'élancer sur le marquis... Adolphine se jette entre nous, elle étend ses bras vers moi.

— Rendez grâces à la présence de mademoiselle, dis-je au marquis ; sans elle vous ne m'auriez pas insulté impunément.

— Je crois vraiment qu'il me brave.... Ah ! c'en est trop ! et je veux...

En ce moment ma bienfaitrice paraît au milieu de nous ; elle a entendu notre querelle, et, oubliant ses souffrances, s'est empressée d'accourir. Adolphine court dans les bras de sa mère en s'écriant :

4.

— Ah ! maman ! je t'en prie, empêche-les de se quereller.... si tu savais....

— J'ai tout entendu, dit madame la comtesse ; Thérigny, je croyais que vous auriez plus de respect pour moi, et que, dans mon appartement, devant ma fille, vous ne vous seriez pas livré à de tels emportements.

— Comment ! ma chère tante, quand ce?...

— Taisez-vous. Et vous, André, rentrez chez vous, demain matin vous viendrez me voir.. Allez, André.., je vous en prie....

Comment résister aux ordres de ma bienfaitrice?... Elle me tend la main en me faisant signe de m'éloigner. Je baise avec respect cette main chérie, et je sors sans regarder le marquis, afin que ma colère ne l'emporte pas sur mon devoir.

Lucile m'attendait dans ma chambre. N'étant plus en présence de madame la comtesse, je puis enfin laisser éclater mes sentiments ; je me promène à grands pas dans l'appartement sans faire attention à Lucile, qui me suit en me tirant de temps à autre par mon habit.

— Ai-je assez souffert... suis-je assez humilié?...

— Vous avez souffert, André, et quand donc cela ?

— Devant Adolphine me traiter ainsi!...

— Qui donc ?

— Ô ma bienfaitrice ! sans vous je ne sais où m'aurait emporté ma colère !...

— Allons, il est en colère maintenant... et contre qui donc, monsieur ?

— C'en est fait, dès demain je quitte cette maison...

— Vous quittez l'hôtel... Ah ça ! c'est pour rire que vous dites cela ?

— Je l'aurais quitté sur-le-champ sans les ordres de madame, qui m'y retiennent jusqu'à demain.

— Monsieur André, je n'aime pas ces plaisanteries-là ! je vais me trouver mal si vous parlez encore de départ... ah ! je sens déjà que mes nerfs se crispent, se retirent...

Lucile s'assied en poussant de grands gémissements ; mais comme elle s'aperçoit que je continue de me promener dans la chambre sans faire attention à ses nerfs, elle se décide à ne point se trouver mal, et court de nouveau après moi.

— Mon petit André... qui est-ce qui vous fâche donc si fort ?... est-ce parce que j'apprenais quelques mots d'anglais avec John ?... eh bien ! je vous promets de ne plus prendre de leçons, quoique ce soit bien innocent.

— Ah ! vous pourrez prendre autant de leçons qu'il vous plaira. Lucile, je ne serai plus là pour vous gêner..., je pars demain.

— La ! c'était bien la peine de revenir pour partir si vite !... Et que vous a-t-on fait, monsieur, pour que vous soyez si pressé de nous quitter ?

— On m'a insulté... traité comme un misérable...

— Qui donc ?

— Le neveu de M. le comte.

— Eh ! c'est pour cela que vous êtes si en colère ?... est-ce qu'il faut faire attention aux discours d'un étourdi, d'un fou, qui, les trois quarts du temps, ne pense pas à ce qu'il dit ?

— Ah ! Lucile, il est des choses que je ne pourrai jamais supporter. Si je restais dans cet hôtel, d'un moment à l'autre il arriverait quelque scène fâcheuse... Il est de mon devoir de partir, et je suis sûr que madame la comtesse elle-même m'approuvera.

— Je suis bien sûre, moi, qu'elle ne vous laissera pas partir.

— Lucile, aidez-moi à faire mes apprêts...

— Joli passe-temps ! après neuf mois d'absence !... quand on doit avoir tant de choses à se dire ! il faut que j'aide monsieur à faire des paquets !...

— Oh ! ce ne sera pas long !...

— Mon Dieu ! mon Dieu ! que je vais m'ennuyer dans cette maison maintenant !... Pendant votre voyage, au moins je savais que vous reviendriez, et cela me consolait.

— Vous apprendrez l'anglais, Lucile, et cela vous distraira.

— Est-il méchant ! aimez donc quelqu'un... pour qu'il vous fasse de la peine ensuite.

— Ah ! Lucile, je ne perdrai jamais le souvenir de vos bontés et des heureux instants que j'ai passés avec vous...

— Je l'espère bien... d'ailleurs nous nous reverrons... Embrassez-moi donc si vous m'aimez toujours...

— Mais ce M. Thérigny... ah ! je sens que sa vue seule...

— Au diable les gens en colère !... cela n'est bon à rien !... vous étiez bien plus aimable quand vous étiez petit, monsieur André.

— Comme elle tendait ses bras vers moi... comme elle me regardait !

— Qui donc vous tend il les bras ?

— Ah ! elle ne me méprise pas, elle !... son cœur est si bon, si sensible !...

— Monsieur, vous empaqueterez vous-même vos culottes.... tout ceci commence à m'ennuyer beaucoup.

— O Adolphine ! Adolphine !...

— Allons, voilà mademoiselle qui en est à présent ; en vérité, je crois qu'il perd la tête... encore si c'était d'amour pour moi, on le lui pardonnerait... mais, bah ! il ne pense pas plus à moi !... Et où monsieur va-t-il loger ? j'espère que ce n'est pas avec mademoiselle Manette ; car enfin ce n'est plus un enfant, votre Manette, et les mœurs... André, vous me donnerez votre adresse ; j'irai vous voir souvent.

— Je vais demeurer chez M. Dermilly.

— Chez M. Dermilly ! mais ce sera fort gênant... c'est égal, j'aime mieux cela si vous étiez chez le père Bernard. Bernard !... Manette !... je suis à Paris, et je n'ai pas encore été les embrasser ! Ah ! combien je m'en veux !... Mais en quittant cette maison je serai tout à l'amitié.

Je retombe dans mes réflexions, Lucile continue de se lamenter ; la nuit se passe ainsi. Au point du jour la femme de chambre me quitte en me faisant une mine moitié tendre, moitié fâchée.

J'attends avec impatience que madame me fasse dire de descendre chez elle ; enfin, sur les onze heures, Lucile vient m'avertir que sa maîtresse désire me parler, et je me hâte de me rendre près de ma bienfaitrice. Adolphine est là... elle dessine auprès de sa mère.

La bonne Caroline me témoigne la plus tendre amitié, sa fille m'adresse un charmant sourire. On semble vouloir me dédommager du chagrin que m'a causé le marquis, en me montrant encore plus d'intérêt. J'apprends à madame mon désir d'aller vivre près de M. Dermilly, si elle veut bien y consentir. Adolphine semble attendre avec anxiété la réponse de sa mère ; celle-ci, après avoir réfléchi quelque temps, me dit enfin :

— Je ne puis vous blâmer, André, et je ne m'oppose point à votre départ... non que je pense que le marquis vous dise désormais rien de désagréable, mais de sa présence doit vous être pénible... Votre éducation est terminée, il vous faut maintenant connaître le monde et les hommes autrement que par les livres. Vous ne pouviez prendre un meilleur mentor que M. Dermilly. Il vous aime autant que moi, c'est beaucoup dire, André ; mais, en vous sachant auprès de lui, je vous croirai toujours avec moi.

— Quoi, maman, tu le laisses partir? s'écrie Adolphine. — Ma bonne amie, il faut aimer les gens pour eux. André a dix-neuf ans, le séjour de cet hôtel, où il reste presque toujours enfermé dans sa chambre, n'est plus ce qui lui convient ; mais nous le verrons souvent, n'est-il pas vrai, André ?

Je réponds en balbutiant ; car je suis tout troublé de la douleur d'Adolphine. J'ai vu des larmes dans ses yeux, et je songe que c'est mon départ qui les fait couler.

— Avant de vous laisser partir, André, reprend ma bienfaitrice, je veux vous faire connaître mes intentions : j'avais le projet de vous établir, mon ami ; de vous marier avec celle que vous aimez......

— Avec celle que j'aime, madame ! dis-je vivement tandis qu'Adolphine prête une oreille attentive en me regardant à la dérobée.

— Oui, André, je connais vos sentiments... Croyez-vous que depuis longtemps je ne les ai pas devinés?...

Je rougis, je baisse les yeux. Madame la comtesse continue :

— Mais je sens que vous êtes trop jeune pour vous marier maintenant... Au reste, dès que vous voudrez épouser Manette, songez, André, que la dot est prête, et que j'exige que vous acceptiez cette faible marque de mon amitié : c'est bien peu auprès de ce que votre père fit jadis pour moi.

Manette ! elle croit que j'aime Manette !... Adolphine pourrait le penser aussi ! je veux la détromper : ses regards sont attachés sur son dessin... mais sa main est immobile... elle cache son visage pour dérober son émotion à sa mère.

Madame, je suis reconnaissant de vos bienfaits, dis-je avec feu ; mais je ne puis les accepter... Vous vous êtes trompée sur mes sentiments... Je ne serai jamais l'époux de Manette... Je l'aime comme une sœur ; mais je ne ressens point d'amour pour elle...

— Vous n'aimez pas Manette ! s'écrie avec surprise ma bienfaitrice ; je ne lui réponds plus ; je ne vois qu'Adolphine, qui paraît respirer plus librement, et vient de me jeter un si doux regard qu'il me semble que je n'ai plus rien à envier aux rois de la terre.

Je la regarde toujours, et, quoiqu'elle ait baissé la tête, je vois encore sur ses lèvres les traces du sourire que ma réponse a fait naître.

Nous restons quelques minutes dans cette situation ; je ne m'aperçois pas que la mère d'Adolphine promène alternativement ses regards sur moi et sur sa fille ; mais, en revenant de mon ivresse, je vois sur le front de ma bienfaitrice une expression de sévérité qu'elle n'a jamais eue avec moi, et je baisse les yeux en rougissant, tremblant qu'elle n'ait lu dans mon cœur.

— Il suffit, André, dit enfin la comtesse, je suis fâchée de m'être trompée... Je croyais Manette destinée à être un jour votre femme... et je suis persuadée qu'elle aurait fait votre bonheur... Mais peut-être changerez-vous de sentiments, et.... — Oh ! non, madame ! non, jamais je ne changerai !... jamais je n'aurai d'amour pour une... pour cela... pour... — C'est assez : vous pouvez partir. Je me charge de présenter vos respects à M. le comte.

Je vais m'éloigner intimidé du ton de ma bienfaitrice, mais elle reprend bientôt avec un accent plus doux :

— André, n'oubliez jamais que vous avez passé une partie de votre jeunesse dans cette maison... que je vous aime comme mon fils... que votre bonheur fut toujours mon plus cher désir.

— Moi l'oublier, madame... ah ! jamais !... vos bienfaits sont gravés dans mon âme ; puissé-je un jour être à même de vous prouver ma reconnaissance !

La bonne Caroline me presse dans ses bras. Adolphine s'avance... Un regard de sa mère semble arrêter ses pas ; mais elle me tend la main en signe d'adieu, et je presse cette main chérie qui tremble dans la mienne... C'en est fait, je m'éloigne ; je quitte cet hôtel où j'ai passé huit années de ma vie... Peut-être eussé-je été plus heureux en n'y entrant jamais !

CHAPITRE XXII. — Rencontre inespérée.

— Me voici, monsieur, dis-je à M. Dermilly en arrivant chez lui ; j'ai pour jamais quitté l'hôtel, et, si vous le permettez, je resterai avec vous.
— Si je le permets, mon ami ! dit M. Dermilly en me pressant dans ses bras ; ah ! ta présence adoucit mes souffrances et charme mes ennuis : sois mon fidèle compagnon. Ce ne sera pas pour longtemps, André ; mais du moins c'est ta main qui me fermera les yeux.

Je tâche de le distraire de ces tristes pensées en lui racontant ce qui s'est passé à l'hôtel et ce qui a causé mon départ. Il m'écoute attentivement. — Tu as bien fait de prendre ce parti, me dit-il ; en demeurant plus longtemps sous le même toit que cet étourdi qui affecte de te mépriser, tu aurais pu oublier que tu étais dans la maison de Caroline... et je frémis en songeant à ce qui pouvait en résulter. Tu iras voir la comtesse... tu le dois, mais tu feras en sorte de ne point rencontrer des gens qui ne t'aiment pas. Va souvent chez Bernard et Manette ; mais que ces bons amis viennent ici tant qu'ils le désireront, ils me feront toujours plaisir. Car, mon cher André, je ne suis qu'un artiste et je ne rougis point de la visite d'un honnête homme, de quelque classe qu'il soit. Si j'étais comte, il me semble que je penserais de même.

Me voilà de nouveau installé dans cette chambre où l'on me transporta blessé à l'âge de onze ans. La bonne Thérèse n'est plus, un domestique fidèle la remplace. Je retourne visiter l'atelier où Rossignol a joué la scène de revenant. Je ne rencontre plus ce mauvais sujet ; peut-être pour quelque fredaine a-t-il été forcé de quitter Paris ; maintenant je ne serai plus sa dupe. M. Dermilly n'a pas depuis longtemps employé de modèles ; sa faiblesse ne lui permet plus de travailler que fort rarement. — C'est toi, me dit-il, qui finiras ces tableaux que j'ai commencés.

Je n'ai point oublié mes bons amis ; mais mon départ de l'hôtel m'a tellement occupé que je suis excusable d'avoir tardé à me rendre près d'eux. Allons les embrasser ; ils logent toujours au même endroit. Le père Bernard tient à sa mansarde, que cependant il aurait pu quitter, car son travail et celui de sa fille le mettent au-dessus du besoin ; mais le porteur d'eau a point de vanité ; et lorsque Manette lui propose de descendre d'un étage afin de moins se fatiguer, il lui répond : — Mes jambes sont accoutumées à me porter jusqu'ici, et mes amis à venir m'y chercher. Ceux qui, pour me voir, craignent de se fatiguer en grimpant au cinquième me feront toujours plaisir en restant chez eux.

A cela Manette n'ose rien répondre, son cœur lui dit que le cinquième ne fera jamais peur. En effet je monte rapidement l'escalier, et je me retrouve dans les bras de mes bons amis. Avec quel plaisir je les embrasse ! Bernard prétend que je suis un bel homme, Manette dit qu'elle me voit beaucoup trop jeune, et je m'aperçois qu'elle est fort bien faite, et que ses dix-neuf ans lui donnent un certain air réservé, placide, qui lui sied fort bien.
— Je viens dîner avec vous, leur dis-je. — Quoi ! tu ne retournes pas à l'hôtel ? s'écrie Manette. — Non, je n'y retourne plus, je l'ai quitté pour toujours, et maintenant je demeure avec M. Dermilly.

Le père Bernard me demande l'explication de ce changement, et je lui conte tout. Pendant que je suis frappé de la joie, de l'ivresse que témoigne Manette : en me revoyant elle était contente ; mais depuis qu'elle sait que je n'habite plus l'hôtel, il semble qu'un délire se soit emparé d'elle : elle court, saute dans la chambre, elle rit et chante en même temps ; le bonheur brille dans ses yeux ; elle ne peut rester en place... C'est Manette à l'âge de huit ans lorsque nous dansions ensemble les bourrées de notre pays.
— Mon père ! mon père ! s'écrie-t-elle, il ne loge plus à l'hôtel !... ah ! quel bonheur !... que je suis contente ! — Eh ! pourquoi donc cela ? dit le père Bernard. — Ah ! mon père, quoi ! que nous le verrons bien davantage maintenant ! vous voyez bien que M. Dermilly nous permet d'aller chez lui... et puis André aura plus de temps... et puis il pensera plus à nous... il nous aimera bien mieux... — Bien mieux, Manette ! est-ce qu'à l'hôtel je t'avais oubliée ? — Non, non, mais c'est égal, ces beaux appartements, ce grand monde, ces beaux meubles, cela étourdit toujours un peu... Et puis on voit des personnes... qui... ah ! André ! que je suis heureuse !... ah ! n'y retourne jamais !
— Jamais ! s'écrie Bernard, et c'est ainsi qu'il reconnaîtrait les bienfaits de madame la comtesse ? — Oh ! mon père, pardon, je sais bien qu'il doit aller la voir quelquefois ; mais je ne coucherai plus dans cette grande maison où je n'aurais jamais osé entrer... Et ça pouvait lui donner des idées... car, mon bon père, André est un Savoyard, et il ne pouvait pas et il ne doit pas l'oublier. N'est-ce pas, André, que tu veux toujours te souvenir de ta naissance ? que tu ne feras pas le fier ?...

— Moi, Manette !... est-ce que je l'ai jamais été ? — Eh ! non, par Dieu ! mon garçon, tu ne l'as pas été ; mais je crois, en vérité, qu'il a passé quelque vertigo dans la tête de ma fille !... Elle n'a jamais tant parlé ni tant sauté depuis dix ans !

Je passe auprès de mes bons amis la journée entière ; elle me paraît courte, car ils me témoignent tant d'amitié que mon cœur en est vivement touché. Lorsque le souvenir d'Adolphine vient rembrunir mon front et qu'il m'échappe un soupir, Manette, qui semble deviner ma pensée, s'empresse de me prendre la main, de me parler de ma mère, de mon pays, et elle trouve toujours le moyen de ramener le sourire sur mes lèvres. Le père Bernard, qui, en prenant des années, se donne un peu plus de repos, aime à tenir table et à trinquer avec moi en portant la santé de tous ceux qui me sont chers, tandis que Manette me dit tout bas en me souriant :
— André, quelle charmante journée j'ai passée ! Oh ! il y a bien longtemps que je n'avais été aussi heureuse !

Entouré de ces bons amis, je me sens aussi plus content ; non, à l'hôtel je ne goûtais pas des plaisirs aussi purs, aussi doux. Pourquoi suis-je entré dans cette belle maison où j'ai laissé ma gaieté d'autrefois ?

J'ai quitté mes amis vers le soir ; avant de rentrer chez M. Dermilly, je ne puis résister au désir de passer devant l'hôtel : je n'entrerai pas, mais je regarderai les fenêtres. La voilà cette maison où j'ai passé mon adolescence, où j'ai reçu de l'éducation ! l'on a éclairé ma raison, mon jugement, nourri mon esprit... Mais j'ai payé tous ces avantages par la perte de ma tranquillité... Ah ! je suis loin d'être ingrat ; je ne devais pas élever mes regards vers la fille de ma bienfaitrice. Mais, toujours près d'elle, ai-je pu me défendre, me garantir de ce charme, de cet amour qu'elle sait si bien inspirer ?... Pourquoi m'ont-ils laissé pendant huit ans à même de l'apprécier à chaque instant ses vertus, d'admirer ses attraits ?... Parce que je suis un Savoyard, ils ont donc pensé que je n'avais pas un cœur !

Cependant madame la comtesse ne fut pas insensible ; d'après tout ce que j'ai entendu, elle a connu l'amour, elle doit compatir à ses peines. On l'a mariée contre son gré, elle ne voudra pas contraindre l'inclination de sa fille. Insensé ! et M. le comte, et le rang, et la fortune !... Ma bienfaitrice elle-même oubliera ses premières amours ; à trente-six ans elle n'y pensera plus comme à dix-huit !... Avec l'âge s'effacent les peines du cœur, et on est moins sensible à celles des autres.

Après avoir passé près d'une heure devant l'hôtel, les yeux fixés sur les croisées d'Adolphine, je rentre enfin dans ma nouvelle demeure. Mais mon cœur se dit que, sans l'arrivée du marquis, je serais encore sous le même toit qu'Adolphine, et je ne puis m'empêcher de haïr celui qui m'a séparé d'elle.

Plusieurs semaines se sont écoulées depuis que j'ai quitté la maison de M. Francornard, et je n'ai pas encore été me rendre chez ma bienfaitrice ; je me contente de passer tous les soirs plusieurs heures devant l'hôtel. Lucile vient me voir quelquefois, et de préférence aux heures où je suis dans l'atelier, parce que j'y suis toujours seul et que Lucile aime le tête-à-tête. Elle m'apprend que depuis mon départ mademoiselle est fort triste et ne veut point aller au bal. Ah ! Lucile, si vous saviez quel plaisir vous me faites en me disant cela ! M. de Thérigny fait de grandes dépenses en chevaux, en voitures ; on assure qu'il entretient une danseuse de l'Opéra ; qu'il en entretient dix ; et qu'il ne pense pas à sa cousine. Mais son oncle le trouve charmant, parce qu'il lui envoie chaque matin quelque nouveauté de chez Chevet.

Lucile termine par son refrain ordinaire : — Je vous assure que je n'apprends plus l'anglais et que je n'écoute pas Champagne. Mais venez donc à l'hôtel, ce n'est pas bien de ne point aller voir madame.

J'en brûle d'envie, et je ne sais ce qui m'arrête !... Mais M. Dermilly lui-même m'engage à aller voir madame la comtesse. Ses désirs sont des ordres pour moi ; je vais à l'hôtel. J'ai soigné ma toilette ; sans être coquet, je suis bien aise d'être habillé avec goût, et en secret je désire plaire. Je suis presque aussi bien mis que M. le marquis, et Lucile assure que j'ai une tournure fort distinguée.

Je tremble en entrant dans l'hôtel ; et en montant l'escalier qui conduit chez madame, je pense que je vais voir Adolphine. Elle est toujours avec sa mère. Lucile m'aperçoit, elle court m'annoncer à sa maîtresse ; au bout d'un moment elle revient me dire d'entrer. Me voici devant madame... Mais, hélas ! je ne vois point celle que j'espérais trouver là.

Madame me témoigne beaucoup d'amitié ; mais mon cœur cherche Adolphine ; j'espère toujours la voir entrer... Elle ne vient pas ; il faudra donc m'en retourner sans l'avoir vue !... Je ne sais si j'ai bien répondu à ma bienfaitrice, mais je crois qu'elle s'aperçoit de mon trouble, de mon impatience ; malgré moi je tourne sans cesse mes regards vers la porte. Madame me demande des nouvelles de M. Dermilly ; je n'en ai point de bonnes à lui donner, car sa santé s'affaiblit chaque jour. Jadis, en apprenant son état, la sensible Caroline eût tout bravé pour voler près de lui, maintenant elle se contente de soupirer... Les années ont fait leur effet.

Il faut que je m'éloigne, ma visite a été assez prolongée ; je me lève ; mais je n'y tiens plus et je balbutie le nom d'Adolphine.
— Ma fille se porte bien, me dit froidement la comtesse, je ne manquerai pas de lui faire part de votre bon souvenir.

Allons, il est décidé que je ne la verrai pas! Je m'éloigne tristement; Lucile me suit sans en faire semblant, et me glisse à l'oreille :
— J'irai demain à l'atelier. — Pourquoi n'ai-je pas vu mademoiselle ?
— Madame lui a dit d'aller dessiner chez elle et de l'y attendre, quand elle a su que vous étiez là. On ne veut plus que je la voie! Ah! pourquoi n'avoir pas pris plus tôt toutes ces précautions?...

Je sors de l'hôtel à pas précipités, je retiens avec peine les larmes qui me suffoquent. J'entre dans l'allée d'une maison, et là je pleure à mon aise en regardant ses croisées et en me disant : — Je ne la verrai plus! je ne pourrai plus lui parler!... je n'entendrai plus sa douce voix!... ses yeux charmants ne se fixeront plus sur les miens!

Ces pensées redoublent ma peine, mais du moins je puis me livrer en liberté à ma douleur; être obligé de cacher ses souffrances rend encore plus malheureux.

Un jeune homme, de mon âge à peu près et vêtu comme je l'étais quand je vivais avec Bernard, entre en chantant dans l'allée où je suis; il va passer devant moi pour monter l'escalier qui est au fond, et je me suis rangé pour lui faire place. Mais, étonné sans doute de voir un homme élégant pleurer comme un enfant dans une allée, il s'arrête à quelques pas de moi; il ne peut se décider à monter l'escalier; mon chagrin lui fait mal, il ne chante plus; mais il ne sait comment m'aborder. Il fait quelques pas vers moi, puis s'éloigne; il tousse, il s'arrête; enfin, n'y tenant plus, il s'approche en me disant :
— Pardon, excuse, monsieur, mais vous avez l'air de souffrir... Vous êtes peut-être tombé dans l'escalier, qui est un peu noir,... ou bien, dans la rue, queuque voiture,... ça arrive si souvent dans ce Paris!... On crie gare! mais, bah! le bruit empêche d'entendre... Si vous voulez que j'aille vous chercher queuque chose,... je sommes tout prêt.

Dans ma situation toute conversation m'était importune. Mais je viens de reconnaître l'accent de mon pays; celui qui me parle est Savoyard, je n'en saurais douter; et le cœur n'est jamais muet pour ce qui lui rappelle sa patrie. Je me retourne avec intérêt vers le commissionnaire en lui répondant : — Merci, mon ami, je n'ai besoin de rien.

Sans doute le ton dont j'ai dit cela ne l'a pas convaincu, car il s'approche davantage, et reprend au bout d'un moment : — En êtes-vous bien sûr?

Je souris en essuyant mes yeux. — Vous êtes de la Savoie? lui dis-je. — Oui, monsieur... comment done vous avez vu ça? — Oh! j'ai reconnu l'accent du pays!... — Bah! est-ce que monsieur serait Savoyard aussi? — Oui, je suis votre compatriote. — Ah! bien, par exemple, je ne m'en serais pas douté, moi!... vous n'avez pas du tout l'accent, vous, ni la tournure! Vous êtes le premier du pays que je vois si bien mis!... Ah! dame, c'est pas pour faire des you piou, piou! que vous serez venu!... Pardon, excuse, si je vous dis ça, monsieur.

La naïveté, la franchise du jeune Savoyard me font du bien. — Y a-t-il longtemps que vous avez quitté la Savoie? lui dis-je.
— Oh! oui, monsieur, il y a ben longtemps!... J'avais sept ans quand je suis parti du pays avec mon frère! J'ai diablement ramoné de cheminées depuis ce temps-là.

Sept ans! avec son frère!... quelle pensée vient me frapper! Je considère attentivement ce jeune homme qui est devant moi; je cherche à reconnaître ses traits, en effet... il me semble trouver quelques rapports... et d'ailleurs, depuis près de onze ans! O mon Dieu! si c'était lui!... Cet espoir fait battre mon cœur avec tant de force que je puis à peine trouver celle de parler.

— De quel endroit de la Savoie êtes-vous? — De Vérin... petit village près du Mont-Blanc. — De Vérin!... et votre père?... — Oh! il était mort quand j'ai quitté le pays!... — Son nom? — Le nom de mon père? Georget, comme moi! — C'est lui!... c'est toi!... Pierre, tu ne me reconnais pas?—

En disant cela, je tends mes bras vers lui; il me regarde avec surprise. — C'est ton frère, lui dis-je, c'est André qui est devant toi.
— André!... vous... toi!... Ah! mon Dieu! c'est-i possible!

Je lui ôte toute incertitude en courant dans ses bras, en l'embrassant à plusieurs reprises. Pierre ne doute plus que je sois son frère, et alors pendant plusieurs minutes nous restons entrelacés dans les bras l'un de l'autre.

— Comment, c'est toi, André! toi, avec de si beaux habits... et tu pleurais!... — C'est toi, Pierre, toujours en veste... mais tu chantais! — Oh! pardi! moi, je chante toujours... Mais tu as donc fait fortune, André? tu es mis comme un seigneur. Pourquoi diable avais-tu du chagrin? — Je te conterai tout cela, mon pauvre Pierre... Je suis si content de te retrouver! je te croyais mort. — Pardi! je crois ben; depuis ce que coquin a voulu me manger et que je me suis sauvé, nous ne nous sommes pas revus!... Mon frère, embrassons-nous encore!

— Viens avec moi, dis-je à Pierre après l'avoir embrassé de nouveau; viens, je veux te présenter à mon meilleur ami... Il t'aimera aussi, j'en suis sûr... — Ah! un moment! j'allais dans cette maison pour une commission. Il faut que j'aille rendre réponse; écoute donc! c'est qu'il y a dix sous à gagner, et, dame, pour moi c'est queuque chose?... — Viens, mon frère, je te donnerai tout l'argent que j'ai...

— Oh! c'est égal, je ne veux pas perdre une pratique; d'ailleurs une commission, c'est sacré ça; est-ce que tu ne t'en souviens plus, André? — Si fait... tu as raison; eh bien! va, je t'attends ici... — Donne-moi plutôt ton adresse, j'irai chez toi quand j'aurai fini; tu pourrais attendre trop longtemps... — C'est une petite raccommodeuse de dentelles qui me fait courir après son amant, qui lui fait des traits, et, vois-tu, elle est capable de m'envoyer encore le guetter... Oh! c'est une petite fille qui est jalouse comme un démon!... Mais elle paye bien... Oh! les femmes, quand il s'agit de sentiment, elles ne regardent pas à dix sous de plus ou de moins!... Elles payent mieux que les hommes!

Je lui donne l'adresse de M. Dermilly en l'engageant à se dépêcher.
— M. Dermilly?... Est-ce que tu ne t'appelles plus André Georget comme autrefois? — Si, mon cher Pierre, je suis toujours fier de porter le nom de mon père. — Oh! je vois ben que tu es toujours bon garçon et que ces habits-là n'ont point changé ton cœur! — M. Dermilly est mon bienfaiteur, celui chez qui je demeure...— Bon, bon, je comprends... — Ne manque pas de venir ce soir, mon cher Pierre; après avoir été si longtemps séparés, ah! je ne veux plus que tu me quittes... — Ce bon André... il est riche et il m'aime toujours!... Mais la petite fille qui s'impatiente... Je grimpe la trouver, et je suis chez toi dans un instant.

Pierre m'embrasse, puis monte l'escalier; moi je sors de cette allée dans une situation d'esprit bien différente de celle où j'y étais entré. Je suis si heureux d'avoir retrouvé mon frère, que je passe devant l'hôtel sans m'arrêter et sans regarder les fenêtres. Je ne songe qu'à Pierre; je cours, je vole près de M. Dermilly pour lui faire part de cet événement.

Mon ami partage ma joie. Nous attendons avec impatience l'arrivée de Pierre, pour connaître ses aventures depuis qu'il m'a perdu, et les motifs qui l'ont empêché de donner de ses nouvelles à ma mère. S'il allait oublier l'adresse que je lui ai donnée, et moi qui n'ai pas songé à lui demander la sienne. J'étais tellement ému !... Mais on sonne de manière à casser la sonnette.... Oh! c'est lui, sans doute. Je cours ouvrir, et je presse mon frère dans mes bras..

Je fais entrer Pierre. En traversant les pièces qui conduisent à la chambre de M. Dermilly, il regarde autour de lui comme je regardais à onze ans lorsque le m'éveillai dans ce beau lit où l'on m'avait couché.
— Dieu! que c'est beau ici!... et comme c'est frotté! répète Pierre à chaque instant... Enfin nous voici devant M. Dermilly, et Pierre me dit à l'oreille : — Est-ce que c'est ton maître? — Ah! c'est bien plus que cela, dis-je en courant prendre la main de celui qu'il regarde avec respect, c'est mon second père... mon bienfaiteur!

— Je veux être aussi votre ami, mon cher Pierre! dit M. Dermilly en tendant la main à mon frère. Celui-ci ne sait s'il doit la toucher, il recule avec timidité en saluant toujours, et va se jeter contre une console, qu'il renverse d'un coup de pied. Le bruit que fait le meuble en tombant effraie mon frère; il se recule vivement, et ne voit pas une table à thé, sur laquelle est un joli cabaret, dont, d'un coup de chapeau, Pierre fait rouler les tasses sur le parquet. Cette nouvelle gaucherie achève de le déconcerter; il reste immobile, il n'ose plus bouger; tandis que M. Dermilly se contente de rire, et que je tâche de faire cesser son embarras.

Enfin Pierre est un peu remis de son trouble; je le conduis jusqu'à un fauteuil, dans lequel je le fais asseoir, et, l'ayant prié de nous conter tout ce qui lui est arrivé depuis que nous nous sommes séparés, Pierre prend ainsi la parole :

— Tu sais bien que je me mis à courir avec mes habits sous le bras quand ce vilain diable d'homme vint sur moi pour me manger. Ma foi! la peur m'avait donné des ailes, et, sans regarder si tu me suivais, je courus tant que j'eus de force; j'avais, sans m'en apercevoir, passé les barrières, j'étais dans les champs quand je m'arrêtai. Alors je songeai à toi, je t'appelai, mon pauvre André, et sans doute que dans ce moment tu m'appelais aussi de ton côté, mais nous ne pouvions nous entendre; après m'être rhabillé, je m'assis sur le bord d'un fossé, je t'appelais toujours; puis je pleurais, et la nuit venait; enfin je m'endormis en pensant à toi.

En cet endroit du récit de Pierre, je ne puis m'empêcher de courir l'embrasser en lui disant : — C'est comme moi, oui, mon frère, c'est comme cela que je me suis endormi loin de toi.

— Le lendemain matin en m'éveillant, reprend Pierre, je me remis en marche sans savoir où j'allais. J'avais faim, je fouillai dans ma veste : j'y trouvai sept sous, car c'était moi qui portais les fonds. J'entrai dans un village où je demandai pour un sou de pain; mais, quoique j'eusse faim, je le mangeai en pleurant, car je pensais que tu n'avais pas d'argent, André, et je me disais : Comment fera-t-il ce matin s'il a faim et s'il ne trouve pas de cheminée à nettoyer!... Mais je pensais que tu avais plus d'esprit que moi; et cela me consolait un peu, parce qu'on nous avait dit souvent qu'avec de l'esprit, à Paris, on se tirait bien d'affaire.

J'arrivai dans une ville; je crus que je rentrais dans Paris par un autre côté et je me disais : Je vais retrouver André; pas du tout, j'étais à Saint-Germain. Je ne savais plus que devenir et je pleurais dans une rue, quand un vieux monsieur vint à passer; il me demanda ce que j'avais, et je lui contai mon histoire. Écoute, me dit-il, je viens de renvoyer mon domestique, parce que c'était un ivrogne et qu'il me volait au moins trois verres de vin par mois. Tu es bien petit... mais tu mangeras moins, ce sera une économie : d'ailleurs les Savoyards sont fidèles et accoutumés à boire de l'eau. Si tu veux venir avec moi, je te prends à mon service, au moins tu ne seras pas exposé à coucher dans la rue. — Et mon frère? lui dis-je. — Ton frère.. je ferai faire à Paris les recherches nécessaires, et il viendra te trouver.

Bien content de ce que ce monsieur me promettait qu'il te ferait chercher, je le suivis. Il était propriétaire d'une grande maison, mais il n'en gardait pour se loger que trois petites chambres. Il me fit coucher dans une soupente, sur une petite paillasse ; mais je m'y trouvai bien. Il ne me donnait à manger que du pain et de mauvais légumes secs ; mais tu sais que nous n'étions pas difficiles. Enfin il me dit que j'aurais douze francs par an de gages. En revanche de tant de bontés, je lui servais de laquais, de cuisinière, de commissionnaire, et comme il avait très-peur du feu, il me faisait tous les matins ramoner ses cheminées.

Cependant je lui demandais tous les jours de tes nouvelles, et un matin il me dit que tu avais quitté Paris, et qu'on ne savait pas où tu étais allé. Comme je pleurais de ne point te revoir, il me dit : Pierre, tu es bien mieux chez moi que dans ce Paris, où l'on ne trouve pas tous les jours de quoi vivre. Le vieux ladre était bien aise de me garder ; et il m'assura qu'il écrirait à ma mère pour qu'elle fût tranquille sur mon sort.

Je passai cinq ans chez ce vieil avare ; mais plus je grandissais, plus je m'ennuyais chez lui, où d'ailleurs il commençait à crier après moi, parce que j'avais, disait-il, trop d'appétit. Mais je n'osais le quitter, car tu sais que j'ai toujours été timide ; enfin, un matin que je venais de manger deux pommes pour mon second déjeuner, mon maître vint me donner mon congé en me disant : — Tu as douze ans, tu manges déjà comme si tu en avais vingt-cinq, je vais prendre un valet plus jeune et moins affamé : retourne à Paris, tu y retrouveras peut-être ton frère. Tiens, voilà soixante francs pour cinq années de gages, avec cela tu peux presque t'établir.

Je n'avais jamais eu une somme si forte à ma disposition, et je revins gaiement à Paris. J'étais déjà grand, je me dis : Je ferai des commissions quand je ne ramonerai pas, et puis je chercherai André. Mais dame, j'avais beau te chercher et te demander à tous les Savoyards que je rencontrais, ils ne pouvaient pas te connaître, puisque tu étais devenu un beau monsieur... Au bout de quelque temps, ayant amassé une petite somme, je songeai à l'envoyer à notre mère ; mais je ne savais comment m'y prendre, lorsqu'un monsieur, une pratique que je décrottais quéquefois, et qui ne me payait jamais afin de m'en avoir plus à me donner, me tira d'embarras en me disant : Pierre, j'ai des connaissances dans ton pays, remets-moi l'argent que tu veux envoyer, et je me charge de le faire parvenir. Tu penses ben que je ne demandai pas mieux?... Je lui remis cent francs, et au bout de queuque temps il me dit que ma mère et mon frère me remerciaient et me faisaient bien des compliments.

— Ah ! mon pauvre Pierre, lui dis-je en l'interrompant, tu auras été dupe de quelque fripon, car notre mère n'a reçu de toi aucune nouvelle, et elle te croit mort comme je te croyais aussi. — Serait-il possible ! ce monsieur avait cependant l'air ben honnête!... Et au bout de queuque temps il n'a encore offert ses services. — Comment se nomme-t-il ce monsieur-là? — Attends donc. Ah! il m'a dit qu'il s'appelait Loiseau et qu'il était banquier. — Et son adresse? — Ah! ma foi ! je ne la lui ai pas demandée; c'était lui qui venait me trouver à ma place, et queuquefois il m'emmenait boire un verre de cassis chez l'épicier du coin. — Un banquier qui va boire du cassis chez l'épicier! dit M. Dermilly. Ah! mon ami Pierre, votre M. Loiseau m'a tout l'air d'un drôle qui mérite une volée de coups de bâton.

— Enfin, mon cher André, reprend Pierre, comme j'ai fait ensuite une maladie et que le travail n'a pas été fort bien, je n'ai pu depuis ce temps rien envoyer à notre mère, et je commençais seulement à reformer un petit magot, lorsque le hasard ou ma bonne étoile m'a conduit dans cette maison où je t'ai trouvé pleurant avec un enfant, quoique tu fusses mis comme un seigneur.

La dernière partie du récit de Pierre m'a fait rougir ; je me hâte, pour éviter d'autres réflexions du sujet, de raconter à mon frère tout ce qui m'est arrivé depuis que je l'ai perdu. — Ah ! morgué ! dit Pierre, que tu avais ben raison de dire que ce petit portrait te rendrait heureux, c'est pourtant à lui que tu dois ta fortune ! Il s'est bien fait du changement chez nous : tu es devenu un beau monsieur, tu as une tournure... des talents... des manières du grand monde ; moi, je suis resté ce que j'étais, je n'ai pas plus d'esprit qu'autrefois ! mais tu m'aimes toujours autant, voilà le principal ; grâce à toi, notre mère est heureuse, elle ne manque de rien... Dans ta prospérité tu n'as pas oublié tes parents. Ah ! mon cher André, c'est bien, ça ; moi, si j'étais devenu riche, ça m'aurait peut-être tourné la tête, et pourtant j'ai un bon cœur aussi. Ah çà ! il se fait tard, et je demeure dans le faubourg Saint-Jacques.

— Non, mon ami, dit M. Dermilly, vous demeurez maintenant ici, avec votre frère, avec moi, et nous tâcherons de faire quelque chose de vous.

— Serait-il possible ! s'écrie Pierre en sautant de joie et en jetant son fauteuil par terre. Quoi ! je vais habiter dans cette belle maison !... Ah ! monsieur !... ah ! mon pauvre André ! ah ! jarni ! et mes crochets qui sont chez moi avec ma malle... c'est égal, j'irai les chercher demain... ah ! Dieu ! comme on doit s'amuser ici !...

Pierre ne sait plus où il en est, je presse les mains de notre bienfaiteur, et comme il est tard, et que M. Dermilly a besoin de repos, j'emmène Pierre coucher avec moi.

Mon frère ne peut se lasser d'admirer les meubles de mon appartement ; il répète à chaque minute : — Comment ! je vais demeurer là-dedans, moi !

Cependant quelque chose tourmente Pierre, c'est de m'avoir trouvé pleurant dans l'allée. — Mais qu'est-ce que tu avais qui te chagrinais? me dit-il, tu ne m'as pas expliqué ça, je veux le savoir. — Je te le dirai plus tard. — Non pas, je veux le savoir tout de suite ; car, vois-tu, si en devenant un beau monsieur, il faut avoir du chagrin, j'aime mieux rester commissionnaire... au moins je chante toute la journée. — Mon chagrin n'était rien... c'est que.. Pierre, tu n'as pas encore été amoureux?... — Amoureux? ma foi! non. — Tu ne peux pas me comprendre. — Ah ! j'entends... tu es amoureux, toi... et la belle t'a fait quelque niche, comme l'amant de ma petite raccommodeuse de dentelles... — Pierre, ne va pas dire un mot de ceci !... — Sois tranquille.... les commissionnaires sont discrets.

Pierre a de la peine à se décider à entrer dans mon lit, qu'il trouve trop beau et trop tendre ; enfin il s'y étend, et s'endort en répétant : — Ah ! le bon lit... comme on enfonce... Ah ! Dieu ! que je vais m'amuser !... Mais je ne serai pas amoureux, puisque ça fait pleurer ce pauvre André.

CHAPITRE XXIII. — Mort de M. Dermilly. — Je suis riche. — Pierre fait des sottises.

En nous réveillant le lendemain, nous nous embrassons encore, mon frère et moi ; après une longue séparation il est si doux de se revoir ! Ce matin même je vais écrire à notre mère pour lui annoncer cette heureuse nouvelle.

M. Dermilly repose encore : j'envoie Pierre au faubourg Saint-Jacques terminer ses affaires ; il me promet d'être de retour à dix heures. J'ai mon projet, et, quoique je ne rougisse point de mon frère, puisque, grâce à l'amitié de M. Dermilly, il va demeurer avec nous, il ne doit point conserver son costume de commissionnaire. Je suis à peu près de la même taille que Pierre, je lui donnerai quelques-uns de mes habits. Je cours acheter ce qui lui manquerait encore, et je dispose tout ce qu'il faut pour sa toilette. Je suis si content d'avoir retrouvé mon frère, que depuis hier ma gaieté d'autrefois semble revenue. Ah! je serais bien plus heureux si la santé de M. Dermilly ne me donnait pas les plus vives inquiétudes ; mais chaque jour je le trouve plus faible, plus abattu, et il ne veut pas que je fasse connaître son état à madame la comtesse, parce qu'il craint de l'affliger.

Pierre revient avec ses crochets sur le dos. — Qu'avais-tu besoin d'apporter cela? lui dis-je, tu sais bien que maintenant ils te sont inutiles. — Ah ! écoute donc, mon frère, je veux faire queuque chose de moi, mais il n'est pas sûr que tu y réussisses... on ne sait ce qui peut arriver. Je garde mes crochets ; peut-être un jour serai-je bien aise de les retrouver. — Tu as raison, Pierre, et d'ailleurs, dans quelque position que tu te trouves, ils te rappelleront ce que tu as été. Mais maintenant habille-toi. — Comment, je vais mettre ces beaux habits ! s'écrie Pierre en examinant les effets que je lui présente. — Sans doute, tu es mon frère ; pourquoi ne serais-tu pas mis comme moi? — Au fait, c'est juste... mais c'est que toi, tu as l'habitude de porter ça ; au lieu que moi, je vais être d'un gauchet.... — Tu t'y feras ; j'ai été gauche aussi... — Allons, va pour le beau costume... Dieu ! que je vais être joli avec tout ça !

Quand Pierre est habillé nous allons trouver M. Dermilly, qui nous attend pour déjeuner. Il sourit en voyant mon frère : en effet, la mine de Pierre est tout à fait comique ; depuis qu'il a changé de toilette, il a si peur de se salir, de se chiffonner, que le pauvre garçon se tient roide comme un piquet, et n'ose pas se mouvoir. J'ai beau lui dire : — Allons, Pierre, de l'aisance... de l'assurance ; marche, et tiens-toi comme si tu avais encore ta grosse veste...

Pierre est en admiration devant sa cravate et son gilet, il ne veut pas se baisser le cou de crainte de déranger sa rosette ; et nous avons beaucoup de peine à le décider à s'asseoir, parce qu'il a peur de froisser les basques de son habit.

Après le déjeuner, pendant lequel Pierre n'a renversé que deux tasses et cassé qu'un sucrier, j'emmène mon frère chez le père Bernard ; je veux qu'il connaisse mes bons amis. Que ne puis-je aussi le mener à l'hôtel !... Ah ! si madame la comtesse et sa fille l'habitaient seules, mon frère y serait bien reçu.

Quand nous sommes dans la rue, je dis à Pierre : — Donne-moi le bras et n'aie pas l'air de marcher sur des œufs. — Oui, mon frère, c'est que j'ai peur de me crotter, vois-tu. — Eh ! qu'importe ! tu as des bottes. — Oui, mais elles sont si bien cirées que ce serait dommage de les gâter. — On ne s'occupe pas de cela quand on a un bel habit... Est-ce que tu es gêné dans ton pantalon? — Non, mon frère. — Pourquoi donc te fais-tu tirer comme cela pour avancer? — Mon frère, c'est que je croyais qu'il fallait faire de petits pas pour avoir bonne tournure. — Fais tes pas ordinaires, et ne t'occupe pas de ta tournure. — Ça suffit, mon frère. — Ah! mon Dieu! comme tu es rouge! Est-ce que tu étouffes? — Non, mon frère... mais c'est que ma cravate m'étrangle un peu. — Eh! que diable! desserre-la donc! — Mon frère, c'est que je craignais de chiffonner la rosette.

Je fais entrer Pierre sous une porte, et là je lui arrange sa cravate; je déboutonne son habit, et je tâche de lui donner un peu d'assurance. Nous nous remettons en route. Pierre fait une mine si drôle, que je ne puis m'empêcher de lui demander si c'est qu'il étrangle encore. — Non, mon frère, mais c'est qu'il me semble que tout le monde me regarde. — Et pourquoi veux-tu que tout le monde s'occupe de toi! Allons, mon frère, remets-toi, songe que tu es un honnête garçon, que tu peux marcher tête levée, et que ceux qui se moqueraient de ton air gauche n'en pourraient peut-être pas dire autant.

Ces paroles rendent à Pierre l'usage de ses jambes, et nous arrivons chez Bernard. En entrant chez le porteur d'eau, mon frère se retrouve à son aise, il n'y a rien là qui lui impose.

La comtesse de Francornard.

Je le présente à mes bons amis, qui partagent ma joie et traitent Pierre comme moi-même. Je remets à Bernard une lettre pour ma mère, il me tarde qu'il sache que Pierre est retrouvé. Nous passons plusieurs heures chez le porteur d'eau; mon frère y est déjà comme chez lui, il n'éprouve là ni gêne ni contrainte, et il promet à Bernard et à sa fille de venir les voir souvent.

— Vous nous ferez toujours plaisir, lui dit Manette: mais il sera encore plus grand lorsque André vous accompagnera. Bonne sœur! dans tout ce qu'elle dit je vois la preuve de l'amitié qu'elle me porte.

— Tu as là de fiers amis, me dit Pierre en revenant. Ah! morgué! ce père Bernard, quel brave homme! et sa fille... quel beau brin de fille!... quel air aimable!... J'irai les voir souvent. — Tu feras bien, mon ami; chez eux tu ne puiseras que de bons exemples, tu ne recevras que de bons conseils. — Oui, oui, j'irai souvent, et puis, vois-tu, je suis à mon aise chez eux, je n'ai pas peur de glisser sur le parquet en marchant, ni de casser queuque meuble en me retournant.

Pendant les premiers jours qui suivent l'installation de mon frère chez M. Dermilly, je conduis Pierre dans différents spectacles, je tâche de le déniaiser un peu. Mon frère ne sait ni lire, ni écrire : c'est moi qui veux lui donner des leçons. M. Dermilly croit bien que Pierre ne fera jamais un artiste; mais il pense qu'en lui enseignant les choses indispensables on pourra le faire entrer dans quelque maison de commerce.

Je m'aperçois que Pierre aura beaucoup de peine à apprendre seulement à lire. Voilà un mois que je passe tous les matins quatre heures avec lui, et qu'il en reste autant seul à essayer de former des lettres, et il ne peut encore épeler papa ou maman.

Quand Pierre a pris ses leçons, il va se promener pour tâcher de se donner ce qu'il appelle une jolie tournure, ou se rend chez Bernard et sa fille. Je ne puis l'accompagner que rarement; l'état de M. Dermilly devient alarmant, et je ne le quitte presque plus. Lorsque je sors un moment, c'est pour passer devant l'hôtel et regarder les croisées d'Adolphine. La présence de Pierre avait un instant fait taire mon amour; mais ce sentiment n'était que comprimé, et privé de la vue de celle que j'adore, loin de s'affaiblir, il semble s'accroître encore.

Lucile vient s'informer de la santé de M. Dermilly. Elle m'apprend que le marquis est toujours aussi avide de plaisirs, le comte aussi gourmand, Adolphine aussi triste, quoique madame la comtesse ne la quitte pas une minute et cherche sans cesse à lui procurer des distractions. Lucile s'étonne de ce que je ne viens pas à l'hôtel; mais qui veillerait sur M. Dermilly? Ses forces diminuent visiblement, et, quoiqu'il m'engage à accompagner Pierre et à prendre un peu de distraction, je ne peux pas le quitter un moment. Homme respectable, il paraît si touché des soins que je lui prodigue! Il me nomme son fils... Je lui dois tout, et il semble étonné de ce que je fais. Est-ce que l'ingratitude serait plus commune que la reconnaissance?

Mon frère rentre toujours avant onze heures. Un soir il n'est pas encore revenu à minuit, et il est sorti depuis trois heures. Il dîne quelquefois chez Bernard, sans doute il y aura été, mais Bernard se couche à dix heures. Les spectacles sont finis depuis longtemps; où peut être Pierre? M. Dermilly repose; je viens de le quitter, mais je ne me couche pas, chaque moment ajoute à mon inquiétude; nous veillons le domestique et moi. Une heure vient de sonner, et mon frère ne rentre pas. N'y tenant plus, je vais sortir, aller chez Bernard, lorsqu'enfin on frappe à la porte cochère, et bientôt j'entends dans l'escalier la voix de mon frère.

J'ai le projet de le gronder; mais en m'apercevant de son état, je vois que mes discours seraient superflus maintenant. M. Pierre est gris; il peut à peine se soutenir; il paraît même à son habit et à son pantalon couverts de boue qu'il n'a pas toujours su conserver son équilibre. Il n'a point de chapeau; sa cravate est dénouée et les yeux lui sortent de la tête. Le malheureux! où a-t-il été? Ce n'est pas chez Bernard qu'il s'est mis dans cet état. Je saurai tout demain matin; en ce moment, loin de le questionner, je veux tâcher de le faire taire, car le vin le rend très-bavard, et il crie comme un sourd.

— C'est moi, mon frère... me voilà... Je suis un peu en retard, mais, vois-tu, ce sont les plaisirs... et puis ces autres guerdins qui voulaient nous battre; mais je dis, nous étions là... nous les avons joliment rossés.

— Tais-toi, lui dis-je, et viens te coucher; M. Dermilly dort, tu sais qu'il est malade, respecte au moins son sommeil.

— C'est juste, mon frère, c'est juste! ce bon M. Dermilly, ah! Dieu sait si je l'aime et le respecte!... Je serais désolé de le réveiller.

Et le malheureux crie encore plus fort!... mais je l'entraîne dans ma chambre et je ferme toutes les portes; du moins on ne pourra l'entendre. — Couche-toi, lui dis-je; demain tu me conteras ce que tu as fait. — Je me suis amusé... et nous avons bien dîné... Ah! ce qui s'appelle dîné comme des négociants!... — Avec qui donc étiez-vous? — Avec qui?... comment, je ne te l'ai pas dit?... C'est Loiseau que j'ai rencontré... ma pratique jadis, et qui, à présent, dit qu'il est mon ami à la vie et à la mort!... — Ah! il y a du Loiseau là-dedans... Je ne m'étonne plus de l'état où je vous vois... Comment vous allez encore avec cet homme qui vous a trompé, et qui, suivant toutes les apparences, est un fripon? — Mon frère, je t'assure qu'il m'a dit qu'il était le plus honnête homme de la terre et que, si not' mère n'avait pas reçu l'argent, c'était lui qui était trompé et volé dans cette affaire-là. En foi de quoi il m'a montré des papiers et des lettres qui prouvent son innocence. — Et tu ne sais pas lire. — C'est ce que je lui ai d'abord dit, et c'est pour ça qu'il m'a répondu : Je vais te montrer des papiers qui me rendront blanc comme neige à tes yeux et, qui plus est, je vais te les lire, et il me les lut. C'était un certificat de probité qui lui était délivré par le juge de paix de son arrondissement, avec lequel nous avons été dîner. — Avec le juge de paix? — Non, avec le certificat en poche, chez un superbe traiteur à la carte?... C'était Loiseau qui commandait, et c'est moi qui ai payé, parce que son gousset s'est trouvé être percé, et quand il a cherché son argent, il n'a plus rien trouvé, tout avait glissé par le trou.

Je ne sais pourquoi j'ai dans l'idée que M. Loiseau pourrait bien être mon ami Rossignol. Je vois beaucoup d'analogie dans la conduite de ces deux personnages. — Où donc l'avez-vous rencontré? dis-je à Pierre.

— Dans la rue, comme j'allais chez le père Bernard, je vois un homme qui s'arrête en faisant des yeux effarés, puis qui me saute au cou en s'écriant : *Je ne m'abuse pas... oui, vraiment c'est lui-même!*... En musique, parce qu'il chante souvent en parlant... ô Dieu! comme il chante bien!... il fait avec sa voix des roulements comme un tambour...

Plus de doute! c'est ce coquin de Rossignol. — Après m'avoir embrassé comme du pain, reprend Pierre, il m'a demandé si j'avais volé la diligence ou gagné à la loterie... Je lui ai conté que j'avais retrouvé mon frère André, et que j'étais chez un brave homme que j'aime et que je respecte de toute mon âme!...

— Mais pas si haut, maudit braillard ! veux-tu réveiller notre bienfaiteur? — Ah! mon frère, c'est que quand je parle de cet homme-là je sens tout de suite les larmes qui... oh! c'est que j'ai un cœur sensible... hi! hi! hi! — Allons, le voilà qui pleure à présent!... Mais couche-toi donc, bavard éternel, tu me diras tout cela demain. — Un homme si respectable qui t'appelle son fils... hi! hi! hi!... Tu le mérites bien! tu es si bon!... Ce cher André, qui m'apprend à lire et à écrire... hi! hi! hi!... Va! je veux étudier, parce que cela me fend le cœur de voir la peine que tu te donnes pour me faire lire papa et maman... hi! hi! hi!

Manette est grandie, elle est devenue belle fille.

— C'est très-bien, Pierre, je suis content de toi ; mais couche-toi, je t'en prie. — Oui, mon frère... demain je lirai tout seul ba be bi bo bu... Et puis, vois-tu, nous avons bu du vin de... attends donc, du vin de Rotin, c'est ça ; et au dessert nous avons cassé des assiettes, parce que Loiseau chantait un boléro, et avec les morceaux il faisait des castagnettes pour s'accompagner. C'était si joli, qu'il y a des jeunes gens qui dînaient auprès de nous qui nous ont jeté des sous en nous priant de nous taire. Là-dessus Loiseau leur a jeté les morceaux d'assiette à la figure ; ils ont riposté par des plats. Oh! ça volait joliment! Il y a un vieux monsieur qui dînait tranquillement dans un coin de la salle... avec un civet... il a reçu sur la tête un saladier... alors il a été chercher la garde, et moi je n'ai plus retrouvé mon chapeau... c'est dommage, il était tout neuf! — Quelle jolie conduite!... — Oui, mon frère, nous nous sommes bravement conduits, et tu dois être content de moi... — Très-content, mais couche-toi... — Dis-moi d'abord que tu m'aimes toujours. — Eh! oui, je t'aime... mais il est temps de dormir.

Il est enfin couché, et bientôt je l'entends ronfler. Ah! Pierre, où te conduiraient les mauvaises connaissances si tu étais seul à Paris, sans guide, sans ami! Alors il vaudrait bien mieux pour toi continuer de porter des crochets que d'avoir quelque fortune : commissionnaire, tu resterais honnête homme ; mais dans l'opulence, qui sait ce que les fripons feraient de toi!

C'est sa première faute, il faut la lui pardonner.

Le lendemain en s'éveillant Pierre cherche à se rappeler ce qu'il a fait la veille ; il a peine à rappeler ses idées, car les débauches de table altèrent la mémoire et donnent à ceux qui s'y livrent fréquemment le caractère de l'imbécillité. Mon frère, en revenant à lui, rougit de sa conduite, et me supplie de la cacher à M. Dermilly. Il me promet de ne plus aller avec M. Loiseau. — Si je le revois, lui dis-je, il faut lui assigner un rendez-vous sous le prétexte de dîner encore ensemble ; tu auras soin de me prévenir, et j'irai avec toi... Je veux connaître M. Loiseau ; et si c'est celui que je soupçonne, il recevra le prix de ses friponneries.

Mais bientôt des inquiétudes plus vives me font oublier cet événement, M. Dermilly ne peut plus quitter son fauteuil ; il sent qu'il n'a que peu de temps à vivre, et toutes les fois que l'on vient de la part de madame la comtesse s'informer de sa santé il fait répondre qu'il se trouve mieux. — Mon cher André, me dit-il, je connais mon état ; mais à quoi bon affliger d'avance Caroline!... elle pleurera ma mort non plus avec ce désespoir qu'elle eût éprouvé autrefois, mais avec la douleur que l'on ressent de se séparer d'un ami!... Toi, mon pauvre André, j'ai lu dans ton cœur... l'amour te prépare aussi bien des chagrins !

Je cherche à dissiper ses soupçons, mais il a découvert mon secret.

— Tu aimes Adolphine, me dit-il ; s'il dépendait de moi de te rendre heureux, Adolphine serait ta femme... tu es mon fils adoptif, je n'ai point d'héritier, et je te laisserai tout ce que je possède. Grâce à mon talent et à la simplicité de mes goûts, je me suis fait près de six mille livres de rente, ils seront à toi, André, c'est beaucoup pour un artiste, mais c'est bien peu pour un M. de Francornard.

— Ah! monsieur, lui dis-je en couvrant ses mains de larmes, gardez vos bienfaits et conservez-moi mon bienfaiteur, mon ami.

Mais, hélas! mes soins ne peuvent lui rendre la santé. M. Dermilly traîne encore pendant un mois, et un matin il meurt dans mes bras en me nommant son fils et en prononçant le nom de Caroline.

La perte de cet homme si bon, si indulgent, me porte le coup le plus sensible. Pierre fait ce qu'il peut pour me consoler, Bernard et sa fille accourent près de moi ; ils mêlent leurs larmes aux miennes, partagent mes regrets. C'est lorsque l'on est dans la peine que l'on sent tout le prix de l'amitié.

M. Dermilly avait écrit ses dernières volontés. Il me laisse tout ce qu'il possédait ; je me trouve à la tête d'un beau mobilier et de près de six mille livres de rente.

Mademoiselle Lucile reçoit des leçons d'anglais du petit jockey de M. le comte.

— Six mille livres de rente! s'écrie Pierre, te v'là grand seigneur, André, te v'là assez riche pour acheter notre village. — Serait-il vrai? dit Manette en me regardant avec inquiétude ; André, est-ce que tu es maintenant riche comme... comme les gens qui ont des hôtels ? — Non, Manette, je suis bien loin encore de ces gens-là! mais j'en ai suffisamment pour faire des heureux ; ma mère, mes frères, et vous, mes amis, consentez à partager ma fortune.

— Mon garçon, dit le père Bernard en me serrant la main, je n'ai besoin de rien, et je ne veux rien. Je sais bien, moi, que six mille livres de rente ne sont pas une fortune immense... mais cela assure ton aisance et celle de ta famille... Tu mérites ça, André, et je suis bien sûr que ces nouvelles richesses ne te changeront pas. — Oh! non, père Bernard, jamais.

Cette assurance semble rendre à Manette la tranquillité que la nouvelle de ma fortune lui avait fait perdre. Je ne songe plus qu'à remplir les dernières volontés de M. Dermilly; il m'a remis avant de mourir un paquet cacheté avec prière de le porter moi-même à madame la comtesse; je me dispose à me rendre à l'hôtel.

— On va savoir que tu es riche, dit Manette; peut-être va-t-on vouloir t'y garder... — Non, ma sœur, non, on ne le voudra pas... Ah! je suis encore un pauvre diable auprès de M. le comte... — Tant mieux!... car en te rapprochant de lui tu t'éloignerais de nous!

Au moment où je vais me rendre à l'hôtel, on m'apporte une lettre; je vois au timbre qu'elle vient de la Savoie. O ciel! ma bonne mère ne sait point écrire!... Jacques non plus! Je redoute quelque malheur... Je brise en tremblant le cachet; Pierre et mes amis m'entourent, aussi impatients que moi de savoir ce que l'on m'écrit.

La lettre est de Michel, un de nos voisins. C'est à la prière de ma mère qu'il m'écrit. Elle a appris avec bien de la joie que j'avais retrouvé Pierre; cette nouvelle l'a aidée à supporter le malheur qu'elle venait d'éprouver... Jacques, notre frère, est mort en glissant dans le fond d'un précipice...

Pauvre Jacques!... nous l'avons perdu!... Il ne jouira donc point de cette fortune qui vient de m'arriver... Je vois déjà s'évanouir une partie de mes espérances! Pendant quelques minutes je ne puis continuer..... Je mêle mes larmes à celles de Pierre; tous deux nous pleurons notre frère que nous avons quitté si jeune, et que nous nous flattions de revoir devenu homme comme nous.

Je reprends enfin la lettre de Michel. Notre mère a le plus grand désir de nous voir, de nous embrasser, Pierre et moi; elle a besoin de presser contre son sein les fils qui lui restent et de pleurer avec eux celui qui n'est plus. Elle nous supplie de ne point trop tarder, ne dussions-nous rester qu'un jour auprès d'elle. Notre vue seule peut lui rendre la santé.

— Hâtons-nous de remplir les vœux de notre mère, Pierre, dis-je à mon frère, dès demain, dès aujourd'hui, s'il est possible, il faut partir... Notre mère nous attend, elle est souffrante, notre présence la guérira. Il faut nous rendre en Savoie. — Oui, mon frère, faut partir... Est-ce que nous irons à pied? — A pied!... ah! prenons la poste... le courrier... qu'importe ce que cela coûtera, j'ai de l'argent... Je ne puis mieux l'employer qu'à exaucer les désirs de cette bonne Marie, qui a ta personne auprès d'elle pour la consoler de la perte de Jacques... Le moyen le plus prompt... six chevaux, si cela est nécessaire, afin d'arriver plus vite... Père Bernard, je vous en prie, chargez-vous de me trouver cela, de faire tout préparer pour notre départ pendant que je vais me rendre à l'hôtel pour exécuter les dernières volontés de M. Dermilly.

— Oui, mon garçon, sois tranquille, je vais te louer une bonne chaise de poste; tu auras des chevaux, un postillon, tout ce qu'il te faudra pour aller comme le vent, ce soir même la voiture viendra te prendre ici... Ce cher André... lui qui est mes pratiques, que je ne veux pas quitter, j'irais avec toi en Savoie, et je dirais à cette bonne Marie qu'elle a un fils qui ne s'est point gâté à Paris. — Oui, certainement... dit Manette en pleurant, c'est très-bien ce que tu fais, André; tu vas voir ta mère... tu vas partir... mais tu reviendras, n'est-ce pas? — Oui, Manette, oui, nous nous reverrons.

— Ah! Dieu! quel plaisir! s'écrie Pierre en sautant dans la chambre. Nous allons aller au pays à cheval dans une chaise de poste... comme le vent... à six chevaux... O Dieu! quel effet ça va faire!... On nous prendra pour des princes ou des marchands de bœufs retirés!

Je prie Manette de faire nos valises, car mon frère est tellement hors de lui qu'il n'est pas en état de se charger des moindres apprêts; et mettant dans ma poche le petit paquet que je dois remettre à madame la comtesse, je me rends à l'hôtel.

Chemin faisant, je ne puis m'empêcher de songer à ma nouvelle situation et de sentir au fond de mon cœur naître de nouvelles espérances. Six mille livres de rente! c'est plus qu'il n'en faut pour vivre aisément. Avec cela j'ai quelque talent, et, quoique bien loin de celui de mon maître, je puis utiliser mes pinceaux... Si je me mariais, je serais certain maintenant que ma femme jouirait d'une honnête existence... Quand on s'aime, une fortune médiocre suffit; ne peut-on être heureux sans avoir un hôtel, une voiture, de nombreux domestiques?... Ah! si Adolphine m'aimait!

Mais la réflexion fait évanouir ces chimères... Qu'est-ce que ma modeste aisance auprès de la brillante fortune du comte?... Et d'ailleurs, quand je serais riche, en serais-je moins André le Savoyard?

J'arrive à l'hôtel, je demande madame la comtesse et je traverse la cour d'un pas moins timide qu'autrefois; il est donc vrai que la fortune donne de l'assurance et un certain aplomb que l'on ne peut jamais acquérir qu'avec le sentiment de son indépendance!

Je tiens dans ma main le petit paquet cacheté. Suivant toute apparence, ce sont des lettres d'amour!... Souvent ces billets ne vivent qu'un moment! ceux-ci ont survécu à celui auquel ils furent adressés. Dans ces lettres respirent toute l'ardeur, toute la tendresse d'une âme brûlante... une lecture fait encore battre le cœur; celui qui les inspira n'est plus qu'une froide poussière!... L'existence d'une feuille de papier est souvent bien plus longue que la nôtre!

Ma bienfaitrice doit avoir appris la mort de M. Dermilly, et du moins je n'aurai pas cette nouvelle à lui annoncer. En approchant de son appartement, je sens mon courage m'abandonner. Il y a plus de cinq mois que j'ai quitté l'hôtel; depuis ce temps je n'ai pas vu Adolphine, aujourd'hui mon espoir sera-t-il encore trompé?

Je me suis fait annoncer; je pénètre enfin dans cet appartement dont jadis l'entrée m'était toujours permise. Elle est là... je l'ai vue... je n'ai encore vu qu'elle! Nos regards se sont rencontrés... Ils se disent en une seconde tout ce que nos cœurs ont éprouvé depuis cinq mois!

La voix de ma bienfaitrice me rappelle à moi-même. Je m'avance vers elle; je vois sur ses traits les traces de sa profonde douleur; c'est un témoignage du sentiment qui l'attachait à M. Dermilly; sa voix s'altère en me parlant.

— André, nous avons perdu un ami véritable... Il me cachait son état... il a voulu jusqu'au dernier moment me laisser l'espérance, et je me berçais de cette illusion. Je sais ce qu'il a fait pour vous... Il vous regardait comme son fils... ne vous a-t-il chargé de rien pour moi?
— Pardonnez-moi, madame... ce paquet que je ne devais remettre qu'à vous.

Elle prend le paquet avec empressement... Je vois des larmes dans ses yeux; et pendant qu'elle l'ouvre, je m'éloigne par discrétion et me rapproche d'Adolphine... Nous pouvons causer en liberté, sa mère ne nous voit plus... Elle n'est plus avec nous... La vue de ces lettres, écrites il y a quinze ans, peut-être, vient de la reporter à cette époque de ses premières amours; le présent a fui, elle est tout entière à ses souvenirs.

— Pourquoi donc ne vous voit-on plus à l'hôtel? me dit Adolphine à demi-voix. Ce n'est pas bien, monsieur André, de négliger ainsi vos amis. — Ah! mademoiselle... ne doutez pas du plaisir que j'aurais à vous voir... Mais je crains... Je n'ose... monsieur votre père... votre cousin... — Eh bien! ... est-ce qu'il vous ont défendu de venir?... Mon cousin est un étourdi... Il est aux eaux dans ce moment. Mon père ne songe qu'à pleurer son chien, mort il y a quelques jours; maman est bien triste d'avoir perdu ce bon M. Dermilly... moi je le pleure aussi... J'espérais, du moins, que vous viendriez nous consoler, et l'on ne vous voit pas!... Ah! monsieur André, combien je regrette le temps où vous demeuriez avec nous, où nous passions la belle saison à la campagne! que j'étais heureuse alors! Nous courions, nous dessinions ensemble... Vous en souvenez-vous?... — Ah! mademoiselle... ces souvenirs font le bonheur et le tourment de ma vie... — Le tourment... et pourquoi?... — Je songe que ces jours charmants ne renaîtront plus... Je sens maintenant la distance qui nous sépare... à treize ans je ne la voyais pas.

Je me tais, je soupire; Adolphine me regarde, son cœur semble comprendre le mien... nous gardons le silence; mais nos yeux se parlent et en disent plus que notre bouche n'oserait le faire. Heureux instants!... La comtesse, les regards attachés sur ses lettres, songe à ses amours passées; sa fille et moi nous goûtons en réalité ce qui pour elle n'est plus qu'en souvenirs.

Mais une marche pesante, qui retentit dans la pièce voisine, a mis fin à notre bonheur. Je m'éloigne d'Adolphine, ma bienfaitrice serre vivement les papiers qu'elle tenait, et M. de Francornard entre dans l'appartement.

— Ho! ho! dit-il en m'apercevant, c'est André qui est avec vous... Et qu'est-ce qu'il vient donc faire encore dans mon hôtel?
— Monsieur, répond ma bienfaitrice, il vient me transmettre les derniers adieux d'un homme... qui m'était bien cher... de M. Dermilly, qui en mourant lui a laissé tout ce qu'il possédait.
— Ah! diable... c'est différent, dit le comte en se jetant dans une bergère. Oui, oui, je me souviens que vous m'avez dit que M. Dermilly était mort... César aussi est mort!... Et je le pleure tous les jours... Dermilly n'était pas sans talent!... Mais César!... ah! c'est celui-là qui était incomparable... Te souviens-tu, André, de lui avoir vu sauter le cerceau?... Ah! il t'a fait son héritier... Oh! un peintre... Ce n'est pas grand'chose qu'un tel héritage... Gueux comme un peintre! dit le proverbe... C'est le collier de César qui était beau...
— M. Dermilly jouissait d'une honnête aisance, dit la mère d'Adolphine, qui parait souffrir des discours de son époux, et il laisse à André six mille livres de revenu.
— Six mille livres de rente!... s'écrie M. de Francornard en roulant son œil avec surprise. Peste!... Mais c'est joli cela... comment diable peuvent-ils amasser cela en barbouillant sur la toile!... S'il m'avait fait le portrait de César, tu aurais trouvé dix écus de plus dans l'héritage... Oh! oh!... André, six mille livres de rente... Sais-tu que tu deviens en grandissant un assez beau garçon?... Je te trouve beaucoup mieux aujourd'hui que la dernière fois que je t'ai vu... Oui... je ne sais où tu prends cette tournure...
— Vous avez trop d'indulgence, monsieur! dis-je au comte en le saluant.
— Trop d'indulgence... eh! mais, c'est très-joliment répondre; tu n'aurais jamais trouvé cette phrase-là autrefois, mon garçon; il n'y a rien qui donne de l'esprit comme la fortune; et pour un Savoyard, six mille livres de rente!... c'est superbe!... Tu vas, je gage, faire le commerce, vendre quelque chose? Avant la mort de César, j'aurais pu te procurer quelques fournitures... pour mes cuisines, par

exemple, il y a des articles qu'il faut toujours... Mais cet événement m'a tellement abattu que je ne me mêle plus de rien.

— Je vous remercie, monsieur, mais mon intention n'est point de me livrer au commerce. Je cultiverai l'art que mon bienfaiteur m'a enseigné ; je n'ai pas d'ambition... Je ne chercherai point à augmenter ma fortune.

— Tant pis pour toi, le commerce aurait pu te mener loin !... On gagne souvent plus à vendre des haricots qu'à manier des pinceaux ; d'ailleurs c'est plus solide. Il faut toujours manger !... Ceci est une vérité reconnue et incontestable, il faut manger. Mais je ne vois pas du tout qu'il soit nécessaire de peindre... Je puis, moi, me passer d'un peintre, je ne peux pas me passer d'un cuisinier... Hein?... N'est-ce pas vrai?...

Je me contente de m'incliner et je fais mes adieux à madame en lui annonçant mon départ pour la Savoie.

— Vous allez en Savoie, dit Adolphine, est-ce que vous ne reviendrez pas à Paris ?

— Pardonnez-moi, mademoiselle ; mais je vais embrasser ma mère, que je n'ai pas vue depuis près de onze ans que j'ai quitté le pays... Mon frère Pierre part avec moi, nous allons tâcher de consoler notre mère de la perte de Jacques, notre plus jeune frère...

— C'est bon, c'est bon ! dit M. le comte en m'interrompant. Pierre, Jacques, Nicolas... tes affaires de famille ne nous intéressent pas, mon garçon, va en Savoie... Si les marmottes te mangeaient, je te dirais de m'en envoyer, mais je sais qu'il n'y a rien de bon dans ce pays-là... je me souviens d'y avoir passé.

— Nous nous souviendrons aussi toujours, monsieur le comte, d'avoir eu l'honneur de vous y recevoir. En disant ces mots, je vais baiser la main de ma bienfaitrice et, jetant un tendre regard sur Adolphine, je sors de l'appartement.

Je rencontre Lucile au bas de l'escalier ; elle vient me faire compliment de ma nouvelle fortune. — Ce cher André, me dit-elle, le voilà fort à son aise !... Six mille livres de rente, une jolie figure, bien fait, bien tourné... Vous devriez vous établir, André... parce qu'un jeune homme trop libre... fait quelquefois des folies... ce n'est pas que vous ne soyez sage... mais une femme qui a de l'ordre, de l'économie... comme moi, par exemple... Savez-vous, André, que, grâce aux bontés de madame, j'ai déjà quelque chose de côté... puis j'ai des espérances... Mon petit André, si vous étiez bien gentil, vous m'épouseriez... Oh ! nous serions bien heureux. — Non, Lucile, non, cela ne se peut pas... — Voyez-vous ce monsieur, comme il me dit cela... Monstre ! vous me disiez pourtant que vous m'aimiez. — Mais je ne vous ai jamais promis de vous épouser. — Qu'est-ce que cela fait ? il y a tant de gens qui promettent et qui n'épousent pas, qu'on peut bien épouser sans avoir promis. Au reste, à votre aise, monsieur, je ne manquerai pas de maris quand j'en voudrai. — J'en suis persuadée, Lucile ; et comme je vais en Savoie, j'espère que vous serez encore assez bonne pour me donner quelquefois de vos nouvelles et de celles de madame la comtesse. — Quoi ! vous allez en Savoie?... pour voir votre mère sans doute ? ce cher André... qu'elle aura de plaisir à vous embrasser !... Ah ! vous êtes un vilain de ne pas vouloir m'épouser... C'est égal, André, je sens bien que je ne puis pas être fâchée contre vous... Oui, monsieur, je vous écrirai... Allons, embrassez-moi, faites-moi vos adieux... le quitter comme cela... dans un escalier... vous auriez bien dû au moins venir me dire adieu dans ma chambre. — Je ne le puis, Lucile, la voiture doit être arrivée, mon frère m'attend. — Allons, adieu donc ; à votre retour je verrai si vous m'aimez encore.

J'embrasse Lucile et je quitte l'hôtel. En approchant de ma demeure j'aperçois à la porte une chaise de voyage, le postillon est en selle, Pierre est déjà dans la voiture, mettant alternativement sa tête à chaque portière. Ce bon Bernard a retrouvé ses jambes de vingt ans pour satisfaire mon impatience. Je monte embrasser mes amis, je reçois de la main de Dufour qui l'a déjà trouvé l'emploi, puis je descends prendre place près de Pierre, qui ne se sent pas de joie de voyager en poste.

Manette et son père descendent dans la rue, afin de nous voir plus longtemps ; le postillon fait claquer son fouet et nous partons pour la Savoie dans une bonne voiture à quatre chevaux, après en être sortis à pied et en dansant : Gai coco ! pour avoir du pain.

CHAPITRE XXIV. — Voyage en Savoie. — Acquisition. — Retour précipité.

Pierre, qui n'a pas comme moi habité un hôtel, et qui n'a jamais voyagé en voiture, ne sait où il en est pendant les premières postes que nous courons. Il ne clôt pas la bouche un moment : ce sont à chaque instant des exclamations de joie, de surprise et quelquefois de frayeur, lorsque la voiture, qui a comme le vent, penche dans des ornières ou roule sur des chemins raboteux. Je voudrais en vain me livrer aux réflexions que fait naître ma dernière entrevue avec Adolphine, Pierre ne m'en laisse pas le temps.

— Mon frère, me dit-il, vois donc comme les chevaux galopent... Qu'on est bien en voiture à soi !... Serons-nous longtemps dedans?... Tiens ! regarde à gauche... à droite... les villages, les bois... tout ça fuit derrière nous... Ah ! que c'est beau d'être riche ! et qu'on a bien fait d'inventer les chevaux de poste ! Tiens, André, tous ceux devant qui nous passons allongent le cou pour nous voir... Je suis sûr qu'ils voudraient être à notre place ! Nous devons avoir l'air bien respectable. Je voudrais passer ma vie en voiture ! — Mon pauvre Pierre ! tu en serais bientôt las ! — Oh ! que non ! on ne peut pas se lasser d'être roulé comme ça !

Le second jour cependant Pierre commence à se sentir fatigué du mouvement de la voiture. Quoique notre chaise soit assez bonne, comme nous avons couru toute la nuit, ne nous arrêtant que pour changer de chevaux, Pierre dit qu'il aurait besoin de dérouiller un peu ses jambes et ne plaint plus autant les pauvres piétons.

Enfin nous avons dépassé Lyon ; bientôt nous touchons le territoire de la Savoie : ici tout prend à nos yeux une forme nouvelle ; notre âme se dilate, notre cœur bat délicieusement à l'aspect de chaque site que nous reconnaissons. — Tiens, mon frère ! nous écrions-nous, vois-tu cette maison, ce sentier?... Nous nous sommes assis là... nous avons déjeuné sous cet arbre... Tiens ! aperçois-tu nos montagnes, nos glaciers?... Notre village est là-bas, derrière ce gros bourg ! Ah ! quel bonheur de revoir son pays !

Et nous sautons, Pierre et moi, dans la voiture, nous nous embrassons, nous pleurons de plaisir.

Eh ! mais, que vois-je là-bas, sur le chemin, à gauche, près de ce précipice?... C'est une barrière... la même sur laquelle nous nous sommes balancés en sortant de chez notre mère... Elle remue comme la nuit où cela fit tant de frayeur à Pierre. — Ah ! descendons, descendons, mon frère, allons nous appuyer sur cette barrière... Viens... Il me semble que je suis encore à cette époque d'autrefois !

Pierre ne demande pas mieux. Je dis au postillon d'arrêter. Nous descendons et nous courons à notre chère barrière... Nous sommes tentés de l'embrasser... Nous grimpons dessus et nous nous balançons comme lorsque nous étions petits.

Le postillon, qui nous regarde, ouvre de grands yeux ; il nous croit fous, sans doute. Ah ! il ne peut deviner ce qui se passe dans notre cœur.

Mais déjà j'ai quitté la barrière, les réflexions sont venues me rappeler à moi-même ; je pense à Paris, à Adolphine, aux changements qui se sont opérés depuis onze ans... Je soupire... Pierre se balance toujours, il me revient sur notre village tel qu'il en est sorti.

Nous remontons en voiture, mais nous la laissons dans le bourg qui précède notre chaumière à un quart de lieue ; je veux faire ce trajet à pied. Pierre ne conçoit rien à cette idée, il espérait entrer au grand galop dans son village. — Mon frère, lui dis-je, nos voisins, nos amis pourraient croire que nous sommes devenus fiers, que nous voulons faire de l'embarras !... Crois-moi, il vaut mieux revenir à pied dans le lieu de notre naissance et ne faire croire que nous sommes riches que par le bien que nous ferons aux malheureux.

Pierre m'embrassa en s'écriant : — T'as raison, André, t'as toujours raison, mais moi je n'suis qu'une bête et je ne vois pas plus loin que mon nez.

Je renvoie les chevaux, je paye le postillon. Nous prenons nos valises, nous les attachons chacune à un bâton. Pierre veut tout porter en disant qu'il en a l'habitude, qu'il est plus fort que moi, et que c'est son métier ; mais je m'y oppose. Je veux aussi porter mon paquet... Je serais fâché de paraître au-dessus de mon frère !

Nous hâtons notre marche en regardant avec amour ces lieux qui nous rappellent notre enfance. Mais nous approchons de notre chaumière, tous les sentiers nous tendent tous nos vœux. Au détour du sentier qui conduit à la montagne, nous apercevons la place où notre mère nous dit adieu et nous suivit des yeux si longtemps. Nous nous regardons tristement Pierre et moi... La même pensée nous est venue... Jacques était là aussi avec notre mère ; c'est là où nous l'aperçûmes pour la dernière fois... Le pauvre petit envoyait des baisers à ses frères qu'il ne devait jamais revoir.

Nous nous arrêtons pour essuyer les pleurs qui coulent de nos yeux... Hélas ! il n'est point de parfait bonheur ; le nôtre eût été trop grand si nous avions retrouvé dans notre village tout ce que nous y avions laissé.

Mais notre mère nous attend... courons dans ses bras. Nous franchissons rapidement la montagne : arrivés au sommet, nous apercevons parfaitement notre chaumière... Oh ! nous la reconnaissons bien, quoique nous l'ayons quittée fort jeunes. — La voilà ! la voilà !... c'est tout ce que nous pouvons nous dire... Les souvenirs, la joie nous ôtent la force de parler. Nous ne marchons plus, nous volons jusqu'à cette demeure chérie... Nous touchons enfin... et nous tombons à genoux devant le toit qui nous a vus naître.

La porte est fermée. C'est notre bonne mère est là ; mais irons-nous brusquement nous jeter dans ses bras ?... — On dit que la joie fait du mal, me dit Pierre. Moi, j'ai de la peine à croire que ce mal soit dangereux. Je ne puis plus résister, je frappe en tremblant... On ouvre : C'est elle... c'est notre bonne mère !... qui nous fait un beau salut en nous disant : — Qu'y a-t-il pour votre service, messieurs ?

Messieurs !... elle ne reconnaît pas les deux enfants qu'elle a vus partir si petits ! Onze années ont fait de nous des hommes, et notre mise élégante doit tromper ses yeux. Mais le cœur devine, il pressent le bonheur... Nous restons immobiles devant elle... nous sourions, nous n'osons encore parler, mais nous lui tendons les bras et déjà son cœur nous a nommés.

— Ah! mon Dieu! s'écrie-t-elle, serait-ce?... — Oui, c'est nous, ma mère : c'est André, c'est Pierre qui sont revenus! nous écrions-nous tous deux, et nous sautons au cou de notre mère, comme nous le faisions étant petits; mais quand le cœur n'est pas changé, on conserve en grandissant les douces habitudes de l'enfance.

Pendant longtemps nous ne pouvons qu'échanger des mots sans suite, mais ils partent de l'âme, ils expriment notre bonheur à tous trois. Notre bonne mère ne peut se lasser de nous embrasser, puis elle nous admirer pour nous embrasser encore en s'écriant : — Mon Dieu !... que vous êtes donc devenus beaux garçons, mes pauvres petits !... comme vous êtes bien mis... queu jolie tournure... Toi, surtout, André, t'as l'air d'un seigneur, mon garçon... Pierre a ben encore un peu de son air du pays, de sa gaucherie d'autrefois... Mais toi, André, comme t'es dégagé et toujours aussi bon... Ah! j'en ai eu souvent des preuves !... et, grâce à toi, depuis ton départ ta mère n'a point connu l'indigence.

— Pierre en eût fait autant, ma mère, si un fripon ne l'avait pas trompé en gardant l'argent qu'il vous envoyait. — Oh! je vous crois, mes enfants, je vous crois !... et d'ailleurs vous m'aimez toujours !... Ah! je suis ben heureuse! Pourquoi faut-il que ce pauvre Jacques n'ait pu vous presser dans ses bras !... Mais vous voilà! nous le pleurerons ensemble, et je sens, en vous embrassant, que je suis encore heureuse mère.

Nous entrons dans notre chaumière. Chaque meuble, chaque objet nous rappelle notre enfance. — Tiens, Pierre, dis-je à mon frère, voilà la grande chaise sur laquelle est mort notre bon père... C'est là où nous nous mîmes à genoux autour de lui. Voilà la place où il s'asseyait de préférence... où il nous faisait sauter dans ses bras.

— Oui, mes enfants, oui, c'est bien cela, dit notre mère en essuyant ses yeux. Ces pauvres petits... ils reconnaissent tout... ils n'ont rien oublié. — V'là où nous couchions ! s'écrie Pierre ; mais j'crois qu'à présent nous aurions de la peine à tenir là. — Et voilà où j'ai trouvé le portrait de ma bienfaitrice. — Oui, mon cher André, ce bijou qui a été cause de ton bonheur ! c'est grâce à lui que t'as si bien fait ton chemin et que te v'là maintenant un beau monsieur !... Vous me conterez tout ce qui vous est arrivé depuis que vous m'avez quittée, mes enfants, vous ne me cacherez rien... songez que tout intéresse une mère... Mais reposez-vous... asseyez-vous... Est-ce que vous êtes venus à pied ?

— Oh! que non, dit Pierre, j'sommes venus commodément... nous avions... Je serre le bras de mon frère en lui faisant signe de se taire. Ma mère ne sait pas que M. Dermilly est mort et qu'il m'a fait son héritier ; je veux lui ménager une surprise, et c'est pour cela que je me hâte d'interrompre Pierre en disant : — Nous avons trouvé une occasion de voyager sans nous fatiguer... nous en avons profité.

— Tant mieux, mes enfants; mais je veux vous régaler, vous faire queuque chose... vous savez ben, de ces gâteaux que vous aimiez tant autrefois... Ah ! dame, si j'avais su votre arrivée, j'en aurais préparé d'avance... mais vous avez voulu me surprendre ; c'est égal, vous en aurez pour ce soir.

Pendant que ma bonne mère se donne bien du mal pour nous faire des gâteaux, nous allons, mon frère et moi, visiter le village et voir si nous reconnaîtrons quelques anciennes connaissances. Mais c'est au cimetière que nous nous rendons d'abord ; nous allons saluer la tombe de notre père et celle de Jacques, qui est tout auprès. On a bientôt parcouru l'intérieur d'un cimetière de village. Là, point de faste, point de monuments ; des croix, quelques pierres, quelques couronnes, c'est tout ce qui marque la place de ceux qui ne sont plus. La mort y est simple comme la vie que l'on a menée ; les villageois s'y rendent pour pleurer ceux qu'ils ont perdus et non pour admirer de beaux mausolées et lire de louangeuses inscriptions.

Après nous être agenouillés devant la tombe de Jacques et de notre père, nous gagnons lentement le village. Nous nous arrêtons souvent ; ces sentiers, ces routes furent témoins de nos jeux. C'est par ici que nous nous livrions bataille avec des boules de neige... — Tiens, me dit Pierre, c'est là où j'en ai reçu une juste dans l'œil... Je n'ai pas oublié non plus cet heureux temps !

Personne dans le village ne nous reconnaît ; il faut que nous nous nommions. Chacun alors s'écrie : — Eh quoi ! ce sont les fils de Marie !... Comme ils ont l'air de beaux messieurs !

Mais on s'aperçoit bientôt que notre cœur est toujours le même, et chacun alors nous embrasse et nous comble d'amitiés.

Nous retournons trouver notre mère, qui nous a apprêté un repas somptueux pour le village. Depuis longtemps je n'avais eu autant d'appétit : je fais honneur aux gâteaux, aux galettes. La bonne Marie est enchantée ; mais Pierre, tout en mangeant, fait parfois la grimace.

— Est-ce que tu ne trouves pas tout cela bon ? lui demande ma mère. — Oh !... dame... c'est qué, voyez-vous, la cuisine de Paris... oh ! c'est autre chose... — Quoi ! Pierre, tu n'aimes plus les gâteaux de ton village qui te régalaient si bien autrefois ?... — Ah ! écoutez donc, autrefois je ne connaissais pas les omelettes soufflées et toutes ces bonnes choses que j'ai mangées en dînant chez le traiteur avec Loiseau !... Ah ! ma mère !... les omelettes soufflées !... c'est ça qui

est fameux !... Ah ! si j'avais pu vous en apporter une dans ma poche... Mais si vous venez à Paris... Oh ! je veux que vous ne mangiez que de ça pendant quinze jours. — Merci, mon garçon ; mais je ne quitterai pas mon pays pour tes omelettes soufflées... Je suis bien sûre que cela ne vaut pas mieux que mes gâteaux... N'est-ce pas, André ? ah ! tu les trouves bons, toi, et ça me fait plaisir.

— Oui, ma mère, oui, je les aime toujours, dis-je en marchant sur le pied de mon frère pour lui faire sentir qu'il fait de la peine à notre mère en ne trouvant pas ses gâteaux aussi bons qu'autrefois... Le repas achevé, chacun de nous raconte ce qui lui est arrivé depuis qu'il a quitté le toit paternel. L'histoire de Pierre est bientôt terminée ; la mienne est beaucoup plus longue. Ma mère n'avait appris qu'imparfaitement toutes mes aventures ; elle bénit mes bienfaiteurs et verse des larmes lorsque je lui apprends la mort de M. Dermilly.

— Dis-lui donc que t'es riche, me dit tout bas Pierre, ça la consolera ben plus vite. Mais un regard que je lance à mon frère lui force au silence, et il se contente de murmurer entre ses dents : — Oh ! c'est égal !... André... À présent... c'est ben aut' chose.

Ma mère ne fait pas attention aux demi-mots de Pierre ; elle me recommande la plus tendre reconnaissance pour ma bienfaitrice, la plus constante amitié pour Bernard et sa fille. Ce qui me contrarie, c'est qu'elle me parle à peine d'Adolphine ; elle en revient toujours à Manette, on voit que le caractère de ma sœur a séduit ma mère ; tout dans Manette lui plaît ; je n'ai parlé que de ses vertus, mais Pierre vante sa beauté, sa taille, sa gentillesse, et ma mère s'écrie souvent : — Que j'aurais de plaisir à embrasser cette bonne fille-là !

L'heure du repos est venue, il nous faut aller nous coucher. Ma mère craint que nous soyons mal dans la chaumière : je la rassure, et ne veux pas d'autre lit qu'un matelas jeté sur de la paille dans l'enfoncement qui formait autrefois notre chambre à coucher. Pierre me regarde en ouvrant de grands yeux, il ne conçoit rien à ma manière d'agir ; mais il n'ose pas me contrarier devant ma mère, et se contente de me dire en se couchant près de moi : — André, est-ce que tu ne veux plus être riche ?

Je regarde mon frère en souriant. — Dormons encore sous le toit qui nous a vus naître, lui dis-je ; mon cher Pierre, il ne faut pas, parce qu'on est riche, se priver d'un aussi doux plaisir.

Pierre ne me répond plus, il dort déjà ; j'en fais bientôt autant que lui en me berçant des souvenirs de mon enfance.

Au point du jour, je laisse Pierre dormant encore, et ma mère apprêtant notre déjeuner. Je sors, sous le prétexte de me promener un moment ; mais j'ai un autre motif : hier, en parcourant le village avec mon frère, j'ai aperçu une fort jolie maison bourgeoise, bâtie dans une situation charmante, et à la porte de la maison j'ai lu distinctement : A vendre ou à louer.

C'est cette propriété que je veux voir, c'est là que je me rends en secret. Je frappe ; un vieux jardinier vient m'ouvrir ; c'est lui qui habite seul la maison. — A qui s'adresse-t-on pour l'acheter ? lui dis-je. — Oh ! monsieur, c'est facile : on va chez le notaire de la ville de l'Hôpital ; c'est lui qui est chargé de conclure. C'te maison avait été bâtie pour une jolie dame qui voulait vivre loin du monde ; mais, après y avoir passé six mois, elle s'en est allée en disant qu'on ne venait pas assez souvent lui demander à dîner, et elle a chargé le notaire de vendre ce bien.

— Voyons la maison ? — J' vas vous faire voir tout, monsieur ; je suis le jardinier. Dam ! c'est une jolie cour me plaît, la maison est bâtie avec goût. Un rez-de-chaussée, un premier et des greniers ; on pourrait y loger douze au moins ! Tant mieux, on a de la place à offrir à ses amis ; les personnes que l'on appelle ainsi en Savoie méritent ce nom, et celles qui viendraient de Paris jusqu'ici pour nous voir le mériteraient aussi. La maison est meublée avec simplicité ; mais il y a tout ce qu'il faut : une laiterie, un colombier, une serre, un pigeonnier ; on n'a rien oublié. Voyons maintenant le jardin. Deux arpents et demi en plein rapport, jusqu'à un petit champ de blé ; on peut vivre sans sortir de chez soi. C'est charmant, je suis enchanté. Et combien tout cela ? dis-je au vieux jardinier.

— Ah ! dame, monsieur... ça vaut de l'argent !... mais vous voyez aussi que la maison est jolie, qu'il y a du terrain, du rapport, que c'est tout meublé. — Mais enfin, combien en veut-on ? — Neuf mille francs, monsieur. — Neuf mille francs ?...

Il me semble que c'est pour rien ; mais j'oublie que je ne suis plus à Paris, et qu'ici une maison coûte moins qu'un petit appartement à la Chaussée-d'Antin.

— Tu peux ôter l'écriteau, dis-je au jardinier ; j'achète la maison. — Vous l'achetez, monsieur ?... Ah ! mon Dieu, et moi, qui va habiter le jardin ? — Je l'achète aussi... que te donnait-on ici ? — Ah ! mon bon monsieur, je prends ce qu'on veut, pourvu que j'ayons toujours ma petite cabane dans l'fond de la cour ; le jardin me fournit de quoi vivre... et avec dix écus par an, je sommes content... mais aussi je vous promets de travailler depuis le matin jusqu'au soir. Dix écus !... pauvre homme !... M. le comte en donne cent à une foule de laquais qui passent leur temps à bâiller dans ses antichambres... mais j'oublie toujours que je ne suis plus à Paris. — Tiens, en voilà vingt, je te paye d'avance ; tu resteras avec ma mère, tu ne la quitteras plus. — Vot' mère.... quoi ! monsieur, c'est pour vot' mère... que vous achetez c'te belle maison ?... — Chut !... tais-toi, ne dis rien ; je veux la surprendre... je cours à la ville, chez le notaire, et ce soir, j'espère, le contrat sera passé.

En partant de Paris, j'avais emporté environ dix mille francs en or que j'avais trouvés dans le secrétaire de M. Dermilly ; je ne puis mieux employer cette somme qu'à l'achat de cette jolie maison, dans laquelle ma mère trouvera sur ses vieux jours toutes les commodités de la vie. Plein du plaisir que je vais lui causer, j'ai retrouvé mon agilité d'autrefois, je gravis les montagnes qui conduisent à la ville ; en peu de temps j'ai franchi la distance qui m'en séparait ; je ne marche pas, je vole ; enfin, je suis chez le notaire, auquel j'ai expliqué le sujet de ma visite, avant qu'il ait fini de me faire la révérence.

Malheureusement, l'homme de loi n'est pas aussi vif que moi : il met des formes à tout ce qu'il fait, et des virgules dans tout ce qu'il dit.

— On va s'occuper du contrat, me dit-il. — Sur-le-champ, monsieur... — Il faut le temps de... — Je paye comptant, monsieur ; voilà les neuf mille francs, prix de la maison... — C'est très-bien, mais... — Que faut-il pour les frais de l'acte ?... Parlez... monsieur... Je ne marchande point, mais, je vous en prie, terminons promptement.

Avec de telles paroles, on met tout le monde en mouvement. Le notaire presse son clerc, auquel il glisse une pièce d'or, et qui alors veut bien ne pas retailler sa plume trois fois pour écrire le même mot.

Je vais me promener dans le jardin pendant que l'on travaille, et j'ai la compagnie de madame la garde-note qui s'est empressée d'ôter ses papillotes, et d'accourir, lorsqu'elle a su qu'il y avait dans l'étude un jeune homme qui achetait sans marchander et payait très-noblement.

L'épouse du notaire n'est pas jolie, mais elle a des prétentions, et l'on sait ce que c'est que les prétentions de province. En moins de cinq minutes, je sais que madame a une belle voix, qu'elle chante les grands morceaux et s'accompagne du forté ; qu'elle comprend l'italien et même le latin ; qu'elle connaît le code civil aussi bien que son mari ; qu'elle n'a jamais eu d'enfant, et qu'elle n'en désire pas, parce que cela gâte la taille ; qu'elle a le sentiment de la poésie, et beaucoup de penchant pour la danse ; qu'on mange chez elle les meilleures confitures, parce qu'elle surveille sa cuisinière même en devinant des charades ; qu'enfin, elle est toujours mise dans le dernier goût, parce qu'elle reçoit le journal des modes de Lyon.

Pendant que l'on me dit toutes ces jolies choses, je me vois dans la maison que je viens d'acheter, ou à Paris auprès d'Adolphine, ce qui fait que je réponds presque toujours de travers à ce que me dit l'épouse du notaire, qui ne doit pas avoir une opinion très-avantageuse de mon esprit ; mais cela m'inquiète peu. Enfin, après deux mortelles heures, le notaire me fait annoncer que tout est fini. Je cours à l'étude, je paye ce qu'on me demande, je tiens le contrat de la maison, que j'ai fait mettre sous le nom de ma mère, et je me sauve avec, laissant le notaire dire à son clerc : — Voilà un garçon qui n'a pas l'habitude d'acheter des maisons.

Mon absence a été longue. On a déjeûné sans moi, l'heure du dîner est arrivée, ou est inquiet. Ma mère craint que je ne sois tombé dans quelque précipice, n'étant plus habitué à gravir les montagnes ; Pierre me cherche de tous côtés : je reparais enfin, et le contentement qui brille dans mes yeux dissipe toutes les inquiétudes.

Je fais une histoire, et l'on me croit, parce qu'on est loin de soupçonner la vérité. Après le dîner, j'emmène ma mère promener avec nous. J'ai pris mes mesures pour que dès que nous aurons quitté la chaumière, on y enlève tout ce que je veux que l'on transporte dans notre nouvelle demeure. Je dirige notre promenade du côté de la jolie maison. Le temps se passe, parce qu'à chaque instant nous sommes arrêtés par de bons villageois qui font compliment à ma mère de ses deux fils ; et comme une mère ne se lasse jamais de recevoir de pareils compliments et d'y répondre quelque chose qui prolonge la conversation, la nuit est venue avant que l'on ait songé à retourner à la chaumière.

— Il est tard, et nous sommes bien loin de chez nous, dit la bonne Marie, il y a bien longtemps que je ne suis restée le soir dehors ; c'est tout au plus si je reconnaîtrai mon chemin.

Au lieu de prendre la route de la chaumière, je conduis ma mère et mon frère à la maison, qui leur paraît être un château, et je frappe en disant :

— Je connais le maître de cette maison, allons souper chez lui, il nous recevra bien.

Pierre ne demande pas mieux, il présume qu'on doit autrement souper là que dans notre chaumière ; ma mère fait quelques façons, elle craint d'être indiscrète, mais déjà François, le vieux jardinier, est venu nous ouvrir, et nous introduit en nous faisant mille politesses. Je lui ai fait signe de se taire, et le bonhomme, très-gauche pour les surprises, est aussi embarrassé que ma mère, qui n'ose pas avancer et demande toujours où est le maître de la maison.

Nous montons au premier, dans la chambre que j'ai destinée à ma mère. Elle admire d'abord tout ce qu'elle voit, elle s'écriant : — La jolie maison !... Ça doit être des gens riches qui demeurent ici.

Mais bientôt sa surprise prend un autre caractère, lorsqu'elle aperçoit dans la chambre sa vieille commode, puis à la tête du lit la couronne de buis qui était dans sa chaumière, puis enfin, près de la cheminée, la vieille chaise dans laquelle notre père s'est endormi pour la dernière fois.

— Ah ! bon Dieu !... qu'est-ce que cela veut donc dire ? s'écrie la bonne Marie... Ces effets qui sont de chez nous... et que je vois ici.... Mes enfants, comprenez-vous cela ?...

— Cela veut dire qu'ici vous êtes chez vous, ma mère, que cette maison vous appartient, et que j'y ai fait apporter tout ce qui, dans votre chaumière, avait quelque prix à vos yeux.

Ma mère ne revient pas de sa surprise, tandis que Pierre saute dans la chambre en s'écriant :

— Ah ! je ne vous avais pas dit qu'André était riche !... Mais je me doutais bien qu'il vous ménageait une surprise..... — Comment, tu es riche, André ?... — Oui, ma mère, assez du moins pour vous offrir cette retraite agréable ; M. Dermilly m'a fait son héritier, et quand j'habite à Paris un beau logement, il me semble qu'il est bien naturel que vous ayez mieux qu'une chaumière. Voici l'acte de vente, cette maison est à vous, n'est-ce pas, à toi, fais-en la même chose, mon garçon ?... Marie-toi, André, viens demeurer ici avec ta femme et tes enfants, c'est alors que je n'aurai plus rien à désirer.

— Oui, oui, nous nous marierons tous, dit Pierre, mais en attendant soupons et visitons la maison.

Le souhait de ma mère m'a fait pousser un profond soupir, mais je me hâte, pour éloigner mes souvenirs, de la conduire dans toute la maison, qu'elle trouve magnifique. Pierre choisit sa chambre ; moi je prends celle d'où la vue, plus étendue et plus variée, m'offrira de nombreuses études. Il est trop tard pour que nos visitions ce soir la laiterie, le colombier et le jardin ; le vieux François a dressé le souper dans une salle du rez-de-chaussée. Nous mangeons avec appétit, et nous allons nous livrer au repos avec ce contentement que l'on éprouve dans une demeure qui nous plaît, lorsque l'on peut se dire : Je suis chez moi.

Le lendemain nous visitons en détail toute la maison ; la bonne Marie pousse à chaque instant des cris de joie, surtout à l'aspect du four, du pétrin, de la laiterie et de tous ces objets précieux à une bonne ménagère. Les beaux arbres fruitiers dont le jardin est rempli font l'admiration de Pierre, tandis que c'est le champ de blé qui enchante ma mère. Mais lorsqu'on est propriétaire, on trouve toujours quelques changements, quelques améliorations à faire dans son terrain. Pierre et moi, nous travaillons au jardin, nous transplantons, nous bêchons, nous labourons. Le vieux François crie un peu, mais nous ne l'écoutons pas, et les jours s'écoulent vite dans ces occupations. Il y a six semaines que nous sommes en Savoie, et je n'ai pas eu un instant d'ennui. Lorsque j'ai dessiné pendant quelques heures les vues magnifiques qui de tous côtés s'offrent à moi, je retourne prendre la bêche et travailler dans notre jardin. L'image d'Adolphine ne me quitte pas ; mais je sens que, pour être heureux dans mes rêveries, il faut que je transporte Adolphine en Savoie, et non pas que je m'en retourne près d'elle à Paris.

J'ai reçu des nouvelles de mes bons amis ; mais Lucile ne m'a pas encore écrit, et Manette ne m'a pas dit un mot de l'hôtel. Je n'ai point fixé l'époque de mon départ, et ma mère me dit souvent : — André, puisque tu as de quoi vivre, puisque tu es heureux ici, pourquoi veux-tu retourner à Paris ?

Enfin, je reçois une lettre de Lucile ; je vais savoir des nouvelles d'Adolphine... Mais je ne sais pourquoi je tremble en brisant le cachet.

Je parcours rapidement la première page..... des serments de constance, de fidélité... Ah ! Lucile, vous oubliez que je ne suis plus un enfant ; enfin, voici les détails sur l'hôtel : « M. le marquis est revenu ; depuis son retour, il court moins dans le monde et paraît se plaire beaucoup près de sa cousine. Il est vrai que mademoiselle devient chaque jour plus jolie ; suivant toute apparence, M. le marquis sera son époux. »

Son époux !..... La lettre m'est tombée des mains..... ce mot m'a anéanti... Il se pourrait !... Adolphine épouserait son cousin !... Malheureux que je suis !..... Mais ne devais-je pas m'y attendre ?..... N'en avais-je point le pressentiment ?... Et cependant lorsque je me rappelle notre dernière entrevue, je ne puis croire qu'elle aime le marquis.

Je ne sais plus où j'en suis... Je n'ai aucun espoir d'empêcher ce mariage, et cependant il me semble que si j'étais à Paris, si Adolphine me voyait, elle ne pourrait consentir à cet hymen. Je cours trouver ma mère, et je lui annonce mon départ pour Paris.

— Quoi ! mon garçon, tu vas partir ?... tu n'y pensais pas ce matin. — Des nouvelles que j'ai reçues me forcent à ne plus différer. — Ah ! mon Dieu ! est-ce que ces nouvelles-là t'apprennent queuque malheur ?... tu as la figure toute bouleversée, mon cher André... — Non, ma mère, non, ce n'est rien... mais il faut que je parte dès demain... — Dès demain ?... — Pierre, va au bourg où nous avons laissé notre voiture, demande des chevaux pour demain matin... — Oui, mon frère, j'y cours. — Pierre, si tu veux rester près de ma mère, rien ne t'oblige à revenir à Paris. — Oh ! mon frère, je ne serai pas fâché d'y retourner avec toi. On voyage si bien en chaise de poste !... — Oui, oui, va avec André, dit ma mère, ne le quitte pas, mon garçon... dans le trouble où il est, je suis loin que tu ne veux pas m'avouer.

Pierre est parti. Je fais mes apprêts pour le voyage ; ma bonne mère me regarde souvent, elle cherche à lire dans mon âme.

— André, me dit-elle enfin, tu as du chagrin, mon garçon, t'as queuque peine, que tu ne veux pas m'avouer...

Je ne puis répondre, mais je prends la main de ma mère, et je la presse sur mon cœur. Mon silence est presque un aveu.

— Avec des talents, de la fortune, tu n'es pas heureux !... reprend ma mère. Ah !... mon cher André, je voudrais encore habiter not' chaumière et te voir, vêtu en Savoyard, revenir, aussi gai qu'autrefois, manger la soupe en riant avec nous ! Hélas !... tu repars pour Paris !... Si tes chagrins ne se passent point, reviens auprès de moi, mon fils, je tâcherai de te consoler, ou je pleurerai avec toi.

Je rassure ma mère, je cherche à dissiper ses inquiétudes... Mais je ne puis cacher mon impatience d'être à Paris. Enfin, le moment du départ est arrivé, nous embrassons notre mère, je recommande au vieux François la petite propriété ; bientôt nous avons rejoint notre voiture, et nous quittons de nouveau la Savoie.

CHAPITRE XXV. — Entrevue. — Duel. — Plus d'espoir.

Nous faisons la route en brûlant le pavé, je paye les postillons en conséquence. Pierre fait ce qu'il peut pour me distraire, mais je le laisse parler seul ; je ne rêve qu'Adolphine et le marquis... Je brûle d'être à Paris, et pourtant qu'y ferai-je ?... Je ne sais... je suis hors d'état de raisonner.

Enfin, nous sommes arrivés. Il est près de dix heures du soir ; n'importe, je veux parler à Lucile : je laisse Pierre chez moi, le pauvre garçon est encore tout étourdi de la vitesse dont nous sommes venus ; je me rends à l'hôtel.

Le concierge me connaît, je pénètre facilement dans la maison. J'aperçois beaucoup de clarté dans les appartements... Sans doute il y a réunion chez madame la comtesse, sans doute le marquis et Adolphine sont ensemble... Mon cœur se serre ; je monte rapidement l'escalier qui conduit à la chambre de Lucile... La femme de chambre descendait ; elle se trouve en face de moi, elle me reconnaît et pousse un cri...

— Silence !... lui dis-je, de grâce, Lucile, taisez-vous, je ne veux pas que l'on sache que je suis dans l'hôtel. — Ah ! mon Dieu !.. c'est que votre vue m'a saisie... On le croit en Savoie... et puis on le voit devant soi... quel plaisir !... ce cher André !... — Lucile, entrons dans votre chambre, nous pourrons y causer mieux qu'ici. — Oh ! je veux bien... Mon Dieu ! je n'en reviens pas encore... Ah ! vous ne direz pas cette fois que vous m'avez trouvée avec le petit Anglais... Oh ! c'est une petite bête... il n'est bon qu'à boire et à manger !...

Nous sommes entrés chez Lucile, je me jette sur un fauteuil pendant qu'elle allume les bougies. Elle revient vers moi pour m'embrasser et s'aperçoit alors de mon trouble, de ma pâleur.

— Qu'avez-vous, André ? me dit-elle, vous paraissez souffrant. — Oui... je souffre en effet... — Est-ce la fatigue du voyage ?... — Non... — Est-ce que vous auriez trouvé votre mère malade ?... — D'où vient donc au ciel, je l'ai laissée heureuse et bien portante. — D'où vient donc l'état où je vous vois, André ?... Contez-moi ça, vous savez bien que je suis votre amie...

Je garde quelque temps le silence, et Lucile attend avec inquiétude que je m'explique ; je balbutie : — Est-il vrai que mademoiselle Adolphine doit épouser son cousin ?...

Lucile, qui m'examine attentivement, paraît vivement frappée. — Ah ! mon Dieu !... se pourrait-il ?... s'écrie-t-elle en laissant tomber ses bras comme anéantie de ce qu'elle vient de découvrir.

— De grâce, Lucile... répondez-moi... André !... serait-il vrai ?... vous aimez mademoiselle ?... — Ah ! Lucile, taisez-vous !... si l'on vous entendait !... — Le malheureux !... il l'aime... plus de doute... Cette tristesse, cette mélancolie qui le minait depuis quelque temps... Et je n'ai pas deviné cela plus tôt !... Où avais-je donc les yeux !... Mais aussi qui aurait pensé... pauvre André !... Ah ! c'est égal, je vous aimerai toujours... Je serai toujours votre amie ; et vous, André... vous aurez toujours un peu d'attachement pour moi, n'est-il pas vrai ? — Oui, bonne Lucile !... toujours... Mais n'allez pas dire un mot de ce que vous pensez... — Pour qui me prenez-vous donc ?... Allez, quand les femmes le veulent, elles sont plus discrètes que les hommes. — Et ce mariage de mademoiselle Adolphine, n'est-il pas encore fait... C'est M. le marquis et M. le comte qui en parlent. — Il se fera... j'en suis certain... — Il faut que mademoiselle et madame le veuillent aussi... Mais quand même il ne se ferait pas... mon cher André... que pouvez-vous espérer ?... — Rien !... je le sais ! — Quelle folie aussi d'aimer quelqu'un qu'on ne peut avoir !... — Ah ! Lucile, est-on maître de son cœur ? — Oh ! non, c'est vrai, on n'est pas maître de cela, il a raison... Et puis on vous laissait trop courir, jouer, aller seul avec mademoiselle... On disait : Ce sont des enfants !... On croit que les enfants ne pensent à rien, et ça entend déjà malice ; avec cela vous êtes si précoce, vous !... — Lucile, ma chère Lucile, j'ai une grâce à vous demander. — Une grâce ? — Je sens bien qu'il ne faut plus que je voie mademoiselle Adolphine. Mais, avant de me priver pour jamais de sa vue... je voudrais lui faire mes adieux... — Vos adieux ?... — Oui... mais moi, je vous verrai toujours, n'est-ce pas, André ?... — Oui... à mon hôtel... — Vous ferez bien... en cessant de la voir votre amour se passera.... Oh ! vous ne croyez pas maintenant que ce soit possible ; mais un jour, mon ami, vous verrez que j'avais raison... Les hommes ne résistent pas à l'épreuve de l'ab-

sence !... Nous autres femmes, c'est différent !... Mais nous avons le cœur autrement fait que vous.

— Lucile, vous ne me répondez pas... — Mais que puis-je donc faire dans tout cela ? — Dites en secret à mademoiselle que je suis revenu... que je voudrais la voir... lui parler seul un instant... Si elle consent à m'entendre... Lucile, vous me direz le moment où madame va lire dans son cabinet... alors Adolphine étudie seule dans le petit salon... Ah ! que je puisse lui parler un instant, et je m'éloignerai satisfait...
— Eh bien ! je tâcherai. Ecoutez, demain, pendant le déjeuner, j'avertirai mademoiselle de votre retour, vous reviendrez, vous montrerez ici, et vous attendrez que je vous avertisse. — Chère Lucile ! que vous êtes bonne ! — Méchant ! je vous aime toujours, moi, malgré votre inconstance. Ah ! je voudrais tant vous voir heureux... — Heureux !... ah ! jamais... jamais... — Allons, monsieur, ne vous désolez pas... Cela me fait trop de peine... Ah ! si j'étais comtesse, cela ne m'empêcherait pas de vous épouser !... — Adieu, Lucile... à demain... ne m'oubliez pas... — Non, non, comptez sur moi.

Je sors de l'hôtel et je rentre chez moi. Mon frère dort profondément... Heureux Pierre !... Tu n'as point de soucis, de tourments, d'inquiétudes !... Et cependant, aux yeux de tout le monde, c'est moi que le sort a favorisé. J'ai trouvé à Paris des amis, des protecteurs, j'ai reçu de l'éducation, j'ai maintenant une fortune indépendante ; tandis que mon frère, que nul hasard n'a poussé, est resté commissionnaire et ne sait point encore signer son nom. Mais je ne puis trouver le repos, et Pierre dort en paix ! La nature dédommage toujours ses enfants.

Le point du jour me retrouve debout dans ma chambre... comptant les heures qui s'écouleront encore avant que je voie Adolphine. Je ne puis me présenter à l'hôtel avant neuf heures du matin ; que faire jusque-là ? Allons voir Bernard et Manette, allons chercher près de ces bons amis quelques distractions. Pierre dort toujours... Il se repose des fatigues du voyage.... ne l'éveillons pas... Il n'est point amoureux, lui !...

On est matinal chez Bernard ; je le trouve déjeunant avec sa fille. Un cri de joie de Manette annonce à son père ma présence ; je suis dans les bras de mes amis, je leur conte tout ce que j'ai fait en Savoie. Manette m'écoute avec délices, elle semble craindre de perdre une seule de mes paroles, et son père me frappe souvent sur l'épaule en me disant :

— C'est bien, André... T'as bien fait d'acheter c'te maison... V'là ta mère qui va vivre comme une reine... Allons, dans queuque temps je me retire du commerce et je vais voir cette bonne Marie !...

Chez Bernard le temps a passé plus vite. J'entends sonner neuf heures, je puis me rendre à l'hôtel. Je dis adieu à mes amis en leur promettant de les revoir bientôt. Je vole chez Lucile, je la trouve dans sa chambre.

— Il est encore de bonne heure, me dit-elle, on n'a pas déjeuné en bas, il faut attendre, mon cher André, mais vous déjeunerez avec moi... Le petit jockey m'a apporté du... du plum-pudding !... Il a cru me faire un cadeau... Ah ! je trouve cela bien mauvais !... Mais je vais vous donner du café. — Merci, Lucile, je ne veux rien prendre. — Monsieur, il faut toujours qu'un amoureux mange, entendez-vous, il ne faut pas croire qu'on soit plus intéressant parce qu'on ne prend rien, c'est très-mal raisonner.

Elle sert le déjeuner, je suis obligé de la laisser faire ; mais, à chaque minute, je la conjure de descendre près d'Adolphine. Enfin elle est partie... Je tremble... que va répondre mademoiselle ? consentira-t-elle à m'entendre... et puis je l'aime !... Mais Lucile ne remonte pas... Une demi-heure s'écoule... Il me semble qu'il y a un siècle... je ne puis plus tenir dans la chambre. Elle rentre enfin.

— Ah ! que vous avez été longtemps !...
— Vraiment, monsieur, vous croyez que l'on trouve tout de suite l'occasion de parler en cachette... que cela va tout seul...
— Eh bien Lucile ! qu'a-t-elle dit ? — M'y voilà... D'abord madame était là, et je n'osais point parler bas à mademoiselle... enfin madame a passé dans sa chambre et j'ai annoncé votre retour... mademoiselle en a paru charmée. — Charmée, ah ! Lucile ! est-il vrai ?... — Eh ! oui, monsieur, c'est vrai ; mais quand je lui ai dit que vous étiez dans ma chambre et que vous désiriez la voir seule un instant, alors elle a demandé qui vous empêchait de descendre et de lui parler devant sa maman... Je ne savais trop comment répondre à cela... j'ai dit que vous aviez sans doute quelque secret que vous ne vouliez pas révéler devant madame la comtesse... Mademoiselle a rougi, puis enfin m'a dit qu'elle allait rester à étudier son dessin dans le petit salon... et cela veut dire qu'elle consent à vous entendre.

— Ah ! Lucile, quel bonheur !... Je guetterai le moment où madame passera chez elle ; ensuite si elle revient et vous trouve là, vous serez censé arriver pour la voir. J'espère que je suis bonne... Ah ! vous le méritez pas... mais je redescends et je viendrai vous appeler dès que mademoiselle sera seule.

Je vais donc revoir Adolphine... et la voir un moment sans témoin. Ah ! si ma bienfaitrice connaissait ma hardiesse... mais je ne puis être qu'un mot à celle que j'adore... qu'elle sache que toute ma vie son image sera gravée dans mon cœur... que nulle autre n'y régnera, et je m'éloigne pour jamais.

Je ne puis exprimer ce que j'éprouve au moment où Lucile reparaît et me fait signe de descendre... Je ne sais comment je suis parvenu dans le salon... mais je suis devant Adolphine, et Lucile passe dans l'appartement de sa mère en me disant : — Je tousserai tout bas quand madame reviendra.

Adolphine me sourit : — C'est vous, André? me dit-elle, vous avez voulu me parler en secret... Auriez-vous quelque chagrin que vous n'osez confier à ma mère?... Non, mademoiselle... mais... je voulais... je désirais... vous dire adieu avant de partir pour jamais... — Comment ! vous arrivez de la Savoie, et vous songez déjà à repartir ? — Que ferais-je à Paris... bientôt je ne pourrai plus vous voir... vous allez, m'a-t-on dit, vous marier.— Me marier!... on ne m'en a point parlé ; qui vous a dit que l'on pensait à me marier?... — Monsieur votre cousin ne vous quitte plus... il vous fait la cour... cela est naturel. Il vous aime... eh! qui pourrait vous voir sans vous aimer!... Sans doute vous l'aimez aussi?

Elle ne me répond pas, mais elle me regarde si tendrement que j'ose m'approcher davantage; elle penche sa main que je presse dans la mienne en balbutiant : — Je fais des vœux pour votre bonheur, mademoiselle, mais je sens que je n'aurai pas le courage d'en être le témoin... Hélas!... personne ne me plaindra, moi, et pourtant les chagrins... la douleur... tel est désormais mon partage !...

— André, vous serez malheureux ?... — Oui, mademoiselle... mais il faut que je souffre en silence... Ah! si du moins vous me plaigniez, si vous me pardonnez de vous aimer... je m'éloignerai moins à plaindre. —Vous pardonner... est-ce que c'est un crime de m'aimer?.. N'avons-nous pas été élevés ensemble?... n'êtes-vous pas le compagnon de mon enfance, de mes premiers jeux ?... je vous aime aussi, moi, et je ne pensais pas que ce fût mal.

— Vous m'aimez! ah! mademoiselle ! je ne suis plus à plaindre... Ce mot efface toutes mes souffrances!... Cet instant de bonheur me donnera la force de supporter un siècle de peines !

Je suis tombé aux genoux d'Adolphine, je tiens une de ses mains que je presse contre mon cœur; elle penche sa tête vers moi, des pleurs coulent de ses yeux... Qu'elles sont douces pour moi, ces larmes qui me prouvent l'intérêt que je lui inspire! Dans cette situation, nous oublions que le temps s'écoule... un cri parti à la porte du salon nous rappelle à nous-mêmes. Je me retourne .. grand Dieu ! c'est M. le comte, et il m'a vu aux genoux de sa fille !

Adolphine reste immobile et tremblante ; je me suis relevé, et, confus, je me tiens à quelques pas. M. de Francornard s'est jeté dans un fauteuil, il est tellement en colère que, pendant quelques minutes, il ne peut parler ; enfin les paroles se font jour et les phrases sont accompagnées de gestes menaçants.

— Misérable suborneur!... ai-je bien vu!... dois-je en croire mon œil !... Un Savoyard aux genoux de ma fille... un malheureux que nous avons élevé par charité se permet de prendre la main de mademoiselle de Francornard!... J'étouffe: cela va faire remonter ma goutte!

Aux cris de M. le comte, son neveu entre d'un côté, et de l'autre madame la comtesse paraît suivie de Lucile.

— Qu'avez-vous donc, monsieur ? demande ma bienfaitrice, pourquoi ce tapage?... André ici!... ma fille tremblante ! que s'est-il donc passé? — Ce qui s'est passé... par Dieu! madame, je crois qu'il était temps que j'arrivasse!... Je vous fais compliment de votre André... c'est un joli garçon ! — Je viens de le trouver aux genoux de votre fille. — Aux genoux de ma fille !... grand Dieu!... serait-il vrai, André?... Je baisse la tête... je suis confondu. — Ce drôle aux genoux de ma cousine ! s'écrie le marquis. Ah! ceci est trop fort! et c'est à moi de châtier ce misérable !

En disant ces mots, il court vers son oncle, lui prend sa canne, puis revient vers moi et se dispose à me frapper; mais la voix du marquis m'a rendu à moi-même... Pendant que madame la comtesse crie :

— Arrêtez! aussi prompt que l'éclair, je lui arrache la canne des mains et, la brisant en plusieurs morceaux sur mon genou, je la jette avec violence à ses pieds.

Le marquis frémit de colère. Adolphine lève vers moi ses bras suppliants ; le comte est couché dans son fauteuil : de rouge qu'il était, son visage est devenu violet. Lucile me fait signe de fuir ; la comtesse se place entre moi et Thérigny.

— Sortez, monsieur! me dit ma bienfaitrice d'un ton qui me perce l'âme, et ne reparaissez plus dans cette maison... Je n'aurais jamais pensé que vous y porteriez le trouble et la discorde !

Je suis atterré, je vais partir sans oser lever les yeux, lorsque le marquis me saisit le bras en me disant : —Je vous retrouverai, je l'espère.

— Quand vous voudrez, monsieur ; mais veuillez vous rappeler que je suis homme comme vous.

C'en est fait, je quitte l'hôtel, et c'est pour n'y jamais rentrer. Madame la comtesse m'a banni de sa présence, je sens que j'ai mérité sa colère!... mais Adolphine m'a dit qu'elle m'aimait! et ce souvenir efface tous les autres.

Cette scène m'a tellement troublé, que je parcours les rues pendant longtemps sans savoir où je vais, sans avoir aucun but; enfin, je ne sais comment je me retrouve devant ma demeure. Le portier me remet un billet que l'on vient, me dit-il, d'apporter à l'instant; je brise le cachet et lis ces mots :

« Quoique vous ne soyez qu'un malheureux dont mon mépris devrait faire justice, je veux bien descendre jusqu'à vous pour laver l'insulte que vous avez faite à ma cousine. Je vous attends ce soir à six heures avec des pistolets à l'entrée du bois de Vincennes ; mon jockey seul m'accompagnera.

» Le marquis DE THÉRIGNY. »

Ce soir à six heures, il n'est pas midi, j'ai du temps devant moi. Un duel ! un duel avec le neveu de ma bienfaitrice ! Malheureux ! dans quelle affaire me suis-je engagé ! Si je suis vainqueur j'ajouterai à tous mes torts celui d'être le meurtrier du marquis, qui, je le sens, a droit de me demander raison de ma conduite imprudente. Pendant huit ans élevé dans la maison de madame la comtesse, comblé de ses bienfaits, recevant par ses soins une éducation et des talents auxquels je ne devais pas prétendre, comment ai-je reconnu ses bontés? En osant élever mes regards sur sa fille, en semant le trouble dans sa maison, en provoquant le neveu de son époux. Ah! je sens tous mes torts ; mais il m'est impossible de refuser ce combat ! mon seul désir est de succomber !... Vaincu, je serai moins coupable !... Malheureux ! et ma mère, qui la consolera ?

Je monte chez moi, mon frère m'attendait ; il est surpris de ne m'avoir pas vu depuis la veille. Je l'embrasse tendrement : — Pierre, lui dis-je, une affaire importante me force à sortir à six heures. Si ce soir je ne suis pas de retour, dispose de tout ce qui est ici ; mais, crois-moi, ne reste pas à Paris... Retourne en Savoie, va consoler ma mère.

— Oh! je t'y retournerai qu'avec toi, dit Pierre, ma mère m'a dit de t'amuser, de te distraire. Tu es triste aujourd'hui... Viens chez le papa Bernard, mam'zelle Manette t'égaiera, elle t'aime fièrement, mam'zelle Manette !.... Ah ça ! se peut-il donc pas qu'elle que tu es amoureux ? — Laisse-moi, Pierre, va sans moi chez nos bons amis ; je t'y rejoindrai ce soir, — Eh ben ! c'est dit, je t'y attendrai.

Pierre m'embrasse et s'éloigne. J'ai besoin d'être seul ; que de pensées viennent m'assaillir !... mais l'image d'Adolphine triomphe de toutes les autres, elle est toujours devant moi, je me crois encore à ses pieds, et, le dirai-je, mes tourments mêmes ont quelque chose de doux que je ne changerais point contre un bonheur qu'il me faudrait acheter par son indifférence.

Le temps fuit bien vite dans les rêveries de l'amour ; ma montre marque cinq heures et quart, et je suis encore chez moi !... Je ne veux point faire attendre le marquis. Je me hâte de prendre les pistolets qui appartenaient à M. Dermilly. Ah! s'il avait prévu que je l'emploierais ces armes contre un parent de sa Caroline, il ne m'aurait pas traité comme un fils. Et cependant pouvais-je me laisser insulter... frapper?... Cette idée ranime ma colère ; je descends, je prends un cabriolet.—Dix francs pour toi, dis-je au cocher, si je suis un peu avant six heures à l'entrée du bois de Vincennes.

Mon cocher m'obligera à faire crever son cheval pour dix francs. Nous arrivons à l'heure juste; je descends et regarde autour de moi. Personne encore... Attendez-moi, dis-je à mon cocher, de toute façon j'aurai besoin de vous. — Suffit, not' bourgeois, je vois de quoi il s'agit... Quelques drapées à échanger. Je connais ça... comptez sur moi ; je suis le *mutus* des cochers.

Je m'avance dans le bois, le temps est pluvieux, ces lieux sont déserts... Le marquis tarde bien ; enfin une voiture paraît sur la route... Elle s'approche ; je la reconnais, je le vis-à-vis du marquis. Elle s'arrête près de moi, le marquis descend légèrement en faisant signe à son jockey de garder la voiture. Il m'aperçoit et se dirige dans l'épaisseur du bois... nous nous arrêtons bientôt, et chacun se recule jusqu'à ce qu'une distance d'environ quinze pas nous sépare. — Je pense, dit le marquis en souriant dédaigneusement, que c'est à moi de commencer.

— Oui, monsieur, je le pense aussi.

Le marquis arme son pistolet, m'ajuste, le coup part... Je n'ai pas été atteint. — A votre tour, me dit-il froidement, je suis bien maladroit aujourd'hui.

Je ne sais ce que je dois faire... j'hésite, je balance. — Tirez, me dit-il, ou je croirai que vous avez peur de recommencer.

Ces mots me décident ; je tiens mon arme, mais je regarde à peine mon adversaire. Le coup part... malheureux ! qu'ai-je fait !... Le marquis tombe sur le gazon.

Je cours à lui ; le sang coule en abondance de la blessure qu'il a reçue dans le côté droit. — C'est peu de chose, me dit-il, faites avancer mon vis-à-vis... Aidez-moi à y monter, et je pourrai arriver à l'hôtel.

Je fais avancer la voiture, je place le marquis dedans ; le petit jockey monte sur le siège et fouette les chevaux, qui partent rapidement. Je suis seul dans le bois, inquiet de l'état du marquis, désespéré de ma victoire, et prévoyant que c'est une nouvelle barrière que je viens d'élever entre Adolphine et moi.

Il faut cependant retourner à Paris. Je retrouve mon cocher ; il m'aide à monter, car je n'ai plus la tête à moi : l'image du marquis baignée dans son sang est toujours devant mes yeux... S'il allait succomber !... Ah ! je sens que je ne me pardonnerais jamais sa mort.

— Où allons-nous, mon bourgeois? — A Paris... — C'est fort bien, mais encore de quel côté?... — Hélas ! je ne sais !... O ma mère ! si vous saviez que votre fils vient de verser le sang d'un homme !... mais

vous ne le croiriez pas! — Il paraît que l'adversaire a attrapé la noisette... — Il n'est que blessé et j'espère...
— En ce cas, il ne faut pas vous désoler... c'est l'affaire du chirurgien, ça ne vous regarde plus... en avant, Cocotte... et nous allons?
— Chez Bernard... — Qu'est-ce que c'est ça, Bernard? un traiteur? — Allez rue Vieille-du-Temple, je vous arrêterai où il faudra.

Mon vieil ami saura tout, il me dictera la conduite que je dois tenir; ah! si je l'avais consulté plus tôt!... sans doute ce duel n'aurait point eu lieu. J'oublie maintenant que le marquis aime Adolphine, et, dût-il devenir son époux, je n'ai qu'un désir, c'est que sa blessure ne soit pas mortelle.

Pierre alors ne doute plus que je sois son frère.

Nous voici devant la porte de Bernard, je descends de cabriolet et je monte chez le porteur d'eau. Manette est seule ; en me voyant, elle court dans mes bras, et des pleurs coulent de ses yeux. — Qu'as-tu donc? lui dis-je. — Pierre nous avait dit que tu avais l'air fort agité... que tu avais parlé de ne plus revenir... j'étais si inquiète ; mon père et ton frère sont allés à ta recherche... mais te voilà... je respire enfin... D'où viens-tu donc, André?... et pourquoi nous causes-tu de si cruelles alarmes?... comme tu es pâle... défait!... mon Dieu!... ne te verrai-je plus jamais l'air heureux et content?...
— Oh! non, ma sœur, non, jamais de bonheur pour moi...—Jamais!.. André!.. ne dis pas cela, je t'en prie!.. Qu'est-il donc arrivé de nouveau? — Je viens de me battre... — Te battre! toi si doux! si bon!.. O ciel! et si on t'avait tué?...
Manette me prend les mains, elle veut s'assurer que je ne suis pas blessé, ses yeux me parcourent, elle respire à peine. — Et avec qui donc ce duel? — Avec le marquis de Thérigny... — Le neveu de madame la comtesse... O mon Dieu! l'auriez-vous tué?... — Non... il est blessé, mais j'espère... — Se battre!.. vous, André! —Ah! si tu savais comme le marquis m'a traité...
— Je devine la cause de votre colère... le marquis fait la cour à sa cousine... vous aussi, vous aimez mademoiselle Adolphine, et c'est pour elle que vous vous êtes battus. — J'aime Adolphine... et qui donc t'a appris ce secret?..—Il croit que je ne m'en étais pas aperçue! répond Manette en portant son mouchoir sur ses yeux. Ah! il y a bien longtemps que je le sais!...
Ce sentiment que je croyais si bien caché dans mon sein était connu de Manette!.. Pauvres amoureux, comme vous dissimulez mal! Mais je sens que j'aurai du plaisir à épancher mon cœur dans celui de ma sœur : — Tu ne t'es pas trompée, lui dis-je en lui prenant la main. Oui, j'aime, j'adore Adolphine, et cette passion est la cause du chagrin qui me mine.. Je sais bien qu'il n'est aucun espoir ; mais cet amour, plus fort que ma raison, triomphe sans cesse de mes résolutions!.. ah! Manette, je suis bien malheureux!...
— Hélas! me répond ma sœur en sanglotant, pourquoi avez-vous été loger dans cet hôtel?.. pourquoi a-t-on fait de toi un beau monsieur?.. je savais bien que cela ne vous rendrait pas heureux. Si vous étiez resté commissionnaire, vous n'auriez jamais aimé la fille d'une comtesse... et peut-être... ah! nous serions bien plus contents... mais on n'a pas voulu m'écouter!...
Manette pleure amèrement. Chère sœur ! elle prend part à mes chagrins. — Et mademoiselle Adolphine sait-elle que vous l'aimez ? reprend Manette au bout d'un moment. — Oui, ce matin j'ai osé le lui avouer...
— Ah! c'est bien mal cela, monsieur ; lui dire que vous l'aimez... chercher à lui inspirer de l'amour... Et que vous a-t-elle répondu?... Vous ne voulez pas me le dire... elle vous aime sans doute aussi... oh! oui, je suis bien sûre qu'elle vous aime ; et à quoi cela vous avancera-t-il? Vous ne pouvez pas l'épouser, André ; vous savez bien que c'est impossible... Oubliez-la, André, oubliez-la.— L'oublier! ah! jamais!.. — Jamais! dit-il, ah! mon Dieu!...

Épuisé par tout ce que j'ai éprouvé dans cette journée, je sens un frisson qui me saisit ; je tremble, mes dents se choquent avec violence, je veux rentrer chez moi pour chercher le repos. Ma sœur me supplie de lui permettre de m'accompagner. — Cher André, tu souffres, tu es malade, me dit-elle, ah! permets-moi de veiller près de toi, mon père ne le trouvera pas mauvais. Qui te soignera, si ce n'est ta sœur? Non, je ne te quitterai pas. Si je t'ennuie, tu me parleras de tes amours, de ton Adolphine, et je t'écouterai.

Comment la refuser?... Manette prend à la hâte ce qu'il lui faut pour sortir, et nous descendons ensemble. Déjà la fièvre qui me domine fait trembler mes genoux, je m'appuie sur le bras de ma sœur ; nous arrivons ainsi à ma demeure. Pierre et Bernard m'y attendaient. Ils sont effrayés de mon état ; à peine si j'ai la force de prononcer encore le nom du marquis, en les suppliant d'aller à l'hôtel s'informer de sa situation.

On me met au lit ; je ne vois plus, je n'entends plus que confusément ce qui se passe autour de moi. Bientôt un délire violent se déclare, et mes amis sont des étrangers à mes yeux. Plus heureux dans mon égarement que ceux qui m'entourent, je ne vois pas les larmes qu'ils répandent, je ne sens pas les tourments que je leur cause.

Le marquis de Thérigny.

Depuis longtemps j'étais dans cet état. Un jour enfin mes yeux se rouvrent à la lumière, ma raison est revenue... J'aperçois Manette assise aux pieds de mon lit, et ma voix prononce faiblement son nom.— Il me reconnaît! s'écrie Manette, il nous est enfin rendu!...— Chère sœur... tu veillais près de moi!... — Oh! je ne t'ai pas quittée un instant. — Depuis combien de temps suis-je malade? — Il y a aujourd'hui dix-huit jours que tu t'es mis au lit... Ah! tu as été bien mal... mais tu es sauvé maintenant. — Et le marquis, sait-on de ses nouvelles?.... — Oui, rassure-toi, il est guéri, déjà sa blessure est cicatrisée.

Cette assurance me fait du bien. Je ne parle plus, mais je souris à Manette, et je suis avec soumission les ordres du médecin. Le marquis n'est pas mort! cette pensée soulage mon âme que la crainte du meurtre oppressait. Pierre s'approche de mon lit, il m'a entendu parler, il vient me témoigner sa joie, il se saisit de ma main que je puis à peine soulever, et frappe dedans de toutes ses forces.

— Mon Dieu! Pierre, vous lui faites du mal! dit Manette en l'éloignant de mon lit.

— Taper dans la main de quelqu'un qui est si faible!

— Oh! c'est égal, ça lui redonnera des forces; ce pauvre André... Je suis si content de le voir sauvé! T'as été joliment bas! et sans c'te pauvre Manette, ma fine... je crois qu'elle a fait plus que tous les médecins qui sont venus. Elle ne te quittait pas; elle apprêtait toutes les drogues; elle a passé plus de huit nuits sans fermer l'œil.

— Pierre, taisez-vous donc, mon frère a besoin de repos. — Oh! c'est égal, je veux lui dire tout ça, je veux qu'il sache que vous ne faisiez que pleurer, prier, et pas manger! Pas manger la grosseur de mon pouce par jour.

Je n'ai pas la force de remercier ma sœur, mais je lui tends la main et elle la presse dans les siennes. Ses yeux sont rayonnants de plaisir, de sensibilité; elle semble renaître à la vie en me voyant recouvrer la santé. Le père Bernard vient aussi m'exprimer sa joie. Je voudrais lui bien savoir si à l'hôtel on a su ma maladie; si Adolphine s'est informée de mon état, mais je n'ose le demander. Désormais la maison de ma bienfaitrice est fermée pour moi..... Je me suis fait bannir de sa présence..... Cette pensée oppresse mon âme.

Ma convalescence est longue, je suis encore quinze jours sans pouvoir me lever, et lorsque enfin j'essaie mes forces, c'est en m'appuyant sur le bras de Manette; ma sœur ne veut céder à personne le plaisir de soutenir mes pas chancelants. Plusieurs semaines s'écoulent, mes forces sont bien lentes à revenir. Depuis ma maladie, je n'ai point parlé de l'hôtel, si ce n'est pour m'informer du marquis; depuis longtemps, m'a-t-on dit, il ne songe plus à sa blessure. Je n'ai point prononcé le nom d'Adolphine, et Manette ne m'en a point parlé non plus. Quand elle me voit rêveur, silencieux, elle cherche à me distraire en me parlant des montagnes de la Savoie et de ma mère. Ce moyen lui réussit toujours; cependant je ne puis plus cacher ma peine, et le nom de Lucile lui échappe. — Est-ce qu'il n'est pas venue une seule fois? dis-je à Manette; est-ce que personne de l'hôtel ne s'est informé de moi?

Manette détourne la tête et me répond d'une voix entrecoupée :

— Je croyais que vous cherchiez à oublier entièrement les personnes qui habitent l'hôtel, et voilà pourquoi... je ne vous ai point dit que mademoiselle Lucile était venue. — Lucile est venue... Ah! Manette, qu'a-t-elle dit? ne me cache rien. — Mon Dieu! vous voulez donc toujours penser à des choses qui vous rendent malade? — Non, mais je veux savoir si madame la comtesse est encore irritée contre moi; après tout ce qu'elle a fait pour moi!... ah! Manette, je me reprocherai sans cesse d'avoir perdu son amitié. — Oh! il y a encore autre chose qui vous tourmente; et ce n'est pas à votre bienfaitrice seule que vous pensez. Au reste, mademoiselle Lucile doit revenir bientôt. Maintenant que vous êtes en état de l'entendre, vous la verrez, et vous pourrez parler à votre aise des personnes que vous aimez.

J'attends avec impatience la visite de Lucile; quatre jours après cet entretien, la femme de chambre vient chez moi. Lucile m'embrasse, elle me presse dans ses bras et me témoigne toute sa joie de me voir rendu à la vie. Je ne lui laisse pas le temps de me parler, déjà j'ai répété vingt fois : — Et Adolphine? et sa mère? que s'est-il passé depuis cette entrevue fatale?... Lucile, ne me cachez rien. — Après votre départ, M. le comte a eu un accès de goutte, mademoiselle pleurait, madame s'est enfermée avec elle... On voyait bien que madame avait aussi beaucoup de chagrin!... Heureusement on n'a pas su que c'était moi qui vous avais procuré cet entretien. M. le marquis est sorti en proférant mille menaces. Cher André! je tremblais pour vous; mais lorsque le soir on a apporté le neveu de monsieur, baigné dans son sang, et qu'il a dit que c'était vous qui l'aviez blessé, alors M. le comte est devenu furieux... son œil a manqué de lui sortir de la tête, et madame la comtesse a défendu que désormais votre nom fût prononcé dans sa maison.

— O ma bienfaitrice! c'en est donc fait, vous m'avez retiré votre amitié!... Je ne me consolerai jamais d'avoir encouru votre mépris!

— Calmez-vous, André, je suis sûre qu'au fond du cœur madame vous aime encore... Un jour elle vous pardonnera. — Oh! non, jamais... et... sa fille?... — Mademoiselle est fort triste, je crois qu'elle pleure en secret... mais son cousin ne la quitte presque pas. Il cherche à la distraire, à l'égayer. — Il suffit, Lucile, je vous remercie, j'en sais assez. — Allons, mon cher André, du courage, vous n'avez pas encore vingt ans!... Ce n'est pas à cet âge que les chagrins sont éternels. — Ah! Lucile, je sens que c'est l'âge où l'on aime le mieux. — Je vous dis, moi, qu'un joli garçon ne doit pas ainsi se désoler. Adieu, André, je viendrai vous voir toutes les fois que je le pourrai.

Lucile s'est éloignée, je reste livré à mes pensées; un rayon d'espérance me luit encore lorsque je me rappelle ce dernier entretien, qui fut suivi de circonstances si cruelles; je me dis : — Adolphine sait combien je l'aime, et mon amour ne l'avait pas offensée.

Je puis enfin sortir; mais ce n'est plus du côté de l'hôtel que je porte mes pas, la vue de cette maison me ferait mal!... Manette est retournée chez son père depuis que ma santé est rétablie; mais nous sortons ensemble, son bras m'est devenu nécessaire, sa compagnie me fait du bien. Dans nos promenades, quelquefois je lui dis à peine un mot; mais elle respecte ma peine, elle la partage. Avec mon frère, je ne suis pas aussi bien, car Pierre veut à toute force

Depuis qu'il a changé de toilette, la mine de Pierre est tout à fait comique.
M. Dermilly sourit en payant mon frère.

m'égayer, me faire rire : pour lui faire plaisir, je m'efforce de prendre un air joyeux; mais la gaieté que l'on feint fait plus de mal que les larmes que l'on verse en liberté.

Déjà trois mois se sont écoulés depuis que je suis relevé de maladie. Je ne parle plus d'Adolphine, Manette se flatte que je l'oublie; mais je cache dans mon sein le sentiment qui me dévore! Toutes les fois que je sors, je suis prêt à courir à l'hôtel, j'ai besoin de toute ma raison pour ne point céder à mon amour. Je sens que je ne puis plus vivre sans avoir quelques nouvelles d'Adolphine... et Lucile ne vient pas! elle aussi abandonne le pauvre André!

Je ne puis plus résister à mon amour. Un soir, je quitte Manette et son père en leur disant que je rentre chez moi... Mais c'est vers l'hôtel que je dirige mes pas. Il me semble que je ne puis plus différer... Je ne sais quel pressentiment me pousse et me dit que quelque chose va changer ma destinée... Je vole... je respire à peine... J'aperçois enfin cette maison où j'ai passé huit années de ma vie... Je m'arrête pour la considérer... beaucoup de lumières brillent à travers les croisées : quel mouvement! que de monde j'aperçois dans ces appartements!... Il y a sans doute bal... on danse... on se livre au plaisir... et Adolphine fait l'ornement de cette fête!

Je m'approche de la grande porte. Elle est ouverte; la cour est remplie d'équipages... Je me glisse dans la foule, derrière les cochers, les laquais : — C'est beau! se disent-ils. Oh! nous sommes ici pour longtemps; le bal est brillant... la mariée est jeune et jolie... ça va durer très-tard...

La mariée!... ce mot me fait frissonner!... de qui donc veulent-ils parler?... Je m'approche de la loge du concierge, et, d'une voix altérée, je lui demande quelle fête on célèbre à l'hôtel.

— Eh! parbleu! c'est le mariage de mademoiselle Adolphine avec son cousin, M. le marquis de Thérigny.

Un froid mortel se glisse dans mes veines... Je ne sais quels bras me retiennent, me placent sur un banc de pierre... J'allais tomber sur le pavé... Je reste là près d'une heure, comme un homme qu'un coup violent aurait privé de l'usage de ses sens, et le son des instruments, les éclats de la gaieté retentissent à mon oreille.

Je me lève enfin... je marche à grands pas vers ma demeure... J'entre chez moi... je prends de l'argent dans mon secrétaire, et je trace quelques lignes, par lesquelles mon frère peut disposer de tout ce qui m'appartient. Je vais repartir sans avoir proféré une seule plainte... mais il faut que je passe par la chambre de mon frère. Pierre dort profondément; je m'arrête pour le contempler.

— O mon frère! dis-je à demi-voix, dors en paix!... sois plus heureux que moi... console notre mère... nos amis... Pensez quelquefois au pauvre André... qu'il serait heureux près de vous si on l'eût laissé dans la classe où le sort l'avait placé!... adieu, mon frère... adieu... J'embrasse Pierre sans l'éveiller, je ferme doucement la porte de sa chambre, puis je sors de la maison, et me mets en route au milieu de la nuit, sans but, sans projet, ne me sentant plus la force de supporter les peines que j'éprouve.

Chapitre XXVI. — Diverses manières d'aimer.

A son réveil, Pierre se rappelle qu'il ne m'a pas vu rentrer la veille; il se hâte de s'habiller et de passer dans ma chambre; surpris de ne point m'y trouver, son inquiétude augmente lorsqu'il s'aperçoit que je ne me suis point couché. Pendant notre voyage en Savoie, j'avais renvoyé notre domestique, qui nous était inutile; depuis notre retour, je n'en avais pas encore pris d'autre. La portière de la maison était chargée de notre ménage. Pierre descend lui demander si je suis rentré dans la nuit; sachant que je suis reparti presque aussitôt, mon frère court chez Bernard, espérant m'y trouver.

Les premiers mots de Pierre lui bientôt appris le sujet de ses alarmes; Bernard et sa fille partagent son inquiétude.

— André a passé la soirée ici hier, dit Bernard; il ne nous a quittés que vers dix heures... il paraissait calme... et n'était pas plus triste qu'à l'ordinaire.

— Où diable est-il passé? dit Pierre, il est revenu vers minuit, puis il est ressorti presque aussitôt.

— Attendez, attendez, leur dit Manette en se préparant à sortir, je doute bien, moi, où il est allé... restez... Je vais savoir s'il s'est passé quelque événement nouveau... il faut que ce soit pour André... sans cela je ne pourrais me résoudre à entrer dans cette maison.

Manette ôte son tablier, elle met à la hâte un petit bonnet, et, le cœur gros, l'esprit inquiet, redoutant déjà quelque malheur, elle vole jusqu'à l'hôtel de M. le comte. Arrivée devant la grande porte, qui est encore fermée, parce qu'il n'est que sept heures du matin, Manette ne sait comment se présenter; que va-t-elle demander?... que dira-t-elle?... n'importe, son inquiétude triomphe de sa timidité, elle soulève le marteau, qui retentit sur la lourde porte cochère.

Manette attend, écoute. Rien; on n'ouvre pas, et elle n'entend aucun bruit dans la maison. Manette reprend le marteau, et, cette fois, elle frappe deux grands coups de suite, parce que son souvenir lui donne du courage et qu'elle se dit : — Mon André ne vaut-il pas tous ces grands seigneurs? ne vaut-il pas cent fois plus pour moi?... Ah! que m'importent la colère et les sottises de quelques valets, si je puis avoir des nouvelles de mon ami.

Enfin, la grande porte roule sur ses gonds, Manette entre en jetant autour d'elle des regards timides et se disant tout bas : — Il a pourtant demeuré huit ans dans cette maison!

— Qui est là?... La voix partait de la loge du concierge. Manette s'avance assez embarrassée. Elle pourrait lui demander Lucile, elle y a déjà pensé; mais cela lui coûterait beaucoup, car Manette n'aime pas Lucile. Pourquoi? elle ne se l'explique pas bien à elle-même, mais toutes les femmes comprendront ce qui se passe dans son cœur.

— Monsieur, dit-elle enfin en s'approchant du carreau contre lequel la figure rébarbative du concierge est placée, monsieur... c'est que je voulais... savoir... si vous aviez vu André hier au soir?

— André! qu'est-ce que c'est que ça! je ne connais pas ça.

— Comment! monsieur, vous ne connaissez pas un jeune homme... bien gentil... qui a demeuré huit ans dans cet hôtel?

— Ah!... celui qu'on appelait le Savoyard?...

— Oui, monsieur, celui-là.

— Eh! morbleu! il y a plus d'un an qu'il ne demeure plus ici... que le diable vous emporte de venir me réveiller pour cela!... se présenter à sept heures du matin dans un hôtel, faire ce tapage!... il faut être bien hardie!... frapper chez M. le comte comme si on allait chez un marchand de vin!... sortez vite, et refermez la porte.

Manette ne répond rien, mais elle pleure, elle sanglote, et le concierge, qui avait retiré sa tête du carreau, l'y remet de nouveau, et regarde la jeune fille. Manette n'a pas vingt ans, elle est bien faite, fraîche, jolie, et les larmes qui tombent de ses beaux yeux et qu'elle essuie avec le coin de son tablier la rendent encore plus intéressante. Le concierge est homme, les grands yeux noirs de Manette dissipent son envie de dormir, et il lui dit d'un ton plus doux :

— Eh bien! qu'est-ce que vous avez à pleurer comme ça?... c'est votre André qui vous aura fait quelque infidélité? vous êtes pourtant fort gentille... mais ces jeunes gens, ça ne connaît pas le prix d'un tel trésor!...

— Oh! non, monsieur, ce n'est pas cela... je cherche André, parce qu'il a disparu, et je voulais savoir s'il était venu hier dans cette maison.

— Comment voulez-vous que je m'en souvienne? il est venu tant de monde hier! mais il n'est pas présumable que M. André fût de la noce.

— De la noce! et quelle noce, monsieur?...

— Celle de mademoiselle Adolphine, la fille de M. le comte, avec son cousin, le marquis de Thérigny.

— Mademoiselle Adolphine est mariée?

— Oui, d'hier dans la soirée... Ah! cela vous fait sourire...

— Oh! mon Dieu! elle est mariée... et s'il a appris cela...

— Allons, ça vous fait pleurer à présent? que diable avez-vous donc?...

— Ah! monsieur, je tremble qu'André...

— Eh! mais, attendez donc!... je me rappelle à présent qu'hier, entre dix et onze heures, un jeune homme est venu me demander quelle fête on célébrait à l'hôtel.

— Ah! monsieur!... c'était lui!...

— Oui... oui, en effet, je crois l'avoir reconnu.

— Et qu'est il devenu, monsieur?

— Ma foi! je n'en sais rien... La cour était remplie d'équipages; il s'est éloigné, je ne l'ai plus revu.

— Oh! mon pauvre André!... il était au désespoir... Qu'aura-t-il fait? où est-il allé?... Malheureuse que je suis!...

— Eh bien! mam'zelle!... mam'zelle!... prenez donc garde!... vous perdez votre mouchoir.

Manette n'écoute plus le concierge, elle revient en courant près de son père et de Pierre, et leur fait part de ce qu'elle sait. Bernard ne comprend pas pourquoi le mariage de mademoiselle Adolphine m'aurait désespéré, mais alors Manette lui apprend que j'adorais en secret la fille de ma bienfaitrice, et que c'était là la cause de ma continuelle mélancolie. — Oui, dit Pierre, c'est vrai, mon frère était amoureux; il me l'a avoué une fois, ce diable d'amour le tourmentait toujours en voyage, en Savoie, ici... enfin à table même, il était amoureux !..

— Ah! mon père!... qu'est-il devenu? s'écrie Manette, pauvre André, tu es allé pleurer loin de nous, au lieu de verser tes peines dans mon sein... O ciel!... si dans son désespoir... — Rassure-toi, Manette, André aura songé à sa mère, à ses amis... non, non, il est incapable d'une telle action... nous le retrouverons, il reviendra... mais n'apprenons pas cet événement à sa mère, il sera toujours assez temps de l'affliger.

La journée s'écoule sans qu'ils apprennent rien de plus. Pierre a trouvé le papier par lequel je l'autorise à disposer de tout ce que je possède, et la vue de ce papier redouble le désespoir de Manette. Son père tâche de la consoler, et lui répète à chaque instant que je reviendrai. Pierre en dit autant, mais le moment d'après il pleure, et a lui-même besoin de consolation.

Le lendemain se passe de même. Bernard court d'un côté, Manette et Pierre d'un autre. Le soir chacun revient aussi triste et sans avoir rien appris. — Cependant, dit Pierre, il est à c'heure trop grand pour se perdre... Ce n'est pas comme quand nous arrivions à Paris; André avait peut-être quelque voyage à faire... il reviendra au moment où nous y penserons le moins.

Bernard en dit autant, quoiqu'il ne l'espère pas; mais, témoin du chagrin de sa fille, il lui cache ses propres inquiétudes. Le temps s'écoule, et chaque jour augmente la peine de Manette, qui passe ses journées à pleurer, et la nuit ne peut goûter un moment de repos.

Lucile, qui n'avait pas voulu m'apprendre le mariage de sa jeune maîtresse, arrive un matin et trouve Pierre qui, suivant son habitude, vient de voir tous ses anciens camarades les commissionnaires, auxquels il a donné mon signalement, et près desquels il va tous les jours s'informer si l'on ne m'a point vu passer.

— Qu'est-il donc arrivé? s'écrie Lucile en entrant dans l'appartement; quel désordre!... comme tout est sens dessus dessous! — Ah! ma foi! dit Pierre, depuis que mon frère a disparu, est-ce que l'on sait ce qu'on fait!... je ne sais pas seulement comment je vis!... Votre frère a disparu!... André!... et depuis quand?... Depuis le jour que sa belle s'est mariée à un autre... quand j' dis sa belle, je n'en sais rien, je ne l'ai jamais vue... — Comment, il a appris le mariage de mademoiselle!... et moi qui espérais encore le lui cacher... Ah! quelle tête que cet André!... — Ah! dame! c'est que quand il aime, il aime terriblement!.. — Oh! je le sais bien... Pauvre garçon!... s'il savait toute la peine que mademoiselle Adolphine a eue à se résigner... mais une jeune fille bien élevée n'ose point dire : Je ne veux pas... Et puis son père, son cousin qui l'obsédaient... sa mère qui paraissait désirer ce mariage, espérant qu'il la guérirait d'un amour sans espoir... la pauvre petite s'est laissé conduire à l'autel!... Et cet André qui disparaît!... le fou!... est-ce que c'est comme cela qu'il faut faire!... Ah! on voit bien qu'il n'est pas de Paris ce garçon-là!... Enfin, où est-il allé?... — Si nous le savions, est-ce que nous aurions tant de chagrin? — Allons, consolez-vous, monsieur Pierre, André reviendra, il prendra son parti, on finit toujours par là... Ah! je lui avais cependant donné de bien bonnes leçons!... mais depuis quelque temps il ne m'écoutait plus... il me négligeait. Adieu, monsieur Pierre... ne pleurez pas comme un enfant... vous avez les yeux rouges comme un lapin... Vous ne savez pas encore mettre votre cravate, monsieur Pierre... ne fait plus de rosette maintenant, c'est mauvais genre... attendez, que je vous attache cela... — Oh! mamzelle, ça n'est pas la peine... — Si fait... si fait... vous ne seriez pas mal, si vous aviez un peu de tournure... d'aisance... Voyez-vous, on croise les bouts et on les rentre en dessous... cela vous donne déjà une tout autre figure... — Je ne me souviendrai jamais de la façon dont vous vous y prenez, mamzelle. — Je viendrai quelquefois vous donner des leçons... afin de savoir des nouvelles d'André... car je l'aime de tout mon cœur, ce pauvre André... quoiqu'il m'ait fait aussi du chagrin plus d'une fois... mais je lui ai ai pardonné... il était si jeune... et j'ai le cœur si bon!... Adieu, monsieur Pierre... Allons, croyez-moi, il faut vous distraire, la tristesse n'est bonne à rien... Tenez-vous un peu plus droit et ne soyez pas si roide en saluant. Adieu, monsieur Pierre, je viendrai vous voir pour savoir des nouvelles d'André.

Lucile est partie, et Pierre se dit : Je crois que cette dame a raison, quand je pleurerais, ça ne ferait pas revenir André plus vite. Nous nous sommes retrouvés, après nous être perdus tout petits, nous nous retrouverons bien mieux, aujourd'hui que nous sommes grands. Mon frère m'a laissé à la tête de sa maison, de sa fortune, tâchons de bien conduire ça... Ah! si je pouvais rencontrer Loiseau... c'est avec celui-là qu'on s'amuse... il ne me laisserait pas le temps de pleurer deux minutes par jour!

Manette ne raisonne pas comme Pierre, et le temps, loin de calmer sa peine, ne fait que l'augmenter. Elle supplie son père de lui permettre de partir pour chercher son frère. Où iras-tu? lui dit le porteur d'eau, tu ne saurais de quel côté porter tes pas... est-ce qu'une jeune fille peut courir seule après un jeune homme?... encore si tu savais où il est, je te dirais : Va le chercher, parce que, moi, je ne connais pas les convenances, je ne sais qu'une chose, c'est que tu es honnête et André aussi... avec ça on peut se moquer des mauvaises langues... — D'ailleurs, mon père, vous savez bien qu'André n'a jamais eu d'amour pour moi, il ne songeait... je pensais qu'à son Adolphine... et elle a épousé un autre... étant chérie d'André... Ah! mon père, elle ne l'aimait pas, cette femme-là!... — Ma fille, cette demoiselle était une comtesse... elle a obéi à ses parents, nous ne devons pas la blâmer de ça. André ne pouvait jamais être son mari. — Pourquoi cela, mon père? — Ah! pourquoi! parce que... le monde... enfin, tu comprends... — Non, mon père, je ne comprends pas. Mais laissez-moi chercher André, et me le ramener près de nous... — Quand nous saurons de quel côté il est, à la bonne heure, mais en attendant, je ne veux pas que tu te perdes aussi... reste avec moi... et attendons de ses nouvelles.

Manette n'insiste pas; elle pleure en silence, et chaque soir elle se dit : — Encore une journée de passée sans le voir... sans savoir où il est... l'ingrat! peut-on laisser ainsi dans la peine ceux qui jour et nuit pensent à nous?... Ah! son Adolphine ne l'aimait pas comme moi.

CHAPITRE XXVII. — Pierre et Rossignol.

— C'est bien singulier! se disait Pierre en se promenant et en bâillant dans le bel appartement qu'il occupait alors seul, et où il s'ennuyait beaucoup, je suis maintenant le maître dans ce beau logement... je ne manque de rien... j'ai plus d'argent qu'il ne m'en faut... et je bâille pendant les trois quarts de la journée... Quand je faisais des commissions, je ne m'ennuyais jamais; il est vrai que je n'en avais pas le temps. Je chantais depuis le matin jusqu'au soir, et lorsqu'en rentrant j'avais gagné quarante sous, j'étais plus content qu'avec ces pièces d'or que j'ai dans la poche. C'est bien singulier!... Tout mon désir alors était de parvenir à avoir une pièce jaune comme celles-ci; apparemment que je ne savais pas ce que c'était que de m'en servir. Je croyais qu'une fois on en aurait on s'amusait toujours, et je m'amuse pas du tout; il est vrai que je sais à peine signer mon nom, et que je ne trouve aucun plaisir à épeler dans un tas de livres pour apprendre des histoires qui ne me regardent pas. Je ne comprends rien à la musique; je ne sais pas, comme André, manier des crayons et des pinceaux... Au spectacle je m'endors, quoique ce soit superbe... Il n'y a qu'à table où je m'amuse assez,.. Mais on ne peut pas être à table depuis le matin jusqu'au soir; je voudrais cependant bien apprendre à m'amuser.

Un matin que Pierre faisait ces réflexions, on sonne à la porte de manière à casser la sonnette. Pierre tressaille, et court ouvrir en se disant : — C'est sonner en maître!... Si cela pouvait être André!

Il ouvre; mais, au lieu de son frère, il voit son ancienne pratique, qui, suivant son habitude, a le chapeau posé sur l'oreille; mais ce n'est plus un vieux feutre troué et déformé; depuis le diner où Pierre, a perdu son chapeau neuf, son intime ami en a probablement trouvé un qu'il a pris pour le sien, quoiqu'il n'y eût aucune ressemblance. Malheureusement n'ayant pu se tromper pour d'autres parties de ses vêtements, M. Rossignol, car c'est en effet lui-même qui a pris sous Pierre le nom de Loiseau, a encore l'habit crasseux et le pantalon collant qu'il portait le jour où il se présenta chez M. de Francornard; mais pour cacher cette partie de son costume, il a emprunté un vieux carrick à un cocher de ses amis, et, quoiqu'on soit au mois de juin, il s'enveloppe avec soin dedans; enfin, pour se donner un air plus imposant, il a laissé pousser ses moustaches, qu'il mouille à chaque minute en passant auparavant ses doigts sur le frère.

Rossignol ignorait que Pierre fût mon frère, il ne l'avait appris que le jour du dîner. Tout en buvant, Pierre avait conté ses aventures. Mon nom, celui de M. Dermilly, avaient bientôt mis Rossignol au fait; se doutant qu'il serait fort mal reçu, il n'avait point osé se présenter chez Pierre, garçon dont il regrettait de ne pouvoir tirer son parti. Mais un jour, en rôdant autour de la demeure de son intime ami, il apprend que M. Dermilly est mort, que Pierre habite seul un bel appartement, et que son frère André est parti sans que l'on sache de quel côté il a porté ses pas.

Aussitôt Rossignol va s'élancer dans la porte cochère et grimper chez Pierre, mais il jette un coup d'œil sur son costume : son habit n'a plus que deux boutons, son pantalon est fendu au genou et déchiré au mollet. Pierre peut avoir des domestiques, et sa toilette ne les préviendra pas en sa faveur. Mais Rossignol n'est jamais embarrassé : il court à une place de fiacres, reconnaît un cocher avec lequel il s'est battu trois fois, et raccommodé quatre, il lui frappe sur l'épaule en s'écriant :

— François, prête-moi ton carrick pour deux heures...
— Mon carrick!... es-tu fou?
— J'en ai un besoin urgent. Deux heures seulement et je te le rapporte...
— Est-ce que je peux, je n'ai qu'un petit gilet dessous...
— N'est-ce pas suffisant par la chaleur qu'il fait?...
— Je ne peux pas conduire le monde les bras nus...
— Au contraire, tu auras l'air de Phaéton.... et tu couperas mieux les ruisseaux.
— Laisse-moi tranquille.
— D'ailleurs, tu es en queue, tu ne chargeras pas de deux heures; avant ce temps je t'aurai rapporté ton meuble... François, tu ne voudrais pas désespérer un ami qui t'a souvent payé bouteille; il y va de ma fortune... de la tienne peut-être, car une fois en argent, je ne prends pas d'autre voiture que ton sapin, et je te paye trois francs la course...
— Bah! tu veux rire...
— Je te le jure par Hercule et Antinoüs... Tiens voilà quinze sous, va m'attendre à la Carpe travailleuse, et fais ouvrir des huîtres...
— Des huîtres avec quinze sous!...
— Je te réponds de tout... quatre douzaines... Allons, François, tu es attendri... lâche une manche...
— Mais ma voiture...
— Vois donc le temps qu'il fait, imbécile... Pas de fêtes, jour ouvrable... Tu feras chou-blanc jusqu'à ce soir...
— Mais...
— Prends du petit vin blanc... tu sais... et deux sous de jérôme... Allons, lâche l'autre manche...
— Ah çà! tu me promets d'être revenu avant deux heures?
— Je te le jure par Hercule et Antinoüs.
— Je ne connais pas ces gens-là. Mais si tu me manques, songe que je ne ris pas.
— Sois donc en repos... Va boire en m'attendant, et n'épargne pas le vin.

En disant ces mots, Rossignol endosse le carrick et se sauve avec en fredonnant :

Ah! je le tiens, ah! je le tiens...

Pierre regarde quelques minutes Rossignol sans le reconnaître, parce que ses moustaches sont retroussées de manière à se perdre dans ses oreilles. Mais déjà Rossignol a sauté au cou de Pierre, qu'il serre dans ses bras comme un ours qu'il voudrait étouffer.

— Aïe... lâche-moi donc! s'écrie Pierre, qui à ces manières aimables a reconnu son ami.
— Non, laisse-moi t'embrasser encore... Ce cher Pierre, je suis si content de le revoir!...
— Comment, c'est toi... Loiseau... Quand je dis Loiseau, mon frère prétend que tu t'appelles Rossignol...
— Il a raison...

— Pourquoi donc te fais-tu appeler Loiseau?
— Mon ami, est-ce qu'un rossignol n'est pas un oiseau?
— Si fait.
— Eh bien! tu vois alors que c'était la même chose, et que je n'avais pas changé de nom.
— Au fait, c'est vrai... Je n'avais pas réfléchi a cela.
— Au reste, qu'importe le nom! Rossignol ou Loiseau, je ne suis pas moins ton sincère, ton meilleur ami... ainsi que celui de ton frère... quoique j'aie eu jadis quelques torts envers lui... Mais c'étaient des étourderies de jeunesse :

S'il est un temps pour la folie,
Il en est un pour la raison...

— Je viens lui demander son amitié, dont je me sens digne, et me jeter dans ses bras... Où est-il, ce cher André... présente-moi à lui... je veux absolument le voir, ainsi que M. Dermilly, mon ancien maître de dessin, homme qui m'a toujours honoré de son estime et de ses conseils. Il me tarde de l'embrasser, ce digne homme, que je révère comme mon père... Mon ami conduis-moi vers lui, tu vas voir comme il me recevra...
— Ah! bien!... si c'est pour M. Dermilly et mon frère que tu es venu ici, tu as tout à fait perdu ton temps!...
— Comment... que veux-tu dire?... parle... explique-toi...
— M. Dermilly est mort... il y a déjà longtemps...
— Il est mort.. mon maître!... mon père... mon ami! ah! quel coup!... attends que je m'asseye...
— Est-ce que tu te trouves mal?...
— Je crois bien oui... fais-moi prendre quelque chose...
— Veux-tu un verre d'eau?...
— J'aimerais mieux de l'eau-de-vie, si tu en as.
— Je crois bien... et de la bonne. Oh! M. Dermilly était monté en liqueurs, nous en avons de quinze sortes au moins, dans une grande armoire... Et la cave... ah! il y a du vin fameux!
— Quel homme respectable c'était...
— Tiens, goûte-moi ça...
— C'est du cheuu... Comment, il est mort!... comment, la mort a osé frapper un talent du premier ordre!... Ah! quels progrès j'aurais faits sous lui... si j'avais été moins volatil... Il me regardait comme son fils.
— Ce n'est pourtant pas comme cela qu'il parlait de toi...
— Je te dis que j'ai eu des torts... je les avoue, c'est fini... qu'est-ce que tu veux de plus... encore un coup!...
— Te sens-tu mieux?
— Oui, ça commence à revenir. Mais André, où est-il? Appelle-le donc, que je lui saute au cou...
— Hélas! j'aurais beau l'appeler...
— Ah! mon Dieu tu me fais frémir... serait-il mort aussi?... encore un petit verre... Tiens, donne-moi la bouteille, je me verserai moi-même, j'irai mieux ça. Eh bien! mon pauvre Pierre, ton frère?...
— Il a disparu... il est parti, il y a six semaines déjà, et nous ne savons pas ce qu'il est devenu... il n'a donné aucune nouvelle...
— Ah! mon Dieu... ce cher André... moi, qui venais lui demander à dîner, sans façon; c'est égal, je dînerai avec toi. Mais quel vertigo lui a donc passé par la tête?...
— Oh! ce n'est pas un vertige, c'est une passion... un amour concentré; mais je ne peux pas t'en dire plus, parce que c'était un mystère...
— Oh! c'est juste, je ne demande rien! d'ailleurs tu me conteras tout en dînant.
— Ce qu'il y a de plus inquiétant, c'est qu'il m'a laissé, par un papier, maître de disposer de tout ce qui lui appartenait, et mam'zelle Manette dit que ça prouve qu'il ne veut plus revenir.
— Mademoiselle Manette raisonne comme un procureur. Et il n'y a point de doute que tout ce qui était à ton frère est à toi.
— Eh bien! mon ami, croirais-tu que maintenant que je suis riche, je m'ennuie comme une bête?
— Cela ne m'étonne pas du tout.
— D'abord le chagrin, l'inquiétude que me donne André...
— Oh! c'est juste... et puis l'ennui de vivre seul, de n'avoir personne auprès de toi avec qui tu puisses rire, causer, épancher ton âme... Pierre, tu sais si je suis ton ami!... Je veux remplacer André, je veux être un frère pour toi... et dès ce moment je m'établis ici, et je ne te quitte plus...
— Bah!... ce cher Loiseau... Ah! c'est-à-dire Rossignol...
— Je t'ai déjà dit de m'appeler comme tu voudras.
— Je pensais à toi souvent, et je me disais, si j'étais avec lui, je suis sûr que je ne m'ennuierais pas!...
— Nous ennuyer!... Oh! je te réponds que nous n'en aurons pas le temps... Nous rirons, nous boirons, nous chanterons depuis le matin jusqu'au soir :

Chante, chante, troubadour, chante!...

Je t'apprendrai à te servir de ta fortune. — Ma foi! je veux—bien... quoique ça, quand je pense à ce pauvre André... — Oh! nous y penserons toujours! le plaisir n'exclut point la sensibilité : nous le pleurerons tous les matins avant de nous lever; mais après cela, en avant les divertissements! Mais tu me fais l'effet d'être logé comme le Grand Turc... des canapés et des bergères partout!... — Oh! tu ne vois rien encore... Viens, je vais te montrer tout mon appartement.
Rossignol suit Pierre, qui se sent déjà plus gai depuis qu'il a revu celui qu'il croit son sincère ami. Le jeune Savoyard est encore neuf en tout : il prend les hommes pour ce qu'ils se donnent, les choses pour ce qu'elles paraissent. D'après cela, il croit à tout ce que dit Rossignol, et se persuade que, s'il a eu quelques torts, la manière franche dont il vient de se présenter lui aurait fait trouver grâce devant son frère et M. Dermilly.
Le beau modèle pousse des cris d'admiration en entrant dans chaque pièce, qu'en effet il ne connaissait pas, n'ayant jamais vu que l'atelier et la cuisine. Il s'arrête devant plusieurs tableaux en s'écriant :
Vois-tu ce Romain-là? c'est moi... et ce beau Grec? c'est encore moi.
— Mais ça ne te ressemble pas du tout.
— Je ne te dis pas que c'est ma figure, mais c'est mon corps, et je me flatte qu'il est frappant.
— De ce côté, c'est la cuisine.
— Oh! pour la cuisine, je la connais, je passais toujours par là quand je venais travailler avec ce bon et respectable Dermilly. A propos, et la vieille Thérèse?
— Qu'est-ce que c'est que Thérèse?
— La cuisinière du patron.
— Ah! j'ai entendu dire qu'elle était morte.
— Elle a bien fait, elle ne savait pas confectionner un bouillon.
— Depuis qu'André est parti, je n'ai point de domestique... d'abord il me semble que je n'oserais pas prier quelqu'un de me servir.
— Écoute, Pierre, les valets sont presque tous des canailles qui nous volent. Il vaut mieux se servir soi-même. Oh! je te donnerai des leçons d'économie, moi ; d'abord pour dîner on va chez le traiteur, c'est plus gai. Jamais de cuisine chez soi, fi donc! ça sent mauvais. Si l'on veut y dîner, on fait venir du premier cabaret, et c'est plus sain. Pour les chambres, les lits, on a un petit décrotteur qui vient vous secouer ça tous les jours, en faisant vos bottes, et en un tour de main tout est fini; au lieu qu'une femme de ménage passe sa matinée à faire un lit; et d'ailleurs ça se mêle de tout, ça regarde tout, ça dit tout ce qu'on fait; nous n'en aurons point... seconde économie.
— Ce diable de Rossignol, comme il est devenu économe!
— Oh! tu en verras bien d'autres. Ah! voilà sans doute la chambre à coucher de ton frère?
— Hélas! oui... elle est inutile maintenant.
— Je m'en empare afin de l'utiliser, et je te l'en payerai le loyer en temps et lieu : troisième économie.
— Mais, dis donc, si tu vas toujours comme cela, au lieu de m'apprendre à dépenser mon argent, tu vas encore m'enrichir.
— Oh! que ça ne t'inquiète pas!... quant à l'argent, ça sera mon affaire... Tu conviendras qu'un logement comme celui-ci pour toi seul, cela n'avait pas le sens commun.
— Je n'y restais que parce que j'attendais toujours mon frère.
— Nous l'attendrons ensemble, ce sera plus gai. Ne m'as-tu pas parlé d'une certaine armoire garnie de liqueurs, si nous allions lui dire deux mots?
Pierre s'empresse de conduire son ami dans la pièce où sont les liqueurs. Il dresse une table sur laquelle il met les débris d'un pâté, restant de son déjeuner.
— Est-ce que tu n'as que cela? dit Rossignol.
— N'est-ce pas assez?
— Eh! non, nigaud! quand on reçoit un ancien ami, on lui donne autre chose à manger qu'un restant de pâté.
— Mais comment avoir autre chose? il n'y a que ici.
— Ah! que tu es encore innocent... et les traiteurs! est-ce qu'ils sont établis pour les mouches à miel? Allons, vite, appelle ton portier, qu'il coure chez le premier gargotier; qu'il fasse apporter des côtelettes, des andouilles, des petits pieds... une bonne omelette, et pendant ce temps nous faisons une descente à la cave, avec laquelle je ne serais pas fâché de faire connaissance.
La vivacité de Rossignol, la facilité avec laquelle il fait tous ses arrangements font sortir Pierre de son indolence habituelle. Déjà l'intime ami est sur le carré, d'où il crie à tue-tête :
— Holà, portier! ici, mon petit! quittez un peu votre pic et montez subito.
— Ce n'est pas un portier, c'est une portière, dit Pierre à son ami, et dame! elle se donne des airs de propriétaire.
— Parce que tu es un novice et que tu ne sais pas, en temps et lieu, lui toucher l'œil avec une pièce de vingt sous... Il faut savoir être généreux dans l'occasion, ça fait tout le monde s'empresse de vous servir et qu'on peut se passer de valets : quatrième économie.

La portière monte; c'est une petite femme de cinquante ans, à l'air grognon et maussade, qui parle avec prétention et s'est fait un dictionnaire particulier. Depuis quelque temps elle voit Pierre d'un assez mauvais œil, parce qu'elle ne fait plus son ménage.

— Que me voulez-vous? dit-elle d'un ton aigre, et pourquoi crier de manière à *provoquer* toute la maison?

— Madame Roch, dit Pierre, je vous demande excuse, mais c'est que... j'aurais voulu...

— Chut! dit Rossignol en passant devant Pierre et en se couvrant de son carrick comme s'il jouait *Catilina*, tu ne sais pas colorier tes pensées; laisse-moi parler pour toi... Ma petite madame Roch, nous désirerions, mon ami et moi, un déjeuner soigné. Nous voulons fêter ce jour qui nous rassemble; d'anciens amis qui se retrouvent ne sont pas fâchés, en dégustant un vieux bourgogne, de savourer la côtelette. Chargez-vous de commander tout cela dans un bon style...

— Monsieur, je ne suis point la servante des locataires... d'ailleurs je ne fais plus le ménage chez M. Pierre...

— C'est qu'il craignait le tête-à-tête avec vous, madame Roch... quand on est encore aussi fraîche...

— Monsieur, je vous prie...

— Aussi bien conservée...

— Oui, monsieur, je me flatte de l'être, conservée.

— Nous servirions de modèle pour une *Médée* ou une *Agrippine*.

— Monsieur, je ne sais ce que...

— Quel âge avons-nous, madame Roch?

— Quarante-quatre ans, monsieur.

— D'honneur! c'est tout au plus si vous en paraissez douze. Allons, Pierre, de l'argent, madame Roch se charge de tout.

— Mais, monsieur...

— Et l'on ne compte jamais avec une portière aussi intéressante :

Quand on sait aimer et plaire...

Lâche les espèces.

Pierre fouille dans son gousset et met une pièce de cent sous dans la main que Rossignol lui tend par derrière le dos.—Va toujours, lui dit Rossignol. Pierre en met une seconde.

— Va encore, dit à demi-voix le beau modèle, et Pierre en met une troisième en se disant :

— Quinze francs pour un déjeuner!... ça ne peut pas être là une cinquième économie.

Rossignol met deux pièces de cinq francs dans la main de madame Roch, glisse la troisième sous son carrick, et puis dit à l'oreille de la portière :

— Arrangez cela pour le mieux, et gardez la monnaie pour vous.

En même temps il lui pince le genou, fait semblant de vouloir l'embrasser, et la pousse vers l'escalier. Madame Roch, tout étourdie de ces manières, mais très-sensible à l'argent, arrange son fichu, que Rossignol vient de chiffonner, et descend commander le déjeuner.

— Tu le vois, dit Rossignol, on m'obéit... Ah! mon ami, avec de l'argent on fait courir les tortues!...

— C'est vrai, mais quinze francs pour un déjeuner!...

— Comment, tu habites un appartement superbe, et tu regardes à de pareilles misères!... Écoute, Pierre, veux-tu t'amuser, ou ne le veux-tu pas?

— Oh! certainement, je le veux.

— En ce cas, laisse-toi donc gouverner. D'ailleurs, ne t'ai-je pas déjà appris cinq ou six économies?... Je ne veux pas non plus faire de toi un avare.

— Allons, je te laisse agir... car j'avoue que je ne m'y entends pas comme toi.

— Sois tranquille; que ton frère soit seulement six mois absent, et à son retour il trouvera du changement. Maintenant, allons à la cave.

Ils descendent à la cave, qui contient environ cinq cents bouteilles de vin ordinaire et plusieurs douzaines de bouteilles de vin fin. Rossignol est en extase, il déjeunerait volontiers à la cave; mais, comme ce n'est pas l'usage, il se contente de prendre quatre bouteilles de différents vins, et charge Pierre d'autant de bouteilles d'ordinaire. Ces messieurs remontent avec cela; Rossignol en fredonnant dans l'escalier :

Ah! qu' t'auras d' plaisir,
Marie,
Ah! qu' t'auras d' plaisir!...

Les bouteilles sont placées près du couvert. Madame Roch revient avec du dessert et suivie d'un garçon traiteur chargé de trois plats. Rossignol fait dresser tout cela sur la table, et, tout en faisant disposer le déjeuner, va de temps à autre presser la taille de la portière. Enfin, tout est prêt; madame Roch fait une profonde révérence en disant que, si l'on a besoin d'elle, on peut *l'interpeller*. Rossignol la reconduit en folâtrant avec tout ce qui se trouve sous sa main; Pierre se met à table et son ami revient en sautant se placer en face de lui.

— Mets-toi donc à ton aise, dit Pierre à son convive. Pourquoi gardes-tu ce grand carrick?... Tu dois étouffer là-dedans.

— Ah! mon ami, je vais te dire, c'est que j'ai un gros rhume de cerveau, et je crains les vents coulis... et puis, ce carrick m'est bien cher... il me vient d'un oncle qui était presque toujours sur mer.

— Il ne semble pourtant pas beau... Il est doublé en cuir.

— Justement, mon ami, c'est ce qu'il faut pour un marin quand il est de quart sur le bâtiment, avec ça il ne craint pas l'humidité et le serein.

— Ah! tu avais un oncle marin?

— Et fameux marin, je m'en flatte!... Il a découvert trois nouveaux mondes, et il allait en découvrir encore une demi-douzaine au moins, quand il a été avalé par un requin!...

— Ah! mon Dieu!... mangé par un requin!...

— C'est comme j'ai l'honneur de te le dire. Buvons...

— Le pauvre homme!...

— Ah! ce sont de ces événements auxquels les marins sont habitués, ça ne les affecte pas tant que nous autres.

— Mais comment ce carrick t'est-il revenu?

— Ah! je vais te dire. Quelque temps après on a pris le requin, et comme on l'a ouvert pour l'empailler et l'envoyer au Cabinet d'histoire naturelle, on a trouvé dedans ce carrick intact, avec une lettre à mon adresse dans une des poches. Il paraît que les requins ne digèrent pas le cuir; quant à mon pauvre oncle, il ne restait plus de lui que deux doigts et une oreille que j'ai fait encadrer.

— Je ne veux jamais aller sur mer, j'aurais trop peur de ces événements-là.

— Tu as raison... vive la terre et vive le vin! Il est gentil celui-ci... Ah! le papa Dermilly était gourmet... tous les artistes le sont.

— C'est singulier, Rossignol, tu as un chapeau fait absolument comme celui que j'ai perdu le jour où j'ai dîné avec toi... On dirait aussi que c'est la même boucle.

— Est-ce que tous les chapeaux ne se ressemblent pas?

— Dis donc, nous étions un peu gris ce jour-là?

— Gris, fi donc! je ne me grise jamais!... parce qu'on casse quelques assiettes et qu'on donne quelques coups de poing, tu te figures qu'on est gris! nous étions gais, aimables, voilà tout.

— Mais pourquoi portes-tu des moustaches maintenant?... Cela change toute la figure... Est-ce que tu as été militaire depuis que je ne t'ai vu?

— Oui, mon garçon, j'ai servi... j'ai même servi dans deux endroits.

— Dans les hussards?

— Non... j'étais dans les volontaires, j'avais un uniforme de fantaisie... il ne me reste plus que le pantalon.

— Est-ce que tu t'es battu?

— Je crois bien... Depuis que tu m'as vu, je me suis battu très-fréquemment. On me laissait pour mort sur la place...

— Est-ce qu'on ne t'a pas avancé?

— Si!... oh! pardieu! on m'a avancé très-souvent. On a même fini par me pousser tellement, que j'étais toujours à une lieue des autres. Mais tout cela ne m'a pas séduit, les arts me réclamaient...

On en revient toujours
A ses premiers amours.

Et je me félicite d'avoir quitté le service, puisque je retrouve un ami si fidèle... Buvons.

Rossignol fait honneur au repas; il y a longtemps qu'il n'en a fait un pareil. Les bouchons sautent, les bouteilles se vident; afin de ne point se déranger, Rossignol jette les assiettes sales sur un joli canapé, et fait rouler les bouteilles vides sur le parquet. Mais déjà Pierre n'a plus la tête à lui : voulant tenir tête à son ami, qui ne cesse point de boire, de trinquer et de verser, Pierre commence à s'échauffer, sa langue s'embarrasse, et il chante des bourrées savoyardes pendant que son convive, qui est encore de sang-froid, parce qu'il a l'habitude de boire, fait disparaître avec une rapidité inconcevable tout ce que le traiteur avait apporté.

Au milieu des vins fins, des liqueurs, devant une table bien garnie, Rossignol ne songe pas à François, auquel il a promis de rendre le carrick avant deux heures. Mais l'exactitude n'est point la vertu du beau modèle, qui s'occupe de faire sauter les bouchons, et commence, après avoir vidé quatre bouteilles pour sa part, à partager l'ivresse de son hôte.

Echauffé par le vin, Rossignol jette de côté le carrick qui le couvrait en s'écriant :

— Au diable la robe de chambre! je n'en ai plus besoin... n'est-ce pas? Pierre, tu me connais, je suis ton ami... est-ce que je ne suis pas toujours assez propre pour déjeuner avec toi?...j'étouffais avec ce vieux couvre-pied. — Comment, c'est le carrick de ton oncle... Le requin...

que tu jettes comme ça par terre? — Laisse donc, mon oncle ! est-ce que j'ai des oncles, moi? buvons. — C'est toi qui me l'as dit tout à l'heure. — Ah ! c'est juste, je n'y pensais plus. C'est égal, Pierre; nous allons jollment nous amuser, Dieu ! quelle vie d'Amphitryon nous allons mener... tu n'es déjà plus le même, tu as tout une autre figure que ce matin; tu t'amuses, n'est-ce pas ? — Je suis si gai que je ne sais plus où j'en suis. — Eh bien ! mon homme, voilà comme nous serons tous les jours depuis le matin jusqu'au soir. C'est fini, je m'attache à toi, je ne te quitte plus ; tu es riche, je suis aimable; tu es borné, j'ai de l'esprit, je t'en donne, et je t'apprends à *descendre gaîment le fleuve de la vie!*

— Est-ce que c'est là ton habit d'uniforme? dit Pierre, qui commence à balbutier.

— Non, c'est un habit de chasse ; il y manque huit boutons ; c'est un sanglier qui me les a mangés au moment où j'allais le tuer. Goûtons la liqueur : voyons ceci ; du rhum... c'est roide, il faut garder ça pour le coup du milieu que nous prendrons à la fin... du scubac? voyons cela... avale-moi ça, Pierre, et fais raison à ton ami... Tu dois bénir la Providence de m'avoir retrouvé, car tu vivais seul comme un loup.

— Oh ! si, j'allais chez le père Bernard et Manette, ce sont de bien bons amis... d'André.

— Bernard, Manette, je crois que tu m'en as déjà parlé... n'est-ce pas un porteur d'eau?

— Justement.

— Ah ! fi donc !... comment, Pierre ! dans la situation où le destin t'a placé, tu fréquentes des porteurs d'eau ! Ah ! mon homme, ça n'est pas bien ; il faut savoir garder son rang... En avant l'anisette !

— Mais, moi, est-ce que je n'étais pas commissionnaire ?

— Bon! tu l'étais, mais tu ne l'es plus, vois-tu, c'est fini... c'est comme un homme qui était fripon et qui se fait honnête homme, on ne se rappelle plus qu'il a été fripon ; oh ! ça se voit tous les jours, ces choses-là. Je te le répète, il faut garder son quant à soi ; je ne te dis point de ne plus parler au porteur d'eau, tu iras même le voir, par-ci par-là, quand nous n'aurons rien à faire, mais je n'entends pas que tu en fasses ta société habituelle, parce que tu prendrais avec eux de mauvaises manières, tandis que je veux t'en donner de soignées !... Du cognac? goûtons-le; comment le trouves-tu?

— Il me semble que c'est toujours le même goût.

— Bah! tu ne t'y connais pas, Pierre, je me charge de te former une société choisie : je t'amènerai des lurons dans mon genre, tous bons enfants ; je te conduirai dans les plus jolis bals de la Courtille, des Porcherons, de la barrière du Maine; je connais les bons endroits. Vive la gaieté ! au diable les amis, qui te feraient de la morale ! dès ce soir nous irons valser à la barrière de Vaugirard , on y valse toute la semaine; tu me prêteras seulement un habit, un gilet et une culotte, je me fournirai le reste. Buvons et chantons le chœur de *Robin des bois*, sais-tu! tra, la, la, la, tra, la, la... je le chante tous les lundis avec un tourneur et une boulangère, ça fait un effet superbe ! ce n'est pas difficile; toujours tra, la, la, jusqu'à demain.

A force de boire , de chanter , de trinquer et de goûter de chaque bouteille , Pierre et Rossignol finissent par n'être plus en état de rien voir. Pierre, qui prétend que tout tourne autour de lui, veut absolument valser et se laisse tomber sous la table ; tandis que Rossignol, après avoir jeté à la volée les assiettes et les plats, se roule et s'endort sur le carrick de François , entre une carcasse de volaille et une bouteille d'huile de rose.

CHAPITRE XXVIII. — Le carrick de François.

Pendant que Rossignol ronfle près de son hôte , le cocher auquel il a emprunté le carrick s'est rendu au cabaret désigné, et se place devant une table où il se fait ouvrir des huîtres et servir du vin blanc.

François a bon appétit, d'ailleurs c'est Rossignol qui doit tout payer pour la location du carrick; il faut donc ne pas rester sur sa faim. Les premières douzaines d'huîtres passent lestement; mais, Rossignol ne paraissant pas encore, François en fait ouvrir d'autres pour attendre plus patiemment son ami.

Cependant l'heure convenue sonne, et point de Rossignol ni de carrick. François demande du fromage et une autre bouteille en se disant : — Il faut lui accorder le quart d'heure de grâce.

Mais le quart d'heure et un autre sont écoulés. François s'est tellement bourré qu'il peut à peine respirer, et toujours point de Rossignol. Le cocher commence à lâcher des mots très-énergiques. C'est bien pis quand ses camarades viennent lui dire : — François, tu es en tête, reviens donc à ta voiture.

Mais François ne veut pas conduire bras nus, et n'a pas de quoi payer le déjeuner qu'il a pris. Il tape du pied ; se donne des coups de poing en s'écriant : — Ai-je été bête de croire ce guerdin-là !... ah ! mille rosses! je vas l'arranger quand il va venir... s'il avait mis mon carrick en plan... que me dira ce soir madame François si je rentre en veste! elle croira que j'ai bu mon carrick !...

Et François jure, se désespère. L'heure se passe ; pour comble de malheur, le temps devient noir ; bientôt un orage éclate , la pluie tombe par torrents. Tous les fiacres ont chargé. Il ne reste plus sur la place que celui de François , qui , debout sur le seuil de la porte du cabaret, se donne au diable en s'écriant : — Conduisez donc en veste sans manches par ce temps là !

On ne tarde pas à courir au seul fiacre que l'on aperçoit en appelant de tous côtés :—Cocher ! cocher !... Déjà même plusieurs personnes se disputent à qui aura le sapin, et François, qui les entend de loin, rentre dans le cabaret en se disant : — C'est pas la peine de vous disputer, vous ne l'aurez ni les uns ni les autres.

Mais un petit monsieur en noir, en jabot , en escarpins , qui se rendait avec sa moitié à un déjeuner dînatoire que donnait son cousin pour célébrer sa nomination à la place d'adjoint du maire d'une commune de trois cents feux, place qu'il avait obtenue après quinze ans de sollicitations ; le petit monsieur, qui ne se consolerait pas de manquer le déjeuner dînatoire , est parvenu à faire monter sa moitié dans le fiacre de François. Madame s'est assise dans le fond, qu'elle remplit presque à elle seule , et ses autres personnes, désespérant de la débusquer, ont pris le parti de la retraite et ont laissé le couple affamé maître du fiacre.

Il s'agit de trouver le cocher ; la dame s'égosille à l'appeler par les portières, tandis que son mari court de côté et d'autre, recevant avec douleur la pluie sur son habit noir et son jabot , mais songeant avec plus de douleur encore qu'on aura commencé à déjeuner sans eux.

Enfin il aperçoit la *Carpe travailleuse* et court vers le cabaret en disant à sa moitié :

— Je gage que le cocher est dans ce cabaret; dès que ces drôles-là voient tomber de l'eau, ils vont boire du vin... Ne vous impatientez pas, madame Belhomme, je le ramène à l'instant. — Hâtez-vous, monsieur Belhomme, car je crains que mon cousin ne prenne de l'humeur et que l'on n'entame la dinde sans nous.

M. Belhomme arrive au cabaret et dit à la marchande d'huîtres :

— Le cocher de cette voiture est-il ici ?

— Oui, là-bas, au fond, répond l'écaillère , qui commence à trouver singulier que M. François ne parle point de payer ses huîtres.

M. Belhomme va frapper sur l'épaule de François en lui disant :

— Allons, vite , mon garçon , dépêchons-nous ; vous devriez être à votre voiture, étant seul sur la place et par le temps qu'il fait... bâtons-nous, et je vous donnerai pour boire.

— Oh ! c'est inutile !... je n'ai pas soif, répond François sans se déranger.

— Cocher ! m'entendez-vous ! reprend avec force M. Belhomme fort en colère de la tranquillité de François.

— Oui , je vous entends bien , mais je ne peux pas marcher...

— Tu ne peux pas marcher?... s'écrie le petit homme en enfonçant son chapeau sur ses yeux et montant sur ses pointes pour se grandir. Tu marcheras !

— Ça m'est absolument impossible, not' bourgeois, je suis cloué ici !... d'ailleurs je suis loué...

— Cela est faux... tu es sur la place ; je te prends... ma femme est dans la voiture... mon cousin nous attend... tu marcheras !...

— Je ne marcherai pas.

Le petit monsieur crie, appelle, assemble tous les passants, qui répètent avec lui : — Il faut marcher. Le marchand de vin et l'écaillère disent : — Il faut qu'il paye auparavant, et François répond en sifflant : — Pas plus l'un que l'autre.

— Faisons un exemple ! dit M. Belhomme, qui trépigne de colère. Conduis-moi chez le commissaire... tu ne peux t'y refuser.

— Eh ! morbleu ! comment voulez-vous que je conduise mon fiacre sans carrick par le temps qu'il fait ?... ah ! gueux de Rossignol !

— Mets ou ne mets point ton carrick, cela ne me regarde pas... mais je veux aller chez le commissaire.

— Oui, oui, s'écrient toutes les personnes, il ira, ou nous conduirons sa voiture.

François voit qu'il n'y a pas moyen d'éviter le commissaire ; il se décide et va suivre M. Belhomme, quand le marchand de vin et l'écaillère l'arrêtent en lui disant :

— Un instant, avant de sortir on paye son déjeuner...

— Je payerai une autre fois... je n'ai pas le temps maintenant...

— C'est bientôt fait de payer... nous ne vous connaissons pas assez pour vous faire crédit...

— Je reviendrai tout à l'heure.

— Il faut payer de suite...

— Six douzaines d'huîtres, quarante-deux sous... Vin, pain et fromage, trente-trois sous.

— Voilà quinze sous à compte... je vous devrai le reste.

— Non pas !... il faut solder tout.

— Vous serez bien malins si vous me trouvez un sou de plus.... je n'ai pas encore fait une course.

— Ah! ah! monsieur vient de faire un déjeuner fin et n'a pas de quoi payer!...
— Puisque j'attendais un ami qui régalait.
— A d'autres!...
— Allons, allons, c'est un mauvais sujet, vite chez le commissaire !
— Un instant, il me faut des arrhes pour mes huîtres... gardons son chapeau.
— C'est ça! gardez son chapeau, ça lui apprendra à venir faire des déjeuners de maître maçon avec quinze sous dans sa poche.

Le pauvre François veut en vain défendre son chapeau ; on le lui prend et on le pousse vers son fiacre, dans lequel monte M. Belhomme, qui se place près de sa moitié en lui disant :
— Je viens de montrer une fameuse idée, madame!...
— Tout le monde sait que vous en avez, monsieur.

Quant à François, sans chapeau, sans manches, par un temps affreux, il monte sur son siége au milieu des huées de la foule, et se venge sur ses malheureuses rosses, qu'il fouette à tour de bras afin d'arriver plus vite chez le commissaire, et, à chaque coup de fouet sur ses bêtes, il lâche un juron après Rossignol.

Heureusement le commissaire ne demeure pas loin ; malgré cela, François y arrive trempé comme s'il sortait de la rivière, maudissant Rossignol, maudissant le couple qui est dans sa voiture et se disant :
— On me fera ce qu'on voudra, mais je ne les mènerai point.

Par suite de cette affaire, François passe huit jours à la préfecture ; il gagne un gros rhume, et quand il revient chez lui il est battu par sa femme.

Quant à M. et madame Belhomme, ils sont forcés de se rendre à pied au déjeuner dînatoire de leur cousin. Ils trottent dans la boue, reçoivent la pluie, s'éclaboussent, ont de l'humeur, et, pour la faire passer, se disputent tout le long du chemin.

Chapitre XXIX. — Le ménage de mon frère.

Pierre, en s'éveillant le lendemain du déjeuner, qui avait duré jusqu'au soir, est un peu surpris de se trouver sous la table, la tête sur une assiette et le bras dans un compotier. Il se frotte les yeux et cherche à rappeler ses idées, car les liqueurs qu'il a bues en quantité lui troublent encore le cerveau.

Il se lève, regarde autour de lui, pose un de ses pieds sur une oreille de Rossignol, qui ronfle encore sur le carrick. Le beau modèle s'éveille en jurant et en criant : — Quel est l'insolent qui donne un coup de poing à un artiste ?

La voix de Rossignol rend la mémoire à Pierre. Il se rappelle l'orgie de la veille, il est sans trop savoir pour quelle raison, il n'est pas content de lui ; il sent au fond de l'âme que sa conduite n'est pas ce qu'elle devrait être. Mais déjà Rossignol est sur pied, et il s'est bien promis de ne point laisser à Pierre le temps de réfléchir.

— Eh bien ! mon cher Pierre, lui dit-il, il paraît que nous avons fait un somme à l'issue du repas... Il n'y a aucun mal à cela... c'est même une habitude très-distinguée, en Espagne, en Italie, on dort ordinairement après dîner, et les Anglais, qui vivent très-bien, couchent presque toujours sous la table...
— Comment ! c'est un usage distingué de dormir par terre, au milieu des assiettes et des bouteilles vides ?
— Oui, mon garçon.
— Cependant mon frère André ne faisait jamais cela.
— Entre nous, ton frère était une poule mouillée ; je me flatte que tu suivras une autre route en profitant de mes leçons. Mais il est grand jour, il faut songer au déjeuner... et je veux...

Tout en parlant, Rossignol vient de jeter les yeux sur le carrick, et le souvenir de François se présente à son esprit. Il jette un cri, se frappe à la fois le ventre, la tête et les cuisses, lâche quelques-uns de ses jurons favoris et se jette dans un fauteuil en s'écriant : — Je suis un grand animal !...

Pierre va demander à son ami la cause de ce mouvement de colère, lorsqu'il lui voit faire une grimace effroyable. Ces messieurs, dans leur ivresse de la veille, avaient jeté les plats au hasard ; il en était resté un sur le fauteuil dans lequel Rossignol s'était jeté, et la modeste faïence venait de craquer sous le pantalon collant de l'artiste, qui se lève en pestant et en criant qu'il est blessé.
— Tu es blessé ? dit Pierre alarmé.
— Oui, sans doute, j'ai les clunes attaquées.
— Qu'est-ce que c'est que ça, les clunes ?
— Est-ce que tu ne vois pas que ce plat s'est cassé sous moi ?... Mais je me ferai faire un cataplasme... Le pis de l'aventure, c'est que j'ai abîmé mon pantalon... Ah ! mon Dieu ! et par-devant... des taches partout... C'est toi, hier, en jetant les assiettes, qui m'auras attrapé...
— Comment... moi !...
— Certainement... et mon habit... Un habit et un pantalon que je n'avais mis que deux fois...

— Laisse donc, il est tout déchiré, le pantalon...
— C'est en dormant que je me serai accroché à quelque meuble ; mon ami, je ne peux pas sortir ainsi ; de quoi aurais-je l'air, moi qui étais hier si bien mis que toutes les femmes se retournaient pour me lorgner? Pierre, tu dois avoir une belle garde-robe?
— Une garde-robe... oui, tiens, ce cabinet là-bas... Tu trouveras tout ce qu'il te faut.
— J'y vole.

Rossignol court au cabinet que Pierre lui a désigné. Il revient bientôt tenant sous son nez un petit lambeau de toile jaune qu'il assure être un mouchoir des Indes.
— Que le diable t'emporte avec ton cabinet !...
— Est-ce qu'on n'y est pas bien ?
— Imbécile, je te demande des habits, des pantalons... et tu m'envoies.....
— Dame ! tu me parles de garde-robe.
— Ah ! mon pauvre Pierre, comme tu es faible sur l'instruction !
— Si tu veux des habits, ceux d'André sont dans sa chambre... Oh ! tu trouveras de quoi choisir.
— Eh ! parle donc... voilà deux heures que je demande cela.

Rossignol se rend à la chambre qui lui est indiquée. Il ouvre les commodes, les armoires, et reste en extase devant une garde-robe bien fournie. Aussitôt il procède à sa toilette, et comme Rossignol n'est pas homme à se rien refuser, il se rhabille entièrement, choisissant la plus belle chemise, les bas les plus fins, l'habit le plus neuf. Il court à la glace : jamais il ne s'est vu si beau ; quoique en frac et en pantalon, il fait des poses antiques en s'écriant :
— Sacrebleu ! que je suis bel homme !... quel dommage qu'il ait fallu attendre à quarante-cinq ans pour être aussi propre !... C'est égal, nous réparerons le temps perdu.

Dans son ivresse, Rossignol ouvre les fenêtres qui donnent sur la rue et jette à la volée toute son ancienne défroque en chantant :

C'est ici le séjour des grâces,
Je n'ai plus besoin de mes vieux habits !...

Allez, pantalon, frac, bas, et cætera. Vous avez fait votre temps, devenez la proie du chiffonnier ou du Savoyard... Un instant, ne disons pas de ces Savoyards ! je les prise trop pour cela.

Rossignol revient trouver Pierre, qui est encore assis devant les débris du déjeuner de la veille, et se place devant lui dans l'attitude du Laocoon en lui disant :
— Comment me trouves-tu ?
— Tiens ! ce sont toutes les affaires de mon frère.
— Il n'est pas question de cela. Je te demande comment tu me trouves ?
— Tu es très-propre...
— Tu ne remarques que cela, toi !... une femme verrait autre chose. N'importe, fais aussi un peu de toilette, car tu as du fricandeau sur ton collet et de la matelote dans ta cravate. Pendant ce temps je vais sortir pour une affaire indispensable. Je ne serai pas longtemps ; à mon retour, nous irons déjeuner au Cadran-Bleu ou chez Desnoyers. A propos, c'est toi qui as la caisse, n'est-ce pas !
— Oui, j'ai de l'argent.
— Eh bien ! donne-moi une centaine d'écus ; j'ai des emplettes à faire pour notre ménage, car il te manque beaucoup de choses ici...
— Quoi donc ?
— Oh ! des choses essentielles ; d'abord, hier, je n'ai pas trouvé de cure-dents après notre repas.
— Est-ce que tu veux en acheter pour cent écus ?
— Ensuite une savonnette, un fer à papillotes ; j'aurai tout cela. Il nous faut aussi un domestique ; des gens comme nous ne peuvent pas s'en passer : je vais en choisir un.
— Tu disais hier que c'étaient des voleurs.
— J'aurai l'œil sur le nôtre.
— Mais cent écus...
— Ah ! Pierre, si tu ne veux pas te laisser gouverner, je t'abandonne à toi-même... Encore une fois, veux-tu t'amuser depuis le matin jusqu'au soir ?
— Sans doute.
— Eh bien ! en ce cas, ne regarde donc pas à cent écus.

Suis en toute circonstance
Et mon exemple et mes leçons.

Pierre remet à son ami l'argent qu'il lui demande ; celui-ci va prendre le carrick du cocher et l'examine d'un air indécis en murmurant :
— Diable ! il est furieusement laid..., et avec une toilette aussi recherchée, ça ne s'accorderait pas.

— Qu'est-ce que tu dis donc, Rossignol ?
— Je dis que je voulais reporter ce carrick chez moi ; mais je le trouve trop vilain...
— Tu le portais bien hier.
— C'est qu'hier c'était l'anniversaire de la mort de mon oncle... Parbleu ! je suis bien bête, je n'ai qu'à le faire porter par un commissionnaire qui me suivra... Holà ! la portière.

Rossignol ouvre la porte pour appeler madame Roch, lorsque celle-ci paraît tenant à la main un pantalon qui lui était tombé sur la tête pendant qu'elle balayait le devant de sa porte.

— Messieurs, dit la portière en présentant le vêtement, que Rossignol reconnaît sur-le-champ, pourriez-vous me dire si c'est de chez vous que l'on a jeté ceci ?... Je sortais pour balayer ma portion de rue, je vois fuir des polissons qui ramassaient quelque chose, et sur le même instant ce pantalon tombe sur mon bonnet, dont le nœud a été tout délissé.

— Est-ce toi, Pierre, qui t'amuses à jeter tes culottes par la fenêtre ? dit Rossignol d'un air surpris.

— Oh ! mon Dieu ! s'écrie-t-elle, serait-ce...
— Oui, c'est nous, ma mère, c'est André, c'est Pierre, qui sont revenus.

— Moi ? Ah ben ! ce serait un joli amusement !
— Madame Roch, le vêtement ne vient pas de chez nous ; d'ailleurs il me semble que, sur son inspection, vous auriez dû penser que des gens comme nous n'ont jamais porté de pareilles guenilles.
— Monsieur, c'est que la fruitière d'en face prétendait...
— La fruitière ferait mieux de compter ses bottes d'ognons que de regarder ce qui se passe chez les voisins. Gardez cela, madame Roch, vous le donnerez le jour de l'an à votre filleul, si vous en avez un. Puisque vous voilà, faites-moi l'amitié de me porter ce carrick jusqu'en bas, où je prendrai un jockey pour me suivre.
— Mais, monsieur...
— En avant, madame Roch, vous êtes ce matin fraîche comme une belle de nuit. Pierre, habille-toi, je ne serai pas longtemps.

Rossignol jette le carrick de François sur les bras de la portière ; il sort avec elle, et descend devant madame Roch en sautillant ou s'arrêtant sur chaque carré pour faire des poses ; tandis que la portière s'arrête aussi, ne sachant ce que cela veut dire, et quelquefois effrayée des poses de Rossignol, qui crie chaque fois qu'il s'arrête devant elle :
— Ceci est Hercule... ceci Antinoüs... ceci Hippolyte !...

Enfin, tout en posant, ils arrivent au bas de l'escalier. Rossignol regarde dans la rue ; il aperçoit près d'une borne un petit décrotteur, noir comme un charbonnier ; il lui fait signe de venir, et lui donnant l'immense et lourd carrick de François : — Suis-moi, lui dit-il, et surtout prends garde de m'éclabousser.

Rossignol se met en route, suivi du décrotteur portant le carrick. Il se rend à la place où la veille il a trouvé François, en se disant : — D'abord il va crier... mais, en lui mettant une pièce de cent sous dans la main, j'apaiserai sa colère et nous serons bons amis.

Mais François n'est pas sur la place, par la raison que le commissaire l'a envoyé coucher à la préfecture. Rossignol va à la Carpe travailleuse le demander ; point de François. — Il est sur quelque autre place, se dit Rossignol ; mais je ne puis courir tout Paris à pied dans un si joli costume... prenons un cabriolet, et allons inspecter les sapins.

Rossignol monte dans un cabriolet, et ordonne au décrotteur de le suivre par derrière. On part ; on visite une place, puis une autre... point de François. Rossignol a envie de déjeuner, son jockey est en nage, courant, suant, avec l'immense carrick sur les bras, derrière le cabriolet dans lequel le beau modèle se fait promener. Enfin celui-ci se dit :
— J'ai fait ce que j'ai pu, ma foi ! allons retrouver Pierre.

On s'arrête devant la demeure de Pierre : heureusement pour le petit décrotteur, qui a l'air de sortir de l'eau. Au moment de le payer, Rossignol se dit : — Ce petit drôle trotte bien... il pourrait bien faire notre jockey. Petit, veux-tu entrer en maison ? — Moi, monsieur ! est-ce qu'il faudrait courir comme ça tous les jours derrière un cabriolet ? — Non, ceci est un extraordinaire. Tu feras nos appartements, nos lits, nos bottes : tu prendras tout ce qu'on te donnera. Tu seras logé, nourri... et je te promets de bons gages. — Je veux bien, monsieur. — En ce cas, monte, et n'oublie pas que je t'ai donné deux cents francs d'avance. — Bah ! vous ne m'avez rien donné du tout. — N'importe, tu le diras, ou je te retire ma protection.

Pierre voit rentrer Rossignol suivi du petit garçon portant le carrick. — Eh bien ! tu rapportes cela ici ? dit-il à son ami. — Oui, j'ai réfléchi que je ne voulais pas m'en séparer. Pierre, voici notre domestique. — Ce petit garçon ! — Est-ce que nous avons besoin d'un géant pour nous servir ! — Il est bien noir ! — Il se débarbouillera. Je sens que je suis en appétit ; allons, Pierre, partons. — Mais... — Mais quoi ? — Je n'ai pas été chez Bernard depuis deux jours, et j'avais l'habitude d'y aller souvent. — Tu iras une autre fois ; le plus pressé est d'aller nous divertir... Toi, petit, reste ici, fais notre appartement... frotte, nettoie et amuse-toi... Partons.

Rossignol entraîne Pierre ; au moment où ils vont passer la porte cochère, celui-ci dit encore : — Mais, si Bernard venait me demander ?... — Eh ! que diable ! tu n'as que ton Bernard dans la tête... attends, je vais arranger cela... holà, madame Roch !... s'il venait quelqu'un demander Pierre, vous diriez qu'il est sorti avec un ami pour chercher son frère... et vous pourrez dire ça tous les jours ; nous ne ferons pas autre chose...

Ils partent enfin, et sont bientôt chez un traiteur, où Pierre oublie de nouveau les bons avis de ses anciens amis pour ne songer qu'à se divertir avec Rossignol. Celui-ci, ainsi qu'il l'a promis, ne lui laisse pas le temps de réfléchir : après le déjeuner il le conduit au billard ; de là ils vont dîner, et le soir visiter les guinguettes, où Rossignol présente son ami à toutes ses connaissances ; on ne demande pas mieux que de faire celle du pauvre Pierre, qui ne voit pas au milieu de quels gens il se trouve. Le soir, ces messieurs rentrent toujours gris, quelquefois même ils ne rentrent pas du tout. On doit présumer comment est tenu le ménage fait par un décrotteur, qui met tout sens dessus dessous dans l'appartement, et s'ennuyant d'être seul pendant la journée entière, appelle par la croisée ses camarades pour qu'ils montent jouer avec lui. Mais Rossignol prétend que leur jockey a des dispositions, qu'il cire bien les bottes, et que c'est le principal.

Il y a déjà trois semaines que cette vie dure. Toutes les fois que Pierre parle d'aller chez Bernard, Rossignol trouve quelque prétexte pour l'en empêcher, et Pierre finit par en parler moins souvent, parce que, lorsqu'on se conduit mal, on ne se plaît plus dans la société des honnêtes gens. Le bon porteur d'eau s'est plusieurs fois rendu chez Pierre, qu'il n'a jamais trouvé, et madame Roch, que Rossignol a eu l'art d'intéresser en allant devant sa loge faire Apollon ou Jupiter, dit chaque fois au père Bernard : — Monsieur Pierre est sorti pour chercher son frère. Le bon Auvergnat croit cela, et se dit : Pauvre Pierre !... il se donne bien de la peine, et il n'est pas plus avancé que nous.

Mais un matin que Pierre et Rossignol, frisés et cirés avec soin, se rendaient aux Champs-Élysées, où ils avaient donné rendez-vous à quelques amis intimes ; au moment où ces messieurs traversent la chaussée des boulevards, un fiacre qui passait près d'eux s'arrête et le cocher descend de son siège en s'écriant : — C'est lui !... c'est mon voleur ! ah ! pour le coup il va la danser !...

François, car c'est lui-même, entame la reconnaissance par cinq ou six coups de fouet sur les deux amis, et Pierre est obligé de prendre sa part de ce qui n'était adressé qu'à son compagnon.

Ces messieurs, étourdis par cette brusque attaque, commencent par crier ; mais François, sautant sur Rossignol, qu'il saisit au collet, ne leur laisse pas le temps de se sauver.

— Je te tiens, enfin, voleur, drôle ! dit le cocher en secouant avec force Rossignol, qui a changé de couleur en reconnaissant François.

— Mon carrick... coquin, mon carrick ;... qu'en as-tu fait ?... —

Lâche-moi, François, lâche donc, tu m'étrangles... — Non pas! je te tiens, il me faut mon carrick, et le payement du déjeuner... et un dédommagement pour le temps que j'ai passé à la préfecture et le rhume que j'ai attrapé... — Je te payerai tout ce que tu voudras, mais lâche un peu...

— Vous vous trompez, cocher, dit Pierre qui ne comprend rien à ce qu'il entend, nous n'avons rien à vous... vous êtes gris... — Je suis gris!... non pas, mon petit homme... c'est vot' camarade qui est un voleur!... mais je vais commencer par lui donner une gratification.

Et François applique deux ou trois coups de poing sur la frisure du beau modèle; Pierre, en voulant défendre son ami, reçoit aussi quelques preuves du ressentiment de François, et la foule, qui s'amasse autour du fiacre arrêté, les laisse se battre, parce qu'il est beaucoup plus agréable de voir des hommes se donner des coups que de chercher à les séparer.

M. le notaire de Vérin en Savoie.

Enfin, Rossignol, tout en se défendant d'une main, est parvenu à glisser l'autre dans son gousset, il en tire trois pièces de cent sous qu'il met sous le nez de François. Cette vue calme un peu le cocher, il prend l'argent, suspend l'attaque, et prononce d'une voix enrouée :
— Et mon carrick?
— Tu vas l'avoir, répond Rossignol, conduis-nous, mon ami et moi. Si tu avais eu l'esprit de m'entendre, tu aurais épargné une telle scène à l'amitié.

En disant cela, Rossignol ouvre la portière, il fait monter Pierre, se place à côté de lui, François grimpe sur son siége, et le fiacre s'éloigne, laissant là les badauds qui se demandent mutuellement ce que c'est.

Pierre, qui a reçu des coups de fouet et des coups de poing, ne comprend pas pourquoi ils sont montés dans la voiture du cocher qui les a battus.

— Je t'expliquerai tout ça, dit Rossignol en cherchant à réparer le désordre que François a mis dans sa toilette.
— Mais il dit que tu l'as volé.
— Est-ce qu'il sait ce qu'il dit?
— Mais tu lui as donné de l'argent!
— Tu vois donc bien que je ne l'ai pas volé.
— Il te demande un carrick...
— Oui, il veut que je lui prête celui de mon oncle, parce qu'il va voyager sur mer...
— Comment! ce cocher va...
— Eh! sans doute!... tout t'étonne toi; apprends que François est un garçon très-distingué; nous avons servi ensemble autrefois.
— Et pourquoi te rossait-il?...

— Il a des moments d'absence; il nous aura pris pour ses chevaux. C'est, du reste, un homme dont je veux te faire cultiver la connaissance.

Ces messieurs arrivent à leur demeure. Rossignol engage François à monter avec eux; le cocher les suit, son fouet à la main, et Pierre ne comprend pas pourquoi ils font tant de politesses à un homme qui vient de les battre. Rossignol fait passer François dans sa chambre, lui rend son carrick; lui jure qu'il a couru après lui pendant huit jours, et pour achever la paix le ramène dans la salle à manger en ordonnant à son jockey de courir chez le traiteur et de faire venir à dîner.

— Et notre rendez-vous aux Champs-Elysées? dit Pierre.
— Nous irons une autre fois; je retrouve un ancien ami, un vieux camarade!... je veux que nous le fêtions dignement.

François a repris sa bonne humeur avec son carrick; la vue des bouteilles achève de le mettre en gaieté. Pierre laisse toujours Rossignol commander, et ces messieurs se mettent à table, où ils sont servis par le jockey et deux de ses amis, auxquels il a fait signe de monter. Suivant l'usage, le repas se prolonge assez avant dans la nuit, et vers la fin Pierre tape dans la main de François, qui est déjà son intime ami.

C'est ainsi que Pierre emploie la fortune à la tête de laquelle il se trouve. Sans cesse dans la compagnie la plus méprisable, au milieu d'êtres sans état, sans mœurs, quelquefois même sans asile; livré à un homme dont les habitudes sont aussi canailles que les manières, et qui n'a aucun remords de le dépouiller, Pierre dépense sans compter et se persuade qu'il s'amuse parce qu'il ne sort du cabaret que pour entrer au café, et du café que pour courir les guinguettes.

Quelquefois il trouve que l'argent va bien vite; mais Rossignol lui dit : — Tu es maintenant d'une très-jolie force à la poule et au siam, tu bois tes trois bouteilles sans te griser, tu fumes quatre ou cinq cigares dans ta soirée; mon ami, on n'acquiert pas de tels avantages sans qu'il en coûte un peu.

Manette est assise aux pieds de mon lit, et ma voix prononce faiblement son nom.

Quelle différence chez le bon porteur d'eau! Là on ne songe, on ne parle que d'André; Bernard s'informe sans cesse de moi, et tâche de consoler sa fille, car il s'aperçoit chaque jour du changement que le chagrin opère chez Manette. Pâle, triste, amaigrie, ma pauvre sœur n'a pas souri depuis mon départ.

— Veux-tu donc te laisser mourir? lui dit Bernard.
— Non, répond-elle, mais je veux retrouver André... Mon père, laissez-moi le chercher.
— Eh! ma pauvre enfant, où iras-tu pour le trouver?

A cela Manette ne répond rien; elle baisse les yeux vers la terre et cache ses larmes à son père.

Chapitre XXX. — Six mois et huit jours.

Près de six mois se sont écoulés, lorsqu'un matin Manette paraît frappée d'un trait de lumière, et court à Bernard en s'écriant :

— Mon père !... mon père !... je sais où il est... je suis certaine de le trouver... Ah! mon Dieu! comment cette idée ne m'est-elle pas venue plus tôt!

— Tu sais où il est, dis-tu ?

— Oh! oui, mon père... Je suis sûre que je ne me trompe pas... Laissez-moi partir... je vous en prie, je ramènerai André dans vos bras...

— Mais dis-moi d'abord où il est, puisque tu le sais...

— Près de la maison de campagne de madame la comtesse... dans cette terre où il m'a dit souvent avoir passé des jours si heureux auprès de celle que... qu'il voyait là tout à son aise...

— Comment! tu crois que c'est là qu'il est allé se cacher ?...

— Oui, mon père... mon cœur devine le sien ; et quand il s'agit d'André, mon cœur ne me trompe jamais... Ah ! vous me permettrez de partir...

— C'est, je crois, dans les environs de Fontainebleau ?...

— Oui, mon père.

— J'ai justement là un vieil ami auquel je t'adresserai, et chez qui tu seras bien... Cependant une jeune fille... aller seule...

— Mon père, est-ce que je n'ai pas l'air assez raisonnable ?... et André qui mourra de chagrin si je ne vais pas le consoler...

— Allons, puisque tu le veux...

— Oh! quel bonheur !...

— Demain nous irons à la voiture...

— Demain !... pourquoi retarder ? il est est encore de bonne heure, aujourd'hui même je puis partir...

— Manette, tu es bien pressée de me quitter !...

— Mon père, ce n'est pas pour longtemps, et il y a six mois que nous ne l'avons vu... D'ailleurs je vous écrirai...

— Tu oublies que je ne sais pas lire.

— Votre voisin nous lira mes lettres, vous serez bien aise alors que j'aie appris à écrire,.. Ah! que nous serons heureux quand j'aurai retrouvé André!

Et, tout en parlant, Manette va et vient dans la chambre ; elle fait un petit paquet de ce qu'elle veut emporter ; elle ôte son tablier, met sur sa tête un grand chapeau de paille, et court prendre le bras de son père, qu'elle entraîne vers l'escalier avant qu'il ait eu le temps de se reconnaître.

On arrive aux voitures : celle pour Fontainebleau part dans une heure ; il y a encore une place : Manette fait un saut de joie, puis court s'asseoir sur un banc de pierre avec son paquet sur ses genoux. Elle veut attendre là le moment du départ. Le bon porteur d'eau veut emmener sa fille dans un café pour prendre quelque chose; Manette ne veut rien, elle préfère rester sur le banc, elle a la diligence devant les yeux, et on ne partira pas sans elle.

— Adieu, mon père, dit-elle à Bernard. Ne vous ennuyez pas, je reviendrai bien vite.

Bernard embrasse sa fille, puis s'en va tristement ; Manette regarde son père s'éloigner, elle soupire... Mais elle reporte les yeux sur la voiture et reprend courage. Enfin l'instant du départ est arrivé et le voyage ne doit pas être long. Manette se place d'un air timide, et ne lève pas les yeux pendant tout le trajet; quelques curieux lui parlent, elle ne répond que par monosyllabes : la conversation est bientôt finie. Lorsqu'on s'arrête à Essonne, Manette reste dans la voiture au lieu de descendre avec les autres voyageurs, cela en fait rire et bavarder quelques-uns ; mais Manette s'embarrasse fort peu de ce que peuvent penser et dire des gens assez sots pour s'occuper de ce qui ne les regarde pas, et Manette a bien raison.

Après s'être rendue chez l'ami de son père, Manette se fait indiquer la terre de M. de Francœurnard : il n'y a qu'une lieue et demie de distance de Fontainebleau; Manette pourra facilement s'y rendre et en visiter tous les environs. Mais elle commence à penser que lors même que je les habiterais, il ne lui sera pas aussi aisé de me trouver qu'elle se l'était persuadée.

Manette se rend d'abord au château, elle lie conversation avec le concierge, elle sait que concierge de l'hôtel n'est revenu visiter cette campagne.

— Et M. André, dit Manette, ce jeune homme qui demeurait chez madame la comtesse, ne l'avez-vous pas vu ?... Peut-être ne le reconnaîtriez-vous pas, il est bien grandi depuis le temps où il passait ici l'été.

— Oh, c'est égal, mam'zelle, dit le concierge, je le reconnaîtrais bien, mais il n'est pas venu non plus.

Manette s'éloigne tristement et va parcourir les environs ; elle visite les hameaux, elle s'informe aux habitants, et n'obtient aucun renseignement ; mais elle ne perd pas courage, et le lendemain elle recommence ses recherches.

Cependant Manette ne s'était pas trompée : en sortant de Paris au milieu de la nuit, sans but et sans autre projet que celui de fuir la ville où résidait Adolphine, j'avais pris le premier chemin venu. A force de marcher, j'arrivai dans les champs ; j'étais exténué de fatigue ; à peine remis d'une longue maladie, le coup que je venais de recevoir semblait m'avoir de nouveau ravi toutes mes facultés. J'attendis le jour assis au pied d'un arbre. Dans ma douleur je voulais mourir ; le souvenir de ma mère me rendit à moi-même ; je cherchai à rappeler mon courage... Mais la blessure était encore trop fraîche. Au milieu de ces champs silencieux, je me semblait entendre encore le son des instruments... le bruit de la danse célébrant le mariage d'Adolphine.

J'étais auprès de Bondy ; je ne savais où aller, j'avais Paris en horreur, et je jurai de ne point y rentrer. Quelquefois je songeais à mon pays... Mais j'avais besoin d'être seul pour me livrer à mon aise à toute ma douleur.

J'étais depuis quelques jours dans un village, lorsqu'en songeant à Adolphine je me rappelai les jours heureux que j'avais passés avec elle dans cette campagne où nous allions tous les ans. Aussitôt je sentis le désir de revoir ces lieux chéris ; je partis sur-le-champ, et j'arrivai bientôt devant cette maison où s'étaient écoulés les plus doux instants de ma vie. Je ne voulais pas entrer, je craignais de rencontrer quelqu'un de la maison... je désirais m'être aperçu de personne. Mais je passai une nuit entière à rôder autour des murs du parc ; et, au point du jour, je montai sur un monticule d'où l'on plongeait parfaitement dans une grande partie des jardins. J'apercevais les bosquets où je m'étais assis avec elle, les allées où nous avions joué ensemble ; je tâchais d'oublier le temps écoulé depuis et de ne plus vivre que dans le passé. Je ne pouvais quitter cet endroit... Je m'y trouvais moins malheureux... je me résolus de me fixer dans un séjour qui procurait encore à mon âme un dernier bonheur ; car à vingt ans on a besoin d'aimer, on se complaît même dans sa douleur, parce que c'est encore de l'amour.

Non loin du monticule s'élevait une chaumière entourée de plusieurs bouquets d'arbres. Je m'y rendis dans l'intention de m'y reposer un moment. La chaumière était habitée par une vieille paysanne, elle y était seule avec son chien et quelques brebis. Je lui demandai s'il ne serait pas possible d'avoir un petit coin dans sa maisonnette. La bonne femme crut d'abord que je voulais plaisanter.

— Quoi ! vous, monsieur, un jeune homme de la ville, vous désirez loger dans cette pauvre masure, avec une vieille comme moi ?

— Ce serait pour moi le plus grand bonheur.

— Si vous voulez vous contenter de la petite chambre d'en haut, c'est celle de mon pauvre fils !... elle n'est pas belle ; mais je n'avons que cela à vous offrir.

Enchanté de pouvoir demeurer dans la chaumière, je tirai de ma poche une douzaine de louis, j'en avais emporté à peu près trois fois autant en quittant Paris ; je mis les cent écus dans le tablier de la vieille. La pauvre femme n'avait jamais vu tant d'argent à la fois ; elle fit un cri d'admiration.

— C'est pour mon logement, lui dis-je.

— Ah! monsieur, vous pouvez maintenant y rester toute votre vie ! vous serez logé, nourri, aussi ben que moi !... Je partagerai avec vous, c'est bien juste, pour une si grosse somme.

Mes arrangements furent bientôt faits ; je me rendis à la ville, j'achetai des crayons et tout ce qu'il fallait pour dessiner. Je m'installai dans la chambre, dont la situation me convenait parfaitement, car les arbres qui l'entouraient la dérobaient aux regards des promeneurs, et, à cinq cents pas environ, j'étais sur la hauteur, d'où mes yeux plongeaient dans le parc de ma bienfaitrice.

C'était là où je passais une grande partie de la journée ; souvent immobile, livré à mes souvenirs, quelquefois dessinant un site, un bocage que j'avais parcouru avec elle.

Le temps s'écoulait, ma douleur s'était changée en mélancolie, mais mon amour ne s'éteignait pas ; car la vue des lieux où il avait pris naissance n'était point propre à le bannir de mon cœur.

Un jour que, suivant mon usage, je revenais de ma place favorite, j'aperçus dans un sentier voisin de celui que je suivais une jeune femme qui marchait lentement tenant son mouchoir sur ses yeux.

C'était Manette, qui, depuis huit jours, me cherchait inutilement dans les environs ; elle commençait à perdre courage, et, dans ce sentier isolé, se livrait à son chagrin et donnait un libre cours à ses pleurs.

Le bruit de ma marche lui a fait lever les yeux, elle s'arrête, me regarde, pousse un cri et vole dans mes bras... Tout cela a été l'affaire d'un instant ; Manette a sa tête appuyée sur ma poitrine, elle m'appelle André, son cher André, et je ne suis pas encore revenu de ma surprise.

Manette dans mes bras... dans cette campagne !... Comment se fait-il ?... Sans doute mes yeux lui expriment tout ce que je pense, car elle s'empresse de me dire :

— Cela vous étonne, monsieur !... Oui, je le vois bien ; parce qu'il peut se passer de nous, il croit que nous pouvons nous passer de lui ; parce qu'il ne nous aime plus, il pense que nous devons aussi cesser de l'aimer! — Moi cesser de t'aimer! ah! Manette! — Sans doute! quand on aime les gens, on les quitte comme cela, n'est-ce pas? on les abandonne!... on les laisse livrés à la plus cruelle inquiétude... on s'enfuit comme un loup... sans daigner penser que ceux qui nous chérissent se désolent et mourront de chagrin?... — Ah! Manette, j'ai eu tort, je le sens. — Tu en es fâché!... Ah! n'en parlons plus, André, je t'ai retrouvé!... je suis si heureuse, si contente!... j'ai déjà oublié tout le chagrin que tu m'as fait.

Je presse Manette dans mes bras, je suis content et fâché de la revoir. Les amoureux sont comme les enfants : quand ils ont fait quelques fautes, ils ne veulent pas en convenir.

— Mais qu'es-tu venue faire dans ce pays? dis-je à Manette. — Il me le demande! je suis venue te chercher. — Me chercher!... et comment savais-tu que j'y étais? — C'est que mon cœur me l'a dit... Cher André, nous avons eu bien du chagrin, va!... — Pardonnez-moi... mais j'ai bien souffert aussi. — Je le sais... Est-ce que tu crois que nous ignorons la cause de ta disparition subite!... Oui, monsieur, nous savons que c'est l'amour qui vous a fait vous abandonner tous... et oublier vos parents, vos amis. — Manette!... — Oh! c'est la vérité... tu as beau tourner la tête; mais le temps te consolera, mon ami, on dit qu'il guérit encore plus vite les hommes que les femmes... Mon père sera si content de te revoir! et ton frère, ce pauvre Pierre, qui court depuis le matin jusqu'au soir dans l'espérance d'avoir de tes nouvelles! Viens avec moi; partons bien vite... allons les consoler. — Non, Manette, non, j'ai juré que je ne retournerais plus à Paris... — Comment! monsieur, vous avez juré!... Ah! l'on ne tient pas tout ce que l'on jure!... Mon ami, est-ce que tu aurais le courage de me refuser? — Ici je suis aussi heureux que je puis l'être désormais... Je ne veux point quitter ces lieux. — C'est cela, pour passer tout votre temps à regarder les jardins où vous couriez avec... Est-ce comme cela que vous vous guérirez, monsieur?... — Viens avec moi sur cette hauteur... viens, je veux te montrer ces lieux témoins de mes plus beaux jours.

Je prends la main de Manette; elle m'accompagne sans dire un mot. Parvenus sur la hauteur, je lui montre les endroits que chaque jour je viens contempler.

— J'étais là auprès d'elle, dis-je à ma sœur, quelquefois des matinées entières... que le temps me semblait court !...

— Je le trouvais bien long, moi qui ne te voyais pas... Mais puisqu'elle est mariée, à quoi bon nourrir de ces pensées?

— Quand on n'a pas le bonheur en espérance, il faut bien le chercher dans ses souvenirs !

— Ah! si tu voulais, André, nous pourrions encore être heureux !... Est-ce que les hommes n'aiment qu'une seule fois dans leur vie ?... On dit que cela leur arrive si souvent, au contraire.

— Ah! Manette, je crois bien, moi, que je n'aimerai pas deux fois. Manette ne me répond rien. Nous redescendons dans la vallée.

— Où loges-tu? lui dis-je.

— A la ville voisine.

— Mais il y a encore une lieue d'ici là... Je vais t'y conduire.

— Et tu partiras pour Paris ?...

— Non... je reviendrai ici.

— En ce cas, il est inutile de me conduire à la ville. Je n'y retournerai pas...

— Comment... que veux-tu donc faire?

— Rester ici... avec toi.

— Manette, y penses-tu... et ton père ?

— Je lui écrirai où je suis, et il me pardonnera.

— Mais cela ne se peut pas... Rien ne te retient ici.

— Rien!... ah! j'ai peut-être plus de raisons que vous pour y rester...

— Que feras-tu ici?

— Je te tiendrai compagnie... et si cela vous ennuie, eh bien! je ne vous parlerai pas, et je me tiendrai assez loin de vous pour que ma vue ne puisse vous donner d'humeur.

— Mais, Manette... encore une fois, cela n'a pas le sens commun !

— Cela m'est égal, je veux rester; j'ai aussi mes volontés, moi!

Le projet de Manette me contrarie. J'essaie encore de la faire changer de résolution; mais elle ne me répond plus. La nuit vient, je retourne à ma chaumière; Manette me suit et entre avec moi.

Mon hôtesse regarde cette nouvelle venue, puis porte ses yeux sur moi.

— Madame est de vot' connaissance ? dit-elle enfin.

— Oui... c'est...

— Ah! je gage que c'est vot' femme?...

— Oh! non, madame, répond Manette en poussant un gros soupir, je ne suis que sa sœur...

— Sa sœur, tiens, en effet, je crois que vous vous ressemblez.

— Ma dame, je voudrais aussi loger dans votre maison.

— Bah! eh! mon Dieu! ma maison est donc devenue ben attrayante...

— Voici de l'argent pour...

— Oh! ma petite, ce n'était pas la peine, vot' frère m'a assez payée... Mais je n'ai plus de place, mon enfant; la chambre du haut est occupée par votre frère, celle-ci est la mienne, et je n'en avons pas d'autre.

— Est-ce que votre lit n'est pas grand?...

— Mon lit? Ah! morguienne, on y coucherait cinq sans se gêner; nous autres paysans, j'avons des lits pour coucher toute une famille !...

— Si vous vouliez me permettre de coucher avec vous...

— Certainement, mam'zelle, tout à vot' service, si ça vous est agréable... Oh! comme ça vous pouvez rester !...

Manette est enchantée, et moi j'ai de l'humeur. Je lui dis bonsoir, et je monte à ma chambre. L'obstination de Manette m'étonne, je ne lui aurais pas cru autant de caractère: vouloir rester avec moi, malgré moi, c'est fort mal... Fort mal!... Ingrat que je suis !...

Je n'ai pas envie de dormir, j'ai acheté quelques livres à Fontainebleau; j'essaie de lire... Mais je ne suis pas à ma lecture; l'idée que Manette est près de moi me revient sans cesse à l'esprit... Ces femmes! quand cela veut quelque chose!... Cependant Manette est bien douce, bien bonne... mais elle est femme aussi.

La nuit est passée; j'ai dormi fort peu... J'ai pourtant moins pensé à Adolphine que de coutume... C'est la faute de Manette, qui vient me troubler dans mes souvenirs. Je descends avec le projet de ne point lui dire un mot, et de lui laisser voir par mes manières combien sa conduite m'est désagréable.

Elle a déjà terminé sa toilette. Elle n'a rien sur la tête; mais ses cheveux sont si jolis, et elle les arrange si bien, quoique sans prétention !... Elle baisse timidement les yeux quand je parais et me dit d'un air craintif :

— Bonjour, André...

Je ne voulais pas lui répondre, et je suis allé l'embrasser... C'est sans doute par habitude. N'importe, elle doit voir combien j'ai de l'humeur.

— Vous devez avoir fort mal dormi avec cette paysanne! lui dis-je au bout d'un moment.

— Au contraire, j'étais très-bien.

— On manque presque de tout ici...

— Vous y vivez! je ne suis pas plus difficile que vous.

— Cet endroit est fort triste, on ne rencontre jamais personne dans les environs.

— Ce n'est pas pour voir du monde que j'y suis venue.

— Les journées sont longues aux champs... Vous ne pouvez les passer à rien faire.

— Je travaillerai pour cette bonne femme.

— Le soir... je dessine dans ma chambre... vous vous ennuierez.

— Pas plus qu'hier.

Je me tais, car elle a réponse à tout. Je prends mon carton de dessin, je sors et vais m'établir à ma place favorite. Les objets que j'aperçois me ramènent à mes souvenirs; pendant quelques moments je ne songe qu'à Adolphine. Mais ensuite je me rappelle Manette; je me retourne pour voir si elle m'a suivi. Je ne l'aperçois pas... Où donc est-elle?... Que m'importe! Je m'assieds, je commence un dessin... Je voudrais pourtant bien savoir où est Manette... Je regarde encore de tous côtés... Je l'aperçois enfin à deux cents pas de moi, assise et cousant... Pauvre sœur!... elle s'est placée derrière un buisson pour que je ne la voie point! Eh bien! qu'elle reste là... Je n'irai certainement pas lui parler, je veux la punir de son entêtement.

Je prends mon crayon, je dessine quelque temps... Puis je lance à la dérobée un regard vers le buisson... Elle est toujours là, elle travaille et ne lève pas les yeux de son ouvrage. Voyez un peu le beau plaisir ! rester avec moi pour ne point me parler ni me regarder... Mais je crois que je le lui ai défendu hier, et elle n'ose pas me désobéir. C'est mal à moi de lui avoir fait cette défense; Manette m'a toujours montré tant d'amitié, de dévouement, et son père ne fut-il pas mon premier protecteur !... Elle est venue ici pour adoucir mes peines, pour calmer mes chagrins, et le traiterais-je avec froideur !... Ah! je ne reconnais plus mon cœur. Faisons signe à Manette de venir s'asseoir près de moi ; si elle veut causer, eh bien ! je lui parlerai d'Adolphine, et sa présence, loin de me distraire de mes souvenirs, servira à les entretenir encore.

Je me tourne du côté où est Manette, je lui fais des signes... Elle ne lève pas la tête... Oh! elle ne regardera pas de mon côté !... Je tousse légèrement, je l'appelle... Elle ne bouge pas... Vous verrez qu'il faudra que ce soit moi qui aille la trouver.

Je me lève et marche lentement vers Manette. Arrivé tout près d'elle, je m'arrête, elle continue de travailler et ne lève pas les yeux ; il me semble cependant que le fichu qui couvre son sein se soulève plus fréquemment.

— Manette !... vous ne m'avez donc pas entendu?...

— Est-ce que vous m'avez parlé ? me répond-elle sans lever les yeux de dessus son ouvrage.

— Oui, je vous ai appelée...

— Que me voulez-vous ?

— Puisque vous voulez absolument rester avec moi, il me semble qu'il est ridicule de nous asseoir à une lieue l'un de l'autre...

— Je craignais de vous déplaire en me plaçant près de vous.

— Pourquoi donc? votre présence ne m'empêchera pas de dessiner et de contempler les lieux que je chéris.

Manette se lève, prend son ouvrage et, toujours sans me regarder, marche à côté de moi jusqu'à la place où j'ai laissé mon carton de dessin. Je m'assieds, elle se met à quatre pas de moi et recommence à travailler.

Moi je me remets à dessiner. J'attends que Manette me dise quelque chose; mais elle ne souffle pas mot, et toujours ses yeux sont fixés sur son ouvrage.

Il me semble que ce silence m'impatiente; mais peut-être n'ose-t-elle pas me parler, de crainte de me fâcher encore : alors c'est à moi de commencer.

— Manette, pourquoi donc ne me dites-vous rien?

— Je croyais que vous vouliez être tout à vos souvenirs.

— Mais ne pouvons-nous pas causer de ce qui m'occupe?

— Je causerai de tout ce que vous voudrez.

— Vous avez été toujours si bonne pour moi... vous avez toujours su compatir aux peines de mon cœur...

— Quand on aime bien les gens, est-ce que leurs peines ne sont pas les nôtres?...

— Mais les femmes savent mieux consoler que nos amis les plus intimes; avec vous, Manette, je me suis toujours senti moins malheureux... Quand je me rappelle les soins que vous m'avez prodigués pendant ma dernière maladie!... ah! je me reproche d'être quelquefois brusque, injuste et si peu aimable avec vous!

— Moi, je vous trouve toujours bien.

— Parce que vous êtes indulgente; vous excusez mes défauts... Ah! si Adolphine m'avait vu comme vous... mais elle ne m'aimait pas! J'ai cru un moment avoir touché son cœur... c'était une illusion... Elle me témoignait cependant un attachement si vrai lorsque nous habitions ensemble dans ces lieux charmants!... Mais alors c'était un enfant. Je l'étais aussi; en devenant homme j'aurais dû étouffer un sentiment qui ne pouvait jamais me rendre heureux... Car, tôt ou tard, elle se serait toujours mariée!... Il vaut peut-être mieux pour moi que ce soit fait maintenant... Je sens que je devrais à présent bannir entièrement son image de ma pensée; mais je n'en suis pas le maître, et, malgré moi, j'y pense sans cesse... A quoi travaillez-vous donc avec tant d'attention, Manette? vous ne quittez pas les yeux de dessus votre ouvrage.

— C'est pour cette bonne femme... un tablier; je n'avais rien à faire, je lui ai demandé de l'ouvrage.

— Est-ce que c'est pressé?

— Oh! non.

— On le penserait à vous voir coudre... Mais pourquoi donc ne me tutoyez-vous plus?...

— Je fais comme vous.

— On croirait que nous sommes fâchés, et je serais au désespoir de l'être avec toi, Manette.

— Oh! moi je ne me fâcherai jamais avec toi, André, je te le jure.

— A la bonne heure, au moins nous voici comme à l'ordinaire; cela me semblait tout drôle de t'entendre me dire : vous.

— Moi, cela me faisait mal!...

— Nous nous sommes vus si jeunes!... Te rappelles-tu quand ton père m'a trouvé à l'entrée de son allée et qu'il m'a fait monter avec lui?... Tu as fait un cri de surprise en me voyant.

— Je m'en souviens bien!... Tu étais tout barbouillé... tu pleurais ton frère.

— Oui, et tu m'as tout de suite donné à déjeuner... tu étais déjà aussi bonne qu'à présent !... Et quand nous dansions la montagnarde!... comme nous faisions du bruit!...

— Comme nous sautions!...

— Chère Manette !... je m'en souviendrais plus maintenant.

— Oh! moi je m'en souviens encore...

— Tu crois?...

Et je fais un mouvement pour me lever... En vérité, je crois que j'allais danser la montagnarde à cette place où j'ai soupiré pendant six mois!...

Mais il est temps de retourner à la chaumière. Je prends mes cartons, Manette plie son ouvrage, je lui présente mon bras et nous regagnons notre demeure. L'heure du dîner est venue, et il me semble que j'ai de l'appétit; c'est la première fois depuis que j'ai quitté Paris.

Après le dîner, je propose à ma sœur d'aller promener les environs. Elle accepte; nous voici en route, bras dessus, bras dessous, et cette fois nous n'allons pas du côté du monticule. Vraiment ce pays est très-pittoresque : des rochers comme si on était à cent lieues de Paris, une forêt magnifique, tout cela est fort beau quoique un peu triste, mais avec Manette je ne vois plus cela d'un œil aussi mélancolique.

Nous regagnons notre demeure; il est l'heure du repos. Je dis bonsoir à Manette et je monte chez moi. Je songe à ma journée; elle m'a semblé plus courte qu'à l'ordinaire... et je ne me couche pas en soupirant comme c'était mon habitude. Mon Dieu! est-ce qu'en effet on peut guérir de l'amour?... Est-ce que du moment que l'on n'a plus d'espoir ce sentiment diminue?... Oh! non! j'aime toujours Adolphine; pourquoi donc ne suis-je pas aussi triste qu'autrefois?... Mais, après tout, dois-je me fâcher de devenir raisonnable?... Dormons, cela vaudra mieux que de m'inquiéter de cela.

Je m'endors, et l'image de Manette vient égayer mes songes. Le lendemain nous nous rendons comme la veille sur la hauteur. Je reprends mes crayons et ma sœur son ouvrage. Cette fois je me place vis-à-vis d'elle, afin de la forcer de me regarder quand elle lèvera les yeux.

Nous causons. Manette me semble plus gaie; elle sourit en me regardant... et quel aimable sourire! Quand j'ai dessiné quelque temps, je vais montrer mon ouvrage à Manette; pour cela, il faut nécessairement que je me rapproche d'elle. Quelquefois j'oublie de retourner à ma place... On est si bien tout contre Manette!... La journée se passe encore plus vite que la veille, et cependant je crois que nous n'avons pas parlé d'Adolphine.

Trois autres jours s'écoulent encore. Je ne sais ce que j'éprouve : il me semble que mon cœur se dilate, qu'il renaît au plaisir, à la vie. Mais je ne puis plus être un instant sans voir Manette; il me manque quelque chose lorsqu'elle n'est pas près de moi. Nous allons toujours nous asseoir sur le monticule ; cependant je commence à m'apercevoir que je sais cet endroit par cœur : toujours les mêmes sentiers, les mêmes bosquets, les mêmes points de vue; j'ai dessiné cela cent fois... Mais je n'ose proposer à Manette d'aller ailleurs... je ne sais quelle honte me retient.

Le sixième jour, en tenant devant moi mes dessins, et cherchant quelque autre point de vue que je puisse faire, mes yeux se reportent, comme d'habitude, sur ma compagne : elle ne m'a jamais paru si jolie... Grâce, fraîcheur, doux sourire; Manette est vraiment charmante!... Et dans ce moment où, assise contre un arbre, elle se penche sur son ouvrage... quelle idée!... Je cherchais un site nouveau; mais la nature peut-elle m'offrir rien de mieux que Manette?

Je prends mon crayon, je fais le portrait de ma sœur. Oh! je veux qu'il soit bien ressemblant.

— Regarde-moi donc, lui dis-je quand elle tient trop longtemps ses yeux baissés. Manette m'obéit aussitôt; je mets tous mes soins à cet ouvrage.

— Tu ne me fais pas voir ton dessin? me dit Manette.

— Il n'est pas fini, tu le verras demain.

Le lendemain j'ai terminé le portrait de Manette. Je le trouve bien, très-bien!... elle ne se doute pas de ce que j'ai fait. Quand j'ai donné le dernier coup de crayon, je vais m'asseoir tout près d'elle, et je mets le portrait devant ses yeux.

— Comment le trouves-tu? lui dis-je.

Elle pousse un cri... puis elle me regarde... jamais elle ne m'avait regardé comme cela.

— Tu es donc contente? lui dis-je... Elle n'a pas la force de me répondre... elle pleure... Quel enfantillage!... je crois pourtant que je pleure aussi.

Nous regagnons la chaumière. Après le dîner nous allons nous promener encore... Nous parlons moins, mais nous nous regardons plus souvent. En montant le soir à ma chambre, je dis bonne nuit à Manette, et je l'embrasse. Chose singulière, je l'ai embrassée cent fois, et il m'a semblé que celle-ci était la première.

Le lendemain je réfléchis qu'il est assez inutile d'aller encore nous asseoir sur le monticule. Je m'approche de Manette.

— Ton père doit être inquiet de ton absence? lui dis-je.

— Non, je lui ai écrit.

— Mais il doit s'ennuyer de ne pas te voir... Il n'a jamais été si longtemps séparé de toi... Manette... il faut retourner à Paris...

— Tu sais bien ce que je t'ai dit... je n'irai pas sans toi.

— Eh bien! partons tous les deux.

Manette fait un bond de joie; nos préparatifs sont bientôt faits... Nous quittons la chaumière qui nous est restée huit jours. Moi j'y ai passé six mois, je croyais y rester toute ma vie !... mais à vingt ans devrait-on jamais jurer de rien !

CHAPITRE XXXI. — Différentes manières d'employer sa fortune.

Nous avons pris la voiture de Fontainebleau. Pendant la route je parle peu... j'éprouve une espèce de honte en songeant qu'il n'a fallu que huit jours à Manette pour changer toutes mes résolutions; mais dois-je lui en vouloir de cela? Oh! non! non! je ne lui en veux pas, et lorsque nos yeux se rencontrent, ce qui maintenant arrive beaucoup plus souvent qu'autrefois, je sens que je n'ai nulle envie de la quitter pour retourner dans ma solitude.

Nous sommes à Paris; il est bien juste que je ramène Manette chez son père. En nous apercevant, le bon Bernard fait une exclamation de plaisir. Je tombe dans ses bras.

— Le voilà! mon père, dit Manette, le voilà!... Ne vous avais-je pas dit que je le ramènerais?

— C'est ma foi vrai!... ce cher André! Ah çà! mon garçon, tu ne nous feras plus de pareilles escapades, j'espère?

— Non, père Bernard, oh! je vous le promets.

— A la bonne heure! car, vois-tu, ça nous rend tous comme des imbéciles!

— Désormais vous me verrez tous les jours; je passerai près de vous tous les moments où je ne travaillerai point; car je veux travailler, je veux acquérir du talent.

— Tu feras bien, mon ami; tu as de la fortune, c'est fort bien; mais on ne sait pas ce qui peut arriver, il faut se ménager des ressources en cas de revers.

— Et Pierre, mon frère... il me tarde de l'embrasser.

— Morgué! ce garçon-là se donne bien du mal pour te retrouver, car il n'est pas jamais chez lui ; impossible de le rencontrer.

— Et il n'est pas venu vous voir?

— Non, pas depuis bien longtemps.

Quelque chose me dit que ce n'est pas à me chercher que Pierre passe son temps. Je reste chez mes bons amis jusqu'à la fin du jour; je ne me suis jamais si bien trouvé chez eux. J'ai de la peine à quitter Manette, et en nous disant adieu le soir nos yeux se promettent de se revoir le lendemain.

Je retourne chez moi; je n'ai plus nulle envie de passer devant l'hôtel; je promets au contraire d'éviter avec soin la rue où il est situé, comme je me suis promis de ne plus parler des personnes qui l'habitaient.

Il est dix heures du soir quand je frappe à mon ancienne demeure. La portière paraît saisie en me voyant : car Rossignol, avec ses poses et quelques cadeaux (qui lui coûtaient peu, les objets venant de chez moi), avait eu le talent de se rendre madame Roch favorable, et celle-ci pense sans doute que mon arrivée va changer les choses.

— Mon frère est-il chez nous? dis-je à la portière.

— Non, monsieur.... il est sorti pour vous chercher, avec son ami intime.

— Son ami intime?... Ah! mon frère a un ami intime?

— Oui, monsieur, un bel homme, très-aimable et très-gai... il loge même chez vous, il habite votre chambre....

— Ah! diable!... il faudra cependant que cet ami intime, qui est si bel homme, se décide d'aller coucher ailleurs....

— Monsieur, ceci sont vos affaires, je n'ai point de conseils à vous donner.

— Sans doute... et à quelle heure rentrent ordinairement ces messieurs?...

— Mais, monsieur, ils n'ont point d'heure fixe, c'est tantôt ceci, tantôt cela... Quelquefois même ils ne reviennent que le lendemain.

— Ah! ah! il me paraît que mon frère emploie aussi la nuit à me chercher, et il faudra qu'il se couche dans la rue, si cela lui arrive aujourd'hui.

— Oh! vous pouvez rentrer chez vous, monsieur, il y a du monde : le jockey de ces messieurs y est.

— Comment, mon frère a pris un jockey?

— Oui, monsieur, un petit bonhomme assez tapageant; je me suis plaint quelquefois du bruit qu'il fait dans la journée, et ces messieurs m'ont promis de le séquestrer davantage.

— Oh! je vous promets aussi que tout cela ne durera pas.

Je prends de la lumière et je monte l'escalier, curieux de connaître cet intime ami avec lequel Pierre a partagé son logement. Le souvenir de Rossignol se présente un moment à mon esprit; mais je ne puis croire que mon frère ait fréquenté de nouveau, après ce que je lui en ai dit.

Arrivé devant ma porte, je m'aperçois qu'elle est ouverte. La portière avait raison de me dire que je pouvais rentrer facilement; il me paraît que mon logement est devenu un lieu public.

J'entre... à chaque pas ma surprise augmente : quel désordre! des chambres qui ont l'air de n'avoir pas été balayées depuis six mois; des meubles qui ne sont plus en place... dans la salle à manger, je vois sur un guéridon les débris du déjeuner; il me paraît qu'on tient table ouverte. Plus loin, des fauteuils couverts de taches... Dans le salon, la glace est brisée... et plus de pendule sur la cheminée. Ah! Pierre!... Pierre!... que signifie tout cela?...

J'entre dans sa chambre.... le lit n'est point fait : on ne sait où marcher, pour ne point mettre le pied sur quelque chose; je passe dans la mienne, et c'est encore pis : j'ouvre ma commode... les tiroirs sont vides, les armoires aussi, plus de tableaux sur les murs. Je crois que si j'avais tardé encore quelque temps, j'aurais trouvé mon appartement entièrement démeublé.

Mais où donc se cache le jockey de ces messieurs?... je ne le vois ni ne l'entends. Enfin, après avoir visité partout, j'entre dans la cuisine, et j'aperçois, sous la pierre qui servait à laver, un petit garçon couché et endormi auprès de sept ou huit pots de confitures qui sont tous entamés. C'est là, sans doute, le jockey dont on m'a parlé. Je le reconnais pour lui avoir fait quelquefois cirer mes bottes. Laissons-le dormir : celui-là est le moins coupable; mon frère et son ami ne se sont pas contentés de confitures.

Je retourne dans la chambre de Pierre; je veux y attendre son retour, je n'ai pas envie de dormir, tout ce que je vois me tourmente. Ma mère m'a recommandé de veiller sur mon frère; au lieu de cela je l'ai laissé maître de sa fortune; s'il s'est mal conduit, n'en suis-je pas la cause?

Ma montre marque deux heures, et mon frère ne rentre pas. Où est-il?... que ne puis-je le deviner!... j'irais arracher aux misérables qui le perdent, qui tournent en ridicule sa candeur, son heureux naturel, et s'attachent à lui donner toutes les habitudes du vice.

Enfin on frappe un grand coup en bas; ce sont eux, sans doute..... oui, j'entends monter l'escalier.... l'un chante, l'autre se plaint..... et dans le chanteur j'ai déjà reconnu Rossignol; je dois m'attendre à tout.

Je me tiens à l'écart pour les examiner un instant à mon aise. J'ai laissé la porte ouverte pour qu'ils ne réveillent point leur jockey. Ils entrent... grand Dieu! dans quel état!... Tous deux sont gris, mais ce n'est rien encore : mon frère a un œil presque sorti de la tête; Rossignol a sur le visage les marques de plusieurs coups de canne; leurs habits sont déchirés, et ils n'ont plus ni cravate au col.

Pierre, qui est le plus gris, peut à peine se soutenir; il va se jeter sur le premier fauteuil, et, portant une main à son œil; Rossignol se tient encore un peu et chantonne en jurant après son jockey.

— Où est-il donc, ce petit drôle de... polisson... qui laisse les portes ouvertes pour qu'on vienne nous voler... je le chasserai... je suis sûr qu'il mange encore nos confitures!... holà! Frontin!.... Lafleur!.... Lolive!... je veux qu'on bassine mon lit!... ou je mets le feu à la maison!....

En disant ces mots, M. Rossignol ramasse un balai et en frappe de toute sa force sur la table du déjeuner. Je n'y puis plus tenir, et je me montre brusquement à ces messieurs.

— Un homme ... s'écrie Rossignol, qui ne me reconnaît pas, un homme chez nous... la nuit !... Ah çà! est-ce que madame Roch s'est laissé graisser la patte?... L'ami, que veux-tu? qui es-tu? parle.... et faisons connaissance...

— Oui... qui es-tu? balbutie Pierre en tenant toujours son œil et faisant tous ses efforts pour ouvrir l'autre.

— Qui je suis? malheureux !.... si la débauche ne t'avait pas abruti, me ferais-tu cette question?

Pierre a reconnu ma voix... il se lève... me regarde... puis retombe sur le fauteuil en prononçant : — Mon frère !... et il baisse sa tête sur sa poitrine. Ma vue vient de lui rendre la raison. Quant à Rossignol, en voulant se reculer précipitamment, avec son balai à la main, il s'est jeté dans la table et tombe avec elle en s'écriant :

— Son frère !... bah !... ça n'est pas possible !... il a promis qu'il ne reviendrait pas.

— Il est cependant revenu, monsieur Rossignol, et il saura vous chasser de chez lui.

— Comment !... qu'est-ce que c'est?... est-ce qu'on se fâche pour des plaisanteries?... parce que j'apprends à Pierre à descendre gaîment le fleuve de la vie.

— Sortez d'ici, misérable, qui avez rendu mon frère presque aussi vil que vous!... sortez, ou je ne serai plus maître de ma colère !...

— Mais, encore une fois, expliquons-nous, mes enfants... s'il a l'œil poché, c'est qu'il a voulu valser avec la particulière du caporal ; je me charge de les raccommoder demain matin.

Je n'écoute plus Rossignol ; je lui prends son balai des mains et, lui en appliquant une douzaine de coups sur les épaules, je le pousse hors de chez moi. Le beau modèle descend les escaliers, cogne à la loge de la portière, et veut absolument finir sa nuit chez elle. Mais la complaisance de madame Roch ne va pas jusque-là. Elle tire le cordon à Rossignol, qui sort enfin en lui criant :

— Adieu, ma petite mère, je n'ai pas le temps de faire Achille ce soir... ça sera pour une autre fois.

Je suis revenu près de mon frère ; il est toujours assis dans le fauteuil, la tête baissée sur sa poitrine, il n'ose pas bouger... Le malheureux me fait pitié, son œil noir et enflammé doit le faire souffrir ; tâchons de le soulager, nous le gronderons après.

Je cherche de l'eau fraîche ; tous les verres sentent la liqueur. Je cours à la fontaine en laver un. Je ne puis parvenir à trouver une serviette pour bassiner son œil... mon mouchoir servira. Je m'approche de Pierre, je lui prends la tête et je lave sa blessure...... il se laisse faire, mais il pleure... il se jette à mes genoux...

— Allons, Pierre, relevez-vous, vous me faites mal !... un homme ne doit jamais se mettre aux genoux d'un autre !... encore moins à ceux de son frère.

— Ah!... André!... je suis si fâché...

— Nous parlerons de tout cela demain... il est trois heures du matin, et, quoique vous me paraissiez maintenant habitué à faire de la nuit le jour, il me semble qu'il est temps de se reposer. Allez vous coucher, Pierre, et tâchez de dormir, vous en avez besoin.

Il m'obéit et se rend dans sa chambre : quant à moi, qui ne me soucie point de me coucher dans le lit qu'a occupé M. Rossignol, je me jette dans un fauteuil et j'y dors paisiblement ; car ma conscience ne me reproche rien, et Manette a mis fin aux soupirs que faisait naître Adolphine.

Le lendemain, mon premier soin est de congédier le jockey et de faire venir une femme intelligente qui remet un peu d'ordre dans mon appartement. J'ai ouvert mon secrétaire, il est vide ; et il renfermait deux mille francs quand je suis parti ! L'argenterie a aussi disparu, ainsi que trois grands tableaux finis par M. Dermilly, et que je comptais garder toujours !... Pierre dort encore ; je veux, avant son réveil, savoir toute la vérité. Je me rends chez mon notaire ; j'ai eu l'imprudence de laisser à Pierre une autorisation pour disposer de ce qui m'appartenait... Sachons l'usage qu'il en a fait.

— Votre frère a touché quatorze mille francs depuis votre départ, me dit le notaire. Il venait presque chaque jour me demander de l'argent, accompagné d'un grand drôle que j'avais envie de chasser à coups de bâton. Lorsque je me permettais de lui faire quelques observations, il me montrait le papier que vous lui aviez laissé pour qu'il pût disposer de votre bien ; lorsque je lui disais qu'il touchait à son fonds et diminuait son revenu, son compagnon s'écriait : Vendez, vendez, monsieur le notaire, il nous donnez-nous de l'argent ; nous faisons des opérations superbes, qui nous rendront le triple de ce que vous nous donnez.

Ainsi donc, en six mois et quelques jours, Pierre a dépensé seize mille francs, sans compter l'argenterie, les pendules, les tableaux, etc. ; encore quelque temps, et tout ce que M. Dermilly m'a laissé était dissipé dans les orgies, et passait entre les mains d'escrocs ou de femmes perdues.

Je rentre chez moi. Pierre vient de se lever ; il est abattu ; son teint, autrefois si frais, si vermeil, est pâle et flétri ; sa démarche ressemble à celle des bons sujets qu'il fréquentait. Son œil n'est point guéri, et tout annonce au contraire qu'il conservera les marques de la blessure qu'il a reçue.

Il n'ose me parler : je le prends par la main, et le conduis devant une glace qui a échappé au passage de Rossignol.

— Pierre ! regardez-vous.... voyez combien vous êtes changé !..... Votre conduite, depuis mon absence, détruisait non-seulement ma fortune, mais ruinait votre santé. Six mois se sont à peine écoulés, et il semble que vous ayez vécu deux ans de plus. Vous avez dépensé seize mille francs et comment?... Vous n'osez pas le dire !... jadis, avec le quart de cette somme, vous auriez vu le moyen de vous établir. Les pendules ont disparu...

— Rossignol disait qu'elles étaient de mauvais goût, et qu'il en apporterait de plus belles.

— L'argenterie était aussi de mauvais goût, à ce qu'il paraît ?

— Il prétend l'avoir prêtée à une dame qui a passé avec en Amérique.

— Mon linge, mes vêtements?...

— Il disait que ce n'était pas fait à la mode.

— Les trois tableaux de mon bienfaiteur?...

— Il m'a dit que son portrait étant dans chacun de ces tableaux, il avait le droit d'en disposer, et qu'il allait les envoyer dans sa famille.

— Et vous avez pu vivre avec un tel misérable !... il vous avait déjà volé, je vous avais averti ; et c'est avec cet homme que vous passez tout votre temps... Vous le logez chez vous, vous le laissez le maître d'y commander... Vous prenez ses goûts, ses habitudes, ses vices ; au lieu de fréquenter les amis véritables chez lesquels je vous ai conduit, vous ne voyez plus que les escrocs, dignes compagnons de celui qui possède toute votre confiance ; vous ne sortez plus des tabagies, des cabarets !... Tous les jours, abruti par le vin, vous terminez vos journées en couchant dans les lieux publics, ou par des combats ignobles, dont vous portes les marques honteuses. Ah! Pierre !... quelle conduite ! Est-ce donc là ce que vous deviez faire à Paris, et le résultat des leçons de notre père ?

Mon frère ne me répond pas ; il paraît atterré. Sentirait-il du moins ses torts?... mais il s'éloigne et ne me dit rien. Perdra-t-il maintenant les mauvaises habitudes qu'il a contractées?... Dois-je le renvoyer en Savoie? mais s'il y portait le goût de la débauche, de l'oisiveté ; les perfides conseils de Rossignol influaient sur ses actions et que sa conduite y fût blâmable, que me dirait ma mère?...

Je ne sais quel parti prendre... Je sens cependant que Pierre a besoin d'une forte leçon, et qu'il faut se hâter de le faire changer d'existence, si je ne veux pas qu'il se perde tout à fait.

Je suis depuis longtemps plongé dans mes réflexions, lorsque j'entends quelqu'un s'avancer... c'est mon frère qui revient sans doute.... je lève les yeux... que vois-je !... Il a repris ses habits de commissionnaire, il a ses crochets sur le dos...

— André ! me dit-il, je n'ai fait que des sottises depuis que je suis devenu un beau monsieur ; si je continuais à être riche et à ne point travailler, je pourrais devenir tout à fait mauvais sujet... je retourne à mon premier métier ; tant que j'ai été commissionnaire, je me suis bien conduit ; laisse-moi reprendre mes crochets, et tu verras que tu n'auras plus à rougir de ton frère.

Pauvre Pierre !... je n'y tiens plus, je me jette dans ses bras, je l'embrasse, nous pleurons tous deux ; je suis prêt à lui dire de rester avec moi... mais non ! je sens que mon frère a besoin de retremper son âme avec ces hommes laborieux et intègres qui gagnent leur vie à force de travail et de fatigue. Après avoir passé six mois dans la société de Rossignol, cela lui fera du bien d'être quelque temps commissionnaire.

— Pierre, lui dis-je, ce que tu fais maintenant me prouve que ton cœur est toujours aussi bon, et que ta tête seule était coupable. Reprends tes crochets, j'y consens, répare ta conduite passée, et qu'en te ramenant en Savoie je puisse sans rougir te présenter à notre mère.

Pierre m'embrasse de nouveau, puis s'en va, ses crochets sur le dos, en fredonnant cet air qu'il chantait le jour où je l'ai rencontré dans une allée en face de l'hôtel.

J'ai rempli les devoirs de la nature, courons près de Manette oublier les tourments que Pierre m'a causés.

Elle m'attendait avec impatience, avec inquiétude même, car je suis à Paris, et elle craint sans doute que je n'y retrouve mes souvenirs, que je cède au désir de revoir les lieux que j'ai habités si longtemps, et peut-être que je ne rencontre Adolphine. Elle ne me dit pas cela ; mais je le lis dans ses yeux, où j'aime tant maintenant à reposer les miens. Chère Manette ! non, tu n'as plus rien à craindre ; je ne songe maintenant qu'à faire ton bonheur, qu'à récompenser cet amour pur, désintéressé, dont tu m'as donné tant de preuves, et que je n'ai apprécié que si tard !... je ne lui dis pas tout cela, mais sans doute elle le devine ; un seul regard la rassure et lui rend la tranquillité.

Je raconte à mes amis tout ce que Pierre a fait en mon absence. Ils n'en reviennent pas... ils croyaient mon frère aussi simple dans ses goûts que dans son langage. La fin de mon récit les console.

— Tu as bien fait, dit Bernard, de le laisser reprendre ses crochets; qu'il soit commissionnaire, morbleu ! est-ce que ça ne vaut pas mieux que d'être fainéant, vaurien et fripon ?

— Pauvre Pierre !... dit Manette, pourquoi ne le renvoies-tu pas en Savoie ?

— Dans quelque temps, j'espère, il y retournera avec moi ! dis-je en regardant Manette, qui se trouble et rougit.

— Avec toi, André ! tu veux donc y retourner encore?...

— Oui, et pour ne plus m'en éloigner.

Manette soupire ; je n'en dis pas davantage, mais j'ai mon projet. Je veux acquérir du talent en peinture avant de retourner en Savoie ; je veux aussi que Pierre soit entièrement corrigé des défauts qu'il a contractés avec Rossignol. Alors je partirai ; mais j'emmènerai ma compagne douce, aimable, qui fera le charme de ma vie. Grâce à la fortune que je possède encore, je pourrai acheter dans mon pays une jolie propriété, y réunir tout ce qui embellit la solitude, m'y livrer à mon goût pour les arts, et y jouir de l'amour de Manette ; car on pense bien que c'est elle qui doit être la compagne que je veux emmener.

Je ne lui ai pas encore parlé de tout cela ; je ne lui ai point dit un mot d'amour ; jamais non plus elle ne m'a avoué ce qui se passe dans son cœur. Mais a-t-on besoin de se dire cela ?... il me semble que nous nous entendons si bien maintenant ! Je travaille avec assiduité, mais je ne suis pas un jour sans voir Manette ; c'est près d'elle que je vais passer tous les moments que je ne donne pas à l'étude.

Souvent nous sommes seuls ; souvent je passe des heures entières auprès d'elle. Pendant qu'elle travaille, j'admire ses traits, ses grâces, l'expression aimable de sa physionomie ; je m'étonne de ne point avoir admiré tout cela plus tôt, mais alors un autre amour remplissait mon cœur... celui-là m'a rendu longtemps malheureux ! il était réservé à Manette de me faire connaître les douceurs de ce sentiment.

Plus le temps s'écoule, plus Manette paraît heureuse ; ses inquiétudes se calment, elle ne voit plus dans mes yeux de tristes souvenirs ; jamais il ne m'échappe un mot sur les habitants de l'hôtel, jamais je ne passe devant cette maison, et, à Paris, on peut vivre et mourir sans rencontrer ceux qu'on ne cherche pas. Manette, heureuse de me voir chaque jour, ne demande rien de plus. Pierre a repris, avec ses crochets, le goût du travail et sa gaieté d'autrefois. Je suis content de mes progrès, et je vois arriver le moment où je pourrai réaliser mes projets.

Il y a dix mois que je suis revenu à Paris avec Manette, et mon cœur s'est ouvert à un nouveau sentiment ; ce temps a passé bien vite ; encore deux mois, et je compte retourner en Savoie... mais une rencontre inattendue vient déranger tous mes plans.

En me rendant un jour chez Bernard, je passe près d'une femme qui m'arrête en poussant un cri de joie. C'est Lucile... sa vue me fait mal ; car elle me rappelle en une minute huit années de mon existence, que je veux oublier. Mais je ne puis la fuir, elle me tient le bras.

— C'est vous, monsieur André ? que je suis contente de vous rencontrer ! il y a si longtemps que je ne vous ai vu... Vous êtes engraissé, je crois... et moi, comment me trouvez-vous ?

— Toujours la même.

— Oh ! vous dites cela par galanterie ; je suis un peu maigrie... Mais que voulez-vous ! les peines des autres me touchent, moi ; je suis si sensible, et cela influe sur ma santé...

— Adieu, Lucile, je suis bien aise de vous avoir vue ; mais je ne puis m'arrêter davantage.

— Un moment donc !... Quand on a été si longtemps sans se voir !... J'ai mille choses à vous dire...

— Oh ! je ne dois pas les entendre... Il est des personnes que je veux oublier... présentez mes respects à madame la comtesse, c'est tout ce que je désire...

— Mon Dieu ! est-ce qu'il faut se quitter comme cela ?... Je pense bien que maintenant vous êtes guéri de votre amour !... et je n'ai pas envie de vous en parler !... C'était une passion d'enfance... tout le monde en a eu comme cela ; mais ça se passe en grandissant. Moi, à douze ans, je me rappelle que j'étais très-amoureuse de mon cousin, que j'appelais mon petit mari... Je croyais alors que ça durerait toujours... Ah ! ce pauvre garçon, je le trouve affreux à présent.

— Mais, Lucile, on m'attend...

— Eh bien ! monsieur André, vous ne pouvez pas me sacrifier un quart d'heure ?... à une ancienne amie... qui vous aime toujours autant ?... C'est un si grand hasard de vous rencontrer à présent que je demeure à une lieue de vous !

— Comment ! ne seriez-vous plus chez madame la comtesse ?

— Si fait.

— Est-ce qu'elle n'habite plus son hôtel ?

— Son hôtel.... vous ne savez donc pas qu'elle n'en a plus ?

— Elle n'en a plus !... que dites-vous, Lucile ? quoi ! madame la comtesse...

— Comment ! vous ignorez ce qui s'est passé !...

— Je ne sais rien, vous dis-je, parlez, Lucile ! instruisez-moi...

— Oh ! vraiment, il est arrivé tant d'événements depuis que je ne vous ai vu... Cette pauvre Adolphine... et sa mère, ma bonne maîtresse !... voilà ce que c'est, aussi, les parents ne se rappellent pas qu'ils ont été jeunes ; ils marient leurs enfants contre leur gré, et puis ça va comme ça peut !...

— De grâce ! Lucile...

— Ecoutez : d'abord on a marié mademoiselle à son cousin... vous savez cela ; elle a pleuré, cette pauvre petite, beaucoup pleuré, en secret, car elle craignait de faire du chagrin à sa mère... Mais elle vous aimait, je l'ai bien vu, moi, et elle n'osait pas le dire ; une demoiselle bien élevée veut toujours cacher cela ; d'ailleurs, madame lui avait répété si souvent que jamais vous ne pourriez être son époux !... Mon Dieu ! on aurait bien mieux fait cependant !... Vous l'auriez rendue heureuse, vous !...

— Lucile, ce n'est pas cela que je vous demande...

— Eh bien ! vous saurez que huit jours après le mariage de sa fille, M. le comte est mort d'une indigestion de homards ; jusque-là il n'y avait pas encore grand mal ; cependant s'il fût mort plus tôt, peut-être le mariage n'aurait-il pas eu lieu, car c'est lui qui l'a voulu. Pendant quelque temps M. le marquis parut assez assidu près de sa femme ; mais à peine deux mois s'étaient écoulés que déjà il avait changé de manières ; sortant le matin, ne rentrant quelquefois que le lendemain, il abandonnait entièrement sa jeune épouse ; mais celle-ci ne se plaignait point et passait tout son temps près de sa mère. Madame la comtesse voulait faire quelques représentations à son neveu... Oh ! dès lors ce fut bien pis ; il répondit qu'il était le maître et qu'il le ferait voir !... Hélas ! il ne l'a que trop fait voir. Jugez, mon cher André, du désespoir de ma bonne maîtresse en apprenant que l'époux de sa fille jouait et se livrait à mille désordres. M. Thérigny avait eu l'art de cacher l'état de ses affaires à son oncle ; ce qui ne lui avait pas été difficile, car M. de Francoeurd ne s'entendait qu'à ordonner un dîner. Bref, on a appris qu'en se mariant il était déjà criblé de dettes, et que ses créanciers n'avaient attendu en silence que dans l'espoir que son mariage avec sa cousine lui donnerait les moyens de les liquider. Mais, avec un tel fou, la fortune d'un nabab n'aurait pas suffi ! Malheureusement ma maîtresse et sa fille n'entendent rien aux affaires d'intérêt ; que vous dirai-je enfin !... Il y a deux mois que les créanciers sont venus saisir l'hôtel et tout ce qui était dedans. Ces dames n'ont eu que le temps de s'éloigner avec ce qu'elles avaient de plus précieux ; je les ai suivies... Madame ne voulait pas, mais je n'ai point consenti à l'abandonner... quoique M. Champagne me fit encore des propositions... Mais fi ! je n'ai pas voulu l'écouter ; c'est un voleur, et je gage qu'il s'est entendu avec les créanciers. Enfin, nous avons été prendre un logement modeste au faubourg Saint-Germain ; et nous y attendons qu'il plaise à M. le marquis, qui a disparu depuis la saisie de l'hôtel, de vouloir bien donner de ses nouvelles à sa femme.

Je reste quelques minutes muet de saisissement. Ma bienfaitrice réduite à vivre obscurément... à se priver peut-être de mille douceurs qui deviennent des nécessités pour les gens élevés dans l'opulence !... Et sa fille... mademoiselle Adolphine... car je ne puis m'habituer à l'appeler madame, malheureuse, abandonnée par son mari et forcée de cacher ses larmes à sa mère !... Mon Dieu !... qui aurait pu deviner de tels événements ?

Lucile me serre la main, elle me dit adieu et va s'éloigner. Je l'arrête à mon tour.

— Lucile ! je désire vous revoir, lui dis-je.

— Je ne quitte guère ces dames ; cependant pour vous, monsieur André, il n'y a rien que je ne fasse...

— Oh ! ce n'est pas de moi qu'il s'agit !... Je veux... je ne sais encore... mais il est impossible qu'elles restent ainsi...

— Mon Dieu ! comme vous paraissez agité !... Vous êtes si bon, André ! les nouvelles que je vous ai apprises vous ont affligé... J'aurais dû vous les taire peut-être ; mais je ne sais rien cacher, moi !

— Ah ! je bénis le hasard qui m'a fait vous rencontrer... que n'ai-je su plus tôt !... mais je dois... oui, Lucile, il faut que je vous voie, que je vous parle...

— Si vous vouliez voir ces dames... tenez, voici leur adresse ; ah ! je suis sûre qu'elles seraient bien contentes de vous voir : on ne parle pas de vous ; mais on y pense... je le sais bien, moi.

— Non, Lucile, je ne dois pas les voir... Mais venez chez moi après-demain... Entendez-vous, après-demain ; surtout n'y manquez pas !...

— Oh ! soyez tranquille, est-ce que j'ai jamais manqué un rendez-vous !...

— Adieu, Lucile !... et surtout ne parlez pas de moi, ne dites pas que vous m'avez rencontré.

— C'est entendu, adieu !

Lucile est éloignée. Je ne suis pas encore revenu de ce qu'elle m'a appris. Déjà mon plan est arrêté ; mais Manette m'attend... Lui dirai-je ce que je veux faire ? Oui, Manette m'approuvera, j'en suis sûr, et je ne dois rien lui cacher.

Manette est seule ; dès qu'elle m'aperçoit, mon agitation, mon trouble la frappent ; elle court à moi :

— André, que t'est-il arrivé ?

— Rien... à moi...

— Comment ?... André, tu me caches quelque chose, tu as fait quelque rencontre...

— Oui, j'ai rencontré Lucile.

— Et c'est cela qui vous a ému à ce point !... Elle vous aura parlé de quelqu'un... que vous aimez encore.

— Manette, écoute-moi : Lucile m'a appris que ma bienfaitrice et sa fille ont perdu toute leur fortune par suite de l'inconduite du marquis ; qu'elles habitent un petit logement au quatrième, après avoir habité un hôtel ; qu'elles n'ont plus pour ressources que leurs bijoux, leurs parures.

— O mon Dieu !...

— Manette, tout ce que j'ai, je le tiens de M. Dermilly ; il fut aussi mon bienfaiteur : mais il était l'ami le plus sincère de madame la comtesse ! S'il vivait, ne penses-tu pas qu'il donnerait tout pour rendre quelque aisance à sa chère Caroline ?...

— Oh ! oui, sans doute.

— Eh bien ! ce qu'il ferait, je dois le faire ; je ne conserverai point de fortune lorsque ma bienfaitrice n'en a plus ; j'ai reçu des talents, de l'éducation, je puis travailler ; mais elle, elle ne le peut pas, elle ne le doit pas tant que j'existerai. Si j'ai quelque regret de cesser d'être riche, c'est parce que je ne pourrai plus offrir que ma main à celle que je voulais emmener en Savoie... Manette !... voudras-tu m'épouser... lorsque je n'aurai plus rien ?...

— Que dit-il ?... ô mon Dieu !... c'est donc moi... André ! est-il vrai que tu veux m'épouser ?... Ah ! répète-le-moi encore !... Je suis si heureuse !... André ! tu m'aimes donc ?...

— Si je t'aime ! Manette ! ne le sais-tu pas ?...

— Oui... sans doute... comme une sœur... mais c'est autrement que l'on doit aimer sa femme...

— Rassure-toi, c'est de l'amour... oui, l'amour le plus tendre que je ressens pour toi ; désormais je ne peux plus vivre sans Manette...

— Méchant !... et tu ne le disais pas ! Est-ce que tu n'avais pas aussi lu dans mon cœur ?... Ah ! jamais il n'a battu que pour toi.

Je prends Manette dans mes bras, je la presse tendrement contre mon cœur : ses larmes coulent, mais celles-là sont de joie, de bonheur, et je ne cherche point à les retenir.

— Et ma bienfaitrice ? dis-je à Manette au bout d'un moment.

— O mon ami ! il faut lui donner tout ce que tu possèdes... Vends bien vite, vends tout !... Il me semble qu'en cessant d'être riche, tu te rapproches de moi. Tu n'as pas besoin de fortune, tu as des talents, nous travaillerons... Nous serons si heureux !... Mais madame la comtesse, ce n'est pas la laissais donc à la gêne, ce serait de l'ingratitude, de l'égoïsme ; ah ! mon ami, il faut bien vite te défaire de tes richesses ; tu vois qu'elles ne donnent pas toujours le bonheur : elles ont manqué de faire un mauvais sujet de ton frère, elles auraient pu aussi t'éloigner de moi... que je serai contente quand tu ne les auras plus !

J'embrasse encore Manette, je vais la quitter, lorsque son père revient ; Manette court à lui, elle pleure et rit en même temps. Le bon porteur d'eau ne sait ce que tout cela signifie.

— Mon père ! il m'aime, il m'épouse, il me l'a dit... il n'en aime plus d'autre... je serai sa femme... Vous le voulez bien, n'est-ce pas? ah! dites donc que vous le voulez bien...

A ce discours de sa fille, Bernard répond :

— Comment?... que diable as-tu à sauter ainsi?... Qui est-ce qui t'épouse comme ça tout de suite?...

— Mais c'est André! mon père... est-ce que j'en aurais épousé un autre?

— Oui, père Bernard, dis-je à mon tour, c'est moi qui vous demande la main de Manette, qui vous promets de l'aimer toute ma vie; mais je dois aussi vous dire que je ne suis plus riche, et que je ne possède plus la fortune que m'avait laissée M. Dermilly.

Le père François, cocher de fiacre, et son précieux carrick.

Je conte au bon Auvergnat tout ce que j'ai appris, les malheurs arrivés à ma bienfaitrice, et mes intentions à son égard. Quand j'ai achevé mon récit, Bernard, pour toute réponse, met la main de sa fille dans la mienne, et me serre dans ses bras. Brave homme!... Combien de pères, en sachant que je ne possédais plus rien, m'auraient signifié de ne plus songer à leur fille!

Je vais courir chez mon notaire. Manette m'arrête sur l'escalier... Elle tremble, elle est embarrassée.

— Qu'as-tu donc? lui dis-je.
— Tu vas chez ton notaire...
— Sans doute.
— Puis... quand il t'aura donné ce que tu désires, tu iras... chez madame la comtesse?...
— Non, c'est à Lucile que je remettrai tout en lui défendant bien de faire connaître de qui elle tient cet argent. De moi, madame la comtesse ne voudrait rien recevoir, cela blesserait sa fierté... Elle croirait peut-être devoir me refuser ; mais elle ne se doutera pas que c'est d'André que lui vient ce secours!...
— Oh! tu as raison, André; c'est bien mieux comme cela! ainsi tu n'iras pas chez elle, n'est-ce pas?
— Non, Manette, je n'irai pas.

Manette recouvre sa tranquillité. Aimable fille! je lis dans ton cœur : tu crains que la vue d'Adolphine ne me ramène à mes premiers sentiments; ne crains rien, Manette! quand l'amour est guéri par un autre amour, il ne renaît plus.

Je cours chez mon notaire, je lui apprends en deux mots que je veux réaliser tout ce que je possède et qu'il m'en faut la valeur dans vingt-quatre heures, dussé-je perdre dans mes marchés! Obliger promptement, c'est obliger deux fois. Mon notaire me regarde avec surprise; il pense sans doute que je vais encore plus vite que Pierre; il veut m'adresser quelques observations, je ne les écoute point. Ce ne sont pas des avis que je demande, c'est de l'argent.

Enfin j'ai promesse pour le lendemain. Le temps s'écoulera lentement d'ici là! mais j'oubliais que, n'étant plus riche, je ne dois plus garder un bel appartement; cherchons-en un bien modeste. Une pièce pour coucher, une autre plus grande qui me servira d'atelier, c'est tout ce qu'il me faut; car je ne veux pas retourner en Savoie avant d'avoir terminé les tableaux que j'ai commencés; et c'est avec le prix que j'en retirerai que je veux épouser Manette, lui acheter un trousseau et retourner dans mon pays. Cette pensée me donnera plus d'ardeur à l'ouvrage; puisse-t-elle augmenter mon talent!

J'ai trouvé le logement qu'il me faut : c'est près de chez Bernard, cela m'arrange parfaitement. Je retourne chez moi, je fais venir un tapissier, je vends tout ce qui ne m'est plus nécessaire dans mon nouveau domicile; puis je vais donner congé chez madame Roch et lui payer le terme qui sera vacant.

— Mais, monsieur, cela ne se fait point ainsi, me dit la portière, on donne congé trois mois d'avance; mais l'on peut demeurer jusqu'au quinze à midi.

— Je le sais, madame Roch; mais moi je veux déménager après-demain, je vous paye le terme vacant, vous n'avez rien à dire.

— C'est incohérent, monsieur, mais vous auriez pu trouver à louer pour le demi-terme.

Je laisse bavarder la portière, et vais faire les préparatifs de mon déménagement. Ces soins me font passer le temps, car je suis trop agité pour pouvoir travailler.

Enfin le lendemain arrive; il n'est pas encore l'heure d'aller chez le notaire; et avec ces gens de loi il ne faut pas se présenter une heure d'avance. Allons chez Manette : là on ne trouvera pas que j'arrive trop tôt.

Je lui conte ce que j'ai fait depuis la veille. Elle est enchantée d'apprendre que je vais venir demeurer auprès d'elle. Chère Manette! la certitude du bonheur l'embellit encore. Depuis hier il semble qu'elle jouisse d'une nouvelle existence; dans ses yeux, dans sa voix, dans ses moindres actions, respire l'amour qu'elle semble fière maintenant de laisser paraître.

Madame Roch, subjuguée par les charmes de Rossignol, revient avec du dessert et suivie d'un garçon traiteur chargé de trois plats.

L'heure d'aller chez le notaire est arrivée. J'y cours; il me fait signer mille papiers : je signe tout ce qu'il veut, quoiqu'il m'engage encore à réfléchir. Enfin il me remet un portefeuille renfermant quatre-vingt-quinze mille francs; c'est tout ce qui me revient d'une fortune que Pierre avait menée si grand train. Je prends le portefeuille avec ivresse, et comme si je venais de faire un marché d'or. Le notaire me prend pour un fou ou un libertin, mais que m'importe ce qu'il pense de moi? ma conscience ne me fait point de reproches, et voilà le principal.

Je retourne chez moi attendre Lucile; celle-là sera exacte, j'en suis certain. En effet, un quart d'heure avant l'instant convenu, j'entends frapper à ma porte et bientôt Lucile est près de moi.

— Qu'y a-t-il de nouveau chez madame la comtesse? lui dis-je.

— Rien ; on ne reçoit toujours aucune nouvelle du marquis. Ma jeune maîtresse, qui craint que sa mère ne manque de quelque chose, m'a prié hier, en secret, de lui chercher de l'ouvrage ; madame m'a fait la même prière en cachette de sa fille... Ah ! monsieur André ! si vous saviez quelle peine cela m'a fait !

— Rassurez-vous, Lucile, de longtemps, j'espère, elles n'auront besoin de recourir à de tels expédients. Tenez, prenez ce portefeuille... mais, avant tout, jurez-moi de faire exactement ce que je vous dirai.

— Oh ! je vous le jure ; vous savez bien que j'ai toujours fait tout ce que vous avez voulu.

— Vous remettrez ce portefeuille à madame la comtesse, vous lui direz qu'il a été apporté chez elle par un homme qui est reparti sur-le-champ et sans se faire connaître.

— Bon ! bon ! j'entends... et puis ensuite ?

— C'est tout, Lucile.

— Et je ne parlerai pas de vous ?

— Oh ! non, gardez-vous-en bien ; c'est là surtout ce que je vous recommande.

— Bon, André ! je vous devine !...... ce portefeuille contient de l'argent, beaucoup d'argent peut être ; car vous êtes capable de vous priver de tout pour aider ma maîtresse.

— Non, Lucile, non, j'ai encore plus de fortune qu'il ne m'en faut... et d'ailleurs tout ce que j'ai n'appartient-il pas à ma bienfaitrice ?

— Et vouloir qu'elle ignore...

— Lucile, si vous trahissez mon secret, je ne vous reparlerai de ma vie.

— Eh bien ! monsieur, on le gardera, soyez tranquille. Oh ! je ne veux pas me fâcher avec vous... Ce cher André !..... ah ! s'il avait épousé mademoiselle !..... comme elle serait heureuse !... elle ne pleurerait pas en cachette... ses yeux sont rouges le matin, que cela fait peine... Elle dit à sa mère que c'est qu'elle a la vue faible, mais je sais bien qu'en penser...

— Lucile... tâchez qu'elle soit heureuse !.. et donnez-moi quelquefois des nouvelles de madame la comtesse ; tenez, voici ma nouvelle adresse. Adieu, Lucile ! allez vite porter cela à ces dames.

— Ah ! monsieur, il faut que je vous embrasse auparavant.

Lucile m'embrasse et s'éloigne avec le portefeuille. Je me sens plus heureux, plus content que je ne l'ai jamais été : bien différent de beaucoup de gens ; ce que je perds en richesse, je le gagne en gaieté.

Chapitre XXXII. — Apprêts de noces. — Dernier tour de Rossignol.

Je suis établi dans mon petit logement ; il me semble que j'y suis mieux que dans le bel appartement que j'habitais ; car je pense que ma bienfaitrice est désormais à l'abri de la misère, et l'idée que j'ai contribué à son bien-être me fait trouver du charme dans les privations que je me suis imposées.

Je travaille avec ardeur aux deux tableaux que j'ai entrepris ; avec le prix que j'espère en avoir, j'épouserai Manette, je lui achèterai tout ce qui peut lui être nécessaire ; ce ne sont point des diamants, des cachemires, des dentelles, que je lui donnerai ; mais Manette ne désire rien de tout cela ; elle n'en a pas besoin pour être jolie, elle me plairait moins si elle en portait.

Lucile est revenue me voir : elle a pleuré en entrant dans mon nouveau logement, puis elle m'a sauté au cou et m'a embrassé en me donnant des éloges qui me semblent bien exagérés ; car il ne m'a fallu aucun effort pour agir comme je l'ai fait. Madame la comtesse, en trouvant la somme que contenait le portefeuille, a adressé mille questions à Lucile ; mais celle-ci, ainsi que nous en étions convenus, s'est bornée à dire qu'un inconnu le lui avait remis et était reparti aussitôt. Ces dames ne doutent point que ce ne soit le marquis qui leur a envoyé cette somme. Tant mieux ! avec cette idée, Adolphine doit moins en vouloir à son mari, et il est si cruel de ne pouvoir estimer celui dont on porte le nom ! Cependant Lucile prétend qu'elle est toujours aussi triste. Mais elles ne manquent de rien et n'ont plus besoin de songer à travailler pour vivre. J'ai fait jurer de nouveau à Lucile qu'elle ne trahirait jamais mon secret ; elle sera à fait le serment tout en murmurant de ce que l'on attribuait au marquis ce que j'avais fait.

Pierre est aussi fort content que je ne sois plus riche. Il dit qu'il en travaille avec plus d'ardeur et qu'il veut gagner vite pour me rendre ce qu'il a dépensé pendant mon absence. Pauvre Pierre ! il est cent fois plus heureux depuis qu'il a repris ses crochets. Il a conservé sur l'œil gauche le marque du coup qu'il a reçu dans une orgie, et lorsqu'on lui propose d'aller au cabaret, Pierre porte la main à son œil et répond qu'il n'aime plus le vin.

Je passe toutes mes soirées près de Manette ; nous faisons nos projets pour l'avenir. Chaque jour je découvre dans l'âme de cette aimable fille de nouvelles vertus, de précieuses qualités, point d'ambition, point de coquetterie ; vivre et mourir près de moi, voilà son unique désir. Mais Bernard devient vieux, il ne peut plus travailler ; nous l'emmènerons avec nous en Savoie ; et là, près de ma mère, dans la jolie maison dont je lui ai fait présent, nous coulerons des jours bien doux. L'espoir du bonheur est déjà le bonheur même ; cependant chaque soir Manette me demande si mes tableaux seront bientôt finis.

Au bout de six semaines j'ai enfin terminé mon ouvrage ; mais il faut trouver un acquéreur : lorsque j'avais un beau logement, lorsque je semblais tenir maison, j'étais entouré de gens qui m'accablaient de compliments, me demandaient comme une faveur de leur faire un tableau. Aujourd'hui tous ces gens-là m'ont fui... j'ai fait la sottise de dire que je ne suis plus riche, que j'ai besoin du produit de mon travail pour vivre, et personne ne se présente, ne s'offre pour m'être utile ; j'aurais dû leur laisser croire que j'étais riche encore, que mon amusement, et déjà mes tableaux seraient vendus !... mais c'est toujours à ses dépens que l'on apprend à connaître le monde.

Malgré moi, mon front se rembrunit, et Manette s'en aperçoit.

— Mon ami, me dit-elle, pourquoi te chagriner ? et qu'avons-nous besoin d'argent ? nous devons aller vivre près de ta mère ; eh bien ! là, nous travaillerons, nous labourerons notre champ, mais nous serons heureux parce que nous n'aurons point d'ambition.

Aimable fille !... oui, je sens combien je serai heureux avec toi ! mais l'épouser sans être certain que mon talent assurera son existence, sans pouvoir lui offrir ces présents dont à ce qu'on reçoit de l'objet qu'on aime qui nous les donne ! Ah !... cela me fait une peine !... et cependant tarder encore à épouser Manette, c'est bien cruel aussi ! Chaque jour le père Bernard me dit :

— À quand la noce, mes enfants ?...

— Mais c'est quand monsieur voudra, répond Manette en me lançant un regard qui va jusqu'à mon cœur ; et moi je suis obligé de balbutier : Bientôt... je l'espère... dès que j'aurai terminé quelques affaires.

— Tâche donc de les terminer bien vite, reprend le père Bernard ; je deviens vieux, mes enfants, et je voudrais pourtant encore danser à la noce de ma fille.

ROSSIGNOL RENIANT UN VIEUX SERVITEUR.
Madame Roch, le vêtement ne vient pas de chez nous ; des gens comme nous n'ont jamais porté de pareilles guenilles.

Je viens de rentrer chez moi, j'ai fait encore d'inutiles démarches pour trouver à vendre mes tableaux; je ne suis pas connu, on ne vient même pas les voir; il semble, à entendre tous ces gens-là, que les grands maîtres, les hommes de génie n'ont jamais commencé !

On ouvre doucement ma porte : c'est Pierre qui entre chez moi. Il s'avance... il paraît embarrassé pour me parler.

— Que me veux-tu? lui dis-je en le voyant rester muet devant moi.
— Mon frère... je viens savoir si tu as vendu tes tableaux?
— Hélas! non...
— Et tu ne te maries pas... parce que tu n'as pas d'argent !...
— Je sais bien que ce ne serait pas un obstacle pour épouser Manette; mais j'aurais voulu... j'aurais désiré... Enfin il n'y faut plus penser. Rassure-toi, Pierre, cela ne m'empêchera pas d'épouser celle que j'aime.
— Mon frère... si tu voulais me permettre...
— Quoi donc ?...
— C'est que je n'ose pas... te dire...
— Quoi! Pierre, tu es embarrassé avec moi?
— Ecoute : j'ai fait bien des sottises !... et si tu avais maintenant tout l'argent que j'ai dissipé avec ce mauvais sujet de Rossignol... ah! tu en aurais plus qu'il n'en faut pour t'établir au pays.
— Pierre, ne revenons plus sur ce qui est passé ; tu es redevenu sage, si tu penses encore à tes folies, que ce soit seulement pour avoir en horreur les êtres méprisables que tu fréquentais alors.
— Oh! sois tranquille, va! Rossignol a voulu me reparler une seule fois... Mais j'ai pris mon bâton, et la conversation a fini tout de suite. Enfin, André, depuis que je travaille de nouveau... j'ai mis de côté... afin de tâcher de te rendre ce que je t'ai dépensé.
— Que dis-tu, Pierre, et ma fortune n'était-elle pas à toi ? ne t'avais-je pas laissé le maître d'en disposer?
— Passe pour l'argent !... mais les meubles... les pendules... jusqu'à tes habits qui avaient disparu... Mon frère, depuis ce temps je n'ai pas encore pu amasser beaucoup ; mais tiens, voilà ce que j'ai mis de côté... il y a quatre-vingts francs dans ce petit sac... Ils sont à toi, André, et je serais bien heureux si cela pouvait t'aider à épouser Manette.

En disant ces mots, mon frère a tiré un sac de sa poche, il me le présente d'une main tremblante. Pauvre Pierre! je le serre dans mes bras, mais je n'ai pas pris son sac, et tout en m'embrassant il me crie:
— Prends donc, André, cet argent t'appartient; si tu refuses, je croirai que tu es encore fâché contre moi.

Je fais tout ce que je peux pour qu'il reprenne ses épargnes, mais Pierre n'entend pas raison ; il faudra que je cède lorsqu'on ouvre ma porte, et un monsieur d'un âge mûr et d'un extérieur simple, mais aisé, paraît devant nous.

A ses premiers mots, je devine le sujet qui l'amène, et mon cœur palpite de plaisir et d'espoir. Il a entendu dire que j'avais deux tableaux de genre à vendre ; il désire les voir. Je le fais passer dans mon atelier et je lui montre mon ouvrage.

L'inconnu considère longtemps mes tableaux ; à quelques mots qui lui échappent, je vois qu'il est connaisseur en peinture. Je tremble... il me fait remarquer quelques défauts, quelques fautes de composition ; je sens qu'il a raison, et mes ouvrages me semblent maintenant détestables !...

Quelle est ma surprise lorsque ce monsieur termine en me disant :
— J'achète vos tableaux, je vous donne douze cents francs des deux. Cela vous convient-il ?

Il sort de sa poche la somme qu'il m'a offerte. Il la pose sur une table ; je suis tellement ému, que je ne puis m'exprimer... J'ai possédé une jolie fortune, mais c'est dans ce moment douze cents francs me semblent le Pactole ; car cet argent est le fruit de mon travail ; l'or que l'on a eu de la peine à gagner est bien plus doux à recevoir que celui que l'aveugle déesse jette au-devant de nous.

— Voici mon adresse, vous m'enverrez ces tableaux.

En disant ces mots, l'étranger me remet une carte et s'éloigne... Je veux le reconduire, il s'y oppose. Je jette les yeux sur l'adresse qu'il m'a laissée, et je lis un nom que j'ai entendu prononcer plusieurs fois comme celui d'un protecteur des arts, d'un amateur aussi riche qu'éclairé. Cet homme-là est millionnaire, et il est venu chez moi seul, sans suite... et il m'a donné quelques avis avec cette politesse qui adoucit les critiques les plus sévères ; il est doux de voir que la fortune est quelquefois si bien placée.

Je prends Pierre par les deux mains ; nous dansons autour de la table sur laquelle sont mes douze cents francs.
— Maintenant j'espère que tu remporteras ton petit sac, dis-je à mon frère.
— Non pas ! il est à toi.
— Pierre, je veux que tu gardes cet argent.
— Et que veux-tu que j'en fasse ! notre mère est heureuse maintenant et n'a plus besoin de rien... sans ça je le lui enverrais.
— Garde-le, je te le demanderai, si j'en ai jamais besoin.
— A la bonne heure.
— Crois-tu d'ailleurs que je veuille te laisser commissionnaire ? Je vais épouser Manette, puis nous retournerons en Savoie. La maison de ma mère est assez grande pour nous loger tous. Certain maintenant que mon talent peut me procurer une existence honnête, je n'ai plus de vœux à former. Chère Manette !... courons lui apprendre cette nouvelle... Pierre, tu vas porter les tableaux chez ce monsieur...
— Tout de suite.
— Puis tu reviendras me trouver chez Bernard.

Je couvre les tableaux, je les remets à Pierre, et je cours chez Manette avec mon trésor dans ma poche.

Manette lit dans mes yeux ce que je vais lui annoncer ; je mets les douze cents francs sur ses genoux en lui disant d'un air fier :
— C'est le produit de mon travail, c'est le fruit de mon talent. Ah! Manette ! que je dois de reconnaissance à ceux qui m'ont donné de l'éducation : c'est la fortune la plus sûre. Je puis t'épouser maintenant ; je pourrai nourrir ma famille... Je sais bien que la maison de notre mère eût toujours été la nôtre, mais aurais-je été heureux si je n'avais été bon à rien ?... et quand on a pris les manières du grand monde, on est bien gauche pour labourer la terre. Aujourd'hui, certain d'utiliser mon talent en peinture, je cultiverai cet art avec une nouvelle ardeur, et je trouverai près de toi la récompense de mes travaux.

Manette partage mon ivresse ; le père Bernard arrive : je cours dans ses bras :
— Je vais être votre fils, lui dis-je, je l'étais depuis longtemps par mon cœur... mais enfin... bientôt...
— Oui, mon père, oui, c'est décidé maintenant... André a vendu ses tableaux.

Le bon Auvergnat nous regarde. Nous ne lui donnons pas le temps de répondre : nous faisons déjà nos plans, nos projets. Je brûle de réparer le temps perdu ; je voudrais épouser Manette demain, ce soir même. Mais il y a des formalités à remplir ; heureusement que j'ai eu soin depuis longtemps de me faire envoyer de mon pays les papiers qui me sont indispensables. Dès demain je ferai les démarches nécessaires pour hâter l'instant de mon bonheur.

Manette ne peut plus parler ; elle court à chaque instant se jeter dans les bras de son père ; il semble que son bonheur devienne plus timide au moment d'être plus heureux ; mais si ses baisers sont pour un autre, ses regards sont pour moi, et je comprends tout ce qu'ils me disent. Pierre vient partager notre bonheur. Il est entendu que le surlendemain de notre mariage nous partirons pour la Savoie ; de cette manière nous n'avons pas besoin de monter notre ménage ici ; Manette viendra passer les deux premiers jours de notre hymen dans mon petit logement. Il sera assez grand pour de nouveaux époux ; le bonheur ne demande pas beaucoup de place.

Le lendemain, de grand matin, je suis en course pour hâter mon mariage, mais mon impatience ne peut triompher des formalités d'usage... Il faut attendre dix jours avant de devenir l'époux de Manette. Ces dix jours-là me sembleront plus longs que les dix mois qui les ont précédés ; plus on approche du but, plus on a le désir de l'atteindre. Mais j'ai des emplettes à faire, et cela m'occupera. Je veux offrir une corbeille à Manette ; elle sera bien modeste !... Je ne puis dépenser que cinq cents francs environ ; je garde le reste pour les frais de la noce et du voyage. Une fois près de ma mère, je reprends mes pinceaux ; ils nous seront toujours suffisants, parce que nous ne vivrons pas à Paris, et que nous ne sommes pas possédés de la manie de briller.

Avec cinq cents francs aujourd'hui, on n'a que la corbeille ou le statut qui contient les présents de noce. Mais je ne veux point singer les grands ; je n'ai d'ailleurs ni diamants, ni cachemires, ni parures de prix à offrir : un châle en bourre de soie, un autre plus simple, une robe de soie, quelques autres de fantaisie, un voile, des boucles d'oreille et quelques bagues, voilà à peu près en quoi consistent les présents que je vais offrir à Manette ; mais jamais le sultan le plus magnifique ne causa un plaisir plus vif que ma modeste corbeille.

Manette déploie les présents, elle les contemple, elle les fait admirer à son père ; il faut que le bon Auvergnat vienne s'extasier devant chaque objet ; à chaque chose nouvelle, on me regarde, on me serre les mains, et cela veut dire : ce ne sont pas les présents qui me causent tant de joie, c'est la main qui me les donne.

Parmi les bagues, il en est une fort simple dans laquelle le mot fidélité est tracé avec mes cheveux. Cette bague cause à Manette la plus douce ivresse. Elle ne voit plus que cela dans ma corbeille. Les châles, les robes, les étoffes, ne peuvent soutenir de comparaison avec cette bague chérie. Ah ! Manette m'aime bien !

Nous sommes enfin à la veille du jour qui doit nous unir. La toilette de Manette est prête ; l'aimable fille sera charmante ; elle parera ses atours autant qu'elle en sera parée. Pierre, je le remets à neuf ; Pierre, sans reprendre tout à fait le costume élégant qu'il portait chez moi, mettra de côté la veste de commissionnaire. Etourdi que je suis ! Bernard a quelques connaissances, Manette quelques jeunes amies, et je n'ai pas encore pensé à commander le repas de noce. Je cours faire mes invitations ; nous ne serons qu'une vingtaine, mais il vaut mieux être peu et se connaître tous.

PARIS. — Imp. LACOUR et Cⁱᵉ, rue Soufflot, 16.

Manette aime la danse ; quelle jeune fille ne l'aime point ! Eh bien ! nous danserons, nous aurons un seul violon, mais le plaisir vaut bien un orchestre. Manette m'a dit plusieurs fois : — Mon ami, ne fais point de dépenses inutiles... point de noce... Nous n'avons point besoin de tout cela pour être heureux.

Oui, je sais que nous pourrions rester entre nous ; mais je sais aussi que Manette sera bien contente que l'on soit témoin de son bonheur, et que le bon Bernard sera enchanté de danser à la noce de sa fille.

D'ailleurs les bonnes gens disent : On ne se marie pas tous les jours. Moi, je suis de l'avis des bonnes gens : fêtons les époques heureuses de notre vie, elles ne sont jamais en trop grande quantité.

Mes courses sont terminées ; il est sept heures du soir. Il ne me reste plus qu'à choisir le traiteur chez lequel nous nous rendrons. Je ne veux ni d'une guinguette, ni de grand salon doré ; mais à Paris il y a des restaurants pour toutes les bourses et toutes les classes. Pierre arrive dans son beau costume de demander s'il est mis avec goût. — Viens avec moi, lui dis-je ; allons chez un traiteur retenir un salon et commander le repas.

— Il y aura donc une noce !... mon frère ?
— Quelques amis de Manette, de son père... Nous danserons un peu. Mais je ne dis rien ce soir, Pierre.
— Non !... sois tranquille... Une noce ! ah ! quel plaisir !

Pierre danse déjà, je suis obligé de le retenir ; je me rappelle qu'autrefois, en revenant avec M. Dermilly de nous promener dans la campagne, nous allions dîner près du pont d'Austerlitz, chez un traiteur de modeste apparence, où nous étions fort bien. C'est un quartier un peu désert, mais les badauds ne s'amasseront point à la porte pour voir entrer la mariée, et cela convient. Je me rends avec Pierre chez ce traiteur.

Nous arrivons : une demande comme la mienne est toujours bien accueillie ; je choisis le salon que je veux ; j'ai la certitude qu'aucune figure étrangère ne s'y montrera. L'hôte est raisonnable dans ses prix. Tout est bientôt convenu entre nous. Nous allons partir ; en nous reconduisant, l'hôte nous prie d'entrer dans son jardin pour en admirer les agréments.

En passant devant la fenêtre d'un pavillon, nous entendons un grand bruit ; on se dispute, et une voix bien connue de Pierre et de moi fait entendre ces mots : — Vous ne pouvez pas m'empêcher de me promener dans votre jardin, ma petite mère, le grand air me rendra mes couleurs !...

Sur la verdure
Héloïse a fait mon bonheur.

— Il n'est pas question de chanter, monsieur, dit la femme de notre hôte, il faut payer et vous en aller.
— Soyez donc *conséquente*, belle *Niobé*, vous voulez que je m'en aille, et vous ne voulez pas que je sorte... il y a confusion dans votre raisonnement.
— C'est Rossignol, me dit tout bas Pierre.
— Oui, sans doute c'est lui, je l'ai reconnu. D'où provient donc cette querelle ? dis-je au traiteur.
— Ah ! monsieur !... c'est le diable qui a envoyé ici un mauvais sujet dont nous ne pouvons plus nous débarrasser... il y a huit jours qu'il est chez nous. Il s'est présenté un soir d'un air mielleux en demandant à souper. On l'a servi ; comme il avait prolongé son souper fort tard, il nous a demandé ensuite à coucher dans la chambre où on l'avait servi, disant qu'il avait donné rendez-vous chez nous à son homme d'affaires, et qu'il désirait l'y attendre.

Quoique ce ne soit point notre usage, nous avons consenti à le loger. Le lendemain, il s'est fait servir splendidement, et il est encore resté ; enfin, il y a huit jours que cela dure... il prétend qu'il attend son homme d'affaires pour me payer. Mais je n'ai pas envie de l'héberger ainsi toute l'année. Il a eu le front de me proposer de poser, et de me donner sa statue en payement... que ferai-je de l'image d'un drôle comme cela !... Il faut qu'il paye et qu'il parte. Je ne veux pas qu'il soit encore ici demain pour votre noce !... Il a l'impudence de vouloir lier connaissance avec toutes les personnes qui viennent chez moi, et il étourdit tout le monde de ses refrains qui n'en finissent pas. Mais j'ai envoyé chercher M. le commissaire, et, en attendant, j'ai recommandé à ma femme de veiller sur ce fripon que j'ai surpris hier montant sur le bord du mur, pour faire *Adonis*, à ce qu'il disait. Ah drôle ! je te ferai faire *Adonis* en prison !... C'est qu'il m'aurait mangé tous les jours un poulet, si je l'avais laissé faire.

— Allons-nous-en, mon frère, me dit tout bas Pierre, qui ne se soucie point d'être vu par son ancien ami. Je vais céder au désir de mon frère ; nous allons partir... mais il n'est plus temps : un homme se jette de la fenêtre d'un entresol dans le jardin, et se relève en faisant l'Amour. Il se trouve positivement devant nous, et pousse un cri de surprise en nous apercevant.

— O divinité des artistes ! voilà de tes bienfaits ! dit Rossignol en s'avançant vers nous, deux amis que je retrouve et qui vont payer pour moi !... monsieur le traiteur ! ma carte vivement ! voilà *Castor* et *Pollux*... des amis intimes, qui ne laisseront pas un artiste dans l'embarras.

Pierre est rouge de colère ; je ne reviens pas de l'impudence de ce drôle, et l'hôte nous regarde avec étonnement en balbutiant : — Comment, messieurs, vous êtes amis de ce mauvais sujet ?
— Mauvais sujet !... s'écrie Rossignol ; qui t'a permis de m'appeler ainsi, méchant rôtisseur de chats !

Ces mots rendent le traiteur furieux.

— Calmez-vous, Jupin, dit Rossignol, on va vous payer, mais on ne reviendra pas chez vous !... vos poulets sentent un peu trop le chènevis. Allons ! mon petit Pierre, quelques écus pour ton ancien compagnon de plaisir.

Pierre est muet de honte. Je passe entre lui et Rossignol, qui a l'audace de vouloir me serrer la main.

— Si vous n'aviez fait que m'escroquer mon argent, lui dis-je, je pourrais encore l'oublier ; mais vous avez cherché à rendre mon frère aussi méprisable, aussi vil que vous, et vous osez nous nommer vos amis ! ce mot, dans votre bouche, est le dernier des outrages. Estimez-vous heureux si je ne me joins pas à monsieur pour vous faire punir.

— C'est ça !... de la morale aux amis quand ils sont dans le malheur ; eh bien ! mes petits ramoneurs, on se passera de vous, et on n'avalera pas de la suie pour ça.

Comme Rossignol achevait ces paroles, l'hôtesse, qui était allée chercher la garde au moment où il s'était précipité de l'entresol, paraît à l'entrée du jardin, suivie d'un caporal et de quatre fusiliers, tandis que par une autre porte le commissaire arrive, conduit par un garçon traiteur. A la vue des soldats, Rossignol fronce le sourcil, et je l'entends murmurer :

— Non, sacrebleu ! le premier torse antique n'ira pas moisir dans une prison.

— Voilà le coupable, dit l'hôtesse au commissaire en désignant Rossignol, qui s'avance vers l'homme de justice en s'arrêtant à chaque pas pour lui faire un salut jusqu'à terre, en sorte que son chapeau ne peut jamais parvenir à voir sa figure.

— Pas tant de politesses, monsieur, et répondez, dit l'homme de paix tandis que Rossignol fourre ses doigts dans une vieille tabatière que le caporal vient d'entr'ouvrir. Vous ne voulez pas sortir d'ici, monsieur ?

— C'est faux, monsieur le commissaire ! je ne demande, au contraire, qu'à m'en aller.
— Mais vous ne voulez pas payer, monsieur ?
— Je n'ai pas dit un mot de cela, monsieur le commissaire ; et, bien loin de là, mon intention a toujours été de donner un joli pourboire au garçon.
— Alors, monsieur, payez donc votre compte, et que cela finisse.
— Ah ! un moment, monsieur le commissaire, je ne dis pas que je peux payer à présent. J'attends mon homme d'affaires ; il n'arrive pas, est-ce ma faute ? En attendant, je suis modèle ; si par hasard madame votre épouse était enceinte, monsieur le commissaire, et qu'elle voulût considérer un bel homme, je suis à votre service.
— Caporal, emmenez ce drôle ; on l'enverra ce soir à la préfecture ! dit le commissaire en s'éloignant de Rossignol, qui chante entre ses dents :

Va-t'en voir s'ils viennent,
Jean...

Le caporal s'avance avec ses hommes ; Rossignol va lui-même au devant d'eux en disant :

— Je me rends à discrétion, mes anciens, bien persuadé que mon innocence sera reconnue comme celle de la chaste Suzanne ; je ne demande pas mieux que de vous suivre.

Les soldats ne serrent pas de trop près un homme qui paraît fort disposé à les suivre. Rossignol passe au milieu d'eux. Sorti du jardin, il s'arrête, fouille dans ses poches, et s'écrie :

— J'ai oublié mon mouchoir... Je ne veux pas leur en faire cadeau.
— Je vais vous l'avoir, dit le caporal en faisant signe à ses soldats de s'arrêter et retournant sur ses pas.

Par un mouvement naturel, les soldats se sont retournés vers la maison du traiteur ; c'est ce que Rossignol attendait. Aussitôt il prend sa course et gagne le pont d'Austerlitz. L'invalide lui demande un sou, il lui répond par un coup de poing qui le renverse, et continue de se sauver. Cependant les soldats se sont retournés, le caporal est revenu, on court après Rossignol en criant : — Arrête !

Celui-ci approche de l'autre bout du pont et compte franchir la barrière ; mais déjà les cris de l'invalide et du caporal ont été entendus : la barrière est gardée ; la foule est amassée, et il n'y a pas moyen de passer par-dessus tout ce monde-là. Rossignol revient sur ses pas... Il est cerné de chaque côté ; déjà le caporal et l'invalide s'approchent d'un air triomphant en s'écriant :

— Nous le tenons !

— Prenez garde de le perdre! leur répond Rossignol, et, au moment où le caporal va l'atteindre, il monte sur le parapet et se précipite dans la rivière en chantant :

Moi, je pense comme Grégoire,
J'aime mieux boire...

Les soldats sont restés stupéfaits. La foule se porte sur les deux rives ; on cherche les bateaux ; mais la rivière est très-forte, et le courant entraîne le beau modèle jusqu'aux filets de Saint-Cloud.

Ce spectacle a vivement frappé Pierre ; je me hâte de l'emmener en lui disant :

— Voilà, mon ami, quelle est souvent la fin de ces hommes qui n'ont ni honneur, ni mœurs, ni probité.

CHAPITRE XXXIII. — Peine et Plaisir.

Nous revenons près de Manette, dont je ne puis plus être une heure éloigné ; c'est toujours ainsi au moment de s'enchaîner pour jamais... et l'on dit qu'ensuite... Mais nous ne changerons pas, Manette et moi : nous ne sommes pas de Paris.

On a mille choses à se dire la veille de ses noces. Les projets pour l'avenir viennent en foule à l'approche de ce moment qui décide du sort de notre vie. C'est vers la Savoie que se tournent nos regards, nos espérances ; c'est là que nous comptons trouver le bonheur et assurer celui de ma mère, qui n'aura plus de vœux à former lorsque nous serons auprès d'elle.

Au milieu de nos doux projets, Pierre nous interrompt en disant à Manette :

— Ma chère sœur, je vous retiens pour la première contredanse.

— Comment?... est-ce que nous danserons ? dit Manette en me regardant avec surprise.

Et moi qui voulais la surprendre ! Ce nigaud de Pierre ne sait pas garder un secret. Fâché de ce qu'il a dit, il me regarde, sourit, puis fait la moue. Et Manette, témoin de son embarras, me dit avec cette voix que j'aime tant : — Quoi ! mon ami, tu as des secrets pour moi ?...

Allons, je vois bien qu'il faut tout lui dire, puisque Pierre lui a donné des soupçons. Je conte ce que j'ai fait, ce que j'ai arrangé pour le lendemain. Manette me presse tendrement les mains en me disant à demi-voix :

— C'est pour moi que tu as fait tout cela, cher André, car tu n'aimes pas beaucoup les réunions, les danses. Que tu es bon !... que je suis heureuse !...

Et Bernard s'écrie en frappant dans ses mains :

— Une noce ! tant mieux ! c'est gai, ça !... Vous verrez, mes enfants, que je suis encore solide à la danse !... je vous tiendrai tête.

— Et moi donc ! dit Pierre en sautant dans la chambre ; je ne veux pas être un moment en repos... Je vais m'exercer toute la nuit !...

Notre joie est plus calme : Manette et moi, nous puisons dans nos mutuels regards une partie du bonheur que nous nous promettons... et ce n'est pas à la danse que nous pensons.

La soirée s'est prolongée. J'emmène Pierre, qui couchera cette nuit chez moi. Je dis adieu à Manette : nous répétons plusieurs fois : — A demain ! car dans ce mot tout est compris : bonheur, amour, avenir... ce n'est que de demain que datera notre existence.

Mon portier me remet une lettre ; je reconnais l'écriture de Lucile : sans doute elle me donne des nouvelles de ces dames, dont depuis quelque temps je n'ai pas entendu parler. Je mets la lettre dans ma poche, et je monte chez moi en continuant de causer avec mon frère. Je l'entretiens de Manette, et l'on n'en finit point quand on parle de ce qu'on aime. Pierre, tout en m'écoutant, commence à bâiller... il n'est pas amoureux.

Je me rappelle cependant la lettre qu'on m'a remise. Je la prends, et je l'ouvre pendant que mon frère se dispose à se coucher. Les premiers mots m'ont frappé. « J'oublie le bonheur de demain ; je me rapproche de la lumière, et je lis en frémissant ce qui suit :

« Mon cher André, je vais briser votre cœur en vous apprenant les nouveaux malheurs qui accablent mes chères maîtresses ; mais à qui m'adresserai-je, si ce n'est à vous, le seul ami qui leur soit resté ?... Je ne sais où j'en suis... pardonnez-moi, André, le peu de liaison de mes idées... J'ai tant de chagrin !... Écoutez, mon ami. Grâce à votre généreux secours, ces dames vivaient dans une modeste aisance. Persuadées que c'était M. Thérigny qui leur avait envoyé cette somme, elles pensaient que, revenu de ses sentiments plus nobles, il ne les abandonnerait plus ; seule je savais la vérité, mais vous m'aviez défendu de la dire, et j'obéissais. Il y a trois jours que M. Thérigny est arrivé chez ces dames, dans un désordre qui n'annonçait pas qu'il fût plus raisonnable. Il a paru surpris de les trouver à leur aise. Il allait les questionner, lorsque ces dames l'ont remercié pour la somme qu'elles croyaient avoir reçue de lui. M. Thérigny, surpris d'abord, s'est remis et a reçu leurs remercîments ; la langue me démangeait en voyant qu'il ne se déclarait pas étranger à l'envoi de l'argent. Mais je me rappelai ma promesse... je me tus. Après s'être fait donner les clefs de tout, M. Thérigny sortit le soir. Mais, jugez de la douleur de ces dames, lorsqu'au lieu de revenir, il leur envoya une lettre dans laquelle il leur tint les propos les plus odieux, accusant sa femme d'entretenir avec vous une liaison criminelle, prétendant qu'elle n'avait feint de croire que ce fût lui qui avait envoyé l'argent, que pour mieux cacher ses intrigues avec vous. Enfin, le monstre leur a tout pris, tout emporté : argent, bijoux ; il ne leur a rien laissé. Je ne puis vous peindre la douleur de madame la comtesse ; c'est moins le regret de se voir dans la misère, que le chagrin d'entendre accuser sa fille. Quant à ma jeune maîtresse, déjà souffrante, la conduite horrible de son époux n'a fait qu'aggraver son mal. On m'a questionnée de nouveau ; il a bien fallu que je dise la vérité. Elles vous ont béni. Ma jeune maîtresse pleurait en répétant à chaque instant : Pauvre André !... Cela m'étonne pas. Madame la comtesse a paru bien vivement affectée ; puis elle m'a dit : Lucile... je voudrais voir André... Je voudrais le remercier de ce qu'il a fait pour nous. Voilà, mon ami, où nous en sommes. Ah ! venez, par votre présence, apporter quelques consolations à mes pauvres maîtresses... André ! vous ne les abandonnerez pas à leur douleur. »

Les abandonner ! me dis-je en finissant cette lecture qui a bouleversé tous mes sens, ah ! jamais !... jamais !... Elles n'ont plus que moi... mais un véritable ami vaut mieux que cette foule de gens aimables qui vous entourent dans la prospérité, et s'éloignent quand vous n'avez plus un visage riant à leur offrir.

Déjà ma pensée embrasse l'avenir. Je vois la situation affreuse de madame la comtesse ; sa fille est souffrante, et c'est dans ce moment que tout leur manque, c'est alors qu'elles se voient privées de toutes ressources... Ah ! tant que j'existerai, je ne veux point qu'elles connaissent la misère.

Pierre est sur le point de se coucher ; je l'arrête :

— Il faut te rhabiller, lui dis-je ; dépêche-toi, mon frère ; je veux t'envoyer quelque part...

— Quoi ! si tard ?

— Il ne faut pas perdre de temps ; tu vas te rendre chez le traiteur où nous sommes allés tantôt.

— Oui, où se fera la noce... je vois ce que c'est ; tu as oublié de commander quelque chose.

— Non, Pierre ; ce n'est pas cela. Tu décommanderas, au contraire ; plus de noce, plus de repas... plus de bal... il ne nous faut plus rien.

Pierre me regarde en ouvrant de grands yeux :

— Ah ! mon Dieu, mon frère... qu'est-ce que tu dis donc là... plus de noce ?...

— Non, Pierre, cela ne se peut plus...

— Mais Manette et son père qui s'attendent à danser ?...

— Manette et Bernard m'approuveront.

— Tout ce monde que tu as invité ?

— Chacun retournera dîner chez soi.

— Et ce traiteur qui fait le repas ?

— Il est encore temps de l'en empêcher, et c'est pour cela que tu vas y courir.

— Mon Dieu ! c'est donc c'te malheureuse lettre qui est cause de tout cela ?...

— Oui, Pierre ; plus tard je te la lirai.

— Quel guignon !... pas de noce... Mais, André, est-ce bien décidé ?...

— Absolument... va, cours, ne perds pas de temps.

Pierre a l'habitude de m'obéir ; et, malgré son chagrin, il sort en portant son mouchoir sur les yeux. Pendant son absence, je calcule ce que je puis faire. Ah ! je ne crains pas d'être blâmé par Manette ; son cœur pense comme le mien. Mais madame la comtesse voudra-t-elle encore accepter ?... Elle me refuserait, j'en suis certain, si elle devinait les privations que je m'impose. Je lui cacherai avec soin ma situation ; je lui dirai riche, bien riche, afin que mes secours lui soient moins pénibles.

Pierre revient ; il a les yeux rouges... mon pauvre frère a pleuré.

— Eh bien ! le traiteur ? lui dis-je.

— Eh ben !... dame... il ne fera rien du tout, mais il a dit que tu étais une girouette, et que ça ne valait rien pour se marier.

Je m'embarrasse fort peu de l'opinion du traiteur. Pour consoler Pierre je lui lis la lettre de Lucile et je lui dis :

— Cet argent que nous aurions employé à nous divertir, servira à calmer quelque temps les inquiétudes de ma bienfaitrice. Eh bien ! Pierre, me blâmes-tu encore d'avoir décommandé la noce ?

— Non... non... tu as bien fait, dit Pierre en poussant un gros soupir. Quoique ça, c'est bien dommage de ne point danser.

Au point du jour, je me rends chez Bernard. On ne m'attendait pas sitôt ; mais on est levé, car on n'a point dormi. On me reçoit en souriant : le bonheur que lui promet ce jour se peint déjà dans tous les traits de Manette. Je ne sais comment lui annoncer la nouvelle... Elle me voit embarrassé, elle me questionne. Je lui donne à lire la lettre que j'ai reçue de Lucile.

Bonne Manette! en lisant, ses traits expriment toute la part qu'elle prend aux infortunes de ma bienfaitrice. A peine elle a fini de lire, et elle court à moi en s'écriant :

— Mon ami, plus de noce, plus de bal... Elles sont malheureuses... elles ont besoin de tes secours; ah! tous les plaisirs que nous aurions goûtés ne valent pas celui que tu éprouveras à leur être utile.

— Chère Manette!... j'avais déjà agi en conséquence... et je n'osais te l'apprendre.

— Tu n'osais?...

— Je craignais de te contrarier.

— Ah! mon ami! mon cœur n'est-il pas de moitié dans tout ce que tu fais? Ta main, ton amour, et je suis si heureuse!... que me faut-il de plus?... Car cet événement n'empêchera pas notre mariage, n'est-ce pas, mon ami?

— Non, sans doute; aujourd'hui même tu seras à moi... Nous serons heureux; j'ai la certitude que mon talent suffira à nos besoins... mais tant qu'elles seront dans la peine, nous ne pourrons aller en Savoie. Si je m'éloigne, si je les laisse seules ici, qui veillera sur elles... qui connaîtra leur situation?

— Nous resterons, mon ami; ton logement nous suffira... J'ai de l'ordre, de l'économie; je puis travailler aussi, moi; j'ai été élevée à cela... Tu verras, André, que le bonheur peut tenir lieu de richesse.

Chère Manette! quelle âme! quels sentiments!... — Tu ne peux encore aller chez ces dames, il est trop matin, me dit-elle, reste ici, déjeune avec nous; je vais tout préparer... Ensuite tu iras les voir... puis... tu reviendras... C'est pour deux heures, André, tu ne l'oublieras pas!...

Comment pourrais-je l'oublier, lorsqu'à chaque instant elle me force à l'aimer davantage, lorsque c'est un ange que je vais posséder?

Manette nous prépare notre déjeuner; puis sort pour quelques emplettes indispensables, nous dit-elle; je reste avec Bernard; le porteur d'eau ne songe plus à la noce. — Nous danserons entre nous, dit-il; nous n'en serons pas moins gais.... Brave Auvergnat! il n'hésite jamais quand il s'agit de rendre service. — Tu ne fais que ton devoir, dit-il, en se montrant reconnaissant envers ta bienfaitrice... Pourquoi des âmes si nobles sont-elles souvent reléguées sous les toits?

Manette tarde bien à rentrer; le temps s'écoule. Je pourrais maintenant me rendre chez ces dames; mais je ne veux pas sortir avant que Manette ne soit de retour. Elle revient enfin, rouge, respirant à peine, mais plus jolie encore par le bonheur, le contentement qui se peint dans ses traits. Je ne lui demande pas d'où elle vient; les regards qu'elle attache sur moi ne laisseraient jamais pénétrer dans mon cœur un soupçon jaloux. Je me lève, je l'embrasse; je vais m'éloigner en lui disant :

— A deux heures... je serai ici.

Elle me suit sur l'escalier, elle tire la porte sur nous; puis d'un air timide met plusieurs pièces d'or dans ma main en me disant :

— Tiens, mon ami, joins cela à ce que tu devais dépenser pour la noce... ta main sera plus forte.

— D'où te vient cet argent, Manette?...

— Mon ami... c'est... ah! tu me me gronderas pas, j'en suis sûre... mais tous ces cadeaux que tu m'avais faits ne m'étaient point nécessaires. Je n'ai besoin ni de grands châles, ni de robes de soie... Tu m'as dit que je te plairais mieux sans cela... Mon ami, j'ai tout reporté, excepté une seule robe bien simple que j'ai passé la nuit à me faire, et cette bague... où il y a de tes cheveux et ce mot si doux... *fidélité*... Ah! tu me pardonneras, n'est-ce pas, André, d'avoir disposé de tout cela sans ta permission!

Lui pardonner! je ne trouve pas d'expressions pour lui peindre ce que j'éprouve; je la serre contre mon cœur, je l'embrasse mille fois.

— Assez! assez! me dit l'aimable fille en rougissant, ou tu croiras, André, que c'est par intérêt que j'ai agi ainsi... Enfin je me suis arraché de ses bras, et je cours chez madame la comtesse.

Je fais le chemin en peu de temps; d'abord le souvenir de Manette m'occupe entièrement; mais arrivé devant la maison de ma bienfaitrice, je me sens craintif, embarrassé. Ah! il est plus difficile qu'on ne croit de faire le bien, surtout lorsqu'on veut ménager la délicatesse de ceux que l'on oblige; et puis je vais revoir Adolphine!... Adolphine, que je n'ai pas vue depuis qu'elle est mariée. Je ne suis plus amoureux d'elle; non, mon cœur est tout entier à Manette... et cependant je tremble, je suis inquiet, oppressé. Rappelons mon courage, songeons qu'Adolphine n'est plus pour moi qu'une amie, que la fille de ma bienfaitrice... Jamais rien dans ma conduite ne lui rappellera que j'ai osé l'adorer. De son côté, elle ne voit, elle n'a jamais vu en moi qu'un frère, que le compagnon de son enfance; elle ne m'a jamais aimé que d'amitié, j'en suis bien persuadé maintenant; éloignons donc toutes idées du passé; elles seraient offensantes pour tous deux.

La maison est de modeste apparence; c'est au quatrième, m'a dit Lucile. Au quatrième!... celles qui habitaient un hôtel, qui avaient dix domestiques à leurs ordres!... Ces changements se voient de tout temps, je le sais, mais ils n'en sont pas moins pénibles à supporter; et la philosophie, si facile en paroles, est souvent bien triste à mettre en pratique.

Je monte en tremblant; à chaque marche qui me rapproche du terme de ma course, je sens mon courage m'abandonner. Arrivé devant la porte, j'ai besoin de m'arrêter quelque temps. La pensée de leur malheur, du motif de ma visite, m'oppresse tellement que je respire à peine... Je voudrais voir Lucile la première... enfin j'ai frappé.

C'est Lucile qui m'ouvre; elle pousse un cri de joie. — Ah! que ces dames seront contentes de vous voir! dit-elle, je cours les avertir.

— Un instant, Lucile, promettez-moi d'abord que vous ne démentirez jamais ce que je dirai...

— Oui, André, oui, je vous le promets.

— Je désire que madame me croie riche... à mon aise du moins... Je le suis en effet; les tableaux que j'ai vendus m'ont procuré plus que je n'espérais, et ceux que je ferai...

— Qu'avez-vous besoin de me dire tout cela, André? je devine votre motif, je lis dans votre âme... Croyez que je vous seconderai de tout mon pouvoir.

Nous entrons; l'appartement est meublé avec simplicité, mais du moins rien n'y annonce encore la misère. — Ma jeune maîtresse n'est pas levée, me dit Lucile; depuis quelque temps elle est souffrante; madame est auprès d'elle; je vais l'avertir; attendez ici, André.

Je reste dans une petite pièce qui fait salon. Tout ce que je vois oppresse mon âme. Je me rappelle l'opulence de l'hôtel, et je fais de tristes comparaisons. Mais on vient... la porte s'ouvre... mon cœur bat vivement... C'est ma bienfaitrice! je l'ai aperçue... elle m'ouvre les bras. — André!... mon cher André!... me dit-elle d'une voix que l'émotion éteint. Je cours vers elle, je tombe à ses pieds, je lui fière de tes bienfaits, mains, je les baigne de larmes. — A mes pieds! s'écrie-t-elle, lorsque ta place est sur mon cœur!... Mais j'ai besoin de me prosterner quelque temps devant son infortune.

Le premier moment est passé; je suis assis près de madame la comtesse; elle me regarde avec attendrissement.

— Tu connais nos malheurs, me dit-elle, et moi je sais tout ce que tu as fait pour nous... Je sais avec quelle noblesse tu t'es conduit.

— Ah! madame, de grâce.

— André, laisse-moi épancher mon cœur... La reconnaissance n'est un poids que pour les âmes ingrates, et je suis fière de tes bienfaits. Mais, mon ami, l'envoi considérable que tu nous avais fait a dû te réduire au plus strict nécessaire.

— Non, madame, non; je suis riche encore. Grâce à vous, je possède des talents; mes essais en peinture ont réussi bien mieux que je ne l'espérais; mes pinceaux me fournissent des ressources faciles... Ah! madame! vous m'avez appelé quelquefois du doux nom de fils; permettez que je vous en rende digne; c'est à vous que je dois ce que je suis; laissez-moi désormais le soin de veiller sur votre sort; ne formez plus aucune inquiétude pour l'avenir; j'ai bien plus qu'il ne m'en faut pour moi. Je serai si heureux de vous prouver mon attachement, ma reconnaissance!...

— André, n'as-tu pas déjà assez fait pour nous?... Non, mon ami, je ne puis accepter davantage; l'âge n'a point encore affaibli mes forces, je travaillerai; mon Adolphine recouvrera la santé, et peut-être le destin se lassera de nous être contraire.

— Vous! travailler pour vivre!... non, je ne le souffrirai pas. Je vous le répète, je suis riche encore... Ah! madame, ne me refusez pas, ou je croirai que vous m'avez retiré votre amitié.

Je suis de nouveau aux genoux de ma bienfaitrice; je ne veux point la quitter qu'elle ne m'ait promis de céder à mes vœux. Ses larmes coulent, elle me donne la main. — André, me dit-elle, tu veux me prouver que tu étais digne d'être mon fils... eh bien! que j'aurais dû...

Je ne lui permets pas d'achever... Quelqu'un vient; c'est Adolphine... Grand Dieu! quel changement dans toute sa personne! Elle est toujours belle; mais la souffrance, le chagrin se peignent jusque dans son sourire. A ma vue, une vive rougeur couvre son visage et remplace un moment sa pâleur habituelle. Sa mère court au-devant d'elle.

— Déjà levée? lui dit-elle.

— Oui, j'ai voulu voir André... il y a si longtemps... que je n'avais eu ce plaisir!...

Je reste immobile devant elle; je ne puis décrire ce qui se passe en moi; je tremble; je ne puis parler, j'éprouve un mélange de plaisir et de peine; mais c'est ce dernier sentiment qui semble l'emporter.

Je balbutie : — Madame... Ce nom a de la peine à sortir de mes lèvres. — C'est ton amie, ta sœur, se hâte de dire madame la comtesse en appuyant sur ce mot. Adolphine, donne la main à André.

Je m'avance vers elle et prends sa main, qu'elle me tend en détournant les yeux. J'ai cru y voir des larmes, et cette main, que je baise avec respect, tremble et brûle dans la mienne.

Ce moment est pénible pour mon cœur; ma bienfaitrice, qui s'aperçoit de notre embarras, se hâte de me parler de ma mère, de Bernard, de mes anciens amis.

Je conte à madame la comtesse ce que j'ai fait pour ma mère, et cela paraît lui causer le plus grand plaisir. — Tu es aussi bon fils, me dit-elle, qu'ami sincère et dévoué.

Je ne dis pas à ces dames que je vais me marier; ma bienfaitrice consentirait plus difficilement à accepter mes secours.

Adolphine parle peu; sa tristesse me fait mal; elle me regarde quelquefois; mais dès que je porte mes yeux sur elle, les siens se baissent vers la terre, et je ne sais quel trouble semble l'agiter. Ma présence lui rappelle les beaux jours de son enfance; sans doute elle fait maintenant de tristes comparaisons, et voilà ce qui cause sa peine.

Mais mon cœur ne peut oublier Manette et le bonheur qui m'attend. L'heure est venue de me rendre chez Bernard. Je prends congé de madame la comtesse; je lui demande la permission de venir la voir quelquefois. André! me dit-elle, tu es notre unique ami; ta présence sera désormais notre seul plaisir. Si la calomnie ose verser sur nous ses poisons, nos âmes sont pures, et nous devons nous montrer au-dessus de ses atteintes.

Je baise la main de ma bienfaitrice; je demeure encore embarrassé devant Adolphine; elle lève sur moi ses yeux languissants, et me dit en s'efforçant de sourire : — Vous reviendrez nous voir, n'est-ce pas, André?

Je balbutie : — Oui, madame; et je m'éloigne, le cœur oppressé... il me semble que je ne respirerai librement que lorsque je ne serai plus devant elle. Enfin je les ai quittées; mais, avant de m'éloigner, j'ai remis à Lucile la somme que j'avais apportée. Lucile me serre la main, elle veut parler; je l'embrasse et je pars.

Je suis dans la rue, je me sens plus à mon aise... Cette première entrevue me coûtait. J'ai fait mon devoir; ne songeons plus qu'au plaisir, à l'amour, à Manette.

Je fais le chemin en courant. Je la trouve parée de la robe qu'elle a reçue de moi et qu'elle s'est faite pendant la nuit. Elle m'attendait avec impatience et inquiétude. Je lis dans ses yeux tout ce qu'elle a éprouvé pendant que j'étais chez madame la comtesse et près d'Adolphine; mais je cours à elle, je la presse contre mon cœur... le sourire est revenu sur ses lèvres... ses yeux semblent me demander pardon de ses alarmes.

Tout le monde est prêt, et toute la noce se compose maintenant de Bernard, de mon frère et de deux vieux amis du bon Auvergnat. Chacun a mis son bel habit; et Pierre, pour se consoler sans doute de ne point danser le soir, ne fait pas un pas dans la chambre sans sauter et se dandiner.

A défaut de remise, nous prendrons le modeste fiacre. Nous ne sommes en tout que six : un seul nous suffira. Pierre est allé le chercher... Je prends la main de Manette... Nous descendons les cinq étages; toutes les voisines se mettent sur leur carré ou à leur fenêtre pour la voir passer : c'est bien naturel; et moi, je ne suis pas fâché que l'on voie Manette: car on ne fera point de propos sur son compte, on ne chuchotera pas d'un air moqueur en regardant son bouquet virginal; et toutes les jeunes filles qui se marient ne peuvent point, comme Manette, supporter l'examen des commères de leur quartier.

Nous montons dans le fiacre; nous sommes un peu pressés, mais je suis assis près de Manette, et je ne m'en trouve que mieux. Nous faisons le chemin gaiement; car notre noce n'est point de celles où tout le monde se regarde pour savoir si l'on doit rire.

Je n'aime point cet air grave et silencieux que prennent parfois de nouveaux époux; il semble que ces gens-là devinent qu'ils vont se rendre mutuellement malheureux.

Nous avons enfin consacré notre union au pied des autels. Elle est à moi! elle est ma femme!... Que ce nom me semble doux à lui donner, et combien elle est heureuse de l'entendre! Chère Manette! que d'amour dans un seul de ses regards !

Nous revenons chez le père Bernard, où une officieuse voisine a bien voulu préparer le dîner. On se met à table, on rit, on boit, on chante. Nous soupirons quelquefois, Manette et moi; mais nous savons bien pourquoi, et cela n'est pas inquiétant.

Bernard et ses amis trinquent, pendant que Pierre chante et que Manette et moi nous nous regardons. On nous prie de danser une bourrée des montagnes; nous retrouvons notre gaieté, notre vivacité de l'enfance. Mais nous nous lassons beaucoup plus vite; et à dix heures nous souhaitons le bonsoir à la compagnie. Pierre reste chez Bernard, et j'emmène Manette chez moi... chez elle, chez nous... nous ne faisons plus qu'un.

CHAPITRE XXXIV. — Dernière épreuve. — Retour en Savoie.

L'amour, l'ordre, le travail promettent le bonheur à notre petit ménage. J'ai commencé un nouveau tableau; Manette fait des robes, Pierre a repris ses crochets, le père Bernard est le seul qui se repose, mais le brave homme l'a bien gagné. En Savoie, dans la jolie maison de ma mère, avec un peu d'attention un grand jardin que nous cultiverions nous-mêmes, je sais bien que nous serions à notre aise, riches même, avec ce que je gagnerais. Mais madame la comtesse, mais sa fille... puis-je les quitter, m'éloigner d'elles lorsque tout les abandonne? Non! ma place est marquée où elles sont, tant que M. Thérigny ne se conduira pas différemment.

Pendant les premiers jours de notre union, nous avons de fréquentes distractions Manette et moi; j'ai de la peine à rester une heure devant mon tableau, elle-même quitte souvent son ouvrage... Nous avons toujours quelque chose à nous dire. Cependant Manette me parle raison, lors même que l'amour respire dans ses yeux.

— Mon ami, me dit-elle quand je quitte trop souvent mes pinceaux, songe que tu as bien des devoirs à remplir. Je soupire, et je retourne à ma palette : heureusement on ne peint pas le soir, et alors je me dédommage des privations du jour.

Bonne, excellente Manette! elle est la première à me dire d'aller voir ma bienfaitrice, de m'informer si elle ne manque de rien. A chaque instant je découvre dans ma compagne de nouveaux attraits : sa conversation est pure, attachante; son goût délicat, son esprit aimable; jamais rien de commun dans son langage ni dans ses manières; ce n'est pourtant que la fille d'un porteur d'eau: qui lui a donc enseigné à mettre du charme dans tout ce qu'elle dit, dans tout ce qu'elle fait? Je ne sais : mais il y a des êtres que la nature favorise, et qui savent tout sans avoir rien appris.

Je retourne chez madame la comtesse; cette seconde visite me coûte moins que la première, et cependant mon cœur se trouble encore quand je suis en présence d'Adolphine. Ah! les premières impressions de l'amour sont lentes à s'effacer. On me gronde de ce que j'ai mis tant d'intervalle entre ma première visite. Ma bienfaitrice veut que j'aille la voir plus souvent; elles me reçoivent une moi, que moi seul, et je les distrais de leurs chagrins. Adolphine est toujours faible, souffrante; je ne me suis pas encore trouvé seul avec elle; je ne le désire plus maintenant! au contraire, il me semble qu'alors je serais bien embarrassé.

Madame me questionne sur mes tableaux; je réponds que tout me réussit, que mes succès m'étonnent moi-même... On est, je crois, bien excusable de mentir, lorsque c'est pour éviter des peines à ceux que l'on aime.

— Tu es bien digne de réussir! me dit ma bienfaitrice, et si l'on savait comment tu te conduis...

Je l'arrête; je ne veux plus que l'on me parle de reconnaissance, et alors je promets de venir souvent les voir. En m'éloignant, j'ai soin de m'informer à Lucile si l'on ne manque de rien. J'apprends que madame la comtesse travaille à broder pendant que sa fille repose, et qu'elle a bien défendu qu'on me le dise. Pauvre femme! que je n'envie pas fortune, les richesses !... Courons reprendre mes pinceaux.

Un sourire de Manette dissipe mes idées tristes. Je lui conte tout ce qui m'a affligé, et elle m'embrasse en me disant:

— Eh bien! mon ami, nous sommes jeunes; nous travaillerons davantage, pour que tu puisses faire plus pour ta bienfaitrice, et nous n'en serons pas moins heureux. Pour toute réponse, je la presse sur mon cœur.

Il y a trois mois que je suis marié. J'ai vendu mon tableau; mais la personne qui m'a acheté mes premiers ouvrages est à la campagne. J'avais fait celui-ci trop à la hâte : les regards de ma femme m'avaient trop souvent distrait, et je n'ai eu que peu de chose. J'en entreprends un auquel je veux donner tous mes soins; mais avant qu'il soit fini, je frémis en songeant que ces dames auront mille besoins, et que le dernier argent que j'ai remis à Lucile doit être près de sa fin. D'un autre côté, mon petit ménage, quoique fort modeste, exige ce pendant que je m'en occupe. Ces pensées me font souvent soupirer, et les deux sourires de Manette ne parviennent pas toujours à dissiper les nuages qui obscurcissent mon front.

Manette ne me demande jamais rien; elle prétend que son travail suffit pour notre ménage; elle me supplie de ne point m'inquiéter de l'avenir; mais je ne puis être tranquille quand je songe à madame la comtesse, à sa fille dont la santé est toujours chancelante.

Je viens de me rendre chez ces dames, que je n'ai pas vues depuis quelques jours. C'est Adolphine qui m'ouvre la porte; Lucile est en commission et madame la comtesse vient, par extraordinaire, de sortir un moment.

Je me trouve seul avec Adolphine : cela ne m'est pas arrivé depuis le jour où je lui déclarai mon amour, où le marquis me surprit à ses pieds; ce souvenir me cause un embarras, une émotion pénible; je ne sais si Adolphine se rappelle cette circonstance, mais elle parait aussi troublée que moi.

Je suis assis auprès d'elle. Je me suis informé de sa santé, de celle de sa mère, puis je ne sais plus rien lui dire. Je reste muet devant elle... Est-ce parce qu'une foule de pensées, de souvenirs, se présentent à mon esprit?... Elle garde aussi le silence... nous avons l'air de deux coupables qui n'osent se faire leurs confessions, ou de deux amants qui se boudent, et cependant nous ne sommes ni l'un ni l'autre.

J'ai les yeux baissés, mais j'entends ses soupirs; elle est oppressée, elle souffre... Il me semble que je gagne son mal, ma poitrine se serre aussi. Enfin c'est elle qui rompt le silence, et sa voix est tremblante.

— André!... il y a bien longtemps que nous ne nous sommes trouvés sans témoin. J'avais à vous dire... à vous demander...

Elle s'arrête ; elle a besoin de reprendre des forces, et j'attends en tremblant qu'elle continue :

— André ! reprend-elle au bout d'un moment, qu'avez-vous pensé de moi... en apprenant que j'étais l'épouse de M. de Thérigny ?...

— J'ai présumé, madame, que cette union convenait à votre famille... et que rien ne s'opposait à ce qu'elle eût lieu.

— Et avez-vous pensé... que je pouvais être heureuse ?...

— Oui, madame.

Elle ne dit plus rien. Lui aurais-je fait de la peine ?... Je lève les yeux sur elle... O ciel ! son visage est baigné de larmes... je cours vers elle... Dans ce moment, madame la comtesse revient.

— Qu'a-t-elle donc ? s'écria-t-elle effrayée de l'état de sa fille. — Ce n'est rien ! balbutie Adolphine en tâchant de sourire pour rassurer sa mère. Une faiblesse... un étourdissement...

— Pauvre enfant !

Je veux aller chercher le médecin ; Adolphine s'y oppose ; elle prétend qu'elle se sent mieux ; elle affecte plus de gaieté ; elle parle davantage ; elle parvient à tranquilliser sa mère ; mais moi, elle ne peut m'abuser.

Cette scène m'a vivement ému ; je reviens chez moi fort agité. Je veux reprendre mes pinceaux, je ne puis les tenir. Manette craint que je ne sois malade ; elle m'engage à prendre du repos, mais les souvenirs de ce jour troublent mon sommeil. Au milieu de la nuit je m'éveille... Manette n'est point auprès de moi !... Surpris, inquiet, je me lève en silence... J'aperçois une faible lumière dans mon atelier ; j'avance, Manette est là : elle travaille à la lueur d'une lampe ; elle passe une partie de ses nuits à veiller, tandis que je la crois livrée au sommeil.

Elle m'a entendu, et vient à moi en rougissant ; c'est encore elle qui me demande pardon de ce qu'elle travaille la nuit, qui cherche à me prouver que c'est pour elle un plaisir et non une fatigue. Tant d'amour, tant de vertus, ne peuvent plus me surprendre dans Manette, mais qu'il me serait doux de les récompenser !... Elle dit que mon amour lui suffit.

La conduite de ma femme ranime mon courage ; je travaille avec plus d'ardeur, et un matin je vois entrer dans mon atelier le riche amateur auquel j'ai vendu mes premiers tableaux. Il examine mon ouvrage : il en paraît fort satisfait ; ses éloges ont enflammé mon imagination ; mon tableau s'achève ; j'ai fait mieux encore que je ne l'espérais, et j'en reçois un prix qui me semble considérable. Je supplie Manette de ne plus prendre sur son repos pour travailler, elle me le promet.... Je veux lui donner quelques parures, quelques bijoux ; elle les refuse et m'envoie chez madame la comtesse, en me disant :

— Est-ce que tu ne me trouves plus bien comme je suis ?

Je ne me suis pas retrouvé seul avec Adolphine, et, depuis le jour où nous eûmes ensemble ce court tête-à-tête, elle est redevenue, en ma présence, silencieuse comme auparavant ; lorsque j'arrive, elle sourit et paraît contente de me voir ; mais ensuite elle retombe dans sa mélancolie.

Il y avait plus longtemps que de coutume que je ne m'étais rendu chez ma bienfaitrice, lorsque je vais leur apprendre le succès de mon dernier tableau.

— Nous nous alarmions de ne pas te voir, me dit madame la comtesse ; craignant que tu ne fusses indisposé, je viens d'envoyer Lucile chez toi.

Je remercie la bonne Caroline de l'intérêt si tendre qu'elle me porte ; mais je suis en secret fâché que Lucile se soit rendue chez moi ; elle ne sait pas que je suis marié, et je crains de sa part quelque indiscrétion. Je tâche de dissimuler mon inquiétude, et je vais prendre congé de ces dames, lorsque Lucile revient et entre vivement dans la pièce où nous sommes.

— Je viens de chez vous, monsieur André ! dit-elle en souriant d'un air significatif. Je la regarde, je lui fais des signes pour qu'elle se taise ; mais elle n'y fait pas attention, et continue de parler.

— Tu n'as trouvé personne ? lui dit madame la comtesse.

— Pardonnez-moi, madame ; j'ai trouvé quelqu'un... et une personne fort aimable, même !...

— Son frère, sans doute ?

— Non, madame ; oh ! ce n'était pas un monsieur !

Madame la comtesse ne juge pas convenable de pousser plus loin ses questions. Adolphine m'a regardé : sa figure, toujours si pâle, vient de se couvrir d'une vive rougeur !... Je fais de nouveaux signes, mais Lucile continue de bavarder.

— Ah ! madame, monsieur André ne nous dit pas tout ! Vous ne devineriez jamais... Eh bien ! madame, il est marié !...

— Marié ?...

— Oui, madame ! avec sa chère Manette, que je ne connaissais pas, mais qui est vraiment charmante.

— Est-il vrai, André ? me dit ma bienfaitrice. Je réponds à demi-voix :

— Oui, madame...

— Et pourquoi donc nous l'avoir caché ?...

Je cherche quelque motif à donner, lorsque mes regards se portent vers Adolphine. Grand Dieu ! sa tête est retombée en arrière ; une pâleur mortelle couvre son visage... elle est privée de sentiment. J'ai poussé un cri... Madame la comtesse se retourne et s'aperçoit de l'état de sa fille ; elle court à elle, la prend dans ses bras, l'appelle à grands cris, tandis que Lucile et moi nous employons tous les moyens pour la faire revenir... Mais c'est en vain ; ses yeux sont toujours fermés. Je cours, je vole chercher un médecin ; je le ramène avec moi, ma bienfaitrice se désespère devant sa fille mourante... Enfin les soins du docteur la rappellent à la vie ; elle rouvre les yeux ; elle les porte sur moi, puis sur sa mère ; elle veut encore la rassurer, et prononce d'une voix faible :

— Ce n'est rien... ne vous effrayez pas...

On la porte sur son lit. Elle dit avoir besoin de repos ; je m'éloigne avec le docteur ; je le questionne sur l'état d'Adolphine... Il ne me rassure pas ; il parle de causes morales, d'un grand fonds de chagrin contre lequel échouent les secours de l'art. Hélas ! ce chagrin, je crains d'en deviner la source !

J'apprends à ma femme l'état alarmant d'Adolphine ; Manette, toujours bonne, s'offre pour aller la veiller, pour lui servir de garde ; je n'y consens point ; je ne crois pas que la présence de Manette soulagerait le mal d'Adolphine.

Je retourne, le soir, chez madame la comtesse.

— Adolphine est calme, me dit Lucile ; sa mère est près de son lit, et ne veut pas la quitter un instant.

Je ne juge pas nécessaire de me présenter maintenant. Je retourne chez le médecin ; je le prie de voir chaque jour la jeune malade.

— J'irai, me dit-il en secouant la tête, mais il n'y a rien à faire.

Je suis retourné près de Manette ; elle montre presque autant d'inquiétude que moi sur l'état de la malade. La nuit est venue... L'image d'Adolphine ne me permet pas de trouver le repos... Mais bientôt j'entends frapper fortement à la porte de la rue. Un secret pressentiment me fait lever, je m'habille à la hâte... hélas !... je ne me suis pas trompé, c'est Lucile qui accourt tout en pleurs.

— Venez ! venez ! me dit-elle ; elle est mal ! bien mal ! un délire affreux... puis, dans les intervalles, elle demande à vous voir, à vous parler...

J'ai suivi Lucile... nous marchons à la hâte et sans prononcer un mot ; enfin nous sommes devant la maison...

— Et le médecin ? dis-je.

— Il est là... il donne aussi des secours à madame la comtesse, que l'état de sa fille réduit au désespoir.

Je pénètre dans l'appartement... elle ne me voit pas ; elle est dans un de ses accès de délire... sa mère la tient dans ses bras... Je m'avance, je lui parle... elle prononce mon nom, mais elle ne me reconnaît point. Elle nomme aussi Manette, son époux ; elle semble vouloir écarter une image importune, elle porte la main sur son cœur en s'écriant d'une voix déchirante :

— Il est là, toujours là... Je ne puis l'en arracher... Mais il ne m'aime plus... il ne peut plus m'aimer.

Un anéantissement complet succède à ce transport. Enfin, elle revient à elle et nous reconnaît. Ma vue semble lui faire du bien... elle sourit à sa mère et lui dit d'une voix éteinte :

— Maman, permettez-moi de parler un instant à André... ce sera la dernière fois... puis je ne vous quitterai plus.

Ma bienfaitrice m'embrasse, et le médecin l'entraîne dans une autre pièce.

Je suis seul devant le lit d'Adolphine : ses yeux sont gonflés de larmes ; j'ai peine à retenir mes sanglots. Elle me tend la main.

— André ! me dit-elle, je sens bien que je vais mourir... Ah ! ne me plains pas ! je ne pouvais plus être heureuse... Dis-moi que tu m'as bien aimée !... Appelle-moi encore une fois Adolphine ! comme aux beaux jours de notre enfance... et je mourrai plus satisfaite.

— Adolphine !... chère Adolphine ! vivez pour votre mère... pour nous tous qui vous chérissons....

— Non ! c'est assez maintenant !... je suis heureuse... André ! tu n'abandonneras pas ma mère !...

Je presse sa main dans les miennes... et elle est déjà inanimée... Adolphine vient de fermer les yeux pour jamais !...

J'entends la voix de madame la comtesse, elle revient... Ah ! épargnons-lui ce spectacle... Je cours au-devant d'elle... je l'entraîne... elle demande sa fille : mon silence lui en dit assez ; elle tombe dans mes bras... Aidé de Lucile, je la transporte dans la voiture du docteur, qui nous conduit chez moi. Je n'ai pas besoin de recommander la comtesse à Manette ; je connais son cœur.

Je retourne près de celle qui n'est plus. Je ne la quitte pas jusqu'à ce que les derniers devoirs lui soient rendus. Une tombe simple, modeste, reçoit cette femme à qui le destin avait accordé fortune, naissance, beauté, talents, et qui est morte à dix-huit ans sans regretter la vie.

Mes soins, ma tendresse, les touchantes attentions, les douces prévenances de Manette parviennent enfin à calmer le désespoir de madame la comtesse. Nous pleurons Adolphine avec elle; les larmes sont moins amères versées dans le sein de l'amitié.

pressons chacun une de ses mains; nous la nommons notre mère, et la supplions de ne jamais nous quitter.

La vieille paysanne chez laquelle Manette retrouve son cher André.

FIN DE ROSSIGNOL.
Il se précipite dans la rivière en chantant :
Moi, je pense comme Grégoire
J'aime mieux boire...

Mais rien ne me retient maintenant à Paris. Le séjour de la Savoie pourra au contraire, en offrant à ma bienfaitrice une autre existence,

—Oui, vous êtes mes enfants! nous dit madame la comtesse en nous attirant sur son cœur. Cher André! qui m'as si bien récompensée de ce

L'inconnu considère longtemps mes tableaux. A quelques mots qui lui échappent, je vois qu'il est connaisseur en peinture

Les appas un peu prononcés de Lucile lui ont paru d'un fort bon effet pour un comptoir.

rendre moins présents les souvenirs de ses malheurs. Elle vient d'apprendre qu'après avoir joué et perdu ce qu'il lui avait enlevé, M. Thérigny a été tué en duel. Je me jette à ses genoux avec Manette; nous

que j'avais fais pour toi! et vous, bonne Manette, que je ne connais que depuis quelques jours, et qui les avez marqués par les soins les plus touchants envers moi!... ah! je ne vous quitterai plus... vous êtes désormais tout pour moi.

— Et vous consentez à venir habiter en Savoie avec nous?

— J'irai partout où vous serez.

Enfin je vais retourner dans mon pays, près de ma mère!... Tous nos préparatifs sont bientôt faits. Mon frère et le père Bernard sont tout prêts. Je propose à Lucile de nous accompagner; mais Lucile a fait depuis quelque temps la connaissance d'un jeune garçon épicier; il n'a que dix-huit ans, mais il veut s'établir, se marier, et les appas un peu prononcés de l'ancienne femme de chambre lui ont paru d'un fort bon effet pour un comptoir.

— Il est encore bien enfant, dit Lucile, mais je le formerai. Je me rappelle qu'elle a toujours aimé à faire des éducations.

Le jour du départ est arrivé : j'ai loué une berline pour nous cinq, ne voulant pas que madame la comtesse allât en voiture publique. Pendant tout le voyage, elle est l'objet continuel de nos soins, de nos attentions. Touchée de notre amitié, elle nous tend souvent la main en nous disant les larmes aux yeux : — Vous voulez donc que je tienne encore à la vie?

Enfin nous les revoyons, ces montagnes chéries de la Savoie! Nous saluons, en passant, la barrière à la balançoire, comme si nous retrouvions un ancien ami. Madame est presque aussi joyeuse que Pierre et moi ; elle s'écrie en me regardant : — C'est ton pays! c'est ici que tu es né!

J'avais parlé de la jolie habitation de ma mère; mais on était loin de la croire ce qu'elle est.

— C'est comme un château! s'écrient Bernard et Manette.

— C'est une retraite charmante, me dit madame la comtesse.

— Entouré de tout ce que j'aime, leur dis-je, ce sera pour moi l'univers, et mes désirs ne s'étendront jamais au delà des montagnes qui bornent son horizon.

Je ne puis peindre la joie de ma bonne mère en nous voyant arriver.

— Et c'est pour toujours, lui dis-je, désormais nous ne nous quitterons plus.

— Pour toujours! répète ma mère; quoi! mes enfants, vous n'irez plus à Paris?...

— Non, nous resterons près de vous.

— Mais toi, Pierre, qui regrettais tant les omelettes soufflées de la grande ville...

— J'en ai assez mangé, répond Pierre en portant sa main sur son œil gauche.

J'ai présenté ma mère à madame la comtesse; toutes deux s'aiment bientôt : les vertus égalisent les rangs et comblent les distances.

Nous sommes installés dans la jolie maison. Madame la comtesse a la plus belle chambre ; elle ne le voulait pas, mais pour cette fois seulement j'ai agi contre sa volonté. Le bonheur est venu habiter avec nous cet asile. Pierre cultive et fait valoir notre terrain; le père Bernard l'aide quelquefois, puis va se reposer près de ma mère. J'envoie à Paris mes tableaux, et je deviens assez riche pour faire quelque bien dans les environs. Enfin Manette m'a donné deux petits garçons que j'adore; et lorsque l'hiver chasse les habitants de nos montagnes autour de leurs foyers, je retrouve encore les premiers beaux jours de ma vie en faisant des boules de neige avec mes enfants

Nous sommes revenus chez ma mère en Savoie avec la comtesse; Manette m'a donné deux petits garçons que j'adore.

FIN D'ANDRÉ LE SAVOYARD.

UNE JOURNÉE DE BONHEUR,

PAR

PAUL DE KOCK.

M. GRANGINET, *homme entre deux âges, célibataire jouissant d'une assez jolie fortune, portant un faux toupet et des semelles de liége pour se grandir, est sorti de chez lui habillé avec une certaine prétention, bien brossé, bien ciré, ayant des gants jaunes et un lorgnon. Au détour d'une rue de Paris, il fait un faux pas sur un trottoir.*

M. GRANGINET. — Diable de trottoir, va !... j'ai encore manqué de tomber... Depuis qu'ils ont fait des trottoirs, je ne sais pas comment je ne me suis pas tué !... Ils sont trop peu élevés au-dessus du sol... on ne voit pas ce que c'est... et souvent même les roues des voitures montent dessus... Et puis ils sont beaucoup trop étroits... à chaque instant on est arrêté... ou on se cogne le nez contre un visage... Là !... qu'est-ce que je disais !...

UN PASSANT. — Prenez donc garde à ce que vous faites !...

M. GRANGINET *se tenant le nez.* — Prenez garde !... Il est charmant, ce monsieur... il m'abime le visage, et c'est lui qui se plaint !,..

UN COMMISSIONNAIRE *portant une glace.* — Gare !

M. GRANGINET *effrayé et croyant qu'un cheval est derrière lui.* — Ah ! mon Dieu !...

(*Il descend du trottoir, un cabriolet vient sur lui.*)

LE COCHER. — Gare donc !..

M. GRANGINET. — Allons ! en voilà un autre, à présent. (*Il veut traverser, un omnibus lui barre le passage.*) C'est ridicule... il y a trop de voitures dans Paris... on ne peut plus marcher à pied... Ça m'est égal, je remonte sur le trottoir et je ne le céderai plus ; avec cela que le ruisseau s'est grossi par l'orage de ce matin... je n'ai pas envie d'être éclaboussé... (*Il s'arrête devant un marchand de comestibles.*) Hum !... ça sent bon... Voilà de belles pièces... et les crevettes sont fraîches ; il faudra que je m'en régale un de ces jours... Ah ! qu'est-ce que c'est que ce poisson-là ?... (*Il prend son lorgnon pour regarder le poisson ; un garçon marchand de vins, portant sur sa tête un panier plein de bouteilles, passe contre lui et le cogne.*) Prenez donc garde à ce que vous faites, imbécile !...

LE GARÇON. — Imbécile vous-même !... Il est en admiration devant des pâtés, et il lui faut une lunette pour les regarder encore !...

M. GRANGINET *s'éloignant.* — Hum !... rustre... C'est égal, je ne quitte plus le haut du pavé... que les autres se rangent...

(*Une dame vient devant M. Granginet : il ne cède pas le côté des maisons ; la dame est éclaboussée.*)

LA DAME *en s'éloignant.* — Les hommes sont bien grossiers maintenant.

M. GRANGINET *allant toujours.* — Tant pis ! je ne veux pas me faire crotter, moi... Je n'ai pas fait des visites aujourd'hui, et j'ai soigné ma toilette ; c'est bien assez que mon chapeau ait reçu un coup... Et puis, faites donc le galant dans les rues de Paris !... on ne pourrait pas faire quatre pas sans s'arrêter... Ce serait amusant quand on serait pressé !... Certainement, je suis très-galant dans un salon... mais ici, *non est hic locus.* Je suis fâché de ne pas lui avoir crié cela, à cette dame... (*Il s'arrête devant un marchand de musique.*) Voyons donc s'il y a quelque chose de nouveau... Je n'ose le nommer, de Bérat... Ça doit être joli... Il fait très-bien... Bérat... Il faudra que j'achète cela... si c'est dans ma voix... J'ai eu bien du succès avec ses *Petits bergers.* (*Il fredonne.*)

Pauvres petits bergers, le son de nos musettes...

(*Un maçon passe contre lui, et frotte son bras droit, qu'il blanchit.*)

A l'autre à présent !... C'est amusant... Il n'y a donc pas moyen d'être propre une heure dans Paris !... Heureusement j'ai ma petite brosse sur moi !...

(*M. Granginet entre sous une porte ; il tire de sa poche une petite brosse de quatre pouces de long ; il vergette avec soin le côté de son habit que le maçon a blanchi, et en même temps il donne un coup de brosse à son chapeau ; ensuite il remet le petit meuble dans sa poche, et se promène de nouveau sur le trottoir ; il se jette dans trois jeunes gens qui se tiennent sous le bras en fumant des cigares, et occupent toute la largeur du trottoir ; M. Granginet donne des têtes dans les trois jeunes gens en cherchant à passer, mais ceux-ci ne se lâchent pas le bras, et se contentent de lui envoyer de grosses bouffées de tabac ; M. Granginet est obligé de descendre du trottoir, et il a le désagrément d'entendre rire ces trois messieurs.*)

M. GRANGINET. — Pouah !... ils m'ont infecté de tabac !... Sans leur fumée certainement je n'aurais pas cédé le trottoir... mais je ne veux pas que l'on croie que je suis allé dans un estaminet... ce n'est pas mon genre, à moi... (*Apercevant une dame d'une quarantaine d'années qui vient devant lui.*) Eh ! c'est madame de Lamignon !... Madame, j'ai bien l'honneur de vous présenter mes hommages...

LA DAME. — Bonjour, monsieur Granginet... Et comment gouvernez-vous votre santé ?

M. GRANGINET. — Vous êtes bien bonne, je vous remercie... tout doucement... Vous voilà en promenade ?...

LA DAME. — Oui, mon médecin m'a dit que je ne sortais pas assez... J'ai des maux de tête... des insomnies... et des crampes d'estomac...

M. GRANGINET. — On ne s'en douterait pas... vous êtes toujours fraîche et rose... toujours jolie !... vous ne changerez pas !...

LA DAME. — Ah !... c'est trop aimable... en vérité... Mais je ne veux pas vous arrêter plus longtemps... Bonjour, monsieur Granginet... Au plaisir de vous revoir... Bien charmée d'avoir eu le plaisir de vous rencontrer.

M. GRANGINET. — Madame... c'est moi qui certainement... J'ai bien l'honneur... De tout mon cœur, madame... (*En s'éloignant.*) Dieu ! comme elle est changée !... Elle devient affreuse... les yeux rentrés... tirés... plissés... bouffis... et toujours d'une coquetterie !... elle se croit encore vingt ans. Mais rendons-nous chez madame Darbelle... elle m'a supplié cent fois d'aller lui demander à dîner... aujourd'hui j'accepterai... On traite fort bien chez elle, et puis elle aime la musique... le chant... nous chanterons après le dîner... (*Il double le pas en fredonnant.*)

Pauvres petits bergers, le son de nos musettes
Ne fait plus...

UN MONSIEUR *qui porte des lunettes bleues arrêtant M. Granginet.* — Bonjour, cher ami... Où cours-tu donc comme cela ?...

M. GRANGINET. — Ah ! comment ça va-t-il, Bodinot ? Pas mal, et toi ?.. Je te remercie... tout doucement...

M. BODINOT. — Tu es toujours petit maître... toujours paré... On voit bien que tu es rentier... que tu n'as rien à faire...

M. GRANGINET. — C'est une façon de parler... D'abord j'ai une dent à me faire arracher... elle me fait mal, et ça me gêne beaucoup pour chanter...

M. BODINOT. — Dis donc, ma femme est accouchée... J'ai une fille... sais-tu cela ?...

M. GRANGINET. — Parbleu ! si je sais cela !... Tu me l'as déjà dit trois fois... Ta fille doit avoir déjà ?...

M. BODINOT. — Elle aura sept mois dans vingt-deux jours... Un enfant superbe... qui vient comme un champignon... mais aussi c'est ma femme qui la nourrit... Elle a la coqueluche dans ce moment-ci...

M. GRANGINET. — Ta femme ?

M. BODINOT. — Non, ma petite, ma Cléopâtre.... Nous l'appelons Cléopâtre. C'est un joli nom, n'est-ce pas ?

M. GRANGINET. — Dame... c'est un nom... sévère !

M. BODINOT. — Et puis, je l'ai fait à dessein, parce que mon fils s'appelle Antoine ; alors quand je parle de mes enfants, je dis : Avez-vous vu *Antoine et Cléopâtre ?*

M. GRANGINET. — Ta femme fait-elle toujours de la musique ?

M. BODINOT. — Elle n'a guère le temps.... quand on nourrit ! tu conçois... et puis elle est à son poupard !... Cléopâtre me paraît intéressante. J'en veux faire une excellente musicienne ; je crois qu'elle aura de la voix...

M. GRANGINET. — Ah ! tu as déjà remarqué cela ?...

M. BODINOT. — Tu ne te maries pas, toi, Granginet... tu restes garçon... Ah ! mon ami, tu ne sais pas ce que c'est que le bonheur domestique !...

M. GRANGINET. — Je te trouve maigri, cependant, et plus pâle que d'ordinaire.

M. BODINOT. — C'est que je n'ai guère dormi depuis dix jours... ma petite crie presque toute la nuit !... alors il faut bien que je me lève quelquefois : ma pauvre femme n'y tiendrait pas... et notre bonne est si gauche !... mais c'est un moment à passer...

M. GRANGINET. — Je me rendais chez madame Darbelle, qui donne de si jolies soirées... où j'ai chanté avec ta femme un nocturne de...

M. BODINOT. — Et mon fils... il y a longtemps que tu ne l'as vu... oh ! tu ne le reconnaitras pas !... c'est un gaillard ! Il est joli comme un

Amour et déjà rempli de dispositions... il sait par cœur des fables de La Fontaine ; oh ! je soigne son éducation !...

M. GRANGINET. — Je t'en fais mon compliment... Mais il faut que je te quitte ; j'ai promis d'aller essayer un piano chez...

M. BODINOT. — Tu ne me quitteras pas ainsi... il faut que tu me donnes ta parole de venir dîner avec moi... sans façon... Tiens, aujourd'hui... viens dîner aujourd'hui...

M. GRANGINET. — Je ne peux pas... je dois dîner chez...

M. BODINOT. — Bah !... bah !... tu n'iras pas et tu viendras chez moi... On peut bien donner la préférence à un ami... Nous avons un petit chapon qui m'a été envoyé du Mans...

M. GRANGINET. — Oh! ce n'est pas pour cela que j'irais chez toi...

M. BODINOT. — C'est égal ! ça ne gâte rien... tu aimes le chapon... et puis ma femme nous fera faire quelque friandise... Ma bonne commence à se former à la cuisine... Allons, c'est convenu, tu viendras... Tu verras Antoine et Cléopâtre...

M. GRANGINET. — Mon ami, je ne peux pas te promettre... si je puis, certainement...

M. BODINOT. — Si, si, tu viendras... Nous nous mettons à table à cinq heures précises ; tu sais que chez moi on est l'exactitude même... Nous t'attendrons.

M. GRANGINET. — Encore une fois, je ne veux pas que vous m'attendiez... si je puis, je...

M. BODINOT. — Adieu, à tantôt... à cinq heures... c'est convenu.

M. GRANGINET, à son ami qui s'éloigne. — Mais je te dis... Il ne m'écoute plus... C'est cruel d'être désiré partout... tout le monde veut m'avoir... Enfin, j'irai si je puis... Le chapon du Mans me séduit un peu... mais Bodinot devient bien ennuyeux avec ses enfants... Il ne parle plus que de cela... C'est singulier, parce qu'on est père de famille, on se croit apparemment le droit d'ennuyer toutes ses connaissances en leur rabâchant sans cesse : Mon fils a fait ceci... ma fille a dit cela !.. Certainement, si j'ai jamais des enfants, je ne veux pas être comme ça. Ah ! voilà la demeure de madame Darbelle...

(Il entre dans une maison et s'adresse au concierge.)

LE CONCIERGE. — Chez madame Darbelle... Très-bien... au troisième... la porte à droite.

M. GRANGINET. — Je connais la porte ; je vous demande s'il y a du monde.

LE CONCIERGE. — Du monde? Oh ! certainement... il y a du monde... La porte à droite.

M. GRANGINET montant l'escalier. — Eh ! je sais bien que c'est à droite... Je le crois un peu timbré, ce concierge... l'habitude de vivre avec une pie peut avoir affecté son moral... M'y voici. (Il sonne, une jeune fille vient ouvrir.) Bonjour, petite Joséphine... Madame Darbelle est chez elle... n'est-ce pas ?

LA DOMESTIQUE d'un air pressé et empêchant M. Granginet d'entrer. — Non, monsieur, non, madame est sortie... elle est allée dîner en ville, elle ne rentrera que ce soir... Salut, monsieur.

M. GRANGINET repoussant la porte qu'on veut fermer sur lui. — Comment ! sortie... elle est dîne en ville !... Ah ! que c'est contrariant ! moi qui venais justement lui demander à dîner !

LA DOMESTIQUE. — Ah ! madame sera bien fâchée... car elle ne savait pas d'abord si elle voulait sortir... puis elle a dit : Il ne me viendra personne aujourd'hui, allons dîner en ville... Et il n'y a pas dix minutes qu'elle est partie... Salut, monsieur.

M. GRANGINET repoussant la porte. — Sans ce Bodinot, je l'aurais rencontrée... c'est lui qui m'a retenu une heure dans la rue pour me parler de ses bambins... de son Antoine... et votre portier aurait bien pu me dire aussi que madame Darbelle n'y était pas. Ah ! m'y voilà. Elle m'aurait évité la peine de monter... Enfin... vous ferez mes compliments à madame.

LA DOMESTIQUE. — Je n'y manquerai pas, monsieur. Mon Dieu ! cinq minutes plus tôt, et vous l'auriez trouvée... (Cette fois, la domestique referme enfin la porte.)

M. GRANGINET en sortant de la maison. — Hum !... je ne sais, mais cette petite bonne avait bien peur que j'entrasse... il m'a semblé voir sur une chaise le schako d'un tourlourou... Hum ! mademoiselle Joséphine n'était pas seule... Je ferai part à sa maîtresse de mes observations et de la manière dont elle m'a reçu en me poussant toujours dehors. Avec tout cela, je sens que je dînerai bien aujourd'hui... l'appétit s'annonce déjà... Ma foi ! je ne suis pas loin de chez cette bonne madame Trinquart... j'ai envie d'aller dîner avec elle... La bonne dame, elle a près de soixante-dix ans, commence à radoter un peu... Elle n'a d'ailleurs jamais eu grand génie ; mais elle traite fort bien... Elle a souvent du monde... il n'est que quatre heures. Je puis encore me présenter... (Il double le pas en fredonnant) Tra la la... tra la la... le son de la musette...

UNE PETITE FILLE. — Monsieur, achetez-moi des cure-dents...

M. GRANGINET. — Je n'en veux pas... je ne m'en sers jamais. Ça gâte les dents !...

LA PETITE FILLE. — Monsieur, un paquet de cure-dents... pour un sou... étrennez-moi, monsieur, ça me portera bonheur...

M. GRANGINET. — Je te dis que je n'en veux pas... et je te défends de m'en mettre dans la main...

LA PETITE FILLE. — Pour un sou, monsieur... ne me refusez pas, mon bon monsieur ; nous sommes sept enfants à la maison... et nous...

(Pour échapper à la petite fille, M. Granginet double le pas, traverse la rue, veut sauter un ruisseau, et s'éclabousse jusqu'aux yeux.)

M. GRANGINET. — Il semble que tous ces petits colporteurs s'acharnent après moi... Maladroit !... comme je suis crotté !... Il faut que j'attende que ce soit sec pour brosser cela... Je ne suis pas heureux aujourd'hui... Enfin, on voit bien que c'est un accident... Me voici arrivé. (Il entre dans une maison et s'adresse à la portière.) Madame Trinquart est-elle chez elle ?

LA PORTIÈRE. — Oui, monsieur, elle y est.

M. GRANGINET. — Ah ! fort bien... (Il monte l'escalier.) Cette fois, je me suis expliqué... (Il sonne. Une vieille bonne vient lui ouvrir.) Madame Trinquart est-elle visible ?

LA VIEILLE BONNE. — Oui, monsieur, madame est dans son salon ; donnez-vous la peine d'entrer.

M. GRANGINET. — Ah ! du moins... je n'ai pas fait une course inutile... (Il entre dans un salon. Une vieille dame est couchée sur un canapé.) Bonjour, madame Trinquart, et cette santé ?... pas mal et vous. Je vous remercie, tout doucement...

MADAME TRINQUART d'une voix tremblante. — Bonjour, mon cher monsieur Granginet. Ah ! ça me fait bien plaisir de vous voir... Asseyez-vous donc.

M. GRANGINET s'asseyant. — Ne faites pas attention, je vous en prie. Il y a bien longtemps que je me proposais de venir vous voir... Mais j'ai tant d'engagements... Enfin, aujourd'hui, je me suis dit : Oh ! il faut que j'aille chez madame Trinquart... et me voici.

MADAME TRINQUART. — Vous devez me trouver bien changée...

M. GRANGINET. — Changée... mais non... un peu pâle peut-être ; est-ce que vous avez été malade ?

MADAME TRINQUART. — Très-malade, mon cher ami, une fièvre bilieuse ; mais, grâce au ciel, c'est fini. Aujourd'hui j'ai pris ma seconde médecine...

M. GRANGINET. — Vous avez pris médecine... ce matin ?...

MADAME TRINQUART. — Il n'y a pas encore très-longtemps... J'ai dormi très-tard, ma bonne n'osait pas m'éveiller... Félicité... apportez-moi donc du bouillon aux herbes.

FÉLICITÉ en dehors. — Oui, madame.

M. GRANGINET se pinçant les lèvres. — Ah ! vous êtes... vous avez été indisposée... C'est fort contrariant.

MADAME TRINQUART. — Venez-vous dîner avec moi ?...

M. GRANGINET. — Mais... non... je ne puis pas avoir ce plaisir-là aujourd'hui...

MADAME TRINQUART. — Ah ! pourquoi donc ?... Je suis toute seule, vous me tiendriez compagnie... et puis... (Elle se lève.) Pardon, monsieur Granginet, il faut que je vous quitte un moment... Vous permettez... Entre amis on ne se gêne pas... Vous devinez que...

M. GRANGINET. — Allez donc, madame Trinquart, je serais désolé que ma présence... Certainement... (Quand il est seul.) Ah ! non, assurément, je ne dînerai pas ici... Comme ce serait amusant !... et puis, c'est peut-être un préjugé chez moi ; mais je ne puis pas souffrir dîner chez quelqu'un qui a pris médecine. C'est une idée comme une autre... Je suis désolé d'être venu ici... Quatre heures et demie passées... et je suis fort loin de chez Bodinot, où l'on dîne à cinq heures précises... Ah ! je prendrai l'omnibus... il me mettra à deux pas de chez lui... Est-ce qu'elle ne va pas revenir, cette chère dame ? Je voudrais déjà être parti. J'ai bien considérablement de mauvais sang aujourd'hui... (Il se promène dans le salon.) Je ne puis pourtant pas m'en aller avant qu'elle soit revenue, ce serait impoli... Pauvres petits bergers, le son... le son... le son... Je me mange d'impatience... l'heure s'avance... je manquerai le dîner chez Bodinot... Qu'est-ce qu'elle fait donc, cette maudite vieille ?... Il n'est pas possible, elle prend une troisième médecine...

FÉLICITÉ arrivant avec une tasse. — Madame, voilà du bouillon aux herbes... Eh bien ! où donc est-elle, madame ?....

M. GRANGINET courant prendre son chapeau. — Ah ! Félicité, je sens que ma présence aujourd'hui n'est tout à fait inopportune... Vous direz à madame Trinquart que je suis désolé d'avoir si mal pris mon temps... J'aurai l'honneur de la revoir incessamment... présentez-lui mes hommages...

FÉLICITÉ. — Mais, monsieur, vous pouvez bien attendre que...

M. GRANGINET se sauvant. — Bien des compliments... je reviendrai la voir... Ah ! me voilà dehors enfin... (Il descend rapidement l'escalier, sort, aperçoit un omnibus et saute dedans.) Parbleu, ce n'est pas malheureux... Conducteur, où donc y a-t-il de la place ?... je n'en vois pas...

LE CONDUCTEUR. — Appuyez à gauche....

M. GRANGINET s'asseyant entre une grosse dame et un petit monsieur. — Pardon... en se serrant un peu... ça va se faire. Je ne comprends pas pourquoi on ne fait pas des stalles dans les omnibus ; comme cela, les places libres se verraient toujours... Tenez, conducteur, (il lui passe six sous) pour un !

LE CONDUCTEUR. — Je vois bien que ce n'est pas pour deux !

M. GRANGINET retirant ses pieds, sur lesquels une dame appuie son parapluie. — Cette dame me prend apparemment pour un trottoir... Il va bien lentement, cet omnibus !...

UN MONSIEUR au fond. — Conducteur, arrêtez-moi...

(La voiture s'arrête.)

M. GRANGINET. — Ah! bon... voilà quelqu'un qui descend... nous serons moins serrés... Il n'est pas possible... il y a un melon de caché dans l'omnibus, car ça le sent d'une force !... (Le monsieur descend, on se remet en route.) Il n'est pas gêné, ce monsieur; il s'appuie sur tous les genoux qu'il rencontre dans son chemin... Dieu ! que ça va lentement !... Je serai en retard chez Bodinot !... C'est bien ridicule de monter en omnibus avec des melons sur soi ! (La voiture s'arrête.) Qu'est-ce qu'il y a donc encore?

LE CONDUCTEUR. — Serrez un peu à gauche... Il faut deux places...

M. GRANGINET. — Ah! mon Dieu !... mais où donc les mettra-t-il? (Une dame et une paysanne qui porte un grand panier montent dans la voiture; on se serre tant que l'on peut ; la paysanne se laisse aller presque sur les genoux de M. Granginet.) Prenez donc garde, mademoiselle... vous m'enfoncez votre panier dans l'estomac !... Il ne devrait pas être permis de monter avec des paniers... Ouf ! mettez-le à terre, je vous en prie....

LA PAYSANNE. — Gnia des œufs dedans... i' n'auraient qu'à se casser !... J'aime mieux le tenir devant moi.

M. GRANGINET. — Il n'est pas devant vous... il est sur moi... Mettez-le ailleurs, ou je vous donne un coup de poing dedans !...

LA PAYSANNE. — Min Dieu !... parce qu'on est de la campagne, ça ne veut pas vous faire un brin de place !... ces farauds de Paris...

M. GRANGINET en lui-même. — Je crois qu'elle m'appelle faraud parce que je ne veux pas me laisser meurtrir avec son panier... Les gens de la campagne ne valent pas mieux que les habitants de la ville !... Mais où diable sommes-nous donc ?... je ne reconnais pas le boulevard... Conducteur, approchons-nous de la Porte-Saint-Denis?...

LE CONDUCTEUR. — Comment ! la Porte-Saint-Denis... Nous allons à Vaugirard...

M. GRANGINET. — A Vaugirard !... Ah ! mon Dieu !... Malheureux que je suis... Je me suis trompé de voiture... Avec leurs correspondances on ne s'y reconnaît plus... Arrêtez-moi, conducteur, arrêtez-moi sur-le-champ... (Il descend.) Ah ! mon Dieu ! je suis rue du Bac... et Bodinot demeure près de la Porte-Saint-Denis... c'est désolant... (Il regarde sa montre.) Cinq heures moins cinq minutes... que faire ?... J'aperçois un cabriolet sur la place là-bas... Je n'ai que cette ressource... En allant vite je serai arrivé avant le quart d'heure de grâce. (Il court au cabriolet.) Allons, cocher... et vivement, je suis pressé!...

LE COCHER. — Voilà, mon maître... (Granginet monte.) Où allons-nous?...

M. GRANGINET. — Rue de l'Echiquier, tout près de la Porte-Saint-Denis... et bon train, je vous donnerai pour boire.

LE COCHER bégayant. — Oh !... soyez... soy... hop ! et allons donc, la danseuse !...

(Le cocher fouette son cheval avec un bâton au bout duquel il ne reste que trois pouces de fouet. Le cheval regimbe et va moins vite qu'un âne de laitière.)

M. GRANGINET regardant son cocher. — C'est fait pour moi !... une rosse, un cocher gris et un fouet cassé !... Qu'est-ce que j'ai donc fait aujourd'hui... pour que la fatalité me poursuive?... Allons donc, cocher, nous n'avançons pas... Pourquoi diable aussi avez-vous un fouet cassé ?...

LE COCHER. — C'est... c'est exprès... ça tape mieux la danseuse ! Hue donc !...

M. GRANGINET. — La danseuse ne veut pas même trotter, à ce qu'il paraît... Prenez garde, cocher... vous allez nous accrocher.

LE COCHER. — Pas de danger... c'est exprès...

M. GRANGINET. — Comment! c'est exprès que vous frôlez toutes les voitures... (En lui-même.) Ah ! mon Dieu ! le malheureux est gris à ne pas se tenir... et moi qui ne me suis pas aperçu de cela en montant !... je serai bien heureux si j'arrive sans accident chez Bodinot... enfin, on prétend qu'il est un Dieu pour les ivrognes... (Ici le cabriolet heurte avec violence contre une grosse roue de charrette.) (Fort en colère.) Cocher ! qu'est-ce que cela veut dire ? Est-ce que vous avez envie de nous tuer?... Morbleu !... faites donc attention... il y a de ma vie ici... Si vous n'êtes pas en état de conduire, ne conduisez pas...

LE COCHER. — Laissez donc... c'est exprès !...

M. GRANGINET. — Ah ! c'est exprès que vous accrochez les grosses voitures... Alors je veux descendre, moi...

LE COCHER. — Mais non... vous ne m'entendez pas... c'est l'autre par méchanceté... qui j'a fait exprès de nous cogner...

M. GRANGINET. — Si vous vous étiez rangé à temps !...... Eh bien !... voilà votre cheval qui s'arrête, à présent !... Tapez-le donc, cocher... tapez-le donc...

LE COCHER. — Ah ! c'est qu'il reconnaît l'endroit... le marchand de vin où je m'arrête quelquefois... Va donc, la danseuse !...

M. GRANGINET, regardant sa montre. — Cinq heures et quart !... J'aurais été bien plus vite à pied, certainement. Cocher, prenez donc garde! malheureux ! vous avez failli écraser cet homme.

LE COCHER. — Ah !... ouiche !... c'est exprès... Ils se mettent comme ça devant le cheval... c'est des farceurs... Va donc, la danseuse !... (Il la pique avec le bois de son fouet.) Ah ! tu iras, va...

(Le cabriolet reçoit un coup violent d'un fiacre qui venait à sa gauche.)

M. GRANGINET. — J'en ai assez.... Arrêtez-moi, cocher, je descends.

LE COCHER. — Vous vous trompez... ce n'est pas encore ici la rue de l'Echiquier, c'est la rue Saint-Denis.

M. GRANGINET. — Je vous dis que je veux descendre... Je suis bien le maître, j'espère... J'ai affaire ici...

LE COCHER. — Comme vous voudrez... (Il arrête son cheval. M. Granginet lui donne vingt sous et descend.) Il n'y a rien pour boire, mon maître?

V. GRANGINET, marchant très-vite. — Pour boire, le malheureux !.... il ose encore demander pour boire, dans l'état où il est !... S'il ne nous a pas versés, ce n'est pas sa faute... Dépêchons-nous... j'aperçois enfin la Porte-Saint-Denis.... Hum!... quel vilain quartier pour la crotte et les embarras de voiture !...

(M. Granginet arrive tout en nage et un peu crotté, rue de l'Échiquier, chez son ami Bodinot. Il monte et sonne).

M. BODINOT, ouvrant. — Eh !... c'est Granginet !... Ah ! bravo !.... C'est bien aimable d'être venu... Oh ! je comptais sur toi... je t'avais annoncé à ma femme !...

M. GRANGINET. — Mon ami, je te demande pardon si je suis en retard... mais une foule de circonstances... C'était comme un sort... et tout à l'heure encore un maudit cocher de cabriolet qui s'accrochait à toutes les voitures...

M. BODINOT. — Oh ! il n'y a pas de mal..... Tu comprends que ma femme nourrissant, cela l'occupe beaucoup et l'empêche de se mêler des détails du dîner... Quand il faut avoir presque toujours un enfant sur les bras on ne peut pas surveiller un rôti, et notre petite bonne Nanette n'est pas encore très au fait de la cuisine... Mais elle ira... Entre donc...

(M. Bodinot fait entrer son ami dans un salon où il y a un piano et un petit garçon de six à sept ans qui se roule à terre entre des quilles, un polichinelle et un cheval de bois.)

M. GRANGINET. — Ma foi, je suis bien content que vous ne soyez pas encore à table, je craignais tant que vous ne m'attendissiez... Ah ! le voilà, mon petit garçon.

M. BODINOT. — Oui, voilà Antoine... Venez ici, Antoine ; venez vite dire bonjour à monsieur... Tu vas voir comme il est gentil... et obéissant... et spirituel... Antoine, voulez-vous venir quand je vous appelle... (L'enfant ne se dérange pas, il se contente de lever la tête et de tirer la langue à son père.) Oh ! le vilain qui fait la grimace à papa... (Bas à Granginet.) Rempli de malice... Oh ! tu verras tout à l'heure... (A son fils.) Antoine, sois donc gentil, dis quelque chose à monsieur...

ANTOINE, d'un ton pleurard. — J'ai faim, moi.

M. GRANGINET. — Ce n'est pas mal, ce qu'il dit là... Je trouve même qu'il y a beaucoup d'à-propos dans sa réponse... Mais où donc est madame?

M. BODINOT. — Tu vas la voir... C'est que probablement elle est occupée près de Cléopâtre... (S'approchant d'une porte.) Eugénie, c'est Granginet qui est arrivé... vas-tu venir ?

EUGÉNIE, en dehors. — Dans un moment.

M. BODINOT. — Assieds-toi donc... Oh !... mon cher ami, quand on élève ses enfants soi-même, on a sans cesse quelque chose à faire... Mais aussi quelle foule de jouissances!... (On entend la petite crier.) Cléopâtre crie... je vais voir ce que c'est.

M. GRANGINET, en lui-même. — Diable !.... moi qui me suis tant pressé... qui suis en nage!... Et on ne parle pas de dîner ici... Si j'avais su cela... (Antoine jette sa boule de bois dans les pieds de M. Granginet.) Prends garde, petit... mets tes quilles d'un autre côté.... c'est vilain, dans un salon.

ANTOINE. — Je veux y jouer, moi.

MADAME BODINOT arrivant avec son poupon sur les bras. — Bonjour, monsieur Granginet... Comment vous portez-vous?

M. GRANGINET. — Madame, j'ai bien l'honneur de vous saluer... pas mal, et vous?... Je vous remercie... tout doucement... Vous voyez, j'ai accepté sans façon l'invitation de votre mari.

MADAME BODINOT. — Et vous avez très-bien fait... Ça me procure un grand plaisir... Tenez, voilà ma petite... comment la trouvez-vous?

M. GRANGINET. — Charmante!... superbe enfant... tout le portrait de sa mère... C'est étonnant comme elle aura vos yeux!

MADAME BODINOT. — C'est ce que tout le monde dit... Elle a la coqueluche, cette pauvre petite... ça la fatigue bien... elle ne peut rien prendre... c'est-à-dire elle ne peut rien garder.

M. GRANGINET en lui-même. — Moi, je prendrais bien quelque chose.

M. BODINOT revenant. — Eh bien ! chère amie, va-t-on nous faire dîner ?

MADAME BODINOT. — Dame ! ça regarde Nanette. D'abord, moi, je ne vais pas quitter ma fille pour aller m'occuper de cela... (Elle appelle.) Nanette!

NANETTE en dehors. — Madame !...

MADAME BODINOT. — Pensez-vous à votre salade?

NANETTE. — Oui, madame, v'là que je me mets à l'éplucher...

UNE JOURNÉE DE BONHEUR.

M. GRANGINET *en lui-même.* — Ah! mon Dieu!... on commence seulement à éplucher la salade... Qu'est-ce que j'ai donc fait au ciel aujourd'hui?

MADAME BODINOT. — Ah! c'est que j'ai une bonne qui est si gauche... qui ne finit rien... qui ne sait pas veiller un rôti!

M. BODINOT. — Oh! elle se fera... avec du temps et des leçons... Antoine, viens donc ici, petit drôle... (*Il va le prendre et le met de force sur ses genoux.*) Ah! je savais bien que je le ferais obéir, moi; récite-nous une fable de La Fontaine...

ANTOINE. — Qu'est-ce que tu me donneras?

M. BODINOT. — Je t'achèterai un pain d'épice. Voyons, ta fable... celle que tu sais le mieux... *la Cigale et la Fourmi*...

ANTOINE *ânonnant*. — La cigale ayant chanté tout l'été... Tenait dans son *rec* un fromage... Quand la bise fut venue... un fromage... par l'odeur alléché... alléché... un fromage...

M. BODINOT *posant son fils à terre.* — Pas mal, pas mal... Il confound un peu avec une autre... mais cela annonce toujours de la facilité...

M. GRANGINET. — Oui, c'est fort gentil. Et la musique, madame, comment la gouvernez-vous?...

MADAME BODINOT. — Ah! je n'ai plus le temps d'en faire... quoique je l'aime beaucoup... mais vous, monsieur Granginet, vous chantez toujours?...

M. GRANGINET. — Oui... je chante souvent en soirée... ma voix a même gagné beaucoup...

M. BODINOT. — Chante-nous donc quelque chose en attendant le dîner... Tiens, voilà le piano.

M. GRANGINET. — Si cela peut vous être agréable, je le veux bien. (*Il va se placer au piano.*) Connaissez-vous *les Petits Bergers* de Frédéric Bérat?

MADAME BODINOT. — Non... mais cela doit être joli, car Bérat fait toujours des airs charmants...

M. GRANGINET. — Je vais vous les chanter. (*Il prélude et chante.*)

Pauvres petits bergers, le son de nos musettes
Ne fait plus retentir la plaine et les coteaux;
Jadis que redisions...

(*Cléopâtre a une quinte de toux; sa mère se lève, la promène; le papa court à sa fille; Antoine tape avec son polichinelle contre un meuble. Granginet reste au piano, et attend que le calme se rétablisse.*)

M. BODINOT. — Pauvre enfant!... c'est une bien vilaine chose que la coqueluche!... Ah!... voilà que c'est fini. Pardon, Granginet, mais si tu voulais recommencer... Monsieur Antoine, je vous prie de vous taire!...

M. GRANGINET. — Je vais recommencer... mais tâche que ton fils ne tape plus si fort...

M. BODINOT. — Oh! il ne bougera plus!...

M. GRANGINET. — Je recommence. (*Il chante.*)

Pauvres petits bergers, le son de nos musettes
Ne fait plus retentir la plaine et les coteaux;
Jadis que redisions d'airs et de chansonnettes!
Que nous...

(*Cléopâtre a une quinte de toux beaucoup plus forte; sa mère se lève et l'emporte. M. Bodinot suit sa femme. Antoine va, avec son polichinelle, taper dans le dos de M. Granginet.*)

Finis, mon petit ami... finis donc, petit... tu tapes... tu tapes... tu tu ne finis pas, je te prends ton polichinelle... (*A part.*) Ah! mon Dieu! quelle maison!... il est six heures passées... et on ne dîne pas!... (*Il quitte le piano.*) On ne chanterai chez eux que ce que je veux... J'ai mal à l'estomac... C'est se moquer des gens que leur dire : Nous dînons à cinq heures précises, et à six heures de ne pas être à table... Pour un rien, je m'en irais... je ferais comme j'ai fait chez madame Trinquart.

ANTOINE. — Voulez-vous jouer aux quilles avec moi?

M. GRANGINET. — Laissez-moi tranquille.

(*Il se met à une fenêtre. Dix minutes s'écoulent. Enfin M. Bodinot revient.*)

M. BODINOT. Ça va mieux... ça se passe... Pardon, mon ami, mais tu sais ce que c'est que la coqueluche... tu dois avoir eu la coqueluche?...

M. GRANGINET. — C'est possible! je ne m'en souviens pas.

M. BODINOT. — Veux-tu recommencer ton air?

M. GRANGINET. — Ma foi non; je t'avoue que j'aimerais mieux dîner... je meurs de faim.

M. BODINOT. — Oh! nous allons nous mettre à table dans l'instant... (*Il va jouer avec son fils.*) Tra la la... tra deri dera..., Tiens, je gage que j'en abats plus que toi... J'étais très adroit aux quilles dans mon temps.

MADAME BODINOT *entrant*. — Messieurs, quand vous voudrez, le dîner est servi...

M. GRANGINET *lui prenant vivement la main.* — Nous sommes à vos ordres, madame.

(*On se rend dans la salle à manger. M. Granginet se trouve placé entre madame Bodinot et le petit Antoine. On va servir le potage lorsque madame s'arrête et écoute, tenant en l'air l'assiette dans laquelle elle va servir.*)

MADAME BODINOT. — Il me semble que j'entends crier ma petite.

M. BODINOT. — Je crois aussi avoir entendu quelque chose... et toi, Granginet?

M. GRANGINET *tendant le bras pour avoir du potage.* — Moi, je n'entends rien du tout.

MADAME BODINOT *remettant l'assiette devant elle.* — Oh! si... certainement Cléopâtre crie... Pardon... mais il faut que j'aille voir ce qu'elle a...

(*Madame Bodinot quitte la table. M. Bodinot continue d'écouter. Le petit Antoine jette des boulettes de mie de pain sur l'assiette de M. Granginet, qui regarde le potage d'un air consterné.*)

M. GRANGINET *au bout de trois minutes.* — Dis donc, Bodinot, si ta femme ne revient pas, est-ce que tu ne pourrais pas toujours nous servir le potage?

M. BODINOT. — C'est que je n'ai pas l'habitude de servir... Je ne sais pas découper...

M. GRANGINET. — Pour servir du potage je ne crois pas qu'il soit nécessaire de savoir découper...

M. BODINOT. — Ma foi!... tu as raison!... je me risque...

(*Il sert. M. Granginet, tout en mangeant son potage, reçoit de fréquentes boulettes de pain.*)

M. GRANGINET. — Ton petit garçon est bien gentil... mais s'il voulait se dispenser de m'envoyer des boulettes dans mon assiette...

M. BODINOT. — Oh! c'est pour jouer... Antoine, soyez sage!...

M. GRANGINET. — Ton petge sent un peu la fumée.

M. BODINOT. — Que veux-tu... ma femme est nourrice!... elle ne peut pas veiller à tout cela... Mais pourquoi donc ne revient-elle pas?... (*Il se lève.*) Pardon, mon ami, je vais voir ce qui est arrivé à Cléopâtre...

(*M. Granginet reste seul à table avec Antoine, qui fait sauter en l'air sa fourchette et sa cuillère, et met ses doigts tout sales sur le pantalon de son voisin.*)

M. GRANGINET. — Mon cher ami, tenez-vous donc tranquille... je ne suis pas votre polichinelle, moi!

ANTOINE. — Si! si! si!... oh! oh! oh!... si! si! si!...

M. GRANGINET *à part.* — Voilà un dîner qui s'annonce bien!... ah! mon Dieu!

(*Bodinot et sa femme reviennent. Madame Bodinot tient sa petite dans ses bras.*)

MADAME BODINOT. — Excusez-moi, monsieur Granginet, vous permettrez que je garde ma fille sur mes genoux en dînant, n'est-ce pas?... comme ça je serai plus tranquille...

M. GRANGINET. — Comment donc, madame; mais tout ce que vous voudrez; pourvu que cela ne nous... que cela ne vous empêche pas de dîner!

MADAME BODINOT. — Oh! j'y suis accoutumée... Nanette, la carpe.

(*La domestique apporte une carpe à l'étuvée. Madame Bodinot s'occupe de la petite; M. Bodinot est en contemplation devant le poupon, et personne ne sert.*)

M. GRANGINET. — Hum! hum!... voilà une carpe qui a fort bonne mine.

MADAME BODINOT. — Sers donc, mon ami; tu vois bien que je suis occupée de la petite. Il m'est impossible de servir, d'abord.

M. BODINOT. — Allons, puisqu'il le faut... Je ne suis pas fort... n'importe... Aimes-tu les têtes, Granginet?

M. GRANGINET. — Je ne peux pas les souffrir... et je n'en serais pas heureux, car, si je les aimais, j'en mangerais... et je ne peux pas les souffrir.

(*M. Bodinot sert. Le petit Antoine mange avec gloutonnerie. Au bout d'un moment il devient violet, crie et pleure en même temps.*)

MADAME BODINOT. — Ah! mon Dieu! qu'est-ce que mon fils a donc? Qu'est-ce que tu as donc, Antoine?

ANTOINE *montrant son gosier.* — Ça me pique... ça me pipi pipique... Hi! hi! hi! holà! là...

M. BODINOT. — Ah! mon Dieu! il a avalé une arête!... Crache, Antoine; crache, mon ami; tousse fort.

(*Le père et la mère se lèvent.*)

M. GRANGINET. — Il vaudrait mieux, au contraire, qu'il tâchât d'avaler.

MADAME BODINOT. — Ah! ciel! est-il possible; mon fils va s'étrangler... Voyez comme il est déjà rouge!... Que faire?... que lui donner?...

M. BODINOT *courant dans la chambre.* — Nanette, de l'huile!... Antoine, tu vas boire de l'huile, cher ami!

ANTOINE. — Non, non, je n'en veux pas... Ça me pipi pi... que.

M. BODINOT. — Granginet, mon ami, il y a un pharmacien à l'autre bout de la rue; si tu voulais y courir pendant que je veillerai sur Antoine, tu lui demanderas ce qu'on donne pour dissoudre une arête de carpe.

M. GRANGINET. — Dissoudre une arête!... mais ça ne peut pas tout de suite se dissoudre... Il me semble qu'il vaudrait mieux essayer... en mangeant beaucoup de pain....

ANTOINE *souriant*. — Ah! c'est passé... je ne la sens plus...

M. BODINOT. — C'est passé!... ah! que c'est heureux!... embrassons-nous.

MADAME BODINOT. — Ah! cela m'a toute bouleversée, moi... je n'ai plus faim, c'est fini; cela m'a donné à dîner.

M. GRANGINET. — Calmez-vous, madame... remettez-vous.

M. BODINOT. — Oui, calme-toi, chère amie... Et cette petite, comme elle a été sage! comme elle a supporté cet événement avec tranquillité... Ce sera une héroïne que ma Cléopâtre... Si on lui donnait un peu de sauce... Oh! elle en prend! elle est gentille! elle aime la saucisse. (*On apporte le chapon du Mans.*) Ah! voilà la fameuse pièce; mais certainement ce n'est pas moi qui la découperai.

MADAME BODINOT. — Ni moi, je te le promets.

M. GRANGINET. — Alors je crois que je ferai bien de me charger de cette besogne. (*Il découpe.*)

M. BODINOT. — Comme ce chapon a l'air tendre!... il se découpe tout seul.

M. GRANGINET. — Oui, je crois même... je crains que... Il y a longtemps qu'on vous a envoyé ce chapon?

M. BODINOT. — Quatre jours, pas plus... est-ce qu'il serait avancé?

M. GRANGINET. — Mais... ça me fait cet effet-là.

M. BODINOT. — Tant mieux! tant mieux! le chapon se mange faisandé, il a plus de goût.

M. GRANGINET. — Oh! pour du goût, il en aura. (*A lui-même en mangeant.*) Que le diable emporte les chapons faisandés! joli dîner que je fais là!

M. BODINOT. — Ah! ma chère amie! prends garde, Cléopâtre a quelque chose.

MADAME BODINOT *penchant la tête de la petite du côté de M. Granginet*. — Elle ne peut rien garder, cette petite... C'est votre faute aussi, vous lui avez donné trop de sauce... Vous permettez, monsieur Granginet! M. GRANGINET. — Oh! il sait ce que c'est que les enfants... Ne fais pas attention, Granginet!

M. GRANGINET. — Je fais mon possible.

(*On apporte de la salade; elle est tellement vinaigrée, que M. Granginet pleure en la mangeant.*)

M. BODINOT. — Excellente salade!... bien relevée!..... J'aime ça, moi... Voyons, Nanette, que nous donnez-vous pour dessert?

NANETTE. — Dam! y gnia rien!...

M. BODINOT. — Comment rien?

MADAME BODINOT. — Oh! mon Dieu! mon ami, est-ce que j'ai eu le temps de songer au dessert, moi? quand on a toujours un enfant sur les bras?...

M. BODINOT. — C'est juste... Granginet nous excusera... il aimera mieux avoir vu un tableau de famille que quelques assiettes de dessert!...

M. GRANGINET *dissimulant son dépit*. — Oh! assurément..... un tableau de famille..... D'ailleurs, j'ai parfaitement dîné.

M. BODINOT. — Mais pour te dédommager, je vais te faire goûter d'une certaine liqueur dont tu me diras des nouvelles... passons au salon.

M. GRANGINET *à part*. — Il paraît que sa liqueur tiendra aussi lieu de café.

(*On va au salon. Madame Bodinot promène sa fille, qui crie. Antoine prend une grosse canne et se met à jouer avec.*)

M. BODINOT *présentant un petit verre à M. Granginet*. — Goûte-moi ça...

M. GRANGINET *après avoir goûté*. — Mais... je ne sais pas trop ce que c'est... (*A part.*) On dirait de l'eau sucrée.

M. BODINOT. — C'est du vespétro que j'ai fait moi-même.

M. GRANGINET. — Ah! c'est une liqueur de famille..... je t'en fais compliment... c'est doux.

MADAME BODINOT. — Monsieur Granginet, maintenant que nous avons dîné, vous seriez bien aimable de nous chanter ce que vous avez commencé tantôt...

M. GRANGINET. — Madame, si cela peut vous être agréable... (*Il se met au piano.*) Je ne veux pas me faire prier.

M. BODINOT. — Antoine, tâchez de vous taire!

ANTOINE *tapant son polichinelle avec la grosse canne*. — Je ne veux pas, moi.

M. BODINOT. — Va toujours, Granginet, nous t'écoutons... Cléopâtre est d'une sagesse admirable!...

M. GRANGINET. — Je vais en profiter. (*Il chante.*)

Pauvres petits bergers, le son de vos musettes
Ne fait plus retentir la plaine et les co...

Aïe!... aïe!....

(*C'est M. Antoine, qui, en faisant tourner son gros bâton, est venu taper de toutes ses forces sur le bras de M. Granginet.*)

M. BODINOT. — Qu'est-ce que tu as?... est-ce qu'il t'a fait mal?

M. GRANGINET *pâlissant*. — Ah! mon Dieu!... j'ai cru avoir le bras cassé...

M. BODINOT *ayant l'air de se mettre en colère après son fils*. — Petit drôle..... petit polisson... je vous avais défendu de jouer avec des bâtons... Hum!..... vilain. (*Bas à M. Granginet.*) Il a tapé fort, n'est-ce pas?

M. GRANGINET. — Ah! je crois bien... Dieu! quelle douleur!...

M. BODINOT *bas à Granginet*. — C'est un gaillard..... Dis donc..... il n'a que sept ans.

(*M. Granginet ne veut pas en entendre davantage; s'apercevant que madame Bodinot a disparu avec sa fille, il prend son chapeau et en fait autant. Il rentre chez lui sans marcher sur les trottoirs, et pendant quinze jours refuse toutes les invitations pour dîner en ville.*)

PETITS TABLEAUX DE MOEURS,

PAR
PAUL DE KOCK.

LES BOULEVARDS.

Aucune ville n'offre, comme Paris, une promenade aussi belle, aussi étendue, aussi variée, que cette longue suite de boulevards qui se trouve dans son enceinte. C'est une foire perpétuelle, un panorama vivant, où l'observateur peut passer en revue les diverses classes de la société, apprendre les manières, les modes, et presque les usages de chaque quartier; car il y a une différence bien grande entre les habitants du boulevard des Italiens et ceux du Pont-aux-Choux, entre les promeneurs de Coblents et ceux du boulevard du Jardin-Turc.

A huit heures du matin, tout est déjà en mouvement sur le boulevard du Temple; les boutiques sont ouvertes, les marchands ont étalé, le rentier prend l'air, les cuisinières vont au marché, les ouvriers courent chercher ou reporter leur ouvrage. Je vais à la Porte-Saint-Denis, déjà le tableau change; les boutiques sont encore ou au déjeuner, on est pris depuis longtemps au Pas-de-la-Mule. J'arrive au boulevard de la Madeleine : quel calme!... Tout dort encore!... Ici la vie n'est plus la même; la journée commence à la Chaussée-d'Antin trois heures plus tard qu'au Marais.

J'entre dans un café qui ne fait que d'ouvrir; les garçons me regardent avec étonnement; ce n'est que dans deux ou trois heures que l'on viendra déjeuner; mais, à midi, les jeunes élégants se montrent; les boutiques sont brillantes; les cabriolets se croisent; tout prend un air de vie; tout s'anime, et déjà la mode vient visiter ce quartier où elle a établi son empire. A trois heures, la promenade est charmante; on vient faire voir sa toilette, sa parure nouvelle; il règne sur ce boulevard un air d'opulence qui impose au petit bourgeois du faubourg Saint-Antoine. A la vérité, les hommes paraissent un peu ennuyés d'eux-mêmes, les dames ont moins de fraîcheur que de coquetterie, mais on se promène avec tant de grâce! les petits mots que j'entends sont dits d'une manière si piquante, que je ne puis m'éloigner. L'heure s'écoule; j'entre dans un café où l'on dîne; quand on me présente la carte à payer, je m'aperçois que tout se traite grandement dans cette partie de la capitale; je sors un peu moins enchanté; la promenade est déserte.

Je redescends les boulevards : bientôt la différence que je remarque dans la tournure, les manières, la mise des personnes que je rencontre, m'avertit que je suis de retour dans le quartier où la journée commence et finit plus tôt. L'ouvrier se promène en chantant, le soldat en sifflant; les grisettes en regardant de côté, comme si elles cherchaient quelque chose. Les jeunes gens ont l'air affairé : c'est par ici l'heure des rendez-vous. Mais quel malheur! le temps devient noir; je sens sur ma main de grosses gouttes de pluie. Les promeneurs hâtent le pas; la nuée crève avant qu'ils aient eu le temps de se mettre à couvert. Le tableau devient piquant. Le mari tire le bras de sa femme pour gagner un abri ; la femme gronde son mari, qui a voulu qu'elle mît son châle de bourre de soie. Cette grosse maman croit courir, et fait tout ce qu'elle peut pour conserver sa respiration ; cette jeune dame tremble pour son joli chapeau et ses petits souliers. Elle double le pas, et ce monsieur, qui vient en face d'elle, sourit à des contours que le vent dessine sous une étoffe légère. Le jeune homme qui menait promener sa bien-aimée maudit l'orage et appelle tous les fiacres qui passent; et le rentier se hâte d'ouvrir un vieux parapluie qui ne mettra pas sa personne à couvert.

Ce n'était qu'une pluie d'orage; déjà les nuages se dissipent, le beau temps renaît : on se calme, on ferme son parapluie; on rajuste sa toilette que l'orage a pu gâter. Au bout d'un quart d'heure, les boulevards sont couverts de monde comme s'il n'avait pas cessé de faire beau. Dans ce Paris, il y a tant de gens auxquels la promenade est nécessaire!... Le vieillard promène ses souvenirs; le jeune amant ses espérances; l'auteur ses plans ; le richard son oisiveté ; la vieille douairière promène son chien ; la bonne promène ses enfants; le petit-maître sa suffisance ; la courtisane son cachemire; le petit Savoyard son singe; la grisette ses œillades; la jeune fille ses rêveries.

Je suis sur le boulevard du Temple : quelle variété de spectacles, de curiosités! comme toutes ces figures semblent heureuses en écoutant les bons mots de ce paillasse, en regardant les tours de cet escamoteur! Cependant la nuit vient : les promeneurs se retirent; les curieux deviennent plus rares, les lanternes magiques les occupent un moment; mais bientôt chacun rentre chez soi; il n'est pourtant encore que dix heures.

Puisque je suis en train de me promener, je vais aller chez Tortoni. Je m'éloigne de ces bonnes gens qui finissent leur journée en chantant; je perds de vue ces grisettes qui fredonnent le refrain du vaudeville qu'elles viennent d'entendre à la Gaîté. Je regagne la Chaussée-d'Antin; j'y arrive à dix heures et demie; la soirée semble commencer; les cafés sont resplendissants de lumière! la foule s'y porte; la promenade est très-fréquentée. J'entre prendre une glace; je vois jouer au billard. Le temps se passe; une heure du matin vient de sonner. Je sors; le bruit a cessé; les boulevards sont déserts; quelques jeunes gens qui viennent de s'arracher à une table d'écarté passent rapidement près de moi; d'autres quittent les cafés, harassés, fatigués de leur journée. On se retire enfin ; mais je n'entends pas chanter.

LA ROTONDE.

QUELQUES PORTRAITS.

La Rotonde, où se donnent habituellement les rendez-vous de quatre à six heures, n'est pas le café de ce nom situé dans le jardin du Palais-Royal, mais bien la partie du jardin qui s'étend devant ce café, et qui n'a de rotonde que le nom.

C'est le rendez-vous des étrangers, qui en général affectionnent le Palais-Royal, où ils trouvent réuni tout ce qui peut flatter les yeux, le goût, l'odorat ; où tous les plaisirs leur sont offerts (souvent à un prix un peu cher à la vérité), où ils peuvent, sans quitter ce brillant bazar, déjeuner, dîner, souper, s'habiller, se chausser, se faire coiffer, jouer et se ruiner.

C'est pour se rendre chez Beauvilliers, chez Véfour ou chez les Frères provençaux, que l'on se donne ordinairement rendez-vous à la Rotonde: aussi de quatre à six heures on est sûr d'y voir un grand nombre de personnes qui se promènent de long en large, bâillent, tirent leur montre, ou regardent avec impatience à droite ou à gauche.

Vous voyez les militaires s'aborder et se donnant la main ; les clercs de notaire rire du plus loin qu'ils s'aperçoivent; les agents de change se saluer d'un air préoccupé. Examinez ce jeune homme qui paraît fort en colère d'attendre et frappe des pieds à toute minute : c'est un faiseur d'affaires, garçon assez obligeant, mais qui a le défaut de vouloir sans cesse fixer l'attention et attirer les regards. S'il se donne tant de mouvement maintenant, c'est qu'il est persuadé que tout le monde s'occupe de lui. A la promenade, il parle si haut, que les passants sont de moitié dans ses affaires; au spectacle, il s'emporte après les ouvreuses, traverse les corridors en pestant contre l'administration; il cherchera querelle aux contrôleurs, et ne sera pas content s'il n'a vu plusieurs personnes se demander le motif de la colère de monsieur. Dîne-t-il chez un traiteur, tout est mauvais. Il fait venir le chef de cuisine; il gronde les garçons; rien n'est digne de lui... Et cependant il fut un temps où il fallait qu'il se contentât de l'ordinaire le plus médiocre; mais il a oublié ce temps-là, et il ne fait peut-être le grand seigneur que pour le faire oublier aux autres. En société, on le re-

donte; il met tout sens dessus dessous en croyant faire l'aimable et l'homme *à son aise*. L'arrêtez-vous dans la rue, il n'a jamais le temps de vous dire un mot. Il a vingt rendez-vous pour la journée, ne sait où donner de la tête et se sent très-malade. Mais, un moment après, vous le verrez jouer au billard, ou dînant de très-bon appétit. S'il allait en Angleterre, il ferait mettre son départ dans le journal. S'il tombait malade, il est persuadé que cela ferait baisser la rente.

Ce petit homme, d'une cinquantaine d'années, qui passe en ce moment, ne ressemble nullement à notre bruyant original. Voyez, quelle physionomie douce et bénigne, quel regard niais et craintif! Cet homme-là n'a jamais eu de volonté. C'est un ancien mercier; il est poli avec tout le monde : il salue aussi humblement son portier que son propriétaire, sa bonne sa femme de ménage, et ne déjeune que quand elle le veut bien. Si dans la rue en passant le coudoie avec force, c'est lui qui demande excuse; si dans un café on jette son chapeau à terre, il le ramasse en souriant à la personne qui l'a fait tomber. S'il va au spectacle, il arrive toujours le premier à la queue, mais il y reste le dernier, parce qu'il laisse tout le monde passer devant lui. Il pleure quand deux hommes se disputent, et n'ose pas sortir quand il fait du vent. Voyez-le aborder celui auquel il a donné rendez-vous et qui le fait attendre depuis une heure... Il va lui demander pardon d'être venu trop tôt.

Mais quel est ce grand monsieur, déjà d'un âge avancé, à la figure longue, blême, au regard mélancolique, dont l'habit râpé et le chapeau recoquillé attestent plus que de l'économie? Depuis deux heures il se promène devant la Rotonde; il ne tire pas sa montre par une raison fort simple; mais il regarde tout le monde et personne ne prend garde à lui!... Cet homme a été riche, heureux, et alors il venait tous les jours dîner au Palais-Royal, et ses nombreuses connaissances ne manquaient pas de se trouver au rendez-vous qu'il avait pris à cette même place. Mais il n'a plus rien!... Il a mangé ses revenus avec des femmes qui ne l'aimaient pas et des amis qui ne le reconnaissent plus. Maintenant il va toujours par habitude à ce lieu qui l'a vu jadis si brillant; il n'y retrouve que son appétit. Ceux qui l'on connu dans sa prospérité s'éloignent de plus loin qu'ils l'aperçoivent, et le pauvre homme, réduit à dîner avec une flûte, vient le manger à la Rotonde, afin de pouvoir dire encore : « J'ai dîné au Palais-Royal. »

JACQUES, JACQUOT ET DE LA JACQUINIÈRE.

Jacquot est fils d'un sabotier ; né dans un village, de parents pauvres mais laborieux, il les perdit de bonne heure ; mais de bonne heure aussi il montra de l'intelligence. Jacquot faisait tout ce qui se présentait pour gagner quelques sous : il gardait les chèvres, conduisait les vaches, menait boire les chevaux. Couché sur de la paille, ne vivant que de pain bis et de fruits, il chantait cependant dès le point du jour; et quand il avait gagné de quoi jouer le dimanche à la fossette, Jacquot était heureux et ne s'inquiétait pas du lendemain.

Alors son hameau paraissait à Jacquot une belle ville; la maison du tabellion lui semblait un palais, et les notables de l'endroit, des seigneurs. Alors il chérissait ses prés, ses bois, ses plaines, et encore certaine petite villageoise qu'on appelait Suzon, qui était bien gauche, bien niaise, bien bouchie, mais qui semblait charmante à Jacquot.

Mais, lorsqu'il avait seize ans, un beau monsieur, passant par le village et trouvant une physionomie au petit paysan, lui proposa de venir avec lui à Paris pour y faire fortune. Jacquot ne savait pas alors quelle était cette déesse-là ; mais le désir de voir la grande ville, un mouvement de curiosité, peut-être un secret pressentiment lui firent accepter l'offre du beau monsieur. Il pleura beaucoup en quittant ses prés, ses chèvres, ses champs et Suzon; mais il se dit : — Bientôt je serai de retour, et je raconterai à Suzon et à mes bêtes tout ce qu'il y aura vu dans la grande ville.

Jacquot arrive à Paris. D'abord jockey, puis valet, puis valet de chambre, il quitte le nom de Jacquot qui fait rire toutes les soubrettes, et prend celui de Jacques qui lui paraît plus ronflant. Au bout d'un an, M. Jacques avait entièrement oublié ses bêtes, ses bois, son hameau et sa Suzon; mais, en revanche, il tâchait de prendre les airs de Paris. Il apprit à lire, à écrire, à compter ; il devint intendant. Il avait beaucoup de facilité, en peu de temps il sut la multiplication, et bientôt la soustraction, comme s'il avait été élevé à Paris. M. Jacques mettait de côté, recevait des cadeaux, prêtait son argent à intérêt et en retirait de gros bénéfices. Bref, après avoir été intendant d'une danseuse, régisseur d'un marquis, homme d'affaires d'un jeune étourdi et secrétaire intime d'un prince étranger, il devint assez riche pour s'établir : il se fit courtier, fréquenta la Bourse, se lança dans de grandes opérations de finances, fut constamment heureux, si bien qu'à trente ans M. Jacques possédait trente mille livres de rente.

M. Jacques trouva alors qu'il avait assez travaillé : il ne songea plus qu'à jouir de sa fortune. Il acheta une terre, prit une voiture, eut des valets, une livrée, un grand train, et se fit appeler M. de la Jacquinière.

Un jour, en se rendant à sa terre, sa voiture versa à l'entrée d'un misérable hameau. Pendant qu'on cherche des ouvriers pour la raccommoder, M. de la Jacquinière descend et jette les yeux autour de lui. — Eh bon Dieu ! dit-il, quel trou !... quel horrible séjour !... la vilain pays !... Des chaumières délabrées, des paysages affreux... Peut un endroit où un homme comme moi puisse décemment se reposer... Il faut pourtant que je me repose quelque part, puisque ce maladroit postillon a fait verser ma voiture.

Tout en disant cela, M. de la Jacquinière s'avance jusqu'au bord d'un étang ; il s'assied au pied d'un vieux saule. Des chèvres, des vaches viennent paître autour de lui. Une grosse paysanne les conduit, et son chien, quoique très-vieux, la devance pour aller lécher les mains de M. de la Jacquinière. — Ah, mon Dieu ! dit la grosse fille, il n'a jamais caressé comme ça que Jacquot !... A ce nom, le beau monsieur rougit, mille souvenirs s'offrent à son esprit : il regarde autour de lui... Ce n'est point une erreur... Il est dans son village, Suzon est devant lui !... C'est sous le même saule qu'il venait jadis se reposer et manger son pain bis. Ah ! monsieur de la Jacquinière, embrassez donc cette pauvre fille, versez des larmes sur le tombeau de votre père, et répandez vos bienfaits sur le séjour qui vous a vu naître... Mais non ! bien loin de là... il repousse brusquement le chien, s'éloigne de Suzon, du hameau, court à sa voiture, et, en arrivant à son château, fait étrangler un superbe perroquet qui a eu le malheur de lui dire : — As-tu déjeuné, Jacquot ?

On trouvera peut-être que l'histoire de M. de la Jacquinière ressemble beaucoup à celle de ce *Jeannot*, qui oublia à Paris son ami *Colin* ; mais dans le monde nous voyons tant de Jeannots et tant de Jacquots, que nous avons pensé qu'on nous pardonnerait d'en donner une nouvelle copie.

HISTOIRE D'UNE BOUTEILLE

RACONTÉE PAR ELLE-MÊME.

J'ai près de cinquante ans, je suis bien petite pour mon âge, dirait Arlequin ; mais j'ai vu bien des événements ; j'ai passé par beaucoup de mains et appartenu à différents maîtres !... J'ai brillé au premier rang, je me suis vue confondue dans les derniers. Souvent fière de contenir un vin généreux, quelquefois humiliée de ne renfermer qu'un modeste surené ; j'ai éprouvé toutes les vicissitudes de la fortune, et je ne puis résister au désir de raconter l'histoire de ma vie, dans l'espérance qu'elle servira de leçon à mes sœurs.

En sortant des mains de mon père, je fus vendue à un brocanteur, qui me mit dans de la paille et me fit partir pour une grande ville où j'entrai chez un marchand de vin qui faisait noces et festins ; il m'emplit avec une boisson qu'il fabriquait lui-même.

Nous étions en grand nombre, pourvues de la même liqueur, mais nous portions des cachets différents. Le mien était vert, cela me valut la préférence à une table donnée chez mon maître. Là je vis danser, j'entendis de gros rires, mais je fus bientôt vidée ; alors le luron qui me tenait me jeta dédaigneusement à ses pieds, et, pour mon entrée dans le monde, je reçus un coup bien rude. Remplie du même vin, mais couverte d'un autre cachet, je fus vendue à une jeune fille dont le père était malade.

C'était un pauvre journalier ; il ne se permettait que rarement de me visiter. Je languis longtemps dans le fond d'une vieille armoire, regrettant la cave de mon premier maître. Enfin je fus vidée, mais le pauvre malade n'avait point d'argent pour me remplir de nouveau ; il mourut.

Je fus vendue avec les vieux meubles par un avide créancier. Achetée par un commissionnaire assez ivrogne, tous les jours mon maître me remplissait avec de la piquette, et, tous les soirs il me vidait en chantant. Cette vie joyeuse dura peu. Je passai ensuite dans les mains d'un homme riche et gourmet ; je reçus dans mon sein un vin de Constance délicieux. J'étais fière de tant d'honneur !... Hélas ! mes chères sœurs, *vanitas vanitatum et omnia vanitas !* Mon maître venait souvent me considérer... mais il ne pouvait se décider à me montrer sur sa table ; le vin que je contenais était trop précieux pour être bu !... Je passai vingt années de ma vie dans cette triste cave, maudissant le vin de Constance qui m'avait enorgueillie, et me condamnait à ne plus voir le jour.

La mort enleva également mon nouveau maître. Le surlendemain son héritier s'empressa de me faire servir à sa table, et but, en déjeunant avec ses amis, ce que son oncle avait respecté pendant vingt ans. A la vérité, on me fit de superbes compliments ; mais cela ne me flattait plus autant qu'autrefois, et je regrettai peu la noble poussière dont j'étais couverte. Bientôt après, me trouvant chez un limonadier, il osa me remplir avec de la bière !... Je l'avoue, cet outrage me fut sensible ; j'avais l'âme très-fière, et pour me venger je fis sauter mon bouchon. Qu'en arriva-t-il ? On me remplit avec du cidre !... Je me contins, craignant un nouvel affront.

Achetée un soir par une petite fleuriste qui donnait à goûter à son bon ami ; je vis qu'il ne faut pas mépriser les boissons les plus simples. Je fus fêtée, choyée, caressée. On faisait des crêpes, avec lesquelles on but mon contenu. La petite fleuriste était si gentille, si gaie, si tendre ; son amant si vif, si amoureux, que mon cidre leur parut de l'ambroisie. Soirée charmante, où je vis le tableau du bonheur, combien de fois ne vous ai-je point regrettée !...

Passant ensuite chez un riche banquier, je contins d'excellent bourgogne. Souvent vidée, pour être remplie de nouveau, je figurais sur une table somptueusement servie. Tout, autour de moi, respirait l'élégance et la grandeur... mais je ne vis point la gaieté du petit souper.

Bientôt le sort me fit tomber dans la demeure d'un joueur ; quelle triste situation !... Je contenais parfois du vin, mais bien plus souvent de l'eau, seule boisson des enfants de celui qui courait après la fortune. Enfin je quittai cette maison pour entrer chez une vieille portière ; celle-ci me remplit avec de l'eau-de-vie et me visitait souvent avec ses voisines, les commères du quartier. Là j'étais assez heureuse ; les caquets que l'on racontait chaque jour devant moi me faisaient gaiement passer ma vie, lorsqu'un soir que l'on avait jasé et bu plus qu'à l'ordinaire, ma maîtresse, en me reportant à l'armoire, me cogna fortement contre un meuble... Je fus étoilée !... C'est une blessure dont nous ne guérissons pas, vous le savez ; cependant, comme on pensa que je pouvais encore servir, on me remplit d'huile à brûler.

C'est dans cet état que j'attendis la fin de ma carrière. Elle fut orageuse !... Qu'elle ne soit pas perdue pour vous, mes sœurs ; que l'éclat des honneurs ne vous éblouisse pas. Quant à moi, je me souviendrai toujours que les plus heureux instants de ma vie furent ceux où je ne renfermais que du cidre et de la piquette.

LE MARI SENTIMENTAL.

Florimond avait douze mille livres de rente et une âme excessivement sensible ; il ne cherchait qu'une occasion pour se fixer, et cependant, jusqu'à trente ans, il ne se fixa point, ne pouvant parvenir à faire naître cette douce sympathie et ces passions subites qu'il rêvait.

A la vérité, Florimond n'avait pas de ces tournures qui font sur-le-champ des conquêtes. il était petit, trapu, assez mal bâti ; sa figure était rouge et carrée, son nez un peu gros, ses yeux un peu petits, ses cheveux un peu gras ; quand il regardait avec mélancolie, il avait l'air de s'endormir ; et lorsqu'il soupirait, on pouvait croire que c'était l'effet d'une mauvaise digestion plutôt que le langage du sentiment.

Enfin, à trente ans, en dansant dans un bal, il marche sur le pied d'une jeune demoiselle ; elle n'ose pas se plaindre, mais elle chancelle et se trouve obligée de s'appuyer fortement sur le bras de son cavalier. Florimond est tout ému ; la jeune personne ne danse plus avec autant de gaieté, et Florimond soupire, il l'entend dire : — Je n'en puis plus !... et le voilà subjugué ; grâce à ses douze mille livres de rente, il épouse la demoiselle sans rencontrer d'obstacles.

Mais au bout d'un an de ménage, Florimond s'aperçoit avec douleur que sa femme n'est pas aussi sentimentale que lui. Elle ne soupire point en voyant une tourterelle ; son cœur est tranquille au bord d'un ruisseau ; elle mange un œuf à la coque sans remercier la Providence, et une côtelette sans donner une larme à l'infortuné mouton. Elle refuse d'aller vivre dans une chaumière, sur le bord d'un torrent, pour y être tout à l'amour. Elle préfère se coucher à se promener au clair de la lune ; elle ne pleure pas en lisant *le Solitaire*, ou en voyant représenter *les Ruines de Babylone* ; quand il lui serre la main avec expression, elle dit qu'il lui fait mal ; enfin, elle veut lui faire boire de l'eau sucrée lorsque, après son dîner, il pousse des soupirs.

Malgré cela, M. et madame Florimond ont fini par s'accorder ; le mari se dérobe aux plaisirs bruyants du monde, et sa femme le laisse se livrer aux douceurs du sentiment ; elle a consenti à ce qu'il l'appelât Clarisse, et leur petit garçon Fidélio. Ils ont acheté une maison de campagne avec un grand jardin, dans le fond duquel Florimond a fait bâtir une chaumière, une grotte et un rocher. Pendant que sa femme fait une partie d'écarté avec un aimable voisin, il va soupirer à son aise dans sa grotte, ou sur un rocher qui a huit pieds de haut. Quand madame chante avec le voisin un duo de *Rossini*, Florimond va sur le bord de l'eau chanter *Femme sensible* ; et le soir, pendant que sa Clarisse écoute les galanteries du voisin, il va dans le bois écouter le chant du rossignol.

De cette manière chacun est satisfait. Mais les années ont amené des changements qui affectent Florimond. Sa Clarisse a pris un embonpoint considérable ; son petit Fidélio est un grand dadais qui ne sait que jouer au *cheval fondu*, et lui-même commence à avoir du ventre.

Malgré cela, Florimond est plus sentimental que jamais ; il vient de se faire faire un corset pour arrêter les progrès de son embonpoint, et depuis qu'il le porte il soupire encore davantage.

www.ingramcontent.com/pod-product-compliance
Lightning Source LLC
LaVergne TN
LVHW050632090426
835512LV00007B/805